충북대학교 법학전문대학원 총서 14

계약법 I

- 그 이론과 실제 -

이 재 목 저

진 원 사

이 책은 충북대학교 법학전문대학원 법학연구소의
지원에 의하여 출판되었음

머 리 말

판덱텐 법체계에 영미 식 교육방식을 접목시킨다는 것이 그리 쉬운 일은 아닌 듯하다. 3년의 교육기간 안에 실체법과 절차법 그리고 재판실무를 모두 가르쳐 이해시킨다는 것도 지나친 욕심이 아닌가 하는 생각도 든다. 학생들은 모두 열심이지만, 체증(滯症)을 느끼며 힘들어하고 있다. 특히 법학을 전공하지 않은 학생들이 다소 추상적이고 관념적인 법 언어와 법 문장의 뜻을 단기간에 이해하고 이를 현실 문제에 응용하도록 다그치는 것이 과연 조리에 부합하는가 하는 의문이 들 때가 많다.

그나마 다행스러운 것은 다양한 전공을 경험한 학생들이 성실한 자세로 법지식을 받아들이려 하고 있으므로, 이들이 지닌 유연하고 풍부한 상상력이 창의적인 법적 사고로 이어진다면 법조의 미래가 한 단계 도약할 수 있지 않을까 하는 기대감을 갖게 한다는 점이다. 물론 제도의 성패는 조금 더 지켜보아야 할 문제이다.

계약은 합의의 내용에 따라 그 모습이 다양해지고 또한 해석의 여지를 많이 남긴다. 계약은 물권이 변동하는 원인이 되면서, 보다 역동적으로 움직여 나간다. 계약법 공부는 계약의 의미를 바르게 이해하고, 사람·시대·장소에 따라 그 모습을 제각기 달리하는 계약의 내용과 그 효력을 확정짓기 위한 방법을 찾아나가는 것이다. 법률행위이론을 포함하는 계약법의 기초이론과 계약법 전반에 깔려 있는 공통의 법원칙 및 법 이론을 분명하게 이해하고, 계약체결 단계부터 분쟁 종식까지의 전 과정을 낱낱이 보여주는 판례의 흐름과 그 변화를 탐구하는 일은 무엇보다 중요하다.

이 책은 계약총론과 재산권 이전을 목적으로 하는 계약까지만 다루고 있다. 지난해까지의 판례와 개개의 문제를 바라보는 다양한 관점들을 소상히 소개하고자 하였고, 주어진 문제를 보다 입체적으로 이해하는데 도움이 될까 하는 마음으로 단원별 사례도 끼워 넣었다. 하지만 타고난 게으름과 시간의 촉박함으로 인하여 미완의 작품을 선보이게 되었다. 올해가 가기 전에 나머지 부분을 채우고, 흠을 바로 잡을 생각이다.

도서제출 마감이 임박하여 초읽기에 들어간 거친 원고를 받아 들여 출판을 결정하고 편집에 열성을 다해 준 진원사 양진수 사장님과 류재현 과장님께 심심한 감사를 드린다. 그리고 평생 자식을 위해 헌신하시다가 병상에 눕게 되신 아버님과 거동이 불편하신 어머님, 남편 뒷바라지에 여념이 없는 아내 명숙, 고된 일을 잊게 해 주는 선하고 반듯한 아들 승훈이와 딸 승연이에게 고맙고 사랑한다는 말을 전하고 싶다.

2013. 6. 13.

녹음 짙은 개신정원에서

참고문헌

고상룡, 물권법, 법문사, 2001

곽윤직, 민법총칙, 박영사, 2007

곽윤직, 채권각론, 박영사, 2001

곽윤직, 채권총론, 박영사, 1994

권오승, 민법특강, 홍문사, 1994

권오승, 민법특강, 홍문사, 1994

김기선, 한국채권법각론, 법문사, 1982

김대정, 계약법(상), 도서출판(Fides), 2007

김상용, 물권법, 법문사, 2000

김상용, 채권각론, 화산미디어, 2009

김용한, 물권법론, 박영사, 1993

김주수, 채권각론, 삼영사, 1997

김준호, 채권법, 법문사, 2012

김증한, 채권각론, 박영사 1988

김증한·김학동, 민법총칙, 박영사, 2001

김현태, 신채권법각론, 일조각, 1975

김형배, 채권각론, 박영사, 2001

김형배, 채권총론, 박영사, 1998

민법주해 XII, XIII(2003), IX(2008), 박영사

박영복, 현대계약법의 과제, 한국외국어대학교 출판부, 2009

손지열, 민법주해(XII), 박영사, 2003

송덕수, 민법강의(상), 박영사, 2004

송덕수, 민법강의(하), 박영사, 2007

송덕수, 민법주해(XIII), 박영사, 2003

송덕수, 신민법강의, 박영사, 2012

양창수, 민법연구(1)-(9), 박영사, 1991-2007

양창수, 민법입문, 박영사, 2000

양창수·김재형, 계약법, 박영사, 2012
양창수·김형석, 민법 Ⅲ(권리의 보전과 담보), 박영사, 2012
양형우, 민법의 세계, 진원사, 2013
이덕환, 채권각론, 율곡미디어, 2010
이시윤, 민사소송법, 박영사, 2009
이시윤, 민사집행법, 박영사, 2009
이영준, 물권밥, 박영사, 1997
이영준, 한국민법론, 박영사, 2004
이은영, 민법총칙, 박영사, 1995
이은영, 채권각론, 박영사, 2007
이태재, 채권각론, 진명출판사, 1985
지원림, 민법강의, 홍문사, 2013
한삼인, 계약법, 화산미디어, 2011
황적인, 채권각론, 박영사, 1987

加藤雄信, 契約法, 有斐閣, 2007
平野裕之, 契約法, 信山社, 2008
內田 貴, 民法 Ⅱ(債權各論), 2008
石外克喜 編, 契約法, 法律文化社, 1991
Hein Kötz 著, 潮見佳男·中田邦博·松岡久和 譯, ヨーロッパ契約法, 法律文化社, 1999
甲斐道太郎·石田喜久夫·田中英司·田中康博 編, 注釋 國際統一賣買法 Ⅱ, 法律文化社, 2003
Bamberger/Roth, BGB, Bd Ⅰ(§§1-345), 2003
Palandt, Bürgerliches Gesetzbuch, 62. Aufl., 2003

목 차

제1편 계약총론

제1편

계약총론

제1장 계약법 총설

제1절 계약의 의의 및 기능

1. 계약의 의의

계약은 서로 대립하는 복수의 의사표시의 합치에 의해 성립하는 법률행위로서, 채권의 발생을 목적으로 한다. 이는 좁은 의미에서의 계약 개념이다. 넓은 의미의 계약은 채권계약에 더하여 물권변동을 목적으로 하는 물권계약, 채권양도와 같이 물권 이외의 재산권의 변동을 목적으로 하는 준물권계약, 혼인·이혼·입양 등과 같은 가족법상의 합의도 포함한다.

계약은 법률용어이지만, 일상생활과 밀접한 관련을 갖는다. 현대사회를 계약사회라고 표현하듯이, 사람은 출생하여 사망에 이르기까지 계약관계를 형성하면서 또한 그에 구속되면서 살아간다고 해도 지나친 표현은 아니다. 성년이 된 후 대학에 입학하여 등록금을 납부하기 위하여 대출을 받는다든가, 교재를 구입한다든가, 원룸을 임차한다든가, 졸업 후에 취업을 한다든가, 변호사가 되어 사건을 수임한다던가, 혼인을 한다든가, 자동차를 구입한다든가, 대중교통을 이용한다든가, 보증을 선다든가 하는 등의 행위가 모두 그러하다. 현대사회에서 계약 없이 일상생활을 영위한다는 것은 현실적으로 불가능에 가까운 일이다.

2. 계약자유의 원칙과 그 변용

가. 민법과 계약관의 변천

로마법은 가장(家長)에게만 권리능력을 인정하였으므로 가자(家子)는 가족적 결합 속에, 그리고 노예인 개인은 주인의 소유권 속에 매몰되어 있었다. 중세 봉건사회 또한 수직적 신분구조 내지 종적 지배구조에 의해 운영되었기 때문에 인격의 대등성을 전제로 한 계약관념이 생겨날 기반이 미약하였다.

근대 시민혁명에 의해 모든 신분계층제도가 허물어지고 대등한 당사자로서의 시민관계를 전제로 한 계약자유의 원칙이 확립되었다.[1)] 근대사회에서의 계약은 시민 사이의 거래를 중심으로 사회구성원의 관계를 당사자의 자유로운 의사에 의해 규율할 수 있게 하였다. 계약은 자기결정권적 사적 자치를 보증하는 도구였으며, 자유롭고 자율적인 시민사회를 형성하는 매개였다. 계약은 의사표시의 합치, 즉 합의에 의해 성립하고, 그러한 "합의는 지켜져야 한다(pacta sund servanda)."는 관념이 계약법을 지배하였다.

이러한 고전적 계약관은 계몽기의 자연법사상에 터 잡은 것이다. 고전적 계약관은 개체적 인간의 의사자유를 강조하였지만, 계약 역시 인간의 행동을 구속하는 규범의 한 모습에 지나지 않는다는 점이 인식되면서 그에 대한 비판적 기류가 확산되어 갔고, 결국 계약관의 변용을 초래하였다.

추상적 인격의 대등성을 전제로 한 의사 자치와 계약준수의 원칙은 자본주의 경제의 급속한 발전에 수반하여 부의 집중, 실업의 증가 그리고 새로운 인적 지배관계의 형성이라는 심각한 사회문제들을 파생시켰다. 이러한 현상은 구체적 인격의 대등성을 전제로 하여 계약관계의 배분적 정의를 실현해야 할 법적 필요성을 확인시켜 주었다. 20세기에 들어서 계약 교섭력이 약한 경제적 약자를 보호하기 위하여 노동법, 임대차보호법, 소비자보호법 분야가 특별 입법으로 제정되면서 사적 자치 영역에 대한 법적 개입이 확대되었다. 또한 대량거래의 산물로 등장한 약관의 보급은 '개개의 당사자 사이의 개별적 교섭과 합의에 의한 계약의 성립'이라는 기본 원칙의 틀을 깨면서 그 해석이나 효력에 규범적 요소를 이입시키거나 규범적 통제를 개입시켰다.[2)]

이러한 변화에도 불구하고, 현재 자유로운 의사 합치에 의한 계약 성립에 기초를 둔 고전적 계약이론이나 "합의는 지켜져야 한다."는 계약법의 전통원리를 대체할 수 있는 일반이론이 존재하는 것은 아니다. 따라서 고전적 계약

1) Henry Maine은 그의 저서 「고대법」(Ancient Law, 1861, p. 128)에서 "현재까지 모든 진보적 사회의 추이는 '신분에서 계약으로(from status to contract)'의 진화였다고 한다.
2) 특히 약관의 대중화로 인한 계약교섭 및 합의기회의 박탈은 계약자유의 쇠퇴를 촉진하였다. 이러한 현상과 원인에 대하여는, Gilmore, The Death of Contract, 1974 참조.

관을 전제로 하면서, 다른 한편으로는 그에 내재된 한계를 의식하면서 계약의 공정성 실현을 위한 예외적 영역을 탐색하고 그에 대한 법적 대응을 고민해야 할 필요가 있다.

나. 계약자유의 원칙과 그 제한

1) 계약자유의 원칙과 그 변용원리

계약자유의 원칙은 소유권절대의 원칙, 과실책임의 원칙과 함께 근대민법의 3대 원칙의 하나이며, 이러한 원칙들은 민법의 최고원리인 사적자치에서 발현한 것이다.[3] 이는 누구와 어떠한 내용의 계약을 어떠한 방식에 따라 체결할 것인가를 당사자가 자유롭게 결정할 수 있는 원칙이다. 계약자유의 원칙은 계약체결의 자유, 계약체결 상대방 선택의 자유, 계약내용 결정의 자유, 계약방식의 자유를 그 내용으로 한다.

【계약자유의 원칙의 헌법상의 근거(헌재결 1991.6.3, 89헌마204)】

> 계약자유의 원칙이란 계약을 체결할 것인가의 여부, 체결한다면 어떠한 내용의, 어떠한 상대방과의 관계에서, 어떠한 방식으로 계약을 체결하느냐 하는 것도 당사자 자신이 자기의사로 결정하는 자유뿐만 아니라, 원치 않으면 계약을 체결하지 않을 자유를 말하여, 이는 헌법상의 행복추구권속에 함축된 일반적 행동자유권으로부터 파생되는 것이라 할 것이다. 따라서 화재로 인한 재해보상과 보험가입에 관한 법률 제5조의 '특수건물' 부분에 동법 제2조 제3항 가목 소정의'4층 이상의 건물'을 포함시켜 보험가입을 강제하는 것은 개인의 경제상의 자유와 창의의 존중을 기본으로 하는 경제질서와 과잉금지의 원칙에 합치되지 아니하여 헌법에 위반된다.

계약자유의 원칙은 현대사회에서도 민법의 기본원칙임에 분명하지만, 민법 또는 민법 밖의 사법 영역이나 공법에 의해 수정되는 부분이 많다. 그 유형은 다양하다.

첫째, 계약정의는 교섭력이 약한 당사자에게 무기대등성이 전제될 때 비로소 실현될 수 있다. 형평의 견지에서 사회적 약자를 보호하기 위하여 원칙이 수정되는 경우가 가장 빈번하다. 둘째, 산업정책적 관점에서 원칙이 수정되는 경우가 있다. 농업정책적 필요에 의한 농지매매나 농지임대차의 규제, 최근에

---

3) 양창수, 민법입문, 355~358면; 이영준, 한국민법론, 11면; 지원림, 민법강의, 20면.

는 완화 추세에 있지만 산업정책적 필요에 의한 기업활동의 규제 등이 그것이다. 셋째, 공정한 자유경쟁을 확보하기 위하여 일정한 계약에 대하여 경쟁을 제한하는 경우가 있다. 부정경쟁방지 및 영업비밀보호에 관한 법률이 대표적이다. 넷째, 국민의 안전성을 확보하기 위하여 일정한 물품에 대하여 매매를 허용하지 않는 경우도 있다(식품위생법 제4조 내지 제6조, 약사법 제60조 등).

2) 계약자유의 제한의 구체적 모습

<table>
<tr><td rowspan="2">계약체결 및 상대방 선택의 자유의 제한</td><td>공법상 체약강제</td><td>① 공익적 독점기업에 대한 체약의무 부과
- 우편·전화 등 통신사업자, 철도·버스 등의 운송사업자
- 전기, 수도, 가스 등의 재화를 공급하는 사업자
② 공공적·공익적 직무담당자의 체약의무
- 공증인, 집행관 등 공공적 직무담당자, 의사, 치과의사, 한의사, 조산사, 약사 등 공익적 직무담당자
※ ①·②의 경우, 체약의무 위반 시 공법상의 제재가 부과되거나, 불법행위책임을 질 수 있으며, 이용자는 체약이행청구소송을 통해 계약체결을 강제할 수 있음.
③ 명령계약 : 허가제 보다 국가적 간섭이 강함(매우 제한적).
- 물가안정에 관한 법률 제6조에 의한 긴급수급조정조치</td></tr>
<tr><td>사법상 체약강제</td><td>① 예약 : 본 계약을 체결할 의무를 당사자 간의 합의(계약)
- 금전소비대차와 결부되는 대물변제예약, 피담보채무액 상당을 매매대금으로 하는 매매예약이 담보권실행을 위한 법정절차를 회피하면서 폭리를 취하려는 제도로 기능하므로 「가등기담보 등에 관한 법률」이 적극 개입하게 됨.
② 당사자 일방의 청약의 의사표시를 상대방이 거절하지 못하는 경우
- 지상권 설정자의 지상물매수청구권(제285조 제2항)
- 전세권자 또는 전세권설정자의 부속물매수청구권(제316조)
- 임차인 또는 전차인의 부속물매수청구권(제646조, 제647조)</td></tr>
<tr><td rowspan="2">내용결정의 자유의 제한</td><td>민법에 내재한 제약</td><td>① 사회질서에 반하는 계약(제103조), 불공정한 계약(제104조), 강행법규에 위반하는 계약(제105조)은 무효임.
② 편면적 강행규정 : 제607조, 제608조, 제643조, 제646조, 주택 및 상가건물임대차보호법 등</td></tr>
<tr><td>약자보호 및 공정성 확보를 위한 특별법상의 제약</td><td>- 근로기준법 : 근로계약을 체결함에 있어 근로조건의 최저한을 규정함(제50조 등).
- 노동조합 및 노동관계조정법 : 단체협약의 기준에 미달하는 근로계약의 효력을 부인함(제33조).
- 약관에 의해 계약을 체결하는 상대방(부합계약) 또는 사업자 : 약관규제법에 의해 내용결정이 제한됨. 또한 추상적 심사나 인가제도에 의해 약간이 통제되기도 함(해운업법 제10조 제1항 등).</td></tr>
</table>

		- 주택 및 상가건물임대차보호법 : 임대차기간의 최소한을 보장함(2년/1년). - 소비자보호 관련 법률 : 청약철회권(방문판매 등에 관한 법률 제8조 등) - 하도급거래공정화에 관한 법률 : 부당한 하도급대금의 결정 금지 등(제4조 내지 제6조) - 물가안정에 관한 법률 : 물가통제를 위하여 대가결정의 자유를 제한함(제2조) - 이자제한법, 대부업의 등록 및 금융이용자보호에 관한 법률에 의한 최고이자율의 제한
방식의 자유의 제한	계약체결의 신중성 / 법률관계의 명확성 확보	- 서면에 의하지 않은 증여는 해제할 수 있음(제555조). - 일정한 방식에 의하지 않은 유언의 효력은 부인됨(제1060조). - 국가를 당사자로 하는 계약(분쟁가능성 봉쇄 목적) : 계약의 목적·계약금액·이행기간·계약보증금·위험부담·지체상금 기타 필요한 사항을 명백히 기재한 계약서를 작성하여야 함(제11조). - 부동산등기특별조치법 : 계약을 원인으로 한 소유권이전등기 시 부동산소재지 관할 시장, 군수, 구청장의 검인을 받은 계약서를 등기소에 제출하여야 함(제3조). - 기타 허가나 증명을 요하는 경우 : 국토의 계획 및 이용에 관한 법률 제118조, 농지법 제8조 제1항(농지취득자격증명)

【소재지 관서의 증명이 없는 농지매매의 효력(대판 1994.12.9, 94다42402)】

> 농지개혁법 제19조 제2항 소정의 소재지 관서의 증명이 농지매매의 효력발생요건이라는 취지가 매매로 인한 소유권이전의 효과를 발생할 수 없다는 것일 뿐 농지매매 당사자 사이에 채권계약으로서의 효력까지 발생하지 못한다는 것은 아니라고 할지라도, 소재지 관서의 증명을 얻지 아니한 채 체결된 농지의 매매계약을 원인으로 하여 매수인이 매도인을 상대로 현재의 이행의 소로 무조건의 소유권이전등기절차의 이행을 청구하는 경우에는 적어도 사실심의 변론이 종결될 때까지는 소재지 관서의 증명을 얻어야만 인용될 수 있는 것이다. 또한 위의 매수인은, 그 필요가 있는 한, 장래 이행의 소로 농지매매증명이 발급되는 것을 조건으로 미리 농지에 관한 소유권이전등기절차의 이행을 청구할 수는 있는 것이다.

【거래허가를 받지 않은 토지의 매매 당사자가 제3자와 합의하여 그 제3자에게 매수인의 지위를 이전한 경우, 그 합의의 효력(대판 2000.10.27, 98두13492)】

> 국토이용관리법상의 토지거래계약허가를 받아야 하는 토지에 관하여 관할관청의 허가를 받을 것을 전제로 하여 허가 없이 매매계약이 체결된 경우 그 매매계약은 유동적 무효상태에 있는 것이고, 유동적 무효상태에 있는 매매계약에 관하여 매도인과 매수인 및 제3자 사이에 제3자가 매수인의 지위를 이전받기로 하는 합의를 하였다고 하더라도, 국토이용관리법상 토지거래 계약허가 제도의 입법취지에 비추어 위 합의는 매도인과 매수인 사이의 매매계약에 대한

관할관청의 허가가 있어야 비로소 효력이 발생하는 것이지, 그와 같은 허가 없이 매도인과 매수인 및 제3자 사이의 합의만으로 유동적 무효상태의 매매계약상의 매수인 지위가 매수인으로부터 제3자에게 이전한다고 할 수 없다.

제2절 약관과 그 규제

1. 서 설

가. 약관의 의의 및 규제의 필요성

약관이라 함은 그 명칭이나 형태 또는 범위를 불문하고 계약의 일방 당사자가 다수의 상대방과 계약을 체결하기 위하여 일정한 형식에 의하여 미리 마련한 계약의 내용이 되는 것을 말한다(약관의 규제에 관한 법률 제2조 제1항). 약관은 통상 계약체결 당시에 이미 조문화되어 계약서의 뒷면이나 별지에 인쇄되어 있고, 고객이 그 정형화된 계약서에 서명함으로써 계약의 내용을 구성하게 된다. 즉, 약관은 계약의 내용이 될 가능성을 가질 뿐 계약 자체는 아니고, 당사자의 합의에 의해 계약내용으로 편입되는 것이다.

약관은 대량생산·대량소비사회에서 사업자가 정형적인 계약내용 내지 계약조건을 미리 마련해 둠으로써 불특정 다수의 고객과의 개별적 계약교섭에 들어가는 비용과 노력을 제거할 수 있고,[4] 이를 통해 거래관계를 신속하고 명확하게 할 수 있다는 장점이 인정되어 왔다. 약관은 이제 보험, 은행대출, 아파트분양, 각종 운송, 여행, 진료, 전기·수도·가스 등 공급, 각종 인터넷 사이트의 회원가입, 연예전속 등 불특정 다수의 고객과 계약을 체결하는 대부분의 업종에서 그 뿌리를 내렸으며, 경제적 약자인 고객에게는 계약교섭의 기회와 계약내용 결정의 자유를 침탈하는 도구로 악용되기도 한다. 가령 독점기업이 생산한 생활필수품이 사업자가 일방적으로 작성한 약관에 의해 판매되거나,

4) 이처럼 계약내용이 당사자 일방에 의해 미리 작성되어 있고, 상대방은 그 계약내용에 따라 계약의 체결 여부만을 선택하게 되는 계약을 부합계약(附合契約) 내지 부종계약(附從契約)이라고 한다.

압도적 지배력을 가진 연예기획사가 소속 연예인에게 일방적으로 불리한 약관의 내용에 따라 전속계약을 체결하는 경우에 그러한 현상은 더욱 두드러진다. 무기대등성이 전제되지 않은 상태에서 경제적 약자인 소비대중이 경제적 강자인 기업의 약관을 수용할 수밖에 없는 상황에서 부당하게 불리한 계약을 체결하였다면 그러한 약자를 보호하고 실질적 평등을 구현하기 위한 법적 규제는 불가피하다.

이러한 필요에 의해 독일에서는 1976년 보통거래약관에 관한 법률(ABGB ; 2002년 채권법 개정으로 민법전에 편입), 영국에서는 1976년 불공정계약조건법(Unfair Contract Terms Act), 우리나라에서는 1986년 약관의 규제에 관한 법률(이하 '약관규제법'이라 함)을 제정하여 약관을 규제하고 있다. 약관규제법은 민법의 특별법이지만, 부당약관에 대한 형사벌적 제재뿐만 아니라 공정거래위원회에 의한 추상적 약관심사를 통해 약관조항의 시정조치를 명할 수 있는 행정적 규제도 가능하게 하고 있다.

나. 약관의 법적 성질

약관이 당사자를 구속하는 근거가 무엇인가에 대해서는 학설과 판례의 입장이 나뉜다.

구 분	학 설	근 거	비 판
규범설	자치법설	- 기업과 고객들을 포함한 당해 거래권이라고 하는 부분사회의 자치법임. - 성문법의 불비를 보충하는 법규로서 법원성과 실효성을 가짐 - 약관내용에 대한 명시·설명을 요하지 않고, 상대방이 알았는지의 여부도 묻지 않음.	집단적 거래를 합리적으로 처리하기 위하여 고안된 일종의 기술로서의 약관이 법원성을 가질 수는 없으며, 약관작성자인 기업에게 자체법의 제정권한을 부여할 법적 근거도 없음.
	백지 상관습법설	- 약관에 의한다고 하는 관습 또는 관습법이 성립하고 있음. - 약관내용에 대한 명시·설명을 요하지 않고, 상대방이 알았는지의 여부도 묻지 않음.	약관에 기하여 계약이 체결된다는 일반적인 상관습을 인정할 이유가 없으며, 자치법설과 마찬가지로 법원성을 인정할 여지도 없음.
계약설	순수계약설	- 약관의 구속력의 근거는 당사자가 약관을 계약의 내용으로 삼으려는 의사(합의)에서 찾아야 함.	

구 분	학 설	근 거	비 판
계약설	절충적 계약설	- 계약설의 토대 위에서 약관의 규범적 속성을 인정함. - 약관은 원칙적으로 합의에 의해 계약내용으로 편입되는 계약초안의 성격을 가지고, 기업의 고객에 대한 명시의무가 인정됨(계약설). - 규범유사적 기능 ① 개별약정과 달리 통일적 해석의 원칙이 적용됨. ② 명시의무를 위반한 경우에도 예외적으로 상대방의 무효 주장이 없는 한 계약에의 편입이 인정됨(법 제3조 제3항).	통일적 해석의 원칙(법 제5조 제1항)에 터 잡아 약관의 규범적 성질을 인정하면서 순수계약설을 비판함.
판 례	순수계약설	① 보통보험약관이 계약당사자에 대하여 구속력을 갖는 것은 그 자체가 법규범 또는 법규범적 성질을 가진 계약이기 때문이 아니라 보험계약 당사자 사이에서 계약내용에 포함시키기로 합의하였기 때문이다(대판 2004.11.11, 2003다30807; 대판 2007.6.29, 2007다9160). ② 약관이 계약당사자 사이에 구속력을 갖는 것은 그 자체가 법규범이거나 또는 법규범적 성질을 가지기 때문이 아니라 당사자가 그 약관의 규정을 계약내용에 포함시키기로 합의하였기 때문이므로 계약당사자가 명시적으로 약관의 규정과 다른 내용의 약정을 하였다면, 약관의 규정을 이유로 그 약정의 효력을 부인할 수는 없다(대판 1998.9.8, 97다53663).	

다. 개별약정과의 구별

계약내용에 대한 구체적인 흥정이나 합의가 존재하는지의 여부에 의해 구분된다. 즉, 당사자가 약관의 일부조항에 대하여 별도의 합의를 하게 되면 그 부분에 한하여 개별약정이 성립한다. 특정 고객에 대하여 보험약관의 내용과 달리, 보험료율을 인하해 준다거나 보증기간을 연장해 주는 약정을 하는 경우와 같이 별도의 특약이 있는 경우에는 그 특약이 약관에 우선하여 적용된다. 약관은 평균적 고객의 이해가능성을 기준으로 하여 통일적으로 해석하지만, 개별약정은 당사자의 진의를 존중하는 일반적인 계약해석의 방법을 따른다. 그리고 개별약정은 임의규정이나 관습에 어긋나더라도 특별히 불공정한 사정이 없는 한 유효한 반면, 약관은 그에 어긋나는 경우에 정당화사유가 없는 한 불공정한 것으로 간주되어 무효가 된다.

2. 약관의 계약에의 편입

가. 편입요건

약관이 계약으로 편입되기 위하여는 사업자가 고객에게 약관의 내용을 계약의 종류에 따라 일반적으로 예상되는 방법으로 명시하고, 약관에 정하여져 있는 중요한 내용을 고객이 이해할 수 있도록 설명한 다음에 계약이 체결되어야 한다. 그리고 고객이 사업자의 명시하지 않았거나 설명하지 않은 내용에 대하여 이의를 제기하지 않아야 한다. 명시 및 설명의무는 이른바 고객에게 불리하게 작용하는 기습조항(불의타조항)으로부터 고객을 보호하기 위한 것이다.

나. 사업자의 명시 및 설명의무

1) 명시의무

인쇄된 약관의 교부하거나 약관의 게시 등 고객이 약관의 내용을 인지할 수 있도록 명시하여야 한다(제3조 제1항).

2) 설명의무

① 고객의 이해관계에 중대한 영향을 미치는 계약의 중요한 내용에 대해서는 명시·설명의무가 부과된다(제3조 2항). 중요한 내용의 예로는 가령 보험계약에 있어서 보험상품의 내용이나 보험료율의 체계 또는 보험자의 면책사유, 은행거래약관 중 예금채권에 관한 양도금지특약, 선박사고에 대한 보험약관 중 영국 해상보험법상의 warranty조항의 의미 및 효과 등에 관한 사항을 들 수 있다.

【관련 판례 : 설명의 대상이 되는 중요한 내용】

① 설명의무의 대상이 되는 '중요한 내용'이라 함은 사회통념에 비추어 고객이 계약체결의 여부나 대가를 결정하는 데 직접적인 영향을 미칠 수 있는 사항을 말하고, 약관조항 중에서 무엇이 중요한 내용에 해당하는지에 관하여는 일률적으로 말할 수 없으며, 구체적인 사건에서 개별적 사정을 고려하여 판단하여야 한다(대결 2008.12.16, 2007마1328).

② 약관의 '중요한 내용'이라 함은 '고객의 이해관계에 중대한 영향을 미치는 사항으로서 사회

> 통념상 그 사항의 지·부지가 계약 체결 여부에 영향을 미칠 수 있는 사항'을 말한다(대판 2007.8.23, 2005다59475·59482·59499).

② 그러나 약관조항 중 이미 법령에 의하여 정하여진 사항이나 거래관행상 일반적으로 공통된 사항, 고객이나 그의 대리인이 충분히 알고 있는 사항 등에 대하여는 명시·설명의무가 배제된다.

【관련 판례 : 명시 및 설명의무가 배제되는 경우】

> ① 보험자에게 보험약관의 명시·설명의무가 인정되는 것은 어디까지나 보험계약자가 알지 못하는 가운데 약관에 정하여진 중요한 사항이 계약 내용으로 되어 보험계약자가 예측하지 못한 불이익을 받게 되는 것을 피하고자 하는 데 그 근거가 있으므로, 보험약관에 정하여진 사항이라고 하더라도 거래상 일반적이고 공통된 것이어서 보험계약자가 별도의 설명 없이도 충분히 예상할 수 있었던 사항이거나 이미 법령에 의하여 정하여진 것을 되풀이하거나 부연하는 정도에 불과한 사항에 대하여서는 보험자에게 명시·설명의무가 인정된다고 할 수 없고, 또 보험계약자나 그 대리인이 이미 약관의 내용을 충분히 잘 알고 있는 경우에는 보험자로서는 보험계약자 또는 그 대리인에게 약관의 내용을 따로 설명할 필요가 없다(대판 2004.11.25, 2004다28245; 대판 2010.3.25, 2009다91316,91323).
>
> ② 주피보험자의 호적상 또는 주민등록상 배우자만이 종피험자로 가입할 수 있는 보험에서 '종피보험자가 보험기간 중 주피보험자의 배우자에 해당되지 아니하게 된 때에는 종피보험자의 자격을 상실한다.'고 정한 약관 조항이 보험자의 명시·설명의무 대상인지가 문제된 사안에서, 이는 거래상 일반적이고 공통적인 것이어서 보험자의 별도 설명 없이도 보험계약자나 피보험자가 충분히 예상할 수 있었던 사항이므로 보험자에게 명시·설명의무가 없다(대판 2011.3.24, 2010다96454).

3) 의무위반의 효과

사업자가 명시·설명의무를 위반한 경우에는 당해 약관을 계약의 내용으로 주장할 수 없다(제3조 3항). 즉, 고객의 항변권이 인정된다. 이 경우 고객은 약관의 효력을 거부할 수도 있고, 승인할 수도 있다. 다만 명시의무 위반의 경우에는 약관의 일부에 대한 효력을 승인할 수 없지만, 설명의무 위반의 경우에는 당해 조항의 효력만을 부인할 수도 있다.[5)]

---

5) 손지열, 민법주해(XII), 319~321면; 지원림, 민법강의, 1267면.

4) 증명책임

명시·설명을 요하는 약관이 명시·설명되었다는 점 또는 명시·설명의 대상이 되는 약관의 내용을 고객이나 그 대리인이 잘 알고 있어서 명시·설명이 필요하지 않았다는 점에 대한 증명책임은 사업자가 부담한다.

【관련 판례 : 명시 및 설명의무가 배제되는 경우의 증명책임】

> 보험약관의 중요한 내용에 해당하는 사항이라 하더라도 보험계약자나 그 대리인이 그 내용을 충분히 잘 알고 있는 경우에는 당해 약관이 바로 계약 내용이 되어 당사자에 대하여 구속력을 가지므로 보험자로서는 보험계약자 또는 그 대리인에게 약관의 내용을 따로 설명할 필요가 없다고 볼 것인바, 이 경우 보험계약자나 그 대리인이 그 약관의 내용을 충분히 잘 알고 있다는 점은 이를 주장하는 보험자 측에서 입증하여야 할 것이다(대판 2001.7.27, 99다55533).

3. 약관의 해석과 내용통제

약관의 통제방법은 크게 편입통제, 해석통제, 불공정성 통제로 나눌 수 있다. 법원이 약관에 대하여 행하는 구체적 내용통제는 개별 계약관계에서 당사자의 권리·의무를 확정하기 위한 선결문제로서 약관조항의 효력 유무를 심사하는 것이므로, 법원은 약관에 대한 단계적 통제과정, 즉 약관이 사업자와 고객 사이에 체결한 계약에 편입되었는지의 여부를 심사하는 편입통제와 편입된 약관의 객관적 의미를 확정하는 해석통제 그리고 이러한 약관의 내용이 고객에게 부당하게 불이익을 주는 불공정한 것은 아닌지의 여부를 살펴보는 불공정성 통제의 과정에서, 개별사안에 따른 당사자들의 구체적인 사정을 고려하여야 한다(대결 2008.12.16, 2007마1328).

가. 약관의 해석

약관이 계약으로 편입되면 그 해석은 법률행위해석의 방법에 의함이 원칙이나, 예외적으로 법규로서의 구속력을 인정받는 경우에는 법규의 해석방법에 의하여야 한다.

1) 신의성실의 원칙

약관은 그 약관이 적용되는 구체적 사정, 즉 계약의 종류 및 기타 제반 사정을 고려하여 신의성실의 원칙에 따라 공정하게 해석되어야 한다. 약관조항이 신의칙에 반하는 공정을 잃은 조항으로서 약관규제법상 무효라고 볼 수 밖에 없는 경우에는 수정해석을 하기도 한다.

【신의칙에 반하는 불공정 조항에 대하여 수정해석을 한 사례 : 효력유지적 축소해석】

> 무면허운전면책조항이 공제조합원의 지배 또는 관리가능성이 없는 무면허운전의 경우에까지 적용된다고 보는 경우에는 그 조항은 신의성실의 원칙에 반하는 공정을 잃은 조항으로서 위 무면허운전면책조항은 위와 같은 무효의 경우를 제외하고 무면허운전이 공제조합원의 지배 또는 관리 가능한 상황에서 이루어진 경우에 한하여 적용되는 조항으로 수정해석할 필요가 있다(대판 전합체 1991.12.24, 90다카23899; 대판 1993.12.21, 91다36420 등).
>
> ☞ 불공정조항의 효력유지적 축소해석 : 약관조항에 불공정한 내용이 은닉되어 있으나, 조항의 내용 중 무효인 부분과 유효인 부분을 관념상 이분하여 약관조항의 문장은 그대로 두면서 유효인 부분만을 의미하는 것으로 축소 해석하는 방법을 말한다.

2) 객관적·통일적 해석의 원칙

약관은 다수의 고객에게 동일하게 객관적으로 해석되어야 한다(제5조 제1항). 즉, 계약체결의 의사나 구체적 사정을 고려하지 않고, 평균적 고객의 이해 가능성을 기준으로 하여 객관적·획일적으로 해석되어야 한다. 차별적 취급을 방지하기 위한 것이다(규범유사적 기능).

3) 고객유리의 원칙

계약의 뜻이 명백하지 아니한 경우에는 고객에게 유리하게 해석되어야 한다(제5조 제2항). 명확하게 해석되지 않는 약관조항은 그 작성자가 불명확의 위험을 부담하도록 해석해야 한다는 취지이다.

【관련 판례 : 불명확 조항이 고객에게 유리하게 해석된 사례】

> ① 보험약관에 '탑승 중인 사고'에 대해서만 보험금을 지급하는 것으로 규정하였더라도 피보험자가 교통승용구에 승차·승선하거나 교통승용구에서 하차·하선하는 때에는 교통승용구에 탑승한 경우와 비교하여 그 운행과 관련된 사고 발생의 위험이 결코 적다고 할 수 없는 점에서

'탑승하고 있는 때'에 준한다고 볼 수 있으며 보험약관 제4조 [3]항에서 보험사고로 규정하고 있는 '탑승'이라는 용어가 반드시 '승·하차'라는 개념을 배제하고 있는 것으로 보기는 어렵고, 오히려 원고 주장과 같이 '탑승'이라는 개념을 좁게 해석하는 경우 약관내용이 명백하지 못하거나 의심스러움에도 불구하고 고객에게 불리하게 해석하는 것이 되어 앞서 본 보통거래약관 해석상의 원칙에 반한다(대판 2005.4.15, 2004다65138,65145).

② 신용보증약관 제8조 제2항은 "'보증부대출 이외의 채권'이라 함은 채무자가 채권자에게 주된 채무자로서 부담하는 채무를 말하며 채무자가 제3자를 위하여 부담한 보증채무 및 어음상의 채무 등은 포함하지 아니합니다."라고 규정(면책조항)되어 있는 경우, "채무자가 제3자를 위하여 부담한 보증채무 및 어음상의 채무 등"은 이를 "'채무자가 제3자를 위하여 부담한 보증채무', '어음상의 채무 등'"으로 해석할 수도 있는 반면에 이를 "'채무자가 제3자를 위하여 부담한 보증채무', '채무자가 제3자를 위하여 부담한 어음상의 채무 등'"으로 해석할 수 있는 여지가 있고 또한 그러한 해석이 무리라고 보여지지도 아니하며, 더구나 "…어음상의 채무 '등'"이라고 함은 채무자가 제3자를 위하여 부담한 보증채무와 같은 종류의 것들이 더 있음을 나타내는 것으로 보여져, 결국 신용보증약관 제8조 제2항의 "…어음상의 채무"라는 규정이 약관작성자인 신용보증기금의 의사와는 달리 해석될 수 있어 그 뜻이 명백하지 아니한 경우에 해당하므로 약관해석원칙에 따라 위 규정의 "…어음상의 채무"는 위 약관의 작성자에게 불리하게, 고객에게 유리하게 이를 "채무자가 제3자를 위하여 부담한 어음상의 채무"로 해석하여야 한다(대판 1998.10.23, 98다20752).

③ 보험계약(사업안전종합보험)의 피보험자가 이 사건 각 보험계약의 보험목적물 중 동산과 관련하여 거래처들로부터 판매금액을 과다하게 기재하여 받은 허위의 거래명세표 등을 보험금 청구의 증거서류로 피고들에게 제출하면서 실제 동산에 관한 손해액의 1.7배에 이르는 금원을 손해액으로 하여 보험금을 각 청구한 사안에 대하여, "피보험자 등이 보험금을 고의로 위변조하는 방법으로 허위 청구하는 경우에는 보험금청구권을 상실한다는 취지의 보험약관 조항의 해석에 있어서, 피보험자가 독립한 여러 보험목적물 중 일부에 관하여 실제 손해보다 과다하게 허위의 청구를 한 경우에 허위의 청구를 하지 않은 다른 보험목적물에 관한 보험금청구권까지 상실하는 것은 아니다."라고 보았다(대판 2007.2.22, 2006다72093).

④ 갑 보험회사의 보험계약 약관에서 말하는 암 수술급여금의 지급대상인 '수술'에 폐색전술(필자 주: 폐혈관에 문제가 있는 경우로서 그 원인은 폐암일수도 있으나, 사안에서는 유방암 치료 후 폐로 암이 전이되어 폐색전술이 시술되었음)이 해당하는지 여부가 문제된 사안에서, 보험계약 약관 제5조에서는 암 보험급여의 대상이 되는 수술을 특정암 또는 일반암의 치료를 직접적인 목적으로 수술을 받는 행위라고만 규정하고 있을 뿐 의료계에서 표준적으로 인정되는 수술이라고 제한하고 있지 않고, 위 약관에서 수술의 의미를 구체적으로 명확하게 제한하고 있지도 않으므로, 가는 관을 대동맥에 삽입하여 이를 통해 약물 등을 주입하는 색전술도 넓은 의미의 수술에 포함될 여지가 충분히 있고, 갑 보험회사는 병원에 직접 乙의 치료내용을 확인한 후 3년 3개월 동안 19회에 걸쳐 합계 1억 1,400만 원의 암 수술급여금을 지급해 왔으므로, 乙이 받은 폐색전술은 보험계약 약관 제5조의 수술에 해당한다고 봄이 상당하고, 이러한 해석론

이 약관 해석에 있어서의 작성자 불이익의 원칙에도 부합하는 것이다(대판 2010.7.22, 2010다28208,28215).

4) 개별약정 우선의 원칙

약관에서 정하고 있는 사항에 관하여 사업자와 고객이 약관의 내용과 다르게 합의한 사항이 있을 때에는 당해 합의사항은 약관에 우선한다(제4조). 이는 약관의 구속력의 근거를 합의에서 구하는 계약설의 당연한 귀결이다(대판 1998.9.8, 97다53663).

【관련 판례 : 개별약정 우선의 원칙의 원칙이 적용된 사례】

① 개별적인 교섭이 있었다고 하기 위해서는 비록 그 교섭의 결과가 반드시 특정 조항의 내용을 변경하는 형태로 나타나야 하는 것은 아니라 하더라도, 적어도 계약의 상대방이 그 특정 조항을 미리 마련한 계약서의 내용에 구속되지 아니하고 당사자와 사이에 거의 대등한 지위에서 당해 특정 조항에 대하여 충분한 검토와 고려를 한 뒤 영향력을 행사함으로써 그 내용을 변경할 가능성이 있어야 하고, 약관 조항이 당사자 사이의 합의에 의하여 개별약정으로 되었다는 사실은 이를 주장하는 사업자 측에서 증명하여야 한다(대판 2010.9.9, 2009다105383).

② 사업자와 고객 사이에 교섭이 이루어진 약관 조항은 약관 작성상의 일방성이 없으므로 약관의규제에관한법률 소정의 약관에 해당하지 않는다고 할 것이나, 이 경우 원칙적으로 개개의 조항별로 교섭의 존재 여부를 살펴야 하며, 약관 조항 중 일부의 조항이 교섭되었음을 이유로 그 조항에 대하여는 같은 법의 적용이 배제되더라도 교섭되지 아니한 나머지 조항들에 대하여는 여전히 같은 법이 적용되어야 한다(대판 2000.12.22, 99다4634).

③ 금융기관의 여신거래기본약관에서 금융사정의 변화 등을 이유로 사업자에게 일방적 이율 변경권을 부여하는 규정을 두고 있으나, 개별약정서에서는 약정 당시 정해진 이율은 당해 거래기간 동안 일방 당사자가 임의로 변경하지 않는다는 조항이 있는 경우, 위 약관조항과 약정서의 내용은 서로 상충된다 할 것이고, 약관의규제에관한법률 제4조의 개별약정우선의 원칙 및 위 약정서에서 정한 개별약정 우선적용 조항에 따라 개별약정은 약관조항에 우선하므로 대출 이후 당해 거래기간이 지나기 전에 금융기관이 한 일방적 이율 인상은 그 효력이 없다(대판 2001.3.9, 2000다67235).

④ 신용보증계약의 내용이 된 신용보증약관에 변제충당의 순서에 관하여 규정되어 있다 하더라도 은행인 채권자가 신용보증기금과 신용보증계약을 체결한 후 신용보증기금으로부터 일부 채권에 대한 대위변제를 받고 그 채권과 함께 이를 담보하는 근저당권의 일부를 신용보증기금에게 양도하면서 신용보증기금과 사이에 명시적으로, 위 근저당권이 담보하는 채권자의 잔존채권이 있으면 양도한 근저당권에서 채권자가 우선하여 그 채권을 회수할 수 있다는 취지의 약정을

하였다면 변제충당의 순서에 관한 신용보증약관의 규정을 이유로 채권자와 신용보증기금 사이의 위와 같은 약정의 효력을 부인할 수는 없다(대판 1998.9.8, 97다53663).

나. 약관의 통제

약관규제법은 약관의 일반적 통제에 관한 규정(제6조)과 이에 기초하여 개별적 통제에 관한 규정(제7조 내지 제14조)을 각각 두고 있다.

1) 일반적 통제

신의성실의 원칙에 반하여 공정을 잃은 약관조항은 무효이다(제6조 제1항). 이 경우 신의칙은 당사자 사이의 경제력 및 계약 교섭력의 차이에 따른 불공정성을 제거하는 기능을 갖는다. 약관규제법은 고객에게 부당하게 불리한 조항, 고객이 계약의 거래형태 등 관련된 모든 사정에 비추어 예상하기 어려운 조항, 계약의 목적을 달성할 수 없을 정도로 계약에 따르는 본질적 권리를 제한하는 조항은 공정성을 잃은 것으로 추정한다(동조 제2항).

가) 고객에게 부당하게 불리한 조항(제1호)

고객에게 부당하게 불리한 조항인지의 여부는 개개의 당사자가 아니라, 고객집단의 평균적 이익을 고려하여 판단한다.

【관련 판례】

① 당첨자에게 계약의 체결을 강제하기 위한 수단으로 분양용지의 공급가액의 약 10%에 상당하는 분양신청예약금을 일방적으로 피고(한국토지공사)에게 귀속시키는 이 사건 약관조항은 고객인 당첨자에 대하여 부당하게 과중한 손해배상의무를 부담시키는 것으로서 신의성실의 원칙에 반하여 공정을 잃은 약관조항에 해당하여 무효이다(대판 1996.9.10, 96다19758).

② 월 차임 연체 등을 이유로 계약을 해지한 경우 임차인으로 하여금 임대차보증금의 10%를 위약금으로 지급하도록 한 이 사건 임대차계약서 제16조 제3항은 임차인에 대하여 부당하게 불리한 조항으로서 공정을 잃은 것으로 추정되어 신의성실의 원칙에 반하거나, 부당하게 과중한 지연손해금 등의 손해배상의무를 부담시키는 약관 조항으로서 위 법률 제6조 제1항, 제2항 제1호, 제8조에 위반되어 무효라고 볼 수 있다(대판 2009.8.20, 2009다20475,20482).

③ 변제충당에 관한 민법 제476조, 제477조의 규정들은 임의규정으로서 당사자가 그와 다른 약정을 할 수 있는 것이기는 하나, 채권자가 어음거래약정서와 같은 약관에서 변제충당에 관한

민법 규정과는 달리 채권자가 임의로 충당할 수 있도록 하는 규정을 둘 경우에는 적어도 고객인 채무자 또는 담보제공자가 제공한 변제금이나 담보물의 처분대금이 채무자가 부담하고 있는 수개의 채무 중 어느 채무에 충당되는 것인지를 채무자 또는 담보제공자가 예측할 수 있도록 하는 등 채무자 측의 이익도 배려하여야 할 것인바, 어음거래약정서 중 변제충당에 관한 조항이 채권자에게 무제한의 포괄적 충당권을 부여하면서도 그 순서와 방법의 기준 등을 전혀 규정하지 아니함으로써 채권자로 하여금 수시로 자의적으로 충당할 채무를 정할 수 있도록 하였을 뿐만 아니라, 채무자 또는 담보제공자로서는 충당되는 채무를 알 수도 없게 되어 있고, 심지어는 채권자가 자신에게 아무런 이익이 없으면서 채무자에게 불리한 순서와 방법으로 변제충당을 한다고 하여도 채무자가 이의를 할 여지도 없게 되어 있는 경우, 위와 같은 약관조항은 고객인 채무자 등의 정당한 이익을 완전히 무시하여 부당하게 불리하고 신의성실에 반하여 공정을 잃은 조항으로서 무효라고 보아야 한다(대판 2002.7.12, 99다68652).

④ 은행이 상계를 하는 경우, 이자나 지연손해금 등의 계산의 종기를 임의로 정할 수 있도록 한 은행여신거래기본약관 조항은 고객인 채무자에게 부당하게 불리하고 신의성실의 원칙에 반하여 공정을 잃은 조항으로서 무효이다(대판 2003.7.8, 2002다6455). ※ 이자나 지연손해금 등의 계산의 종기도 상계적상 시가 되고, 채권·채무의 이자나 지연손해금 등의 계산의 종기를 달리 정하는 규정을 둘 경우에는 적어도 그 계산의 종기가 상계적상 시로부터 과도하게 이탈하지 않도록 필요한 범위 내에서 이탈의 정도를 최소화함과 동시에 고객인 채무자가 어느 시점을 기준으로 이자나 지연손해금 등이 계산될 것인지를 예측할 수 있도록 하여야 함에도 그 계산의 종기를 상계적상 시로부터 과도하게 이탈하여 정한 사안임.

나) 기습조항(제2호)

전형계약의 내용을 벗어나는 변칙조항을 삽입하는 등 고객이 일반적으로 예측하기 어려운 조항은 무효이다.

【관련 판례】

약관인 상가임대분양계약서에 "기부채납에 대한 부가가치세액은 별도"라고 기재되어 있는 경우, 분양자가 위 상가를 기부채납하고 그 대가로 무상사용권을 부여받은 행위가 부가가치세법상의 '재화의 공급'에 해당되어 부가가치세가 부과된다는 것은 일반인은 잘 알지 못하는 것이고, 부과가 된다고 하더라도 그 액수가 얼마인지 미리 알기도 어려우며, 특히 수분양자들이 임대분양계약서에서 정한 임대보증금을 납부할 당시 부가가치세가 포함된 금액을 공급가액과 구분하여 납부하였으므로, 위 약정 당시 기부채납에 따른 부가가치세를 위 부가가치세와 혼동할 우려가 있음에도 불구하고 분양자 측에서 이 점에 관한 명백한 고지나 설명이 없었고, 부동문자로 인쇄된 계약조항 제2조의 임대보증금 납부란에 수분양자에게 상당한 부담이 되고 중요한 위 부가가치세 부담조항을 기재해 넣은 점, 또한 수분양자가 이중으로 부가가치세를 부담하게 되는 것은 형평에 어긋나고 불측의 손해를 입게 된다는 점 등을 감안할 때 위 계약서 제2조 중 기부채납에 대한 부가가치세 부담에 관한 부분은 위 법률 제6조 제2항 제2호 소정의 "고객이 계약의 거래 형태 등 제반 사정에 비추어 예상하기 어려운 조항"에 해당하여 공정을 잃은 것으로 추정되므로 무효이다(대판 1998.12.22, 97다15715).

다) 계약의 목적을 달성할 수 없을 정도로 계약에 따른 본질적 권리를 제한하는 경우(3호)

사업자의 주채무의 이행을 배제·제한하는 조항 등 계약의 목적을 달성할 수 없을 정도로 계약에 따른 본질적 권리를 제한하는 약관은 무효이다.

【관련 판례(하급심 부정례)】

① 국내 토익시험을 주관하는 회사의 일반시험관리규정 중 토익시험 문제, 정답표 등에 대한 비공개 규정은 합리적 이유가 있는 조항으로 고객에게 부당하게 불리한 조항 내지 계약의 목적을 달성할 수 없을 정도로 계약에 따르는 본질적 권리를 제한하는 조항에 해당한다고 보기 어렵고, 달리 위 규정이 신의성실의 원칙을 위반하여 공정성을 잃은 조항이라고 볼 수도 없다(서울중앙지법 2010.5.13, 2009가합91458).

② 약관에 의해 은행과 고객이 체결한 "레버리지 윈도우 키코 포워드(Leveraged Window KIKO Forward)" 계약(거래기간 1년을 1개월씩 12개의 단위로 나누어 1개월을 관찰기간(Observation Period)으로 하여 각 관찰기간마다 원/달러 환율의 변동에 따라 계약당사자에게 각기 상이한 권리·의무가 발생하고 그 권리·의무에 따라 매월의 결제일에 결제하도록 하는 통화옵션계약)의 내용에 의하면, 환율하락에 따른 고객의 이익 및 은행의 손실은 제한된 반면 환율상승에 따른 고객의 손실 및 은행의 이익은 무제한으로 확대될 수 있고, 은행이 콜옵션을 행사하는 경우의 계약금액이 고객이 풋옵션을 행사하는 경우의 계약금액의 2배로 정해져 있지만, 계약 체결 전 2년간의 환율 추이 및 계약 체결 당시 환율 전망 등이 고객이 이익을 취득할 수 있는 구간에서 환율이 변동할 가능성이 매우 컸던 반면에 은행이 이익을 취득할 수 있는 구간에서 환율이 변동할 가능성이 매우 희박하였던 점 등에 비추어 볼 때, 위와 같은 사정만으로는 그 계약의 내용이 고객에 일방적으로 부당하게 불리한 것으로 볼 수 없고, 위 계약의 계약기간이 1년인 점, 환율이 일정 수준 이상으로 상승하는 경우 고객에게 계약 해지권을 인정하게 되면 다른 조건들이 고객에게 불리하게 변경될 것이 불가피한 점, 위 계약 체결의 주된 목적이 수출기업인 고객이 수출대금의 가치 하락 위험을 해지하기 위한 것이라면 환율상승으로 환차익을 얻을 기회를 상실하는 소극적 손해를 입을 뿐 현실적인 손해는 입지 않는 점 등 사정에 비추어, 위 계약에 환율이 일정 수준 이상으로 상승하는 경우 고객에게 계약 해지권을 인정하는 내용을 포함하지 않았다고 하여 이를 계약의 본질적인 권리를 제한하는 것으로 볼 수 없다(인천지법 2009.3.9, 2009카합228).

2) 개별적 통제

가) 면책조항의 금지(제7조)

(1) 사업자, 이행 보조자 또는 피고용자의 고의 또는 중대한 과실로 인한 법률상의 책임을 배제하는 조항(제1호)

사업자, 그의 이행보조자 및 피용자의 고의 또는 중과실로 인한 법률상의 책임을 배제하는 조항은 절대적 무효이다. 고객이 사업자에 대하여 채무불이행책임이나 불법행위책임을 물을 수 있는 기회를 박탈하기 때문이다. 그러나 경과실로 인한 책임의 배제는 허용된다.

【관련 판례】

① 노외주차장 관리자가 그 이용자에게 주차권의 의미로 발행·교부한 '차고회비합의서'의 뒷면에 부동문자로 기재된 "차량의 파손 및 도난은 본 차고에 민·형사상의 책임이 없다."라는 문구는 주차장법 제17조 제3항의 규정 등에 비추어 볼 때 고객에 대하여 부당하게 불리한 약관이거나, 주차장 관리자가 고의 또는 중대한 과실로 선량한 관리자의 주의의무를 다하지 않음으로써 발생한 손해에 대한 배상까지도 정당한 이유 없이 배제하는 약관으로서 무효이다(대판 2006.4.14, 2003다41746).

② 한국전력공사의 전기공급규정 제51조 제3호, 제49조 제1항 제3호는 한국전력공사의 전기설비에 고장이 발생하거나 발생할 우려가 있는 때 한국전력공사는 전기의 공급을 중지하거나 그 사용을 제한할 수 있고, 이 경우 한국전력공사는 수용가가 받는 손해에 대하여 배상책임을 지지 않는다고 규정하고 있는바, 이는 면책약관의 성질을 가지는 것으로서 한국전력공사의 고의 또는 중대한 과실로 인한 경우까지 적용된다고 보는 경우에는 약관의규제에관한법률 제7조 제1호에 위반되어 무효이나, 그 외의 경우에 한하여 한국전력공사의 면책을 정한 규정이라고 해석하는 한도에서는 유효하다고 보아야 한다(대판 2002.4.12, 98다57099; 대판 1995.12.12, 95다11344 등).

(2) 상당한 이유 없이 사업자의 손해배상 범위를 제한하거나 사업자가 부담하여야 할 위험을 고객에게 떠넘기는 조항(제2호)

【관련 판례】

① 구 상법 제650조는 보험료가 적당한 시기에 지급되지 아니한 때에는 보험자는 상당한 기간을 정하여 보험계약자에게 최고하고 그 기간 내에 지급하지 아니한 때에는 계약을 해지할 수 있도록 규정하고, 같은 법 제663조는 위 규정을 보험당사자 간의 특약으로 보험계약자 또는

보험수익자의 불이익으로 변경하지 못한다고 규정하고 있으므로, 분납 보험료가 소정의 시기에 납입되지 아니하였음을 이유로 그와 같은 절차를 거치지 아니하고 막바로 보험계약이 해지되거나 실효됨을 규정하고 보험자의 보험금지급 책임을 면하도록 규정한 보험약관은 위 상법의 규정에 위배되어 무효이다(대판 전합체 1995.11.16, 94다56852).

② 보험료 납입의 연체를 이유로 보험계약이 일정기간 경과 후 당연히 실효된다고 한 보험약관의 규정은 무효이다(대판 2002.7.26, 2000다25002).

③ 영업배상특약보험계약에 관한 보통약관 제4조 제2항 ③은 피보험자가 지급한 소송비용, 변호사비용, 중재, 화해 또는 조정에 관한 비용 중에서 피보험자가 미리 보험자의 동의를 받아 지급한 경우에만 보험금을 지급하도록 규정하고 있는데, 이러한 제한 규정을 보험자의 "사전 동의"가 없으면 어떤 경우에나 피보험자의 방어비용을 전면적으로 부정하는 것으로 해석하는 한에서는 이러한 약관조항으로 인하여 피보험자의 방어비용을 보험의 목적에 포함된 것으로 일반적으로 인정하고 있는 상법 제720조 제1항의 규정을 피보험자에게 불이익하게 변경하는 것에 해당하고, 따라서 이러한 제한규정을 둔 위 약관조항은 상법 제663조에 반하여 무효이다(대판 2002.6.28, 2002다22106).

④ 자동차종합보험계약상의 '무보험자동차에 의한 상해특약'은 상해보험의 일종으로서, 상법 제732조의2, 제739조, 제663조의 규정에 의하면 사망이나 상해를 보험사고로 하는 인보험에 관하여는 보험사고가 고의로 인하여 발생한 것이 아니라면 비록 중대한 과실에 의하여 생긴 것이라 하더라도 보험금을 지급할 의무가 있다고 할 것이므로, 그 약관 중 "피보험자가 무면허운전을 하던 중 그 운전자가 상해를 입은 때에 생긴 손해는 보상하지 아니한다."고 규정한 무면허운전 면책조항이 보험사고가 전체적으로 보아 고의로 평가되는 행위로 인한 경우뿐만 아니라 과실(중과실 포함)로 평가되는 행위로 인한 경우까지 보상하지 아니한다는 취지라면 과실로 평가되는 행위로 인한 사고에 관한 한 무효이다(대판 1999.2.12, 98다26910).

⑤ 주택공급계약 당시 시행되던 구 주택공급에 관한 규칙(1995. 11. 6. 건설교통부령 제39호로 개정되기 전의 것) 제27조 제4항이 입주 전까지 납부한 입주금 전부를 지체상금 산정대상으로 하고 있는 점 등의 제반 사정에 비추어, 주택공급계약서상 입주지연 지체상금의 산정대상에서 계약금을 제외한 지체상금 조항은 상당한 이유 없이 사업자의 손해배상범위를 제한하고 고객에 대하여 부당하게 불리하며 신의성실에 반하여 공정을 잃은 조항으로서 무효이다(대판 2007.8.23, 2005다59475,59482,59499).

(3) 상당한 이유 없이 사업자의 담보책임을 배제 또는 제한하거나 그 담보책임에 따르는 고객의 권리행사의 요건을 가중하는 조항(3호)

아파트분양약관이나 자동차매매약관에 사업자의 하자담보책임의 요건으로서 귀책사유를 요구한다든가, 사업자의 하자담보책임을 추급함에 있어서 언제나 고객의 선의·무과실을 요구한다든가 하는 경우가 이에 해당한다.

이와 관련하여서는 불공정성을 부정한 판례가 있을 뿐이다.

【관련 판례(부정례)】

> 시설대여계약은 법적 성격이 비전형계약으로서 민법의 임대차에 관한 규정이 적용되지 아니하는 점 및 시설대여 제도의 본질적 요청(금융적 성격) 등에 비추어, 시설대여 회사의 하자담보책임을 제한하는 약정조항은 약관의 규제에 관한 법률 제7조 제2호, 제3호에 해당하지 아니한다(대판 1996.8.23, 95다51915).

(4) 상당한 이유 없이 계약목적물에 관하여 견본이 제시되거나 품질·성능 등에 관한 표시가 있는 경우, 그 보장된 내용에 대한 책임을 배제 또는 제한하는 조항(제4호)

나) 손해배상액의 예정(제8조)

고객에게 부당하게 과중한 지연 손해금 등의 손해배상 의무를 부담시키는 약관 조항은 무효로 한다. 이에 따라 약관조항이 무효인 경우, 그것이 유효함을 전제로 민법 제398조 제2항을 적용하여 적당한 한도로 손해배상예정액을 감액하거나, 과중한 손해배상의무를 부담시키는 부분을 감액한 나머지 부분만으로 그 효력을 유지시킬 수는 없다(대판 2009.8.20, 2009다20475,20482).

【관련 판례】

> **1. 긍정례**
>
> ① 한국토지공사가 토지를 분양하면서 토지분양계약이 해제되었을 때 귀책사유의 유무를 불문하고 수분양자가 지급한 매매대금의 10%에 상당하는 계약보증금이 분양자인 한국토지공사에게 귀속되도록 정한 경우, 그 계약금 몰취 규정은 고객인 분양자에 대하여 일방적으로 부당하게 불리한 조항으로서 공정을 잃은 것으로 추정되어 신의성실의 원칙에 반하거나 또는 계약 해제시 고객의 원상회복청구권을 부당하게 포기하도록 하는 조항으로서 무효이다(대판 1999.3.26, 98다33260).
>
> ② 부동산임대업자가 미리 부동문자로 인쇄한 임대차계약서에 기재된 임대차계약 종료일로부터 인도 또는 복구된 날까지의 통상 차임 및 관리비와 임대차보증금에 대한 월 1%의 비율에 의한 이자의 합산액의 2배를 배상액으로 정하고 있는 '임대차목적물의 명도 또는 원상복구 지연에 따른 배상금' 조항은 개별적인 교섭을 거침으로써 상대방이 자신의 이익을 조정할 기회를 가졌다고 할 수 없어 약관에 해당하고, 또한 고객인 임차인에 대하여 부당하게 과중한 손해배상 의무를 부담시키는 조항이므로 무효이다(대판 2008.7.10, 2008다16950).
>
> ③ 액화석유가스(LPG) 공급자가 자신의 부담으로 가스시설 및 부대시설을 설치한 경우, 가스

사용자가 가스공급기간을 지키지 않은 때에 가스공급자가 부담한 시설비의 2배에 해당하는 금액을 가스공급자에게 배상하여야 한다고 정한 LPG 공급 및 사용계약서의 손해배상액 예정 조항은 무효이다(대판 2006.11.9, 2006다27000).

④ 단순 최저가 낙찰방식에 의한 건설공사 도급계약에 있어서는 현저한 저가 입찰을 억제하여 덤핑에 의한 부실공사를 방지하고 계약 내용대로 계약을 이행할 것을 담보할 필요성이 매우 강한 점에 비추어, 예정가격의 100분의 85 미만에 낙찰 받은 자는 예정가격과 낙찰금액의 차액을 차액보증금으로서 현금으로 납부하게 하고 채무불이행의 경우 차액보증금을 발주자에게 귀속시키기로 하는 약관조항은 허용될 수 있으나, 위의 경우, 차액보증금을 현금에 갈음하여 건설공제조합 등이 발행하는 보증서로 납부하고자 하는 경우에는 그 차액의 2배를 납부하게 하고 수급인의 채무불이행의 경우 계약보증금과 차액보증금을 발주자에게 귀속시키기로 하는 약관조항은 무효라고 할 것이다(대판 2000.12.8, 99다53483).

2. 부 정 례

① 약관상 매매계약 해제시 매도인을 위한 손해배상액의 예정조항은 있는 반면 매수인을 위한 손해배상액의 예정조항은 없는 경우, 매도인 일방만을 위한 손해배상액의 예정조항을 두었다고 하여 곧 그 조항이 무효라 할 수는 없다(대판 2000.9.22, 99다53759,53766).

② 지체상금의 약정은 일정한 기일 안의 이행을 강제하기 위하여 그 기일을 경과한 데 대하여 지체책임을 지도록 하는 위약벌 내지 손해배상액의 예정이라 할 것인데, 지체상금의 지급기준에 관하여 이에 계약금을 포함시키는 일반적인 거래관행이 있었던 것이 아니고, 당시 시행되던 구 주택공급에관한규칙(1995. 2. 11. 건설교통부령 제6호로 전문 개정되기 전의 것) 제19조 제2항에서도 지체상금의 산정대상을 '이미 납부한 중도금'이라고 규정하여 계약금을 포함시키지 않고 있었으며, 입주예정자들로서는 공급회사가 정한 입주예정일을 신뢰하고 계약일로부터 입주일까지의 기간 등을 고려하여 계약체결 여부 등을 결정하고 기존 주거의 처분, 정리, 자금운용 등의 계획을 세우는 것이 보통이므로, 그 계약금이 분양대금의 20%에 이른다고 하여 지체상금의 산정대상에서 계약금을 제외시킨 계약조항을 가리켜 고객에 대하여 '불리한' 조항이라고는 할 수 있을지언정 '부당하게 불리한' 조항이라고는 할 수 없다(대판 1999.3.12, 97다37852,37869).

다) 계약의 해제·해지(제9조)

법률에 따른 고객의 해제권 또는 해지권을 배제하거나 그 행사를 제한하는 조항(제1호), 사업자에게 법률에서 규정하고 있지 아니하는 해제권 또는 해지권을 부여하여 고객에게 부당하게 불이익을 줄 우려가 있는 조항(제2호), 법률에 따른 사업자의 해제권 또는 해지권의 행사 요건을 완화하여 고객에게 부당하게 불이익을 줄 우려가 있는 조항(제3호), 계약의 해제 또는 해지로 인한 원상회복의무를 상당한 이유 없이 고객에게 과중하게 부담시키거나 고객의 원상회복 청구권을 부당하게 포기하도록 하는 조항(제4호), 계약의 해제 또는 해지로 인한 사업자의 원상회복의무나 손해배상의무를 부당하게 경감하는 조항(제5호), 계속적인 채권관계의 발생을 목적으로 하는 계약에서 그 존속기간을 부당하게 단기 또는 장기로 하거나 묵시적인 기간의 연장 또는 갱신이 가능하도록 정하여 고객에게 부당하게 불이익을 줄 우려가 있는 조항(제6호)은 고객에게 부당하게 불리한 조항으로 무효이다.

【관련 판례】

① 피보험자가 변경되었을 때 보험자의 승인을 받지 않으면 보험계약은 효력이 상실된다고 규정한 이행(상품판매대금)보증보험약관은 무효이다(대판 2002.5.10, 2000다70156).

② 계약의 해제로 인한 고객의 원상회복청구권을 부당하게 포기하도록 하는 약관조항은 고객에게 부당하게 불리하여 공정을 잃은 것으로 추정되고 신의성실의 원칙에 반하는 것으로서 무효라고 보아야 한다(대판 1999.3.26, 98다33260).

③ 연대보증기간 자동연장 조항에 계약기간 종료시 이의 통지 등에 의해 보증인의 지위에서 벗어날 수 있다는 규정이 없고, 새로운 계약기간을 정하여 계약 갱신의 통지를 하거나, 그것이 없으면 자동적으로 1년 단위로 계약기간이 연장되도록 규정하고 있다면, 이는 계속적인 채권관계의 발생을 목적으로 하는 계약에서 묵시의 기간 연장 또는 갱신이 가능하도록 규정하여 고객인 연대보증인에게 부당하게 불이익을 줄 우려가 있다고 보여지므로 무효이다(대판 1998.1.23, 96다19413).

④ 약관규제법 제9조 제4호는 "계약의 해제, 해지로 인한 사업자의 원상회복의무나 손해배상의무를 부당하게 경감하는 조항"을 들고 있는 바, 민법 제548조 제2항은 계약이 해제된 경우 반환할 금전에 그 받은 날로부터 이자를 가산하여야 한다고 규정하고 있으므로 계약해제로 인하여 사업자가 이미 받은 금전을 반환함에 있어 이자의 반환의무를 배제하는 약관조항은 고객에게 부당하게 불리하여 공정을 잃은 것으로 추정되어 이를 정당화할 합리적인 사유가 없는 한 무효라고 보아야 할 것이다(대판 2008.12.24, 2008다75393).

라) 채무의 이행(제10조)

상당한 이유 없이, 급부의 내용을 사업자가 일방적으로 결정하거나 변경할 수 있도록 권한을 부여하는 조항(제1호), 사업자가 이행하여야 할 급부를 일방적으로 중지할 수 있게 하거나 제3자에게 대행할 수 있게 하는 조항(제2호)은 무효이다.

【관련 판례】

대규모 쇼핑몰인 밀리오레 부산점, 대구점, 수원점, 광주점 내의 점포에 관한 임대분양계약을 체결함에 있어 계약의 내용으로 삼은 임대분양계약서 제4조 제2항 단서의 '상가운영위원회와의 협의를 거쳐 매년 임대료를 인상할 수 있다.'는 부분은 상인자치조직인 상가운영위원회와 사전에 합의가 이루어진 경우 그에 따라 임대료를 인상할 수 있다는 취지로 보아야 할 것이고, 이와 달리 상가운영위원회에 협의안건으로 올렸다는 요식행위만으로 원고가 일방적으로 차임을 증액할 수 있도록 하는 취지라고 볼 것은 아니고, … (중략) '상가활성화 정도에 따라 … 임대료를 인상할 수 있다.'는 것 또한 추상적이고 불명확하여 위 약관조항은 원고가 일방적으로 그의 주관적인 판단에 따라 객관적으로 상당한 차임의 범위를 초과하여 인상할 수도 있는 것으로 해석될 수 있으며, 또한 임대료라는 것은 상가건물 내 개별점포의 사용대가이므로 반드시 전체 상가의 활성화 정도에 따라 모든 점포에 대하여 일률적으로 임대료를 인상하여야 할 필요가 있다고 보기도 어려운데 위 약관조항은 상당한 이유 없이 상가활성화를 빌미로 사업자인 임대인이 고객인 모든 임차인의 임대료를 일률적으로 인상할 수 있는 권한을 부여하는 조항으로 해석될 수 있으므로 위 약관조항은 약관의규제에관한법률 제10조 제1호에 해당한다고 보아야 할 것이다(대판 2005.2.18, 2003두3734).

마) 고객의 권익보호(제11조)

고객의 항변권·상계권 등의 권리를 상당한 이유 없이 배제하거나 제한하는 조항(제1호), 고객에게 주어진 기한의 이익을 상당한 이유 없이 박탈하는 조항(제2호), 고객이 제3자와 계약을 체결할 수 있는 권리를 부당하게 제한하는 조항(제3호), 사업자가 업무상 알게 된 고객의 비밀을 정당한 이유 없이 누설하는 것을 허용하는 조항(제4호)은 무효이다.

【관련 판례】

① 금융기관인 양도담보권자가 양도담보 목적물을 보관하는 창고업자로부터 '창고주는 양도담보권자가 담보물 임의처분 또는 법적 조치 등 어떠한 방법의 담보물 환가와 채무변제 충당시에도 유치권 등과 관련된 우선변제권을 행사할 수 없다'는 문구가 부동문자로 인쇄된 확약서를 제출받은 사안에서, 이는 창고업자가 보관료 징수 등을 위하여 공평의 관점에서 보유하는 권리인 유치권의 행사를 상당한 이유 없이 배제하고 일방적으로 금융기관인 양도담보권자의 담보권 실행에 유리한 내용의 약관 조항으로서, 고객에게 부당하게 불리하고 신의성실의 원칙에 반하여 공정을 잃은 것이므로 무효이다(대판 2009.12.10, 2009다61803,61810).

② 기한의 이익상실은 계약의 해지와 같이 중도에 법률관계를 종료시키는 중대한 법률요건이므로 그 사유는 객관적으로 계약의 존속이 어려울 정도로 채무자에게 중대한 의무불이행이 있어

야만 인정된다고 할 것인데, 우리사주 대출금을 대출받을 때 일반거래약관의 형식에 따른 차용증서로써 "대출금 회수에 위험이 있다고 조합이 인정하는 경우에는 기한의 이익을 상실하고 조합의 요구에 따라 차입금의 전액을 즉시 상환한다."라고 약정한 사실은 조합의 자의적인 판단을 유보하여 조합의 일방적인 판단에 따라 위 대출계약의 기한의 이익을 상실시킬 수 있도록 한 것이어서 대출을 받으려는 조합원들에게 부당하게 불이익을 줄 우려가 있으므로, 약관의규제에관한법률 제11조 제2호의 규정에 의하여 효력이 없다(대전지법 2000.6.9, 99나8610).

사) 의사표시의 의제(제12조)

일정한 작위 또는 부작위가 있을 경우, 고객의 의사표시가 표명되거나 표명되지 아니한 것으로 보는 조항(제1호), 고객의 의사표시의 형식이나 요건에 대하여 부당하게 엄격한 제한을 두는 조항(제2호), 고객의 이익에 중대한 영향을 미치는 사업자의 의사표시가 상당한 이유 없이 고객에게 도달된 것으로 보는 조항(제3호), 기한을 부당하게 길게 정하거나 불확정하게 정하는 조항(제4호)은 무효이다. 다만 제1호의 경우, 고객에게 상당한 기한 내에 의사표시를 하지 아니하면 의사표시가 표명되거나 표명되지 아니한 것으로 본다는 뜻을 명확하게 따로 고지한 경우이거나 부득이한 사유로 그러한 고지를 할 수 없는 경우에는 그러하지 아니하다.

【관련 판례】

은행이 채무자의 변경된 주소 등 소재를 알았거나 혹은 보통일반인의 주의만 하였더라면 그 변경된 주소 등 소재를 알 수 있었음에도 불구하고 이를 게을리 한 과실이 있어 알지 못한 경우에도 이 사건 약관 제16조 제2항을 문언 그대로 해석·적용한다면 이는 고객의 이익에 중대한 영향을 미치는 사업자의 의사표시가 상당한 이유 없이 고객에게 도달된 것으로 보는 것이 되므로 약관의 규제에 관한 법률 제12조 제3호에 따라 무효라 할 것이고, 따라서 위 약관조항은 위와 같은 무효의 경우를 제외하고 은행이 과실 없이 채무자의 변경된 주소 등 소재를 알지 못하는 경우에 한하여 적용되는 것이라고 해석하여야 한다(대판 2007.9.21, 2006다26021. 같은 취지 대판 2000.10.10, 99다35379).

아) 대리인의 책임가중(제13조)

고객의 대리인에 의하여 계약이 체결된 경우, 고객이 그 의무를 이행하지 않으면 대리인에게 그 의무의 전부 또는 일부를 이행할 책임을 지운다는 내용의 약관 조항은 무효로 한다. 여기서 대리인이라 함은 단순히 본인을 위하여 계약체결을 대리하는 민법상 및 상법상의 대리인을 뜻하므로, 계약이행자로서의 지위를 겸하는 대리인은 이에 해당하지 아니한다(대판 1999.3.9, 98두17494).

자) 소송 제기의 금지 등(제14조)

고객의 제소를 금지하는 조항은 무효이다. 단, 약관이 아닌 개별약정에 의해 정한 것은 유효라고 새겨야 한다. 고객에게 부당하게 불리한 재판관할의 합의조항이나 상당한 이유 없이 고객에게 증명책임을 부담하게 하는 약관조항도 무효이다. 사업자의 주소지를 관할법원으로 정한 약관이 대부분인데, 사업자가 고객을 피고로 하여 제소하는 경우에 고객에게 따르는 응소의 불편이 크기 때문이다.

【관련 판례】

① 전속적 관할합의에 관한 약관조항이 무효인지 여부는 약관조항에 의하여 고객에게 생길 수 있는 불이익의 내용과 불이익 발생의 개연성, 당사자들 사이의 거래과정에 미치는 영향, 관계 법령의 규정 등 제반 사정을 종합하여 판단하여야 한다. 주택분양보증약관에서 '대한주택보증 주식회사의 관할 영업점 소재지 법원'을 전속적 합의관할 법원으로 정한 사안에서, 위 회사의 내부적인 업무조정에 따라 위 약관조항에 의한 전속적 합의관할이 변경된다고 볼 경우에는 당사자 중 일방이 지정하는 법원에 관할권을 인정한다는 관할합의조항과 다를 바 없고, 사업자가 그 거래상의 지위를 남용하여 사업자의 영업소를 관할하는 지방법원을 전속적 관할로 하는 약관조항을 작성하여 고객과 계약을 체결함으로써 건전한 거래질서를 훼손하는 등 고객에게 부당하게 불이익을 주는 것으로서 무효인 약관조항이라고 볼 수밖에 없으므로, 위 약관조항에서 말하는 '위 회사의 관할 영업점 소재지 법원'은 주택분양보증계약이 체결될 당시 이를 관할하던 위 회사의 영업점 소재지 법원을 의미한다고 보아야 한다(대결 2009.11.13, 2009마1482).

② 대전에 주소를 둔 계약자와 서울에 주영업소를 둔 건설회사 사이에 체결된 아파트 공급계약서상의 "본 계약에 관한 소송은 서울민사지방법원을 관할법원으로 한다."라는 관할합의 조항은 약관의규제에관한법률 제2조 소정의 약관으로서 민사소송법상의 관할법원 규정보다 고객에게 불리한 관할법원을 규정한 것이어서 사업자에게는 유리할지언정 원거리에 사는 경제적 약자인 고객에게는 제소 및 응소에 큰 불편을 초래할 우려가 있으므로 약관의규제에관한법률 제14조 소정의 '고객에 대하여 부당하게 불리한 재판관할의 합의조항'에 해당하여 무효라고 보아야 한다(대결 1998.6.29, 98마863).

3) 무효의 효과

가) 실체법상의 효과

약관법 제6조 내지 제14조에 의해 무효가 되는 약관조항은 실체법상 법률행위의 일부무효에 해당한다. 그러나 민법 제137조가 적용되지 않고 그 특칙규정인 약관규제법 제16조가 적용되어 유효인 잔존부분은 그대로 존속하게 된다. 다만, 유효인 부분만으로 계약의 목적을 달성할 수 없거나 한쪽 당사자에게 부당하게 불리한 때에는 당해 계약 자체가 무효로 된다(제16조).

나) 절차법상의 효과

약관조항으로 말미암아 법률관계에 다툼이 생기는 경우에는 민사소송의 대상이 된다. 공정거래위원회는 사업자가 불공정 약관조항을 사용하는 경우에 행정적 시정권고 및 시정명령을 할 수 있다.

4) 약관통제의 제한

국제적으로 통용되는 약관이나 그 밖에 특별한 사정이 있는 약관으로서 대통령령으로 정하는 경우에는 제7조부터 제14조까지의 규정을 적용하는 것을 조항별·업종별로 제한할 수 있다(제15조). 이 경우 개별통제에 관한 규정(제7조 내지 제14조)의 적용이 제한받게 되면 제15조의 규정취지 상 일반적 통제를 규정한 제6조도 적용되지 않는다고 새겨야 한다.

【관련 판례】

① 약관의 규제에 관한 법률 제15조 및 그 시행령 제3조 제3호의 규정에 의하면 수출보험법에 의한 수출보험의 약관에 대하여는 약관의 규제에 관한 법률 제7조 내지 제14조의 규정을 적용하지 아니한다고 되어 있는바, 약관이 구체적으로 무효가 되는 경우들을 규정한 같은 법 제7조 내지 제14조의 규정이 적용되지 아니한다면 약관이 일반적으로 무효가 되는 경우를 포괄적으로 규정하고 있는 제6조의 규정 역시 적용이 없다(대판 2002.5.28, 2000다50299; 대판 1999.12.10, 98다9038).

② 국내회사와 외국회사가, 국내회사가 외국회사의 제품을 국내에서 배급·판매대리 하는 내용의 계약을 체결하면서 준거법을 외국법으로 정하고(필자 주: 캐나다 법에 의하여 설립된 회사의 제품을 국내에서 배급·판매대리 하는 내용의 계약을 체결하면서 그 준거법을 캐나다 온타리오 주의 법률에 의하도록 정함) 계약해지사유의 하나로 '특별한 사유가 없더라도 전적으로 계약을 해지하려는 당사자의 편의에 따라 60일 전에 사전 통보를 함으로써 계약을 해지할 수 있다'고

> 약정한 사안에서, 위 계약이 외국법을 준거법으로 정함으로써 현저하게 불합리하거나 불공정한 결과가 초래된다고 볼 근거가 없어 그 준거법 약정은 유효하고, 또한 외국법을 준거법으로 하는 위 계약에 관하여 우리나라 약관의 규제에 관한 법률이 적용될 여지가 없으므로 위 해지조항도 유효하다(대판 2010.8.26, 2010다28185).

제3절 계약의 종류 및 전형계약의 체계

1. 계약의 종류

판덱텐 편별체계를 따르는 민법은 제3편(채권편) 제2장(계약) 제527조 내지 제733조에 14종의 전형계약을 규정하고 있다. 민법에 규정되어 있는 전형계약은 국가마다 입법 당시의 법 환경이 다르기 때문에 그 조문의 수나 내용에 있어 차이가 있다. 21세기에 들어 대륙법계 국가들에서 국제화·현대화의 기치 아래 채권법 개정에 박차를 가하고 있고, 일부 국가에서는 이미 그 결실을 거두고 있다. 우리나라도 2009년에 법무부산하에 2차 민법개정위원회를 설치하여 재산법 개정작업이 한창이다. 현행 민법상의 전형계약이 20세기 후반 서구의 사회경제상황을 반영한 것이므로 시대에 뒤떨어진 것이 분명하고, 계약실태를 보더라도 그 활용도가 현저히 떨어져 사문화되어가는 전형계약이 있는가 하면, 전형화의 길을 걷고 있는 비전형계약도 상당 수 존재한다.

계약의 종류를 몇 가지 분류방법에 따라 구분하면 다음과 같다.

가. 전형계약과 비전형계약

민법 제3편 제2장에 규정된 14종의 계약을 '전형계약'(또는 유명계약)이라고 하고, 민법전에 규정되어 있지 않은 '비전형계약'(또는 무명계약)이라고 한다. 상법에 규정된 운송, 보험 등도 전형계약의 일종이다. 전형계약은 계약을 체결하는 당사자와 법적 분쟁을 해결하는 법률가 모두에게 정보처리의 부담을 경감하고 유사한 분쟁해결의 동일성을 확보할 수 있다는 점에서 큰 의의를 갖는다. 거래관계가 복잡다양해지고 계약양식이 변화함에 따라 '쇠퇴한 전형계약'(교환, 종신정기금)과 '전형화된 비전형계약'(여행계약, 중개계약, 전속계약 등)이 늘어나고 있다. 계약법 규범의 임의성으로 인하여 당사자 합의에 의하여 다양한 형태의 계약유형이 창출될 수 있으므로, 민법상의 전형계약은 하나의 예시에 지나지 않는다. 또한 전형계약의 규정이 강행규정이 아닌 한 당사자는 계약의 내용을 수정하거나 변경할 수도 있다. 가령 당사자 사이에 하자담보책임을 면제하는 특약은 원칙적으로 유효하다(대판 2002.9.4, 2002다11151).

나. 혼합계약

계약자유의 원칙 상 당사자는 여러 개의 전형계약의 요소를 겸유한 계약을 체결할 수도 있고, 전형계약과 비전형계약의 요소가 결합된 계약을 체결할 수도 있다. 이처럼 계약이 두 개 이상의 전형계약상의 구성요소의 통합인 경우 또는 어떤 비전형계약의 일부가 전형계약의 구성요소를 이루는 경우를 혼합계약이라고 하는데, 이는 비전형계약의 일부가 된다.

가령 제작자가 주문자의 주문에 따라 자기의 재료를 사용하여 제작한 물건을 공급하기로 하고 주문자로부터 보수를 지급받기로 하는 제작물공급계약의 경우에는 도급과 매매라는 2종의 전형계약의 성질이 혼합되어 있다. 제작물이 대체성이 없는 경우에는 도급의 법리가 적용되고, 대체성이 있는 경우에는 매매의 법리가 적용된다(대판 2010.11.25, 2010다56685). 그 밖에 패키지 여행계약은 도급과 위임의 성질을 겸유하고, 기숙과외계약의 경우에는 고용과 사용대차의 성질을 겸유한다.

1개의 전형계약의 내용과 비전형계약의 내용이 복합된 경우도 있다. 레스토랑에서 스테이크와 포도주를 주문하는 것은 전형계약인 매매와 비전형계약인 서비스제공계약이 혼합된 형태이다. 이러한 경우에는 계약의 중심적 요소에 따라 적용법규가 결정된다.

다. 쌍무계약과 편무계약

매매계약에서는 매도인이 매매목적물의 소유권을 이전해야 할 의무를 부담하고, 매수인은 대금을 지급해야 할 의무를 부담한다(제563조). 반면 증여

계약에서는 증여자가 증여목적물의 이전의무를 부담하지만, 수증자는 아무런 의무를 부담하지 않는다(제554조). 매매계약과 같이 계약 당사자 쌍방이 대가적 의의를 가지는 채무를 부담하는 계약을 쌍무계약이라고 하고, 증여계약과 같이 당사자 한 쪽만이 채무를 부담하고 다른 한 쪽은 법률적으로 대가적 의의를 가지는 채무를 부담하지 않는 계약을 편무계약이라고 한다. 전형계약 중 편무계약으로는 증여, 사용대차, 무상의 소비대차·임치·위임 등이 있다. 부담부 증여는 증여와 부담이 대가관계에 있지 않으므로 역시 편무계약이다. 즉, 증여와 부담은 주종관계에 있는 것이어서 증여가 무효이면 부담도 무효이지만, 부담이 무효라고 하여 증여가 당연 무효가 되는 것은 아니다.

쌍무계약은 하나의 계약에서 발생한 상환적 채무가 발생·존속·이행·소멸에 있어 견련성을 가지므로 이행상 동시이행의 항변권(제536조), 존속상 위험부담(제537조)이 문제된다.

라. 유상계약과 무상계약

유상계약은 계약당사자 쌍방이 대가적 의의를 가지는 출연의무를 부담하는 계약임에 반하여, 무상계약은 계약당사자 일방만이 그러한 출연의무를 부담하는 계약이다. 양자는 매도인의 담보책임 등 매매규정의 준용 여부에 그 구별실익이 있다.

전형계약 중 매매, 교환, 임대차, 고용, 도급, 현상광고, 유상의 위임, 이자부 소비대차나 소비임치 등이 유상계약에 속한다. 유상계약의 대표적인 예가 매매이므로, 민법은 매매계약에 관한 규정을 매매 이외의 유상계약에 준용한다(제567조). 무상계약은 일방 당사자만이 출연의무를 지고, 타방 당사자는 급부수령의 이익만을 향유한다. 증여, 사용대차, 무상의 임치·위임·소비대차가 무상계약의 전형이다. 부담부 증여는 쌍방 당사자가 출연의무를 부담하지만, 수증자의 경제적 출연이 증여자의 출연에 비하여 대가적 의의를 결여하여 종된 의미를 가질 뿐이므로 무상계약이라고 보아야 한다. 다만 부담의 한도 내에서 쌍무계약의 규정을 준용한다(제561조).

쌍무계약은 모두 유상계약이지만, 후자는 양 채무의 대가성에 착안하여 당사자 간의 이익균형을 꾀할 목적으로 설정된 개념이다. 유상계약과 쌍무계약, 무상계약과 편무계약은 기본적으로 일치하지만, 항상 그러한 것은 아니다. 유상계약이 쌍무계약보다 넓은 개념이므로 편무계약이면서 유상계약인 경우도 존재한다. 현상광고는 광고자가 광고에서 정한 행위를 응모자가 완료함으로써 성립하는 유상·편무계약이다. 쌍방 채무의 대가성은 인정되지만, 출연의 상환성은 인정되지 않기 때문이다.

마. 낙성계약과 요물계약

낙성계약은 당사자의 합의만으로 성립하지만, 요물계약의 성립에는 당사자의 합의 외에 일정한 물건의 교부 등 특별한 법률사실을 필요로 한다. 매매계약은 합의만으로 성립하고, 대금지급과 목적물인도는 이행의 문제일 뿐이므로 매매계약은 낙성계약이다. 민법상 전형계약은 현상광고를 제외하고 모두 낙성계약이다. 가령 잃어버린 애완견을 찾아주면 일정액의 보수를 지급하겠다는 광고를 한 경우에는 애완견을 찾아서 광고자에게 인도하는 행위결과가 있어야 비로소 계약이 성립하므로 현상광고를 요물계약으로 보는 것이다. 그 밖에 계약금계약, 예금계약, 대물변제도 요물계약이다. 이 구별은 채권계약의 성립시기와 관련하여 실익이 있다.

바. 요식계약과 불요식계약

계약자유의 원칙의 한 모습으로 계약체결방식의 자유가 인정되므로, 민법상의 계약은 원칙적으로 방식을 요하지 않는 불요식계약이다. 요식계약은 일정한 방식에 의하지 않으면 계약이 성립하지 않거나 무효가 되는 계약이다. 전형계약 중 요식계약은 존재하지 않고, 국가를 당사자로 하는 계약에 관한 법률은 계약서의 작성을 계약 성립의 요건으로 삼기 때문에 요식계약이라고 볼 수 있다(제11조). 증여의 의사가 서면으로 표시되지 아니한 경우에는 철회할 수 있지만(제555조), 계약 성립에 대한 법 형식은 낙성계약이다. 참고로 준요식계약은 계약서의 작성을 계약의 성립요건으로 하지 않지만, 법률로 계약서 작성의무를 부과하여 이를 이행하지 않으면 소극적으로 각종 불이익을 받게 하여 간접적으로 계약서의 작성을 촉진하는 계약을 말한다. 최근에는 계약관계를 명확하게 하고 분쟁해결을 용이하게 하기 위하여 요식계약이 증가하는 추세에 있다. 유럽계약법전 초안은 저당권 설정 등과 같은 부동산 거래, 증여계약, 5,000유로 이상의 중요한 계약에 대하여 공정증서나 계약서를 요구하고 있다(제35조, 제36조).

사. 계속적 계약과 일시적 계약

양자는 채권의 목적인 급부가 특정한 시점에서 일시적으로 이루어지는가 아니면 일정한 시간적 간격을 두고 연속적으로 이루어지는가에 의하여 구분된다. 양자의 구별기준이 되는 급부의 계속성은 다분히 상대적인 개념이다. 계속적 계약으로는 임대차 등 각종 대차형 계약, 고용, 위임, 임치, 조합, 종신정기금, 정기증여 등이 있고, 일시적 계약으로는 매매, 교환, 증여, 도급 등이 있다.

일시적 계약에 의해 발생한 채권은 급부의 이행으로 인하여 소멸한다. 반면 계속적 채권관계는 약정된 기간의 경과에 의해 채권의 소멸하고, 계약의 해소는 장래에 대하여 효력을 가지는 해지에 의한다. 특히 당사자 사이에 강한 인적 신뢰관계 요구되기 때문에 사정변경이 고려될 필요가 있으며, 당사자의 착오는 법률행위의 중요부분의 착오로 된다는 특징이 있다. 민법이 임차권의 양도·전대 시 임대인의 동의를 요구하거나(제629조), 수임인의 사망을 위임계약의 종료사유(제690조)로 규정하고 있는 것은 이러한 이유에서이다.

아. 예약과 본계약

예약이란 장래 일정한 계약을 체결하기 위하여 미리 약정을 해두는 계약을 말한다. 따라서 이 경우에도 청약과 승낙의 의사표시의 합치가 필요하다. 예약을 하면 장래 본계약을 확보하고 상대방을 잠정적으로 구속하게 된다. 대물변제예약, 재매매예약, 여객운송예약, 혼인예약 등이 이에 속한다.

예약의 당사자는 본계약을 체결해야 할 의무를 진다. 즉, 일방의 청약에 대해 승낙의무를 부담하고, 이를 이행하지 않을 경우에 상대방은 승낙에 갈음하는 판결을 구하거나 예약을 해제하거나 또는 채무불이행을 이유로 손해배상을 청구할 수 있다.

본계약은 예약에 의해 장차 맺어질 계약을 말하는데, 예약 자체는 언제나 채권계약이지만 본계약은 물권계약이나 가족법상의 계약일 수도 있다.

2. 전형계약의 체계

전술한 바와 같이, 민법은 14종의 전형계약을 규정하고 있다. 이를 목적론적인 관점에서 보면, 재산권의 종국적인 이전을 목적으로 하는 재산권 이전형 계약(증여, 매매, 교환), 물건의 사용·수익을 목적으로 하는 물건대차형 계약(소비대차, 사용대차, 임대차), 일정한 노무의 제공을 목적으로 하는 노무제공형 계약(고용, 도급, 현상광고, 위임, 임치), 재산권이전과 노무제공 등이 복합적으로 결합된 기타 유형의 계약(조합, 종신정기금, 화해)로 분류할 수 있다.

유형	명칭	성질			주의점
재산권 이전형	증여	무상	편무	낙성	- 부담부 증여도 무상·편무계약이나, 수증자의 부담의 한도에서 증여자는 매도인과 같은 담보책임을 지고(제559조 제2항), 쌍무계약에 관한 규정이 준용됨(제561조).
	매매	유상	쌍무	낙성	- 하자담보책임 등 매매에 관한 규정은 원칙적으로 매매 이외의 유상계약에 준용됨(제567조).
	교환	유상	쌍무	낙성	
물건대차형	소비대차	무상	편무	낙성	- 무상계약이 원칙임. - 차주가 목적물의 소유권을 취득한다는 점에서 사용대차·임대차와 차이가 있음. 준소비대차의 법적 성질도 소비대차와 같음.
		유상	쌍무		
	사용대차	무상	편무	낙성	
	임대차	유상	쌍무	낙성	- 주택임대차보호법, 상가건물임대차보호법상의 특별규정이 있음.
노무제공형	고용	유상	쌍무	낙성	- 노무제공 자체를 계약의 목적으로 함. - 사용자의 지휘명령에 따르는 종속관계
	도급	유상	쌍무	낙성	- 노무에 의한 일의 완성을 계약의 목적으로 함.
	현상광고	무상	편무	요물	- 노무에 의한 행위의 완료를 계약의 목적으로 함. - 무상인 종신정기금계약은 증여에 관한 규정이 적용됨(제560조).
		유상	쌍무		

<table>
<tr><th>유 형</th><th>명 칭</th><th colspan="3">성 질</th><th>주 의 점</th></tr>
<tr><td rowspan="4"></td><td rowspan="2">위임</td><td>무상</td><td>편무</td><td rowspan="2">낙성</td><td rowspan="2">- 무상계약이 원칙임.
- 노무 자체의 공급을 목적으로 하지 않고, 어떤 사무의 처리라는 통일된 노무를 목적으로 함.
- 수임인에게 일정 범위의 업무재량권이 인정됨.</td></tr>
<tr><td>유상</td><td>쌍무</td></tr>
<tr><td rowspan="2">임치</td><td>무상</td><td>편무</td><td rowspan="2">낙성</td><td rowspan="2">- 민법상의 임치는 원칙적으로 무상이 원칙이나, 상법상의 임치는 원칙적으로 유상임(제61조).
- 소비임치는 소비대차에 관한 규정을 준용함(제702조)</td></tr>
<tr><td>유상</td><td>쌍무</td></tr>
<tr><td rowspan="4">기 타</td><td>조합</td><td>유상</td><td>쌍무</td><td>낙성</td><td>- 무상계약이 원칙임.
- 각 조합원의 급부가 어느 한 조합원을 위한 것이 아니라 모든 조합원을 위한 급부이므로(각 조합원의 출자의무가 대가적 견련관계에 서는 것이 아니므로), 본래의 의미의 쌍무·유상계약으로 보기 어려운 면이 있음.</td></tr>
<tr><td rowspan="2">종신정기금</td><td>무상</td><td>편무</td><td rowspan="2">낙성</td><td rowspan="2">- 무상인 종신정기금계약은 증여에 관한 규정이 적용됨(제560조).</td></tr>
<tr><td>유상</td><td>쌍무</td></tr>
<tr><td>화해</td><td>유상</td><td>쌍무</td><td>낙성</td><td>- 유상·쌍무성을 부정하는 견해로 있음.</td></tr>
</table>

제2장 계약의 성립

계약의 성립으로부터 이행에 이르기까지의 과정을 계약의 유형에 구애받지 않고 시간의 흐름에 따라 도식화해 보면 다음과 같다.

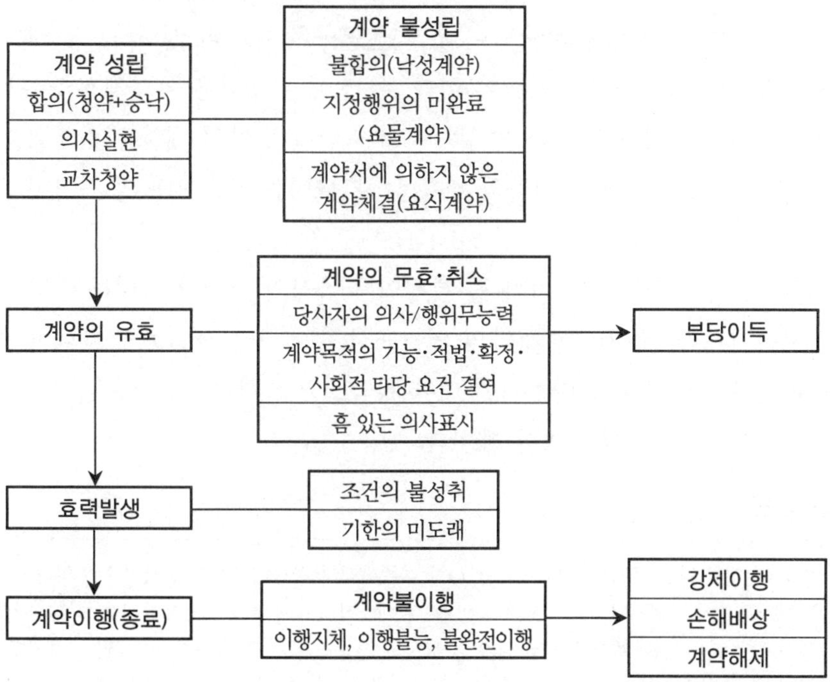

위 도표는 담보책임, 원시적 불능으로 인한 계약체결상의 책임 등을 모두 포섭하는 이행장애를 고려한 것이 아니라, 채무자의 귀책사유를 전제로 하는 채무불이행 유형만을 기초로 하여 작성된 것이다.

제1절 청약과 승낙의 합치에 의한 계약의 성립

1. 청 약

가. 의의 및 성질

청약은 상대방의 승낙과 결합하여 일정한 내용의 계약을 성립시킬 것을 목적으로 하는 일방적·확정적 의사표시로서 법률사실에 해당한다. 청약자의 청약에 대하여 상대방의 승낙이 있으면 곧바로 계약이 성립하므로, 청약에는 확정적 계약의사가 존재하여야 한다. 이 점에서 청약은 계약체결의 준비행위나 청약의 유인과 구별된다. 추상적이고 막연한 청약의 제안은 청약의 유인이 될 뿐이므로, 청약에는 계약의 내용을 결정할 수 있을 정도의 사항이 포함되어 있어야 한다(대판 2005.12.8, 2003다41463).

청약은 장차 계약의 당사자가 될 특정인이 특정의 상대방에 대하여 하는 것이 일반적이지만, 청약자가 청약의 의사표시 속에 명시적으로 나타나야 하는 것도 아닐뿐더러 불특정 다수인에 대한 청약도 가능하다. 도처에 설치되어 있는 무인자판기가 그 대표적인 예이다.

【관련 판례】

> 한국토지개발공사는 택지개발예정지구 내의 이주자택지 공급대상자의 선정기준에 따라 대상가옥, 대상소유자, 거주사실 등을 조사 확인한 뒤 대상적격 여부를 가옥소유자에게 개별 통지함과 동시에 공고, 이해관계인에 대한 열람, 이의 및 시정조치 등의 절차를 취한 뒤 이주자택지 공급대상자를 확정하여 그 대상자에게 통보하고 1개월 이상의 분양신청 기간을 정하여 분양신청할 것을 통지 및 공고하여 그 기간 내에 분양신청이 없으면 이를 포기한 것으로 처리하고 이주자택지 공급대상자로 확정된 후에도 관계법규 위반사항이나 제출서류의 위조, 변조 등 결격사유가 발견될 때에는 대상자에서 제외하며, 계약은 쌍방이 계약서에 서명날인함으로써 확정되는 것이라면 한국토지개발공사의 이주자택지 공급대상자에 대한 이주자택지 계약체결통보는 계약의 요소가 되는 내용을 명시하고 있어 구체적이기는 하나 공급대상자의 승낙에 의하여 계약이 바로 성립되는 확정적인 것이라고 볼 수 없으므로 이는 계약상 청약이 아니라고 볼 것이다(대판 1993.10.22, 93다32507).

나. 청약과 청약의 유인

청약은 승낙이 있으면 곧바로 계약이 성립하는 의사표시인 반면, 청약의 유인은 상대방에게 청약을 하도록 유인하기 위한 의사의 통지에 불과하다. 청약의 유인을 한 자는 상대방으로부터 청약의 의사표시가 있어도 승낙을 할 것인지의 여부에 대한 자유를 갖는다. 따라서 청약의 유인과 피유인자의 청약 그리고 그에 대한 유인자의 승낙의 과정을 거쳐 계약이 성립하지 않는 이상, 청약을 유인한 자는 피유인자에 대하여 어떠한 의무도 부담하지 않는다. 이 점에서 청약과 청약의 유인을 구분해야 할 실익이 존재한다.

민법에는 청약과 청약의 유인에 관한 정의 규정이 없기 때문에 그 구별을 놓고 해석 상 다툼이 있다. 이에 관한 절대적 기준이 없으므로 거래관행과 의사표시의 해석방법을 통해 구별할 수밖에 없다. 구인광고, 상품판매광고, 아파트 분양광고, 가격을 밝히지 않은 상품의 진열 등은 청약의 유인이라고 할 것이나, 백화점, 대형 마트나 슈퍼마켓 등에 진열된 정찰제 상품은 가격흥정이 허용되지 않으므로 청약으로 보아야 할 것이다. 그 밖에 사이버 몰이나 대형 유통매장에서 파격적인 가격과 확정적인 거래조건으로 상품판매광고를 하였다가 주문의 폭주로 재고가 바닥이 난 경우에 이를 청약으로 볼 것인지 아니면 청약의 유인으로 볼 것인지가 문제된다. 이를 청약의 유인으로 보는 입장[6]과 청약으로 보는 입장[7]으로 나뉘는데, PECL 제2:201 제3항이 청약으로 새기는 전제로서 '상품의 재고가 존재할 것'을 요구하므로, 그 결과에 있어 차이는 없다고 할 수 있다.

【관련 판례(분양광고)】

> ① 건설예정인 아파트 단지 맞은편에 경의선복선화 전철과 관련하여 '신운정역'이 신설될 것이라고 광고한 내용은 아파트의 외형이나 재질과 관계가 없고, 사회통념에 비추어 보더라도 분양자가 그 광고내용을 스스로 이행한다는 취지가 아니므로 그 광고내용이 그대로 분양계약의 내용을 이룬다고 볼 수 없어 이 사건 아파트 분양광고의 내용은 청약의 유인에 불과하다(대판 2007.7.22, 2007다59066).

6) 지원림, 민법강의, 1289면; 국제물품매매에 관한 유엔협약(CISG) 제14조 제2항.
7) 유럽계약법원칙(PECL) 제2:201 제3항

② 상가를 임대 분양하는 측의 권리금이나 수익률 등에 관한 투자설명은 청약의 유인에 불과할 뿐 그것이 이 사건 임대차계약의 내용이 되었다고 할 수 없어 임대인에게 권리금이나 수익률 보장의무가 있다고 볼 수 없는 것이고, 상가 활성화나 상권 형성은 전반적인 경기의 변동과 그에 따른 소비성향 등에 크게 좌우되고 분양사업을 수행하는 임대인 측의 노력에 의해서만 이루어질 수 없는 것이라는 점에서 특별한 사정이 없는 한 위 권리금이나 수익률 등에 관한 투자전망과 달리 볼 이유가 없을 것인데, 원심이 그 판시와 같이 들고 있는 사정들을 감안하더라도, 임대인이 입점주들로부터 지급받은 장기임대료 등을 적절히 집행하여 상가 활성화와 상권 형성을 위해 노력하고 이를 위해 입점주들과 협력할 의무가 있다고 볼 수는 있을지언정, 전반적인 경기의 변동이나 소비성향의 변화 등과 상관없이 임대인의 전적인 책임 하에 상가가 활성화되고 상권이 형성된 상태를 달성하여야 할 의무까지 부담한다고 볼 수는 없다(2008다96253, 96260,96277).

③ 선분양·후시공의 방식으로 분양되는 대규모 아파트단지의 거래사례에 있어서 분양계약서에는 동·호수·평형·입주예정일·대금지급방법과 시기 정도만이 기재되어 있고 분양계약의 목적물인 아파트 및 그 부대시설의 외형·재질·구조 및 실내장식 등에 대하여 구체적인 내용이 기재되어 있지 아니한 경우가 있으나, 분양계약의 목적물인 아파트에 관한 외형·재질 등이 제대로 특정되지 아니한 상태에서 체결된 분양계약은 그 자체로서 완결된 것이라고 보기 어렵다 할 것이므로, 비록 분양광고의 내용, 모델하우스의 조건 또는 그 무렵 분양회사가 수분양자에게 행한 설명 등이 비록 청약의 유인에 불과하다 할지라도 그러한 광고 내용이나 조건 또는 설명 중 구체적 거래조건, 즉 아파트의 외형·재질 등에 관한 것으로서 사회통념에 비추어 수분양자가 분양자에게 계약 내용으로서 이행을 청구할 수 있다고 보여지는 사항에 관한 한 수분양자들은 이를 신뢰하고 분양계약을 체결하는 것이고 분양자들도 이를 알고 있었다고 보아야 할 것이므로, 분양계약 시에 달리 이의를 유보하였다는 등의 특단의 사정이 없는 한, 분양자와 수분양자 사이에 이를 분양계약의 내용으로 하기로 하는 묵시적 합의가 있었다고 봄이 상당하다(대판 2007.6.1, 2005다5843).

※ 분양광고에 아무런 내용이나 조건이 기재되어 있지 아니한 온천, 바닥재(원목마루), 유실수단지, 테마공원, 서울대학교의 이전, 일산과 금촌을 연결하는 도로의 확장, 콘도이용권의 제공, 전철복선화 등은 분양자가 그 광고 내용을 이행한다고 기대할 수 없는 것들이므로 그대로 분양계약의 내용을 이룬다고 보기 어렵다고 하면서도, 이와 달리 온천, 바닥재(원목마루), 유실수단지 및 테마공원 등의 광고는 이 사건 아파트의 외형·재질 등에 관한 것으로서, 그리고 콘도회원권 광고는 아파트에 관한 것은 아니지만 부대시설에 준하는 것이고 또한 이행이 가능하다는 점에서 각 분양계약의 내용이 된다고 보았다(필자 주).

다. 청약의 효력

1) 청약의 효력발생시기

청약은 의사표시의 효력발생시기에 관한 일반원칙에 따라 상대방에게 도달하여야 그 효력이 생긴다(제111조 제1항). 따라서 청약자는 청약의 의사표시가 상대방에게 도달하기 전에는 원칙적으로 그 의사표시를 철회할 수 없다. 또한 의사표시에 관한 일반원칙에 의하면 청약의 의사표시를 발신한 후에 청약자가 사망하거나 행위능력을 상실하여도 청약의 효력에는 영향이 없다(제111조 제2항). 이는 임의규정이므로 청약자가 청약을 하면서 반대의 의사표시를 한 경우에는 청약의 효력이 발생하지 않는다. 또한 당사자 사이에 인격이나 노동능력 등에 대한 신뢰관계가 중시되는 고용, 위임, 조합 등과 같은 계약에서는 청약자가 사망하더라도 그의 상속인이 청약자의 지위를 승계하지 않는다고 보아야 하므로, 청약은 그 효력을 잃는다고 새겨야 한다. 그리고 청약의 발신 후 그 도달 전에 상대방이 행위능력을 상실하면 의사표시의 수령능력이 문제되지만(제112조), 사망한 경우에는 청약의 의사표시는 그 효력을 잃게 된다.

2) 청약의 구속력

계약의 청약이 그 자체로 상대방을 구속하지는 않는다. 그러나 청약의 효력이 발생한 후에도 상대방은 승낙 여부를 결정하기 위한 시간적인 여유가 필요하기 때문에, 청약자의 상대방 보호를 위하여 청약을 임의적으로 철회할 수 없도록 규정하였다(제527조). 이를 청약의 구속력 또는 비철회성이라고 한다.

구속력의 존속기간은 청약자가 승낙기간을 정하여 청약한 경우와 승낙기간을 정하지 않고 청약한 경우로 나누어 살펴 볼 필요가 있다.

가) 청약자가 승낙기간을 정하여 계약을 청약을 한 경우에는 청약자는 그 기간 내에 청약을 철회하지 못한다. 그러나 청약자가 그 기간 내에 승낙의 통지를 받지 못한 때에는 청약은 그 효력을 잃게 되므로(제528조 제1항), 철회의 문제가 생길 여지는 없다.

나) 청약자가 승낙의 기간을 정하지 않고 계약을 청약한 경우에는 청약자가 상당한 기간 내에 승낙의 통지를 받지 못하면 청약은 그 효력을 잃는다(제529조). 기간의 상당성 여부는 구체적인 사안에 따라 다르겠지만, 의사표시의 방법, 계약의 중요도, 거래관행, 청약자가 알고 있는 상대방의 주관적 사정 등을 고려하여 객관적으로 판단하여야 한다. 판례는 서신으로 부동산 매도청약

을 하면서 매수의사가 있으면 편지를 받는 즉시 전화할 것을 요청하였음에도 상대방이 아무런 승낙의 의사연락도 없이 1년 8개월여가 지난 후에 매매대금을 변제 공탁한 사안에서, 위 서신을 매매의 청약으로 본다고 하더라도 그 청약은 이미 승낙기간을 경과하여 효력을 상실하였다고 보았다(대판 1995.4.7, 94다55668). 제529조는 격지자와 대화자를 구분하지 않고 적용된다. 다만 상사계약에서는 승낙기간을 정하였는지의 여부와 관계없이 대화자 간의 계약의 청약은 상대방이 즉시 승낙하지 않으면 그 효력을 잃게 된다(상법 제51조).

청약의 구속력을 인정하는 것은 거래의 신뢰관계와 청약수령자의 지위를 보호하기 위함에 있으므로, 처음부터 철회권을 유보하면서 청약을 한 경우에는 그 도달 후에도 철회할 수 있다. 또한 사정변경에 의한 청약의 철회를 엄격한 요건 하에서 긍정하는 견해가 있는데,[8] 중대한 사정변경을 계약해제사유로 편입하고 있는 입법 경향에 비추어 볼 때 타당하다고 여겨진다. 그리고 소비자계약의 영역에서는 상인의 적극적인 권유나 외상에 의한 유혹 등 고도의 상술에 의하여 경솔하게 계약을 체결하거나 청약한 매수인 또는 구매자에게 일단 체결한 계약을 합리적이고 이성적으로 재고할 수 있는 기간(cooling-off period)을 부여하고, 그 기간 내에는 조건 없이 청약을 철회할 수 있도록 하고 있다(할부거래에 관한 법률 제8조, 방문판매 등에 관한 법률 제8조, 제17조, 전자상거래 등에서의 소비자보호에 관한 법률 제17조). 그 밖에 판례는 근로자가 사직원의 제출방법에 의해 근로계약관계를 합의 해지하는 경우에 근로자는 근로계약 종료의 효과가 확정적으로 발생하기 전에는 사용자에게 불측의 손해를 주는 등 신의칙에 반하지 않는 한 자유로이 그 사직의 의사표시를 철회할 수 있다고 한다(대판 2000.9.5, 99두8657).

3) 청약의 실질적 효력(승낙적격)

청약은 일정한 기간 내에 상대방의 승낙만 있으면 바로 계약을 성립시키는 효력을 갖는데, 이를 청약의 실질적 효력 또는 승낙적격이라고 한다. 청약에 대한 모든 승낙이 계약을 성립시키는 것은 아니고, 유효하게 행하여진 청약이

---

8) 이은영, 채권각론, 82면; 지원림, 민법강의, 1293면.

그 효력을 발생한 때로부터 소멸할 때까지 행하여진 승낙만이 계약을 성립시킬 수 있다. 따라서 승낙적격은 청약의 존속기간이 된다.

청약의 의사표시가 상대방에게 도달하면 승낙적격이 발생하지만, 원칙적으로 청약수령자는 그에 따른 법률상의 의무를 부담하지는 않는다. 즉, 청약수령자는 원칙적으로 승낙의 자유를 가지며, 승낙 여부에 대한 회답을 할 필요도 없다. 청약수령자는 승낙이라는 일방적 의사표시에 의하여 계약을 성립시킬 수 있으므로, 그의 권리는 형성권 유사의 성격을 갖는다.[9] 따라서 청약자가 청약과 동시에 상대방의 일정한 부작위나 침묵을 승낙으로 간주하겠다는 뜻을 부가하였더라도 이로써 상대방을 구속하지 못한다.

【관련 판례】

> 청약의 상대방에게 청약을 받아들일 것인지 여부에 관하여 회답할 의무가 있는 것은 아니므로, 청약자가 미리 정한 기간 내에 이의를 하지 아니하면 승낙한 것으로 간주한다는 뜻을 청약시 표시하였다고 하더라도 이는 상대방을 구속하지 아니하고 그 기간은 경우에 따라 단지 승낙기간을 정하는 의미를 가질 수 있을 뿐이다(대판 1999.1.29, 98다48903).

승낙 기간을 정한 청약은 청약자가 그 기간 내에 승낙의 통지를 받지 못한 때에는 그 효력을 잃는다(제528조 제1항). 기간이 정하여진 승낙통지가 그 기간 후에 도달한 경우에는 보통 그 기간 내에 도달할 수 있는 발송인 때에는 청약자는 지체 없이 상대방에게 그 연착의 통지를 하여야 한다(동조 제2항). 승낙의 의사표시가 담긴 우편물이 우체국의 소인 일자에 비추어 승낙기간 내에 충분히 도달할 수 있는 발송이었음에도 연착한 경우가 그 전형적인 예가 될 수 있다. 이러한 경우에는 가령 계약 성립을 신뢰하고 청약자 소유의 부동산을 매수하기 위하여 은행으로부터 차금을 한다든가, 자기 소유의 가옥을 매도한 후 주거 목적으로 타인 소유의 가옥을 임차하기 위하여 계약금을 지급함으로써 승낙자가 입을 수 있는 불측의 손해를 어느 정도 차단할 수 있기 때문이다. 청약자가 승낙연착의 통지를 하지 않으면 승낙의 통지가 연착되지 않은 것으

---

9) 이은영, 채권각론, 84면. 독립된 권리로서 형성권으로 보는 견해로는, 곽윤직, 채권각론, 46면.

로 보게 되므로(동조 제3항), 계약은 유효하게 성립한다. 다만 연착된 승낙의 통지가 도달하기 전에 청약자가 그 지연의 통지를 발송한 때에는 또다시 연착통지를 할 필요는 없다(동조 제2항 단서).

승낙기간을 정하지 않은 청약은 청약자가 상당한 기간 내에 승낙의 통지를 받지 못한 때에는 그 효력을 잃는다(제529조). 앞서 언급한 바와 같이 기간의 상당성 여부는 여러 사정을 종합적으로 고려하여 판단해야 할 사실의 문제이다.

2. 승 낙

가. 의의, 성질 및 방법

승낙은 청약과 결합하여 계약을 성립시키고자 하는 의사표시이다. 따라서 승낙은 청약의 내용과 일치하여야 하며(객관적 합치), 청약에 대하여 조건을 붙이거나 변경을 가하여 승낙한 때에는 그 청약의 거절과 동시에 새로운 청약을 한 것으로 본다(제534조).[10] 이 경우에는 최초의 청약자가 그 상대방이 한 새로운 청약에 대하여 승낙한 때에 계약이 성립한다. 이와 관련하여 양적 일부에 대한 승낙이 허용되는가가 문제되는데, 원칙적으로 분할승낙도 새로운 청약으로 보아야 하겠지만 대량적 상품거래에서의 분할승낙은 거래관행상 그 승낙의 범위 내에서 계약이 성립한다고 보아야 할 것이다. 가령 도매상과 소매상 사이에 나주 배 상등품 100상자를 500만원에 또는 특정 모델의 4G 스마트 폰 100개를 700만원에 사달라는 매수요청에 대하여 50상자 또는 50개를 보내라고 회답하는 것은 승낙으로 보아야 한다.

승낙은 청약과 달리 불특정 다수인에 대하여 할 수 없고, 반드시 청약의 상대방이 특정의 청약자에 대하여 하여야 한다. 그리고 승낙은 청약에 대한 회답이라는 사실을 인식하고 행해져야 하는데, 이러한 인식이 결여되면 교차청약이 된다.

승낙의 통지는 문자나 언어 등 명시적 방법에 의하여 행하여지는 것이 일반

---

10) 합의해제와 관련한 대판 2009.2.12, 2008다71926 및 퇴직금 중간정산과 관련한 대판 2008.2.1, 2006다20542 참조.

적이지만, 묵시적 의사표시로도 할 수 있다. 가령 친구에게 시험기간 동안 법전을 빌려달라고 하면서 순순히 들고 왔는데 아무런 이의를 제기하지 않은 경우 또는 물건의 매도청약을 하면서 함께 보내 온 지로용지로 그 대금을 납부한 경우에는 묵시적 승낙이 있었다고 볼 수 있다. 청약에 대한 침묵은 원칙적으로 승낙이 될 수 없지만, 예외적으로 침묵이 표시효(表示效)를 가지는 경우에는 묵시적 의사표시로 될 수도 있다. 당사자 사이에 사전 양해가 있는 경우, 동종의 거래가 반복되고 있는 경우, 또는 승낙하지 않을 때에만 통지하는 것이 거래관행인 경우 등과 같은 특별한 사정이 있다면 침묵도 승낙이 될 수 있다.[11] 청약에 대하여 허부통지의무가 인정되는 상사계약에서 주로 인정될 것이다(상법 제53조).

승낙은 청약의 실질적 효력, 즉 승낙적격이 존속하는 동안에 행하여져야 한다. 그 기간이 지난 후에 승낙이 도달하면 이는 새로운 청약이 되므로(제530조), 최초의 청약자는 새로운 청약에 대하여 승낙을 거절하거나 또는 그에 대하여 승낙함으로써 계약을 성립시킬 수도 있는 자유를 갖는다.

나. 승낙의 효력발생시기(계약의 성립시기)

의사표시의 효력발생시기에 관한 민법의 일반원칙은 도달주의이지만(제111조 제1항), 격지자 사이의 계약성립시기에 관하여는 예외적으로 발신주의를 취하고 있다(제531조).[12] 제111조 제1항이 의사표시 전반에 대하여 효력발생시기의 원칙을 정한 일반규정인 반면, 제531조는 계약 성립에 대하여 그 예외를 인정한 특별규정으로 이해하면 될 것이다. 대화자 사이에서 계약의 성립시기가 문제되는 경우는 현실적으로 거의 발생하지 않는다. 제531조는 승낙자의 계약 성립에 대한 신뢰를 보호하고 계약이 가급적이면 신속하게 성립할 수 있도록 하기 위하여 둔 규정이지만, 해석 상 혼선을 가중시키고 있을 뿐만 아

11) 지원림, 민법강의, 1296면.

12) 이는 영국법에 영향을 받은 것으로서 일본과 우리나라 민법을 제외하면 비교적 예외적인 입법형태이다. CISG 제18조 제2항, PICC 2-6조, 중국 계약법 제26조 제1항은 승낙에 대해서도 도달주의를 취한다. 유럽계약법전초안 제16조 제2항은 청약자가 승낙을 안 때에 승낙의 효력이 발생한다고 규정하고 있다. 미국은 발신주의를 취하지만 청약철회의 자유가 인정되기 때문에 그것과의 이해조정을 위한 것이다.

니라 세계적인 입법추세에도 맞지 않는 등 여러 점에서 문제가 되므로 도달주의로 개정되어야 할 필요가 있다.

제531조는 승낙의 의사표시에 관하여 발신주의를 취하면서 다른 한편으로는 이와 모순되는 것처럼 보이는 제528조 제1항 및 제529조를 두고 있다. 즉, 승낙 기간을 정한 계약의 청약은 청약자가 그 기간 내에 승낙의 통지를 받지 못한 때, 그리고 승낙의 기간을 정하지 아니한 계약의 청약은 청약자가 상당한 기간 내에 승낙의 통지를 받지 못한 때에 그 효력을 잃는다고 규정함으로써, 제531조에 의하여 승낙의 의사표시의 발신에 의하여 이미 성립한 계약이 제528조 제1항 및 제529조에 의하여 일정한 기간 내에 승낙통지가 청약자에게 도달하지 않으면 청약의 효력이 상실된다고 보아 다시 계약 성립을 부정하는 결과를 낳고 말았다. 제531조가 승낙통지 후 계약준비에 착수한 승낙자를 보호해야 할 필요에서 둔 규정이라면, 제528조 제1항 및 제529조는 정하여진 승낙기간 또는 상당한 기간 내에 승낙이 없는 경우에 청약자의 계약 불성립에 따른 후속행위를 보호해야 할 필요에 의해 둔 규정이다. 가령 상품의 매도청약을 한 자가 승낙기간 내에 승낙이 없어서 그 상품을 타인에게 매각한 경우에 매매계약의 효력을 인정해야 할 필요가 있기 때문이다. 즉, 승낙자의 계약 성립에 대한 기대이익과 청약자의 계약 불성립에 대한 신뢰이익을 절충하기 위하여 이처럼 모순하는 내용의 규정을 두게 된 것이다.

여기에서 ① 격지자간의 계약성립시기에 관한 발신주의와 승낙기간 내에 승낙이 도달하지 않으면 계약이 성립하지 않는다는 규정 상호간의 충돌을 어떻게 모순 없이 설명할 것인가, ② 승낙기간을 정하지 않은 청약에 대하여 승낙 통지가 발송되었지만 도달하지 않은 경우에 계약은 성립하는가라고 하는 해석 상의 문제가 발생한다. 이에 관해서는 학설이 대립한다.

1) 도달주의중시설(정지조건설)

승낙도 제111조 제1항의 일반원칙에 따라 도달하여야 그 효력이 발생하고, 제528조 제1항 및 제529조는 단순한 발신주의 규정이 아니라고 한다. 이는 승낙에 관하여 도달주의를 수정한 것이 아니라는 것이다. 승낙은 도달에 의해 효력이 발생하고 이에 따라 계약이 성립하지만, 승낙을 발신한 때에 계약이 성립한 것으로 의제할 뿐이라고 새기는 것이다. 이 설에 따르면 승낙이 도달할 때까지 승낙의 철회가 가능하고, 승낙기간을 정하지 않은 청약의 경우에는 승낙이 도달하지 않으면 계약이 성립하지 않는 것으로 된다. 또한 승낙은 도달에 의하여 그 효력이 발생하고 그에 따라 계약이 성립하지만, 승낙의 도달을 정지조건으로 보아 승낙을 발신한 때에 소급하여 효력이 생긴다고 본다.[13] 이 경우에는 승낙자가 승낙통지의 도달 사실을 증명하여야 한다.

2) 발신주의중시설(해제조건설)

제528조 제1항 및 제529조의 원칙대로 격지자에 대한 승낙은 발신에 의해 그 효력이 발생하고 그에 따라 계약이 성립하지만, 승낙기간 내에 청약자가 승낙의 통지가 받지 못하면 청약은 그 효력을 잃게 되므로, 그 기간 내의 승낙의 통지의 부도달을 해제조건으로 하여 계약이 성립한다고 한다.[14] 이 설에 의하면 승낙의 발신 후에는 승낙을 철회할 수 없고, 청약자가 승낙통지의 부도달 사실에 대한 증명책임을 부담하게 된다.

양설의 차이는 승낙의 도달 여부에 대한 증명책임을 누구 부담하는지, 승낙자는 승낙의 발신 후 그 도달 전에 승낙을 철회할 수 있는지에 있다. 제528조 제1항 및 제529조는 도달주의의 예외를 인정하는 특별규정인 제531조의 효력을 제한하는 규정이다. 거래의 신속을 도모하고 승낙자의 계약 성립에 대한 기대를 보호하기 위하여 둔 제531조의 입법취지를 고려하면 발신주의를 중시하는 해제조건설이 보다 조화로운 해석이라고 생각한다. 하지만 해석의 혼란과 체계의 혼선을 피하기 위해서는 승낙도 그 도달에 의하여 효력이 발생하는 것으로 제531조를 개정해야 할 것이다. 그렇게 하면 승낙자는 승낙의 도달 사실을 확인하기 전에는 계약 성립에 대한 기대가 생기지 않을 것이므로, 계약준비로 인한 불이익도 입지 않을 것이기 때문이다.

---

13) 김형배, 채권각론, 109면; 김상용, 채권각론, 53면.
14) 곽윤직, 채권각론, 43면; 이은영, 채권각론, 91면; 지원림, 민법강의, 1297면.

3. 합 의

계약이 성립하기 위하여는 청약과 승낙이라는 서로 대립하는 의사표시가 합치하여야 하는데, 이를 '합의'라고 한다. 민법상의 계약은 낙성계약이 원칙이므로 합의만으로 계약이 성립하지만, 예외적으로 요물계약에서는 물건의 인도나 기타 급부의 이행이 필요하다. 합의가 성립하기 위하여는 의사표시의 객관적 합치와 주관적 합치가 필요한데, 이 중 어느 한 쪽이 결여되어도 계약은 성립하지 않는다.

가. 객관적 합치

청약과 승낙의 의사표시의 내용이 일치하는 것을 객관적 합치라고 한다. 가령 A가 유명 화가의 특정 그림을 500만원에 사라고 매도청약을 하였는데, B가 450만원으로 깎아 주면 사겠다고 대답하였다면 의사표시의 중요한 내용인 매매대금에 대한 의사표시의 합치가 없으므로 계약은 성립하지 않는다. 이 경우 B의 의사표시는 변경을 가한 승낙이 되어 새로운 청약을 한 것이 된다.

의사표시의 내용의 합치가 있는지의 여부는 객관적으로 판단되어야 한다. 위의 예에서 A가 50만원에 매도청약을 한 것으로 오해하여 B가 단순히 매수의 의사표시를 하였더라도 그 의사표시는 500만원에 매수하겠다는 의사표시로 해석되어 계약은 성립하게 된다. B는 착오를 이유로 매매계약을 취소할 수 있을 뿐이다.

객관적 합치는 계약의 내용을 이루는 모든 사항에 관하여 있어야 함이 원칙이다(대판 2003.4.11, 2001다53059). 그러나 모든 사항에 관한 의사의 합치가 없더라도 그 본질적 사항이나 중요 사항에 관하여 구체적인 의사의 합치가 있거나 적어도 장래 구체적으로 그 내용을 특정할 수 있는 기준과 방법 등에 관한 합의가 있으면 의사표시의 객관적 합치가 인정될 수 있다(대판 2001.3.23, 2000다51650). 가령 부동산 매매에 관한 가계약서 작성 당시 매매목적물과 매매대금 등이 특정되고 중도금 지급방법에 관한 합의가 있었다면 그 가계약서에 잔금 지급시기가 기재되지 않았고 후에 정식계약서가 작성되지 않았다 하더라도 매매계약이 성립하며(대판 2006.11.24, 2005다39594), 부실기업 인수를 위한 주식 매매계약에서 매매 목적물과 대금이 그 계약 체결 당시에 구체적으로 확정되지 않았더라도 이를 사후에라도 구체적으로 확정할 수 있는 방법과 기준이 정하여져 있으면 매매계약은 성립한다(대판 1996.4.26, 94다34432).

한편 계약 내용의 중요한 사항 및 계약의 객관적 요소는 아니더라도 특히 당사자가 그것에 중대한 의의를 두고 계약 성립의 요건으로 할 의사를 표시한 때에는 이에 관하여 합치가 있어야 계약이 적법·유효하게 성립한다(대판 2003.4.11, 2001다53059).

나. 주관적 합치

주관적 합치란 당사자 사이의 청약과 승낙의 의사표시가 상대방이 누구인가에 관한 잘못이 없이 이루어지는 것을 말한다. 이를 주체의 합치라고도 한다. A가 B에 대하여 유명 화가의 특정 그림을 500만원에 매도 청약한 경우에는 원칙적으로 B만이 청약의 내용대로 승낙할 수 있다. 그러나 A의 매도청약에 대하여 C가 매수 의사를 밝혀도 계약은 성립하지 않는다. C의 의사표시는 위 그림에 대한 매수 청약에 지나지 않으므로 C의 승낙이 있어야 비로소 매매계약이 성립하는 것이다. 다만 A의 청약이 B라는 특정인에 중점을 둔 것이 아니라 상품에 중점을 두고 한 것이 명백한 경우에는 C가 승낙을 하여도 주관적 합치가 있다고 볼 수도 있다. 가령 甲 신문사 영업사원으로 근무하는 A가 일간지를 6개월 동안 구독하면 경품으로 특정 모델의 신제품 자전거 1대를 주겠다는 취지가 기재된 청약서와 6개월 분 구독대금 및 입금계좌가 적힌 지로용지를 동봉한 우편물을 친구 B에게 송부하였는데, 마침 함께 살고 있던 B의 처제 C가 자전거가 필요하여 그 지로용지로 대금을 납부하고 자전거의 인도를 요청하였다면 이는 유효한 승낙으로서 A와 C 사이에는 신문구독을 정지조건으로 하는 자전거 증여계약이 성립하였다고 보아야 할 것이다. 물론 자동판매기를 설치한 경우와 같이 불특정 다수를 상대로 한 청약의 경우에는 누가 승낙을 하든 주관적 합치가 인정된다.

4. 계약의 경쟁체결

계약의 경쟁체결이란 계약내용에 관하여 다수의 사람이 서로 경쟁하게 하여 그 중 가장 유리한 조건을 제시한 사람을 상대방으로 하여 계약을 체결하는 것으로서, 청약과 승낙에 의한 계약 성립의 특수한 형태이다. 이는 매매, 도급, 임대차 등의 계약을 체결하면서 빈번하게 활용되어 왔는데, 최근에는 인터넷 옥션를 통한 거래량이 폭증하면서 새로운 법률문제를 야기하고 있다.

경쟁체결의 유형에는 각 경쟁자가 다른 경쟁자가 표시한 내용을 알면서 하는 '경매'와 그 내용을 알지 못하면서 경쟁하는 '입찰'이 있다. 민사집행법상의 강제경매, 담보권실행 등을 위한 경매, 국세징수법상의 공매는 여기에 포함되지 않고, 사인 간에 행하여지는 '사경매'만이 문제된다.

가. 사 경 매

값을 올려 가는 경매와 값을 내려가는 경매가 있다.

1) 값을 올려 가는 경매에는 ① 경매에 붙인 경매인이 일정한 가격을 정하지 않고 경매에 응한 자들로부터 고가의 매수표시를 기다리는 경우와, ② 경매인이 최저가격을 표시하고 그 보다 비싼 가격으로 매수하겠다는 표시를 기다리는 경우가 있다.

전자의 경우는 경매인이 경매에 응한 사람들 앞에서 경매물을 내 놓으면서 단순히 "얼마에 사겠습니까?"라는 정도의 의사표시를 하는 것이므로, 청약의 유인에 지나지 않는다. 따라서 경매에 응한 자가 일정한 가격을 표시하여야 비로소 청약이 된다. 경매인은 승낙의 자유가 있으므로 비록 최고가격을 표시한 자가 있더라도 승낙을 거절할 수 있다.

후자의 경우는 경매에 응한 자가 표시한 가격이 경매인이 제시한 최저가격 이상이면 그 가격을 묻지 않고 팔겠다는 확정적 의사표시이므로, 경매에 붙인다는 의사표시가 청약이고 그에 응하여 최고가격을 제시하는 것이 승낙이 된다. 단지 대금액을 확정하지 않은 청약이라는 점에서 특수할 뿐이다.

2) 값을 내려가는 경매는 경매인이 특정 가격을 제시하고 그 보다 싼 가격에 팔겠다는 상대방의 의사표시를 기다리는 것인데, 이 경우 경매인은 자신이

제시한 가격 이하이면 사겠다는 확정적 의사표시를 한 것이므로, 그것이 곧 청약이고 상대방의 최저가격의 제시가 승낙으로 된다.

나. 입 찰

입찰은 입찰에 붙인 자가 입찰공고를 하고 이에 따라 경쟁자가 입찰을 한 후에 이를 개찰하여 낙찰자를 결정하는 것이다. 입찰에서는 입찰에 붙인 자가 다수의 입찰자의 자력이나 신용 등 여러 사정을 고려하여 낙찰자를 결정할 수 있는 어느 정도의 재량이 인정되고, 반드시 가장 유리한 입찰에 승낙해야 하는 것도 아니므로, 입찰에 붙인다는 표시는 원칙적으로 청약의 유인으로 보아야 한다. 따라서 입찰공고에 따른 입찰이 청약이 되고 낙찰결정이 승낙이 된다. 다만 최저가격이나 최고가격이 제시된 입찰공고는 청약으로 보아야 하고 그에 대한 입찰이 승낙으로 될 것이다.

국가가 물품 조달, 공사 도급 등의 계약을 체결할 때에는 원칙적으로 입찰에 의해야 한다(국가를 당사자로 하는 계약에 관한 법률 제7조 내지 제10조, 동법 시행령 제10조, 수의계약에 의할 수 있는 예외는 동법 시행령 제26조 참조).

제2절 합의에 의하지 않은 계약의 성립

청약과 승낙의 의사표시의 합치(합의)에 의하지 않는 계약 성립의 특수한 형태가 있다. 민법이 규정한 의사실현에 의한 계약 성립(제532조), 교차청약에 의한 계약 성립(제533조), 그리고 학설 상 논의되고 있는 사실적 계약관계론이 그것이다.

1. 의사실현에 의한 계약 성립

가. 의의 및 계약의 성립시기

민법은 "청약자의 의사표시나 관습에 의하여 승낙의 통지가 필요하지 아니한 경우에는 계약은 승낙의 의사표시로 인정되는 사실이 있는 때에 성립한다.”고 규정하는데(제532조), 이를 의사실현에 의한 계약의 성립이라고 한다. 가령 대학 구내서점이 학생들의 수업용 교재의 주문함을 설치하고 여기에 학생들이 구매하고자 하는 서적이 기재된 주문서를 투입하여 구내서점이 주문받은 책을 해당 출판사에게 발주한 경우 또는 호텔이 손님으로부터 팩스나 이메일로 숙박예약을 받고 예약된 객실을 비워두는 경우 등이 이에 해당한다. 승낙의 통지를 요하지 않는 경우라고 할지라도 단순한 침묵은 의사실현에 해당하지 않으므로 그것만으로는 원칙적으로 계약이 성립하지 않는다.

의사실현으로 계약이 성립하는 것은 의사실현의 사실이 있는 때이며, 청약자가 그 사실을 안 때가 아니다. 또한 청약자가 그러한 사실을 알았는지의 여부도 계약 성립에 아무런 영향을 미치지 않는다. 따라서 위의 예에서 구내서점이 주문받은 서적을 발주한 때 또는 호텔이 예약받은 객실을 확보해 둔 때에 계약이 성립하는 것으로 된다.

그 밖에 일반적으로 예금계약은 예금자가 예금의 의사를 표시하면서 금융기관에 돈을 제공하고 금융기관이 그 의사에 따라서 그 돈을 받아 확인을 하면 그로써 성립하며, 금융기관의 직원이 그 받은 돈을 금융기관에 입금하지 아니하고 이를 횡령하였다고 할지라도 예금계약의 성립에는 아무런 지장이 없다(대판 1984.8.14, 84도1139). 그러나 은행 직원들이 합계 5억 원의 자기앞수표를 수령하고서도 특별한 사정없이 정기예금증서나 예금통장 등을 교부하지 아니하고 담보물건보관증을 작성해 준 사실은 일반적으로 예금계약이 예금자가 예금의 의사를 표시하면서 금융기관에 금전을 제공하고 금융기관이 그 의사에 따라 그 금전을 받아서 확인을 하면 그로써 예금계약이 성립되고 예금증서는 예금계약서의 구실을 하는 것이어서 예금증서 대신 담보물건보관증을 교부받은 경우에는 특별한 사정이 없는 한 예금계약의 성립을 인정하기 어렵다(대판 2006.10.27, 2005다32913).

나. 법적 성질

제523조는 청약자에 대한 의사의 통지 없이 의사실현의 사실이 있는 때에 계약의 성립을 인정하므로, 의사실현 자체가 표시행위를 수반하지 않는

다는 이유에서 의사표시로부터 제외하는 견해가 있다.15) 물론 의사실현이 청약에 대한 승낙의 통지가 결여되어 있다는 점에서 통상의 의사표시와는 다르지만, 의사의 통지가 의사표시의 본질적 표지라고 볼 수는 없으므로, 체약의 효과의사가 추단되는 한 이를 추단적 행위에 의한 의사표시, 즉, 묵시적 의사표시로 보아도 무방할 것이다.16)

따라서 매도청약과 함께 송부된 물건을 자기가 소유하던 물건으로 잘못 알고 소비한 경우에 매매계약은 성립하지만 착오로 인한 취소의 가부가 문제될 것이고, 절도의 의도를 가지고 마트에 진열된 특정 상품을 가방에 집어넣거나 미끄러져서 넘어지면서 반사적으로 진열되어 있던 상품을 집어 든 경우와 같이 체약의 효과의사가 없는 행위에 대하여는 의사실현을 인정할 여지가 없다.

다. 요 건

1) 제532조는 의사실현의 사실에 의하여 계약이 성립하는 두 가지 경우를 들고 있다.

가) 청약자의 의사표시에 의하여 승낙의 통지를 요하지 않는 경우

청약자가 승낙의 통지를 할 필요가 없음을 미리 밝히는 경우이다. 그 의사표시가 반드시 명시적이어야 하는 것은 아니고 묵시적이어도 무방하다. 가령 청약자가 청약 후 승낙의 통지를 받을 수 없는 사정을 통지한 경우, 매도청약과 함께 물건을 송부한 경우, 채권자의 지급지시에 따라 제3자에게 급부를 한 경우(아래 2000다45273 판결)에는 승낙의 통지를 요하지 않는 의사가 있다고 볼 수 있을 것이다.

【관련 판례】

> 토지구획정리사업의 시행으로 인하여 당초 오피스텔 부지로 예정되어 있던 토지의 일부에 대한 소유권을 이전받지 못한 오피스텔 수분양자들이 분양자에게 보낸 통지서 및 이에 첨부된

15) 승낙의 의사표시와는 구별되지만 그와 동급에 놓이기 위해서는 사실행위에 내재하는 잠재적 체약의사가 추단될 정도는 되어야 한다고 한다(곽윤직, 채권각론, 47면; 이은영, 채권각론, 95면).

16) 지원림, 민법강의, 1304면; 송덕수, 신민법강의, 1311면.

> 환지계획의견서 양식에 나타난 수분양자들의 분양자에 대한 요구 내용은, 분양자가 분할 후 위 미이전 토지에 대하여 환지 대신 환지청산금을 교부받아 그 금원으로 수분양자 등에게 부과될 환지청산금을 처리하여 달라는 것으로서, 이는 분할 후 위 미이전 토지에 대하여 환지 대신 환지청산금이 교부되는 것을 조건으로 하여 분양자가 교부받는 환지청산금 상당을 수분양자 등이 부과받을 환지청산금 범위 내에서 지급하여 달라는 의사표시이고, 당시 환지청산금의 구체적인 금액은 정하여지지 않았지만 그 대상 토지가 특정된 이상 장래 환지처분 공고시 그 금액은 자연히 확정될 수 있는 것이어서 수분양자 등이 분양자에게 보낸 통지서에 나타난 위 의사표시는 상대방의 승낙이 있으면 곧바로 의사의 합치에 이를 수 있는 정도로 내용적으로 확정될 수 있는 청약에 해당하고, 분양자가 수분양자들로부터 위 통지서를 받고 수분양자들이 요청한 대로 그에 첨부된 위 환지계획서의견서 양식 말미에 서명·날인하여 이를 토지구획정리사업시행자에게 제출한 행위는 민법 제532조에 따라 승낙의 의사표시로 인정될 수 있다(대판 2003.5.13, 2000다45273).

나) 관습에 의하여 승낙의 통지를 요하지 않는 경우

거래관행 상 승낙의 통지를 필요로 하지 않는 경우가 있다. 가령 승낙을 거절할 때에만 그 의사를 통지하는 거래관계에 있을 수 있다. 특별한 기간의 약정 없이 장기간에 걸쳐 식당에 정기적으로 일정량의 특정 음식재료를 공급하거나, 서점에 특정 참고서를 공급해 왔다면, 반품하겠다는 승낙거절의 의사를 통지하지 않는 한 계약은 성립하는 것으로 보아야 할 것이다.

2) 의사실현의 사실, 즉 의사표시로 인정될 수 있는 사실이 존재하여야 한다. 위의 참조 판례에서 보는 바와 같이 채권자의 지급지시에 따른 채무의 이행으로 볼 수 있는 행위, 위에서 든 주문 받은 서적을 발주하는 행위나 예약 받은 객실을 비워두는 행위와 같이 채무의 이행을 준비하기 위한 행위 등은 승낙의 의사표시로 인정되는 사실이 될 것이다. 의사실현의 사실은 외부적 인식가능성만 있으면 되고, 청약자가 그러한 사실을 알고 있어야 하는 것은 아니다. 청약이 있은 후 일정한 기간 또는 상당한 기간 내에 의사실현의 사실이 있어야 계약이 성립함은 물론이다(제528조 제1항, 제529조).

3) 증명책임

의사실현의 사실에 의하여 계약이 성립하였음을 주장하는 자가 그 사실이 승낙의사에 기한 것임을 증명해야 한다. 이와 반대로 사회정형적 행위와 같이 일반적으로 승낙의사가 추단될 수 있는 경우에는 계약의 성립을 부정하는 자가 그러한 사실이 승낙의사를 인식하지 못한 상태에서 이루어진 행위임을 증명해야 한다.[17)]

2. 교차청약에 의한 계약 성립

가. 의 의

당사자 사이에 동일한 내용의 청약이 서로 교차적으로 행하여진 경우를 교차청약이라고 한다. 교차청약이 성립하기 위하여는 청약이 동시에 행해지거나 아니면 최소한 선행 청약이 도달하기 전에 후행 청약이 행해져야 한다. 가령 A가 그의 소유의 고화(古畵)를 B에게 500만원에 팔겠다는 청약을 발송하였는데 B도 A의 청약이 도달하기 전에 그 고화를 500만원에 사겠다는 청약을 발송한 경우처럼, 서로 교차하는 청약의 내용이 완전히 일치하는 때에 계약의 성립을 인정하는 것이다.

교차청약은 청약이 두 개일 뿐이지만, 교차하는 의사표시의 주관적·객관적 합치가 인정되므로 굳이 청약에 대응하는 승낙이 없다고 하더라도 계약의 성립을 부정할 이유는 없다. 당사자의 의사에 부합할 뿐 아니라 거래의 신속을 바라는 거래계의 요청에도 부응할 수 있기 때문이다.

나. 계약의 성립시기

교차청약이 있으면, 양 청약이 상대방에게 도달한 때에 계약이 성립한다(제533조). 따라서 교차된 청약이 동시에 도달하지 않고 서로 다른 때에 도달하면, 후에 도달한 시점에 계약이 성립하게 된다. 물론 각 당사자는 청약이 상대방에게 도달하기 전까지는 철회할 수 있다.

☞ 기본 사례형 쟁점 찾기

A는 동호회원 B에게 2012. 12. 1. 우체국 소인이 찍힌 편지에서 최근에 구입한 고가의

17) 지원림, 민법강의, 1305면.

MTB(산악용자전거)를 56만 원에 팔겠으니 같은 달 15일까지 응답해 달라고 요청하였는데, 이 편지는 다음 달 12월 5일 B에게 배달되었다. A는 MTB를 65만 원에 팔려고 하였으나 56만으로 오기하였고, B는 A가 65만 원에 팔 의도를 가지고 있었음을 잘 알면서도 12월 7일 우편의 방법으로 승낙의 통지를 발송하였으나 집배원의 착오로 배달이 지연되어 12월 20일이 되어서야 A에게 도달하였다. 승낙의 통지가 연착되자 A는 12월 18일 MTB를 다른 동호회원 C에게 60만원에 매각하고 인도하였다. A·B 사이의 법률관계를 논하시오?

【주요 쟁점】

1. 의사표시의 객관적 합치 여부(오표시 무해의 원칙: falsa demonstratio non nocet)
2. 격지자 사이의 계약 성립과 효력 발생(제528조 제1항과 제531조의 충돌)
   (1) 정지조건설
   (2) 해제조건설
3. A의 처분행위의 유효성

3. 사실적 계약관계론

가. 서

합의에 의한 계약 성립의 예외인 의사실현이나 교차청약과 달리, 사실적 계약관계가 인정되는 영역에서는 청약이나 승낙의 의사표시가 계약의 법률사실로 존재하지 않는다. 즉, 청약과 승낙의 의사표시가 모두 존재하지 않아도, 일정한 계약영역에서는 급부의 제공과 급부의 수령이라는 정형화된 사실행위만 있으면 계약의 성립을 인정한다. 이 이론의 주창자인 독일의 하우프트(G. Haupt)는 정형적으로 기계화된 대량거래의 영역에서 합의에 의한 계약체결의 원칙을 관철하는 데는 한계가 있다고 지적하면서, 계약관계의 사실적 성립을 독자적인 요건사실로 승인해야 한다고 강조하였다.[18] 이 이론의 찬반을 둘러싼 초기 학계의 대립이 심하였고, 판례는 매우 제한된 범위 안에서 이론의 적용을 승인하였다. 이후 라렌쯔(K. Larenz) 교수에 의해 사회정형적 행위에

---

18) Günter Haupt, Über faktische Vertragsverhältnisse, Festschrift der Leipziger Juristerfakulität H. Siber, Bd Ⅱ, 1943

기초한 채권관계론으로 발전하였는데, 그는 주로 공중여객수단(버스, 철도 등)을 이용하는 사회정형적 행위의 경우에 당사자의 의사가 표시되지 않아도 계약의 구속력을 인정하였다. 고 최종길 교수가 이 이론을 국내에 처음으로 소개한 이래 곽윤직 교수가 특히 고용·도급계약관계를 중심으로 도입필요성을 주장해 오다가 최근에는 사법학의 과제로 위임한다는 유보적 입장을 보이고 있는 상태이다.[19] 대부분의 학설은 이 이론의 적용에 부정적이며, 기존의 이론이나 대체이론에 의해 극복이 가능하다는 입장을 보이고 있다.

나. 인정 유형

독일에서 사실적 계약관계론이 특히 주목받게 된 계기는 1956년에 연방대법원에서 확정된 이른바 '주차장 사건' 판결에서였다. 주차장 사건은 평소 자기 회사 앞에 있는 함부르크 시(市) 소유의 공터에 무료로 주차해 오던 자가 그 공터를 유료 주차장으로 바꾸어 위탁 관리해 오던 사기업체의 주차관리원이 주차요금을 낼 것을 요구하자, 시민으로서 시 소유의 토지를 이용할 권리가 있고, 자기 소유의 자동차에 대한 별도의 관리가 필요 없다는 이유에서 무료 주차의 의사를 밝히면서 계속 주차한 사안이다. 법원은 이용자의 의사와 관계없이 유료주차장에 주차한 사실행위에 의하여 주차계약이 성립하였다고 보아 자동차 소유자에게 주차요금의 지급을 명하였다.[20]

하우프트가 사실적 계약관계의 적용을 인정한 유형은 세 가지이다.[21]

① 사회적 접촉 사실에 의해 사실적 계약관계가 성립한다. 계약체결상의 과실책임이나 호의동승을 그 예로 들면서, 계약관계를 형성하는 요소는 합의에 의한 것이 아니라 사회적 접촉에 의하여 실현된 객관적 사실이라고 보았다.

② 공동체관계의 가입에 의해 사실적 계약관계가 성립한다. 사실적 조합관계와 근로관계를 예시하면서, 당사자의 무능력 또는 의사와 표시의 불일치나

---

19) 최종길, "사실적 계약관계에 관한 약간의 고찰", 서울대 법학 제5권 제1·2호(1963), 서울대학교 법학연구소, 41면 이하; 곽윤직, 채권각론, 60~62면.

20) BGHZ 21, 319. 부당이득반환에 관해서는 이득액 확정이 곤란하다는 이유에서 배척하였다.

21) 백태승, "사실적 계약관계론", 연세행정논총 제18집(1992), 연세대학교 법학연구소, 223면 이하.

하자가 있는 경우에 그 효력을 소급적으로 소멸시켜 부당이득법리에 의해 문제를 해결하는 것은 간편하고 효과적인 권리구제방법이 될 수 없으므로, 가령 무효이거나 취소된 근로계약에 따라 근로자가 노무를 사실상 제공한 경우에는 유효한 근로관계가 존재하는 것으로 의제하여 이미 실현된 사실관계에 법적 효과를 부여하여야 한다는 것이다. 즉, 근로관계가 무효 또는 취소되더라도 그 효과는 장래에 향하여만 미치고, 이미 실현된 사실관계에 기한 보수청구는 여전히 가능하게 된다.

③ 생존배려영역에서 발생하는 사회적 급부의무에 의해 사실적 계약관계가 성립한다. 생존배려를 위한 급부영역에서는 가령 전기·수도·가스 등의 공급받거나 버스·전철·기차 등에 승차하는 사실만으로 당사자의 의사와 무관하게 계약관계가 성립한다.

하우프트의 이론은 제한적이나마 학설의 지지를 받았지만, 라렌쯔 교수가 이에 바탕을 둔 사회정형적 행위론을 결국 포기하였고, 연방법원도 여객기무임승차사례에서 여객운송계약의 성립을 부정하면서 여객운임의 지급 대신 부당이득금의 반환을 명함으로써, 사실적 계약관계론은 독일 내부에서도 그 기반을 잃게 되었다.

다. 평 가

다음과 같은 이유에서 사실적 계약관계론은 유지되어야 할 실익이 없다.[22)]

첫째, 계약체결의 준비단계에서 한 쪽의 과실에 의해 발생한 손해에 대한 배상책임의 근거를 계약에서 구할 것인가에 대해서는 여전히 논란이 있지만, 의무의 본질이나 책임 원리의 측면에서 이는 불법행위책임으로 구성되어야 할 것이다.

둘째, 생존배려영역의 집단적 거래관계에서도 급부의 사실적 이용은 묵시적 의사표시 내지 의사실현에 의한 계약관계라고 볼 수 있으므로, 기존의 계약이

22) 같은 취지로는, 지원림, 민법강의, 1306면; 이은영, 채권각론, 108면; 백태승, "사실적 계약관계론", 고시연구 제25권 제6호(1998), 94면.

론으로도 충분히 해결할 수 있다. 근로계약의 체결 없이 근로자가 노무를 계속 제공한 경우에도 사용자가 이를 침묵하였다면 의사실현에 의해 근로계약이 성립하였다고 새기면 될 것이다.

셋째, 공동체관계의 가입이나 생존배려급부관계에서 행위무능력으로 인한 취소권을 배제하는 것은 무능력자의 보호를 우선적으로 고려하기 위하여 둔 강행규정의 취지를 몰각시키는 것이므로 옳지 않다. 이 경우에도 취소권을 인정하고 부당이득법리를 통해 이익의 조화를 모색해야 할 것이다.

제3절 계약체결상의 과실책임

1. 서

민법 제535조는 '계약체결상의 과실'이라는 표제 하에 계약목적의 원시적·객관적 전부불능에 따른 유책 당사자 일방의 책임요건과 책임범위를 정하고 있다. 그런데 오늘날 계약체결상의 과실책임이라 함은 불법행위책임에 대하여 개별적 구성요건주의를 취해 온 독일민법[23]이 피해구제의 공백을 보충하기 위하여 계약책임의 시적 범위를 계약체결의 준비단계까지 확장한 것을 받아들이면서 제535조의 유형과 이를 총칭하는 개념으로 사용하고 있다.

2. 원시적 불능으로 인한 계약체결상의 과실책임

가. 의 의

제535조는 "목적이 불능한 계약을 체결할 때에 그 불능을 알았거나 알 수 있었을 자는 상대방이 그 계약의 유효를 믿었음으로 인하여 받은 손해를 배상하여야 한다. 그러나 그 배상액은 계약이 유효함으로 인하여 생길 이익액

23) 독일 불법행위법의 근본적인 개혁을 통해 피해자 구제를 도모해야 한다는 학계(Medicus, V. Cammerer 등)의 요구가 줄기차게 있었지만(독일 채권법 개정을 위한 감정의견서 등 참조), 2002년 개정민법은 그간의 학설·판례를 승인하여 제311조 제2항에 계약교섭의 개시에 의해 보호의무가 성립함을 규정하였을 뿐이다.

을 넘지 못한다(제1항). 전항의 규정은 상대방이 그 불능을 알았거나 알 수 있었을 경우에는 적용하지 아니한다(제2항).”고 규정하고 있다.

가령 특정 동산의 매매에서 매도인이 계약체결 전날 우연히 목적물을 도난당하여 분실하였다든가 또는 특정 건물에 대하여 매매계약을 체결하였으나 그 전에 이미 목적물이 전부 소실하여 버린 경우에 매도인이 목적물을 분실하였거나 목적물이 전소되어 그 소유권을 이전할 수 없게 되었다는 사실을 알았거나 알 수 있었다면 그 불능 사실에 대하여 선의인 상대방에 대하여 신뢰이익을 배상하여야 한다. 불능이 원시적·객관적 전부불능이면 법률적 불능이어도 그 적용이 가능하다. 즉, 주택신축이 금지되는 도시정비구역 내에서 주택건축도급계약을 체결한 경우에도 제535조가 적용될 수 있다고 보아야 한다.

나. 요 건

1) 계약이 유효하게 성립하였다고 신뢰한 상대방을 보호하기 위한 제도이므로, 그러한 신뢰의 전제로서 당사자 사이에 계약체결행위가 있어야 한다.

2) 당사자가 체결한 계약은 원시적·객관적 전부불능이어서 계약의 목적을 달성을 할 수 없어야 한다. 후발적 불능은 유책성의 존부에 따라 이행불능이나 위험부담이 문제되고, 원시적 일부불능은 제574조나 제580조에 기한 하자담보책임이 문제된다.

【관련 판례】

부동산매매계약에 있어서 실제면적이 계약면적에 미달하는 경우에는 그 매매가 수량지정매매에 해당할 때에 한하여 민법 제574조, 제572조에 의한 대금감액청구권을 행사함은 별론으로 하고, 그 매매계약이 그 미달 부분만큼 일부 무효임을 들어 이와 별도로 일반 부당이득반환청구를 하거나 그 부분의 원시적 불능을 이유로 민법 제535조가 규정하는 계약체결상의 과실에 따른 책임의 이행을 구할 수 없다(대판 2002.4.9, 99다47396).

3) 계약이 유효하였다면 급부를 하였어야 할 자가 불능 사실을 알았거나 알 수 있었어야 한다. 이때 무과실에 대한 증명책임은 배상의무자가 진다.

4) 상대방은 불능 사실을 알지 못하여야 하고 또한 알지 못한데 과실이 없어야 한다. 그리고 불능으로 인하여 손해를 입었어야 한다.

다. 효 과

1) 계약은 무효이다. 지배적인 견해는 채권의 목적인 급부의 '가능'이 법률행위의 유효요건이므로 원시적 불능인 계약은 당연 무효라고 보는 반면, 최근에는 이 경우에도 계약은 유효하게 성립하지만 단지 불이행에 따른 책임을 전통적인 계약법 원리에 따라 묻는 것에 불과하다는 견해도 있다.[24)]

2) 원시적 불능이 된 급부의 유책당사자는 상대방이 그 계약의 유효를 믿음으로 인하여 받은 손해, 즉 신뢰이익을 배상하여야 한다.[25)] 그러나 그 배상액이 이행이익을 넘지는 못한다. 신뢰이익의 손해란 계약의 교섭·체결·준비를 위하여 무익하게 지출한 비용으로서, 가령 소유권이전이 원시적으로 불가능한 점포 매매계약을 체결한 후 이전등기에 필요한 비용을 지출한 경우, 매수한 점포의 개업을 위하여 광고지를 작성하고 배포하는데 비용을 지출한 경우 등이 이에 해당한다. 다만 경쟁 입찰에 응하기 위하여 지출한 정보검색비용과 같이, 계약좌절의 가능성을 충분히 예상하면서 지출한 비용은 이에 포함되지 않을 것이다.

3. 계약의 준비·교섭 단계에서의 과실책임

가. 의 의

제535조의 유형을 제외하면, 계약체결상의 과실책임은 계약의 준비·교섭 단계에서 주의의무를 위반하여 상대방에게 손해를 입힌 경우에 부담하는 배상책임을 의미한다. 대형마트를 쇼핑하다가 바닥에 떨어진 바나나 껍질에 미끄러져 부상을 입었다든가, 사용방법에 대한 설명이나 위험성에 대한 경고 없이 전기톱이나 예초기를 구입하기 위하여 시험 작동하다가 부상을 입었다

24) 양창수·김재형, 계약법, 69면.

25) 지원림, 민법강의, 1312면. 이에 대하여 채무불이행책임에서와 마찬가지로 이행이익의 배상까지 인정해야 한다는 견해가 있다(양창수·김재형, 계약법, 70면; 김형배, 채권각론, 135면).

든가, 경주 입장권이나 공연 관람권을 예매하기 위하여 서 있다가 입간판이 떨어져 부상을 입었다든가 하는 경우가 이에 해당한다. 따라서 이는 계약을 통해 약속한 급부를 이행하지 않은 채무불이행과 구별된다.

나. 법적 성질

이러한 책임의 법적 성질을 계약책임으로 볼 것인지, 아니면 불법행위책임으로 볼 것인지가 문제된다. 그 법적 성질에 따라 손해배상의 범위가 달라지는 것은 아니지만, 증명책임이나 소멸시효기간 등에서 논의실익이 있다. 학설의 대립은 첨예하다.

1) 계약책임설[26)]

계약상의 의무는 주된 급부의무 외에 신의칙상의 주의의무인 보호의무나 성실의무 등을 포함하고, 이러한 의무는 계약의 준비·교섭단계에서도 존재한다고 본다. 이를 통하여 계약책임의 시적 범위를 확장한다. 이 설에 따르면, 당사자 간의 계약상담의 개시로 계약적 신뢰관계 내지 계약 유사의 관계가 성립하므로 그 과정에서 주의의무위반으로 손해가 발생하면 계약책임을 물을 수 있다고 한다.

2) 불법행위책임설[27)]

계약의 준비·교섭단계에서 일방 당사자가 타방에 대하여 부담하는 이른바 '신의칙상의 주의의무'는 불법행위법상의 '사회생활상의 주의의무(Verkehrspflicht)'와 다를 바가 없다고 보는 견해이다. 즉, 타인에게 위법한 손해를 주지 말아야 할 일반적 주의의무를 위반한 것에 불과하다고 이해한다. 우리 민법은 독일 민법과 달리 불법행위법에 입법적 흠결이 없어서 보호법익에 공백을 초래하지 않는다는 점, 계약이 체결되지 않아 계약당사자관계를 인정할 수 없음에도 계약책임을 부과하는 것은 전통적인 민사책임원리에 반한다는 점 등을 그 근거로 든다.

---

26) 곽윤직, 채권각론, 63면; 지원림, 민법강의, 1308면; 송덕수, 신민법강의, 1317면; 양형우, 민법의 세계, 1237면.

27) 양창수·김재형, 계약법, 68면; 최흥섭, "원시적 불능과 민법 제535조", 재산법연구 제9권 제1호(1992), 법문사, 107면 이하.

【관련 판례】

① 어느 일방이 교섭단계에서 계약이 확실하게 체결되리라는 정당한 기대 내지 신뢰를 부여하여 상대방이 그 신뢰에 따라 행동하였음에도 상당한 이유 없이 계약의 체결을 거부하여 손해를 입혔다면 이는 신의성실의 원칙에 비추어 볼 때 계약자유원칙의 한계를 넘는 위법한 행위로서 불법행위를 구성한다(대판 2004.5.28, 2002다32301). ② 분양자가 오피스텔 분양계약의 교섭단계에 있는 사람들에게 광고를 통하여 잘못된 정보를 제공한 경우, 신의칙상의 고지의무 등을 위반한 것으로서 민법상의 불법행위책임을 진다(대판 2009.8.20, 2008다19355).

3) 법정책임설[28)]

계약책임도 불법행위책임도 아닌 제3의 책임체계로 이해하는 견해이다. 계약을 목적으로 하는 사회적 접촉이 있으면, 완전한 계약관계가 성립하는 것은 아니지만 불법행위책임에서 문제되는 '타인' 이상의 신뢰관계가 발생하므로 독자적인 책임영역의 창설이 필요하다고 한다. 손해를 입힌 유책당사자는 표현대리에서와 같이 계약외관의 창출과 관련된 신뢰책임을 지게 되고, 이 경우 책임근거가 불분명하면 가급적 피해자에게 유리한 규정을 적용해야 하므로, 계약책임에 관한 규정을 적용하여야 한다고 한다.

4) 평 가

적용규범이나 그 효과의 면에서 보면, 계약책임설과 절충설은 결과적으로 큰 차이가 없다. 독일 불법행위법의 취약점을 보완하기 위하여 고안된 법리를 우리 민법의 틀 속에 그대로 적용하는 것이 옳은지는 의문이다. 불법행위책임으로 새기는 것이 책임본질론에 충실할 뿐 아니라, 우리 민법의 민사책임체계에도 부합하는 해석이 될 것이다.

다. 책임의 유형

1) 계약체결을 위한 준비·교섭단계에서 당사자 일방의 과실로 상대방에게 손해를 입힌 경우에 계약체결상의 과실책임이 문제된다. 계약체결에 결정적

28) 이은영, 채권각론, 121면; 김형배, 채권각론, 133면; 이영준, "계약체결상의 과실책임의 법적 성질에 관한 연구", 현승종교수화갑기념, 법사상과 민사법, 국민서관, 1979, 321면.

인 영향을 미치는 사항에 대하여 설명의무, 정보제공의무, 경고의무 등을 위반하여 손해를 입힌 경우에도 마찬가지이다. 소비자계약의 영역에서 정보제공의무는 특히 중요한 의미를 가진다. 피해자는 계약이 불성립으로 끝나더라도 불법행위에 기한 손해배상을 청구할 수 있다.

2) 판례에서 빈번히 문제되는 사안이 계약교섭의 부당파기이다. 계약교섭이 장기간에 걸쳐 진행되어 계약의 성립을 신뢰한 상대방이 상당한 비용을 지출하였거나 계약체결을 위하여 별도의 조치를 취하였음에도 상대방이 일방적으로 계약체결을 거절하여 손해를 입은 경우에 그에 따른 책임을 물을 수 있는가가 문제된다. 계약체결의 자유를 존중하는 입장에서 본다면 체약의 거절은 의무위반이 아니므로 교섭을 파기한 자는 책임을 지지 않음이 원칙이다. 그러나 판례는 일정한 요건 아래 그 예외를 인정하여 불법행위책임을 긍정한다.

【관련 판례】

① 어느 일방이 교섭단계에서 계약이 확실하게 체결되리라는 정당한 기대 내지 신뢰를 부여하여 상대방이 그 신뢰에 따라 행동하였음에도 상당한 이유 없이 계약의 체결을 거부하여 손해를 입혔다면 이는 신의성실의 원칙에 비추어 볼 때 계약자유원칙의 한계를 넘는 위법한 행위로서 불법행위를 구성한다(대판 2003.4.11, 2001다53059).

② 계약교섭의 부당한 중도파기가 불법행위를 구성하는 경우, 상대방에게 배상책임을 지는 것은 계약체결을 신뢰한 상대방이 입게 된 상당인과관계 있는 손해이고, 한편 계약교섭 단계에서는 아직 계약이 성립된 것이 아니므로 당사자 중 일방이 계약의 이행행위를 준비하거나 이를 착수하는 것은 이례적이라고 할 것이므로 설령 이행에 착수하였다고 하더라도 이는 자기의 위험 판단과 책임에 의한 것이라고 평가할 수 있지만 만일 이행의 착수가 상대방의 적극적인 요구에 따른 것이고, 바로 위와 같은 이행에 들인 비용의 지급에 관하여 이미 계약교섭이 진행되고 있었다는 등의 특별한 사정이 있는 경우에는 당사자 중 일방이 계약의 성립을 기대하고 이행을 위하여 지출한 비용 상당의 손해가 상당인과관계 있는 손해에 해당한다(대판 2004.5.28, 2002다32301. 같은 취지 대판 2001.6.15, 99다40418).

【판례 연구 : 대판 2003.4.11, 2001다53059】

1. 사실관계

무역센터 부지 내에 수출 1,000억$ 달성을 기념하는 영구조형물을 건립하기로 한 A(피고; 한국무역협회)가 5인 가량의 작가를 선정하여 조형물의 시안(試案) 제작을 의뢰한 후 그 중에서 최종적으로 1개의 시안을 선정한 다음 그 선정된 작가와 이 사건 조형물의 제작·납품 및 설치계약을 체결하기로 하였다. A는 원고 등 조각가 4인에게 시안의 작성을 의뢰하면서 시안이 선정된 작가와 조형물 제작·납품 및 설치계약(이하 '이 사건 계약'이라고 한다)을 체결할 것이라는 사실을 알렸으나 당시 이 사건 조형물의 제작비, 제작시기, 설치장소를 구체적으로 통보하지 않았다. 그 후 A는 여러 가지 피고 협회의 내부적 사정과 외부의 경제여건 등으로 원고와의 사이에 그 제작비, 설치기간, 설치장소 및 그에 따른 제반사항을 정한 구체적인 이 사건 계약을 체결하지 아니하고 있다가 당선사실 통지 시로부터 약 3년이 경과한 시점에 원고에게 이 사건 조형물의 설치를 취소하기로 하였다고 통보하였다.

2. 쟁 점

① 계약이 체결되었는지 여부(청약의 의사표시의 방법과 내용)
② 계약교섭의 부당한 중도파기가 불법행위를 구성하는지 여부
③ 계약교섭의 부당한 중도파기로 인한 손해배상책임의 범위
④ 계약교섭의 부당한 중도파기로 인하여 인격적 법익이 침해된 경우 그 정신적 고통에 대한 별도의 손해배상을 구할 수 있는지 여부

3. 해 결

① 계약이 성립하기 위한 법률요건인 청약은 그에 응하는 승낙만 있으면 곧 계약이 성립하는 구체적, 확정적 의사표시여야 하므로, 청약은 계약의 내용을 결정할 수 있을 정도의 사항을 포함시키는 것이 필요하다. A가 작가들에게 시안 제작을 의뢰할 때 시안이 당선된 작가와 사이에 이 사건 계약을 체결할 의사를 표명하였다 하더라도 그 의사표시 안에 이 사건 조형물의 제작·납품 및 설치에 필요한 제작대금, 제작시기, 설치장소를 구체적으로 명시하지 아니하였으므로 A의 원고 등에 대한 시안제작 의뢰는 이 사건 계약의 청약이라고 할 수 없고, 나아가 원고가 시안을 제작하고 피고가 이를 당선작으로 선정하였다 하더라도 원고와 피고 사이에 구체적으로 이 사건 계약의 청약과 승낙이 있었다고 보기는 어려우므로 원·피고 사이에 이 사건 계약이 체결되었다고 볼 수 없다.

② 어느 일방이 교섭단계에서 계약이 확실하게 체결되리라는 정당한 기대 내지 신뢰를 부여하여 상대방이 그 신뢰에 따라 행동하였음에도 상당한 이유 없이 계약의 체결을 거부하여 손해를 입혔다면 이는 신의성실의 원칙에 비추어 볼 때 계약자유 원칙의 한계를 넘는 위법한 행위로서 불법행위를 구성한다.

③ 불법행위로 인한 손해는 일방이 신의에 반하여 상당한 이유 없이 계약교섭을 파기함으로써 계약체결을 신뢰한 상대방이 입게 된 상당인과관계 있는 손해로서 계약이 유효하게 체결된다고 믿었던 것에 의하여 입었던 손해, 즉 신뢰손해에 한정된다. 이러한 신뢰손해란 계약의 성립을 기대하고 지출한 계약준비비용과 같이 그러한 신뢰가 없었더라면 통상 지출하지 아니하였을 비용 상당의 손해이며, 아직 계약체결에 관한 확고한 신뢰가 부여되기 이전 상태에서 계약교섭의 당사자가 계약체결이 좌절되더라도 어쩔 수 없다고 생각하고 지출한 비용, 가령 경쟁입찰에 참가하기 위하여 지출한 제안서, 견적서 작성비용 등은 여기에 포함되지 아니한다.

④ 계약교섭의 파기로 인한 불법행위가 인격적 법익을 침해함으로써 상대방에게 정신적 고통을 초래하였다고 인정되는 경우라면 그러한 정신적 고통에 대한 손해에 대하여는 별도로 배상을 구할 수 있다고 보아야 한다.

☞ **기본 사례형 쟁점 찾기**

서울에 살고 있는 A는 전매할 목적을 가지고 B에게 강원도 평창에 있는 B 소유의 별장을 팔 것을 요청하였다. B도 이에 응하여 계약체결 단계가 되었는데 계약체결일 전날 인접한 지역의 산불이 별장에 옮겨 붙어 그 별장이 전소하였다. B는 별장관리인으로 있는 지인으로부터 별장의 현황을 용이하게 파악할 수 있었음에도 이를 게을리 하여 A와 B는 전소 사실을 알지 못한 채 계약을 체결한 것이다. A는 위 매매계약체결 후에 대금지급을 위하여 은행으로부터 융자를 받았고, 이미 C와도 위 별장을 전매하기로 약정한 상태였다. A는 B에게 손해배상을 청구할 수 있는가, 할 수 있다면 그 범위는 어디까지인가?

【주요 쟁점】

1. 원시적 불능에 의한 계약체결상의 과실책임(제535조)
2. 불능인가 채무불이행인가?
3. 책임법적 근거
   (1) 채무불이행책임설
   (2) 불법행위책임설
   (3) 절충설
4. 손해배상의 범위

제3장 계약의 효력

제1절 총 설

계약이 유효하게 성립하면 그 효력으로 채권채무가 발생하고, 그 채권의 효력으로서 급부보유력, 청구력, 집행력이 인정된다. 그리고 채무불이행이 있으면 손해배상청구권이 발생하는데, 이에 관한 내용은 채권 편 총칙 제2절(채권의 효력)에 규정되어 있다.

계약법에서는 제1장(총칙) 제2관에 「계약의 효력」이라는 제하의 규정을 두고 있다. 쌍무계약에서는 당사자가 대가관계에 있는 채무를 부담하기 때문에 특별한 규율을 요하는데, 그 특유한 효력으로 동시이행의 항변권과 위험부담이 있다. 그리고 계약의 효력을 제3자에게 확대하는 제3자를 위한 계약이 있다. 계약의 효력은 계약당사자 사이에서만 발생하고, 제3자에게는 그 이익이나 불이익을 떠나 효력이 미치지 않는 것이 원칙이다. 민법은 그 유일한 예외로서 제3자를 위한 계약을 규정하였다. 이는 제3자에게 권리를 귀속시키는 것일 뿐 의무를 부담시키는 것은 아니다.

제2절 쌍무계약에 특유한 효력

1. 쌍무계약에서의 채무의 견련성

매매를 그 전형으로 하는 쌍무계약은 당사자 일방의 급부를 전제로 하여 상대방이 자기의 급부를 하는 이른바 'give and take'의 교환관계 내지 대가관계에 있다고 하는 특성이 있다. 가령 매수인은 목적물을 인도받는 것을 전제로 하여 대금을 지급하고, 매도인은 대금을 수령하는 것을 전제로 하여 목적물을 인도하는 관계에 있다. 이러한 급부의 상호관계를 쌍무계약의 견련관계라고 한다.

가. 성립상의 견련성

당사자 일방의 채무가 원시적 불능이어서 성립하지 않는 경우에는 상대방의 급부가 가능하여도 어느 한쪽의 채무만 성립시켜서는 아니 된다. 이 경우에는 상대방의 채무도 성립하지 않고, 계약 전부가 무효로 된다. 이에 대하여 계약은 유효하게 성립하고 단지 불이행의 문제로 해결하면 충분하다는 견해가 있음은 앞서 본 바이다(제3절 2. 다).

나. 이행상의 견련성

당사자 일방이 특별히 선이행의무를 지지 않는 한, 쌍무계약에 기한 채무는 상환으로 이행되는 것이 공평하고 당사자의 기대에도 부합한다. 그리하여 민법은 당사자 일방이 채무의 이행제공 없이 상대방의 채무의 이행을 청구하는 경우에 상대방에게 채무의 이행을 거절할 수 있는 항변권을 인정한다. 이를 동시이행의 항변권이라고 한다.

다. 존속상의 견련성

당사자 일방의 채무가 그에게 책임 없는 사유로 이행불능이 되어 소멸하는 경우에 상대방의 채무의 운명이 어떻게 되는가가 문제된다. 가령 A와 B가 A 소유의 특정 고화를 매매하기로 합의한 후 A가 그 인도 전에 자신의 귀책사유 없이 목적물을 멸실한 경우에 A의 채무는 이행불능이 되지만 A의 인도의무는 소멸하고 손해배상의무도 발생하지 않는다. 한편 B의 대금채무가 이행불능이 되지 않는다는 이유에서 A의 채무가 소멸한 후에도 존속한다고 하게 되면 B는 목적물이 존재하지 않음에도 그 대가인 대금을 지불해야 하는 문제가 발생한다. 쌍무계약에서 'give and take'의 견련관계를 유지하기 위해서는 B의 대금채무도 소멸시켜야 한다. 이처럼 쌍무계약의 존속상의 견련성에서 비롯된 문제를 위험부담이라고 한다.

라. 소멸상의 견련성

당사자 일방의 채무불이행으로 인하여 상대방이 계약을 해제한 경우에 쌍방의 채무는 모두 소멸하게 되고, 해제 시기가 채무를 이행하기 전이라면 해제권자는 손해배상청구권을 가지게 된다. 상환관계에 있는 쌍방의 채무가 모두 이행된 후에 계약이 해제되면 당사자 쌍방은 각각 원상회복의무를 지게 되는데, 이 때 당사자의 의무는 서로 동시이행의 관계에 서게 된다.

2. 동시이행의 항변권

가. 의의 및 기능

쌍무계약의 당사자 일방은 상대방이 그 채무이행을 제공할 때 까지 자기의 채무이행을 거절할 수 있다. 그러나 상대방의 채무가 변제기에 있지 아니한 때에는 그러하지 아니하다(제536조 제1항). 이처럼 쌍무계약의 이행상의 견련성에 터 잡아 상대방이 그의 채무이행을 제공할 때까지 자기의 채무이행을 거절할 수 있는 권리를 동시이행의 항변권이라고 한다.

동시이행의 항변권에 관한 제536조는 임의규정이므로, 당사자의 특약에 의하여 이를 배제할 수 있다. 그리고 당사자 쌍방이 각각 별개의 약정으로 채무를 부담하게 된 경우에도 그 채무이행과 상대방의 어떤 채무이행과를 견련시켜 동시이행을 하기로 특약한 사실이 있으면 상대방이 자기에게 이행할 채무가 있다고 하더라도 동시이행의 항변권이 생긴다(대판 1990.4.13, 89다카23794).

동시이행의 항변권은 공평의 관념과 신의칙에 입각하여 각 당사자가 부담하는 채무가 서로 대가적 의미를 가지고 관련되어 있을 때 그 이행에 있어서 견련관계를 인정하여 당사자 일방은 상대방이 채무를 이행하거나 이행의 제공을 하지 아니한 채 당사자 일방의 채무의 이행을 청구할 때에는 자기의 채무이행을 거절할 수 있도록 하는 제도이다(대판 1999.4.23, 98다53899). 동시이행의 항변권은 급부를 받으려면 자기의 채무를 이행하여야 한다는 심리적 압박을 가능하게 하므로 유치권과 같이 채권을 확보하기 위한 담보로서의 기능을 한다. 그리고 당사자 일방이 상대방의 급부를 받지 못한 상태에서 자기의 채무를 이행하였으나 일정한 사유에 의하여 계약이 해제된 경우에 상대방이 수령한 대금을 소비하였거나 인도받은 목적물을 소비 또는 전매하여 반환받을 수 없는 상태가 됨으로 인하여 입을 수 있는 손실을 사전에 방지할 수 있다는 이

점이 있다.

나. 동시이행관계의 인정 범위의 확장

동시이행의 항변권은 쌍무계약의 효력으로서 원칙적으로 그 이행을 둘러싸고 문제가 되는 것이다. 그러나 공평의 이념에 기초한 권리의 성질 상 비록 양 채무가 하나의 쌍무계약에 기한 것이 아니더라도, 동일한 법률요건에 기하여 발생한 것이고 또한 양 채무를 동시에 이행하게 하는 것이 바람직한 경우가 있다. 민법에 이러한 규정이 산재해 있을 뿐 아니라 판례도 이러한 취지에서 동시이행관계의 인정 범위를 크게 확장하고 있다.

1) 민법 및 민사특별법

전세권 소멸에 따른 전세목적물의 인도 및 전세권설정등기의 말소등기에 필요한 서류의 교부의무와 전세금 반한의무(제317조), 계약해제에 따른 원상회복의무(제549조), 담보책임에 있어 계약해제에 따른 원상회복의무(제583조), 도급인의 보수지급의무와 수급인의 하자보수의무(제667조), 종신정기금 채무자의 원본반환의무와 채권자가 기 지급받은 채무액에서 그 원본의 이자를 공제한 잔액을 정기금채무자에게 반환하여야 할 의무(제728조), 가등기담보에서 청산금 지급채무와 부동산의 소유권이전등기 및 인도채무(가등기담보법 제4조 제3항)가 있다.

2) 판 례

판례는 쌍무계약 고유의 견련성에 기초하지 않더라도 공평의 견지에서 다양한 유형의 동시이행관계를 인정한다.

가. 무효·취소 등에 따른 반환의무

① 쌍무계약이 무효로 되어 각 당사자가 서로 취득한 것을 반환하여야 할 경우, 어느 일방의 당사자에게만 먼저 그 반환의무의 이행이 강제된다면 공평과 신의칙에 위배되는 결과가 되므로 각 당사자의 반환의무는 동시이행관계에 있다(대판 2007.12.28, 2005다38843). 같은 취지에서 사기·강박이나 무능력으로 인한 법률행위의 취소의 경우에도 동시이행항변권이 인정되어야 한다. 가령 A와 B 사이의 X토지에 관한 매매계약을 제3자의 기망을 이유로 취소하는 경우에 그 원상회복으로서 A는 B에게 X토지에 관하여 소유권이전등기의 말소등기절차를 이행할 의무

가 있고 B는 A에게 수령한 매매대금을 반환할 의무가 있는데, 이 때 A와 B 사이의 이러한 각 의무는 동시이행의 관계에 있다고 보아야 한다(대판 2010.10.14, 2010다47438).

② 하자담보책임에 의한 계약해제와 관련하여 제583조는 제572조 내지 제575조, 제580조 및 제581조의 경우에 제536조를 준용한다고 규정하지만, 판례는 민법 제571조에 의한 계약해제의 경우에도 매도인의 손해배상의무와 매수인의 대지인도의무는 발생원인이 다르다 하더라도 이행의 견련관계는 양 의무에도 그대로 존재하므로 양 의무 사이에는 동시이행관계가 있다고 보아야 한다(대판 1993.4.9, 92다25946).

③ 경매절차의 무효로 인한 소유권이전등기 말소의무와 채무자의 배당금 반환의무는 동시이행의 관계에 있지만(대판 1995.9.15, 94다55071), 근저당권 실행을 위한 경매가 무효로 되어 채권자(근저당권자)가 채무자를 대위하여 낙찰자에 대한 소유권이전등기 말소청구권을 행사하는 경우에는 낙찰자(매수인)가 부담하는 소유권이전등기 말소의무는 채무자에 대한 것인 반면, 낙찰자의 배당금 반환청구권은 실제 배당금을 수령한 채권자에 대한 채권이어서 두 채무는 서로 이행의 상대방을 달리하는 것으로서 서로 동시에 이행되어야 할 관계에 있지 않다(대판 2006.9.22, 2006다24049).

④ 구분소유적 공유관계가 해소되는 경우, 공유지분권자 상호 간의 지분이전등기의무는 그 이행상 견련관계에 있고, 또한 각 공유지분권자는 특별한 사정이 없는 한 제한이나 부담이 없는 완전한 지분소유권이전등기의무를 지므로 그 구분소유권 공유관계를 표상하는 공유지분에 근저당권설정등기 또는 압류, 가압류등기가 경료되어 있는 경우에 구분소유적 공유관계가 해소되면 쌍방의 지분소유권이전등기의무와 아울러 그러한 근저당권설정등기 등의 말소의무 또한 동시이행의 관계에 있다(대판 2008.6.26, 2004다32992).

나. 임대차 기간 만료에 따른 당사자 사이의 의무

① 임대차계약의 종료에 의하여 발생된 임차인의 임차목적물 반환의무와 임대인의 연체차임 등을 공제한 나머지 임대차보증금의 반환의무는 동시이행의 관계에 있다(대판 2006.10.13, 2006다39720). 이 때 임차인이 동시이행의 항변권에 기하여 임차목적물을 점유하고 사용·수익하였더라도 그 점유는 불법점유라 할 수 없으므로 임차인은 그로 인한 손해배상책임은 지지는 않지만, 사용·수익으로 인하여 실질적으로 얻은 이익이 있으면 부당이득으로서 반환하여야 한다(대판 1998.7.10, 98다15545). 임차인이 본래의 임대차계약상의 목적에 따라 사용·수익하지 아니하여 실질적인 이득을 얻은 바 없다면 그로 인하여 임대인에게 손해가 발생하였더라도 임차인이 부당이득반환의무를 부담하지 않음은 물론이다(대판 1993.11.23, 92다38980).

② 토지 임차인이 건물매수청구권을 행사한 경우에 토지 임차인의 건물명도 및 소유권이전등기의무와 토지 임대인의 건물대금지급의무도 동시이행의 관계에 있다(대판 1998.5.8, 98다2389). 그러나 임대인의 임대차보증금 반환의무와 임차인의 주택임대차보호법 제3조의3에 의한 임차권등기 말소의무는 동시이행관계에 있지 않다. 임차권등기는 임차인으로 하여금 기왕의 대항력이나 우선변제권을 유지하도록 해 주는 담보적 기능만을 주목적으로 하기 때문에 임대인의 임대차보증금의 반환의무가 임차인의 임차권등기 말소의무보다 먼저 이행되어야 한다(대판

2005.6.9, 2005다4529).

다. 원인채무의 이행의무와 어음 또는 수표의 반환의무

기존채무와 어음, 수표채무가 병존하는 경우에 원인채무의 이행과 어음, 수표의 반환은 동시이행의 관계에 있다(대판 1993.11.9, 93다11203·11210). 다만 채무자가 어음의 반환이 없음을 이유로 원인채무의 변제를 거절할 수 있는 것은 채무자로 하여금 무조건적인 원인채무의 이행으로 인한 이중지급의 위험을 면하게 하려는 데에 그 목적이 있는 것이지, 기존의 원인채권에 터 잡은 이행청구권과 상대방의 어음 반환청구권이 민법 제536조에 정하는 쌍무계약상의 채권채무관계나 그와 유사한 대가관계가 있어서 그러는 것은 아니므로, 채권자가 어음의 반환을 제공하지 아니하면 채무자는 여전히 적법한 이행의 최고를 할 수 있고, 채무자는 원인채무의 이행기를 도과하면 원칙적으로 이행지체의 책임을 지게 된다(대판 1999.7.9, 98다47542,47559). 가령 건축도급에서 도급인이 공사대금 대신 약속어음을 발행한 경우에 수급인이 어음반환 없이 공사대금을 지급받은 후 다시 어음금을 청구하여 이중지급을 받을 위험이 있으므로 도급인에게 수급인의 어음반환이 없으면 공사대금의 이행을 거절할 수 있도록 한 것일 뿐이므로 수급인은 어음반환을 제공하지 않았더라도 도급인에게 공사대금채무의 이행을 최고할 수 있고 도급인은 그 이행기를 도과하면 지체책임을 지게 되는 것이다.

라. 도급계약에서의 당사자 사이의 의무

① 쌍무계약의 특성 상 대가관계에 있는 도급인의 보수지급의무와 수급인의 완성물 인도의무가 동시이행의 관계에 있다고 보아야 하는 것이 원칙이다. 그러나 공평의 견지에서 이를 확장하여, 완성된 목적물에 하자가 있는 때에 도급인이 수급인에 대하여 그 하자의 보수에 갈음하여 또는 보수와 함께 손해배상을 청구할 수 있는 권리는 특별한 사정이 없는 한 수급인이 가지는 보수채권과 동시이행관계에 있고, 수급인이 도급계약에 따른 의무를 제대로 이행하지 못함으로 말미암아 도급인에게 손해가 발생한 경우에 그와 같은 하자확대손해로 인한 수급인의 손해배상채무와 도급인의 보수지급채무 역시 동시이행관계에 있다고 보아야 한다(대판 2007.8.23, 2007다26455,26462).

② 또한 도급인이 자신 소유의 토지에 근저당권을 설정하여 수급인으로 하여금 공사에 필요한 자금을 대출받도록 한 경우에는 수급인의 근저당권 말소의무와 도급인의 공사대금채무는 도급인이 처하게 될 이중지급의 위험 등을 고려하여 이행상의 견련관계를 인정하여야 하며, 나아가 수급인이 근저당권 말소의무를 이행하지 아니한 결과 도급인이 대출금 및 연체이자를 대위변제함으로써 수급인이 지게 된 구상금채무도 근저당권 말소의무의 변형물로서 그 대등액의 범위 내에서 도급인의 공사대금채무와 동시이행의 관계에 있다고 보아야 한다(대판 2010.3.25, 2007다35152). 그리고 건물건축공사도급계약의 수급인은 공사대금을 변제받을 때까지 도급계약의 목적물인 건물뿐 아니라 건물의 유지사용에 필요한 범위 내의 대지부분에 대해서 동시이행의 항변권에 기하여 인도를 거절할 수 있으며, 도급계약의 특성상 동시이행의 항변권에 기하여 건물완공 시까지 건축을 위한 목적 범위 내에서 대지를 무상으로 사용할 수 있다. 따라서 그 범위를 벗어난 무상의 사용·수익 권능은 인정되지 않는다(대판 1992.12.24, 92다22114).

마. 신탁계약 및 명의신탁에서의 신탁자와 수탁자 사이의 의무

① 토지개발신탁 등의 신탁계약에서 위탁자 또는 수익자가 부담하는 신탁비용 및 신탁보수 지급의무와 신탁종료 시에 수탁자가 부담하는 신탁재산을 이전할 의무는 동시이행의 관계에 있다(대판 2006.6.9, 2004다24557; 대판 2007.9.7, 2005다9685).

② 명의신탁에 있어서 명의수탁자의 상속인의 명의신탁자에 대한 명의수탁 부동산에 관한 소유권이전등기의무와 명의신탁자의 명의수탁자의 상속인에 대한 상속세 추가분 상당액의 상환의무는 그 추가분이 명의신탁관계의 유지 과정에서 명의신탁 목적물과 관련하여 발생한 비용이기 때문에 서로 이행상의 견련성이 있다고 보아야 한다(대판 1999.10.12, 98다6176). 또한 토지의 일부를 매매한 후 대금 감액의 합의가 되어 매도인이 매수인에게 이미 지급받은 대금의 일부를 반환할 의무를 부담한 상태에서 매수인 명의로 토지 전체에 대한 소유권이전등기를 경료한 경우에 매수인의 매도인에 대한 매매 목적 이외의 토지 부분에 관한 명의신탁해지를 원인으로 한 소유권이전등기절차 이행의무와 매도인의 매수인에 대한 대금 반환의무도 서로 동시이행의 관계에 있다(대판 1999.4.23, 98다53899).

바. 구상채무와 동시이행의 관계

부동산의 매수인이 매매목적물에 관한 근저당권의 피담보채무를 인수하는 한편 그 채무액을 매매대금에서 공제하기로 약정한 경우, 매수인이 인수하기로 한 채무는 매매대금 지급채무에 갈음한 것으로서 매도인이 그 채무를 대신 변제하였다면 그로 인한 매수인의 매도인에 대한 구상채무는 인수채무의 변형으로서 매매대금 지급채무에 갈음한 것의 변형이므로, 매수인의 구상채무와 매도인의 소유권이전의무는 대가적 의미가 있어 이행 상의 견련관계가 인정된다(대판 2007.6.14, 2007다3285). 또한 주채무자의 보증인에 대한 구상금 지급의무가 실질적으로는 공동투자약정에 따른 투자금의 출연의무라고 볼 수 있는 경우, 주채무자의 보증인에 대한 구상금 지급의무와 보증인의 주채무자에 대한 지분소유권이전의무는 동시이행의 관계에 있다(대판 2004.8.30, 2004다24236,24243).

사. 기 타

① 리스회사가 이용자로부터 물건수령증을 발급받는 이유는 이용자와의 관계에서는 리스기간의 개시 시점을 명확히 하고자 하는 것이고, 공급자와의 관계에서는 그 물건을 인도받기로 되어 있는 이용자로부터 물건공급계약에 따른 물건의 공급이 제대로 이행되었음을 증명 받고자 함에 있다 할 것이므로, 공급자가 이용자에게 물건공급계약에 따른 물건을 공급한 이상 리스회사에 대하여 물건대금을 청구할 수 있는 것이고, 다만 리스회사로서는 이용자로부터 물품수령증을 발급받지 못하였음을 들어 공급자에 대하여 그 물건대금의 지급을 거절할 수 있을 뿐이라고 할 것이며, 이용자의 리스회사에 대한 물품수령증 발급의무와 리스회사의 공급자에 대한 물품대금 지급의무는 특단의 사정이 없는 한 동시이행의 관계에 있다고 봄이 상당하다(대판 1997.11.14, 97다6193).

② 화물자동차에 관한 수탁관리계약(지입계약)의 종료에 따른 운송사업자(지입회사)의 수탁

자동차(지입차량)에 대한 소유권이전등록절차 이행의무와 자동차 소유자(지입차주)의 연체된 관리비(지입료) 등의 지급의무는 서로 동시이행관계에 있으며(대판 2010.8.26, 2010다29102), 또한 지입계약의 종료에 따라 지입회사가 지입차주에 대하여 부담하는 소유권이전등록절차이행의무와 지입계약이 유지됨으로 인하여 지입회사에게 부과된 세금이나 지입차주의 차량운행과 관련하여 발생한 과태료 등을 정산하여 지급하여야 할 지입차주의 지입회사에 대한 의무는 쌍무계약에 있어서 고유의 대가관계에 있는 것은 아니라고 하더라도 형평의 원칙에 비추어 서로 동시이행관계에 있다고 봄이 상당하다(대판 2010.6.24, 2010다22989).

③ 도시환경정비사업의 사업시행자와 임차인 사이에 보상금에 관한 협의가 성립된다면 조합의 보상금 지급의무와 임차인의 부동산 인도의무는 동시이행의 관계에 있게 되지만, 재결절차에 의할 때에는 부동산 인도에 앞서 영업손실보상금 등의 지급절차가 선행되어야 한다(대판 2011.11.24, 2009다28394). 그리고 도시 및 주거환경법 제47조에 따라 재건축조합이 토지 등 소유자에게 청산금의 지급의무를 부담하는 경우에 토지 등 소유자의 권리제한등기 없는 소유권이전의무와 사업시행자의 청산금 지급의무는 동시이행관계에 있다(대판 2010.8.19, 2009다81203).

다. 성립요건

1) 동일한 쌍무계약으로부터 발생한 대가관계에 있는 채권이 존재할 것

가) 하나의 쌍무계약으로부터 발생한 대가관계에 있는 특정의 채무와 채무 사이에 동시이행의 항변권이 성립한다. 가령 A가 B로부터 고급 양주 1병을 50만원에 사기로 하는 계약을 2회에 걸쳐 체결하였는데, 첫 번째 계약에서는 A가 대금을 지급하였으나 B가 양주를 인도하지 않았고, 두 번째 계약에서는 B가 양주를 인도하였으나 A가 대금을 지급하지 않은 경우, A와 B 사이에 채권·채무는 대립하지만, 그 채무는 하나의 계약으로부터 발생한 것이 아니기 때문에 동시이행의 관계에 있지 않다. 이 요건은 혼합계약의 경우에도 동일하게 적용된다.

【관련 판례】

① 쌍무계약에서 서로 대가관계에 있는 당사자 쌍방의 의무는 원칙적으로 동시이행의 관계에 있고, 나아가 하나의 계약으로 둘 이상의 민법상의 전형계약을 포괄하는 내용의 계약을 체결한 경우에 당사자 일방의 여러 의무가 포괄하여 상대방의 여러 의무와 대가관계에 있다고 인정되면, 이러한 당사자 일방의 여러 의무와 상대방의 여러 의무는 동시이행의 관계에 있다(대판 2011.2.10, 2010다77385).

[사실] 소외인이 2006. 7.경 피고에게 동생인 원고가 경제적으로 어려운 상황이니 이 사건 토지와 건물을 원고에게 매도하여 원고로 하여금 임대사업을 할 수 있게 해 달라는 부탁을 하여 피고가 이에 동의하였고, 이에 원고와 피고가 그 무렵 "원고가 이 사건 토지에 설정된 근저당권의 피담보채무 41,000,000원과 이 사건 건물의 임대차보증금 반환채무 47,000,000원을 인수하고, 150,000,000원을 피고에게 지급하며, 피고는 이 사건 토지와 건물을 원고에게 양도한다."는 내용의 약정을 체결한 사안에 대하여, 원고의 1억 5,000만 원 지급의무 등과 피고의 이전등기의무가 동시이행의 관계에 있는 것으로 판단한 것이다.

② 쌍무계약에 있어서 서로 대가관계에 있는 당사자 쌍방의 의무는 원칙적으로 동시이행의 관계에 있고, 또 하나의 계약으로 둘 이상의 민법상의 전형계약을 포괄하는 내용의 계약을 체결한 것이라면, 특별한 사정이 없는 한, 민법상의 전형계약에 상응하는 부분으로 서로 분리하여 그 각각의 전형계약의 범위 안에서 대가관계에 있는 의무만을 동시이행관계에 있다고 볼 것이 아니라, 당사자 일방의 여러 의무가 포괄하여 상대방의 여러 의무와 사이에 대가관계에 있다고 인정되는 한, 이러한 당사자 일방의 여러 의무와 상대방의 여러 의무는 동시이행의 관계에 있다고 봄이 상당하다(대판 1995.8.22, 95다1521).

[사실] 도급인들 소유의 대지 위에 3층 건물을 도급인들 명의로 건축허가를 받아 수급인이 신축한 뒤, 1·2층 부분은 도급인들의 소유로 하고, 3층 부분은 수급인의 소유로 하며, 원고들의 대지 지분 중 1/3을 수급인에게 이전하기로 하는 내용의 것이라면, 그로 인한 당사자 사이의 여러 권리의무는 동일한 경제적 목적을 위하여 서로 밀접하게 연관된 것이어서 당사자 일방의 여러 권리의무는 전체로서 상대방의 여러 권리의무와 대가관계에 있는 것으로 보아야 할 것이지, 위 계약을 민법상의 전형계약에 맞추어 1, 2층 건물에 대한 신축도급계약, 3층 건물에 관한 명의신탁 계약(도급인 명의의 건축허가), 대지지분에 관한 지분매매계약으로 각각 분리하여 독립적인 계약관계로 보거나, 그 계약관계의 범위 내에서만 서로의 의무가 대가관계에 있는 것이라고 볼 것은 아니라 할 것이고, 한편, 위 계약에 의하면, 이 사건 대지지분의 대가는 1·2층 건물 신축공사의 대금에서 공제하도록 하고 있으므로 수급인이 도급인들에 대하여 위 대지지분에 관한 이전등기절차의 이행을 구할 수 있기 위하여는 이 사건 1, 2층 건물의 신축공사를 완료한 뒤, 도급인들에 대하여 대지지분의 대금에 상당한 공사 대금을 청구할 수 있는 상태에 있어야 한다고 할 것이고, 수급인이 약정한 공사를 이행하지 아니하였다거나 이미 이행한 공사 부분의 대금상당을 이미 지급받았다는 등의 사정으로 도급인들에 대하여 대지지분의 매수대금에 상당한 공사대금을 청구할 수 없는 상태에 있는 것이라면, 도급인들로서는 그 대지지분에 대한 소유권이전등기 절차의 이행은 물론 이와 일체를 이루는 3층 부분에 관한 명의신탁 해지를 원인으로 한 소유권이전등기 절차의 이행도 거절할 수 있다고 보아야 할 것이다.

나) 동일한 계약당사자가 아니더라도 동시이행의 항변권이 인정될 수 있다. 당사자가 변경되어도 채무의 동일성이 유지되는 한 동시이행의 항변권은 존속한다. 가령 A·B 사이에 매매계약이 성립한 후에 매도인 A가 대금채권을

C에게 양도하여 A·B 사이에 채권의 대립이 없게 되어도 C는 동시이행의 항변권이 붙은 채권을 취득하는 것이어서 B는 C의 청구에 대하여 동시이행의 항변권을 주장할 수 있다. 채권양도뿐만 아니라 채무인수, 포괄승계, 전부명령 등이 있는 경우에도 동시이행항변권은 존속하나, 채무의 동일성을 잃게 되는 경개의 경우에는 그러하지 아니하다.

【관련 판례】

① 금전채권에 대한 압류 및 전부명령이 있는 때에는 압류된 채권은 동일성을 유지한 채로 압류채무자로부터 압류채권자에게 이전되고, 제3채무자는 채권이 압류되기 전에 압류채무자에게 대항할 수 있는 사유로써 압류채권자에게 대항할 수 있는 것이므로, 제3채무자의 압류채무자에 대한 자동채권이 수동채권인 피압류채권과 동시이행의 관계에 있는 경우에는, 압류명령이 제3채무자에게 송달되어 압류의 효력이 생긴 후에 자동채권이 발생하였다고 하더라도 제3채무자는 동시이행의 항변권을 주장할 수 있다(대판 2010.3.25, 2007다35152). 따라서 임차인의 임차보증금반환청구채권이 전부된 경우에도 임대차계약이 해지된 후에 임대인이 잔존임차보증금반환청구채권을 전부받은 자에게 그 채무를 현실적으로 이행하였거나 그 채무이행을 제공하였음에도 불구하고 임차인이 목적물을 명도하지 않음으로써 임차목적물반환채무가 이행지체에 빠지는 등의 사유로 동시이행의 항변권을 상실하게 되었다는 점에 관하여 임대인이 주장·입증을 하지 않은 이상 임차인의 목적물에 대한 점유는 동시이행의 항변권에 기한 것이어서 불법점유라고 볼 수 없다(대판 2002.7.26, 2001다68839).

② 금전채권에 대한 압류 및 추심명령이 있는 경우, 이는 강제집행절차에서 추심채권자에게 채무자의 제3채무자에 대한 채권을 추심할 권능만을 부여하는 것이므로, 이로 인하여 채무자가 제3채무자에 대하여 가지는 채권이 추심채권자에게 이전되거나 귀속되는 것은 아니므로, 추심채무자로서는 제3채무자에 대하여 피압류채권에 기하여 그 동시이행을 구하는 항변권을 상실하지 않는다(대판 2001.3.9, 2000다73490).

③ 수급인의 하수급인에 대한 하도급 공사대금채무를 인수한 도급인은 수급인이 하수급인과 사이의 하도급계약상 동시이행의 관계에 있는 수급인의 하수급인에 대한 하자보수청구권 내지 하자에 갈음한 손해배상채권 등에 기한 동시이행의 항변으로써 하수급인에게 대항할 수 있다(대판 2007.10.11, 2007다31914).

그리고 동시이행의 관계에 있는 쌍방의 채무 중 어느 한 채무가 이행불능이 됨으로 인하여 발생한 손해배상채무도 여전히 다른 채무와 동시이행의 관계에 있다(대판 2000.2.25, 97다30066).

다) 두 채무 사이에 상호의존성, 즉 견련성이 인정되어야 한다. 매도인의 매매대금반환의무는 매매계약 해제로 인한 원상회복의무인 반면 상대방의 소유권이전등기 말소의무는 매매계약 해제로 인하여 발생한 것이 아니라 매매계약이 이미 해제되었음에도 상대방이 원인 없이 소유권이전등기를 함으로써 발생한 것인 경우에는 양 의무는 별개의 발생 원인에 기한 것이어서 이행상의 견련관계가 없으며(대판 2007.4.26, 2005다53866), 채무담보를 위하여 근저당권설정등기, 가등기 등이 경료되어 있는 경우에 그 채무의 변제의무는 그 등기의 말소의무보다 선행되는 것이며, 채무의 변제와 그 등기말소절차의 이행을 교환적으로 구할 수 없으므로, 그 등기의 각 말소등기절차이행에 소요되는 일체의 서류를 교부할 것을 반대급부로 하여 한 변제공탁은 채무의 본지에 따른 것이라 할 수 없다(대판 1991.4.12, 90다9872).

2) 상대방의 채무가 변제기에 있을 것

가) 동시이행의 항변권은 상대방의 채무가 변제기에 있지 않으면 발생하지 않는다(제536조 제1항 후단). 가령 A·B 사이의 자동차 매매에서 매도인 A는 1주일 후에 자동차를 인도하고 매수인 B는 1개월 후에 대금을 지급하기로 약정한 경우, A는 대금지급과 상환으로 자동차를 인도하겠다는 동시이행의 항변권을 주장할 수 없다. A에게 그러한 주장을 인정하면 B에게 주어진 기한의 이익이 무의미해지기 때문이다.

채무담보의 목적으로 경료된 채권자 명의의 소유권이전등기나 그 소유권이전청구권보전을 위한 가등기의 말소를 구하려면 먼저 채무를 변제해야 하고, 피담보채무와 교환적으로 말소를 구할 수는 없다.

나) 당사자 일방이 선이행의무를 지더라도 다음의 경우에는 동시이행의 항변권이 인정된다.

첫째, 당사자 일방이 선이행의무를 지더라도 그의 채무를 이행하지 않고 있는 동안에 상대방의 채무가 이행기가 도래하였음에도 상대방이 변제의 제공 없이 이행청구를 한 경우에 선이행의무를 지는 일방은 동시이행의 항변권을 행사할 수 있다. 동시이행의 항변권의 행사에 있어서의 '이행기의 도래'라 함은 행사 시점에 양 채무가 이행기에 있으면 충분하고, 처음부터 이행기가 같아야 함을 의미하는 것은 아니기 때문이다(대판 2001.7.27, 2001다27784,27791). 가령 매수인이 선이행의무 있는 중도금을 지급하지 않았다고 하더라도 계약이 해제되지 않은 상태에서 잔대금 지급일이 도래하여 그 때까지 중도금과 잔대금이 지급되지 아니하고 잔대금과 동시이행관계에 있는 매도인의 소유권이전등기 소요서류가 제공된 바 없이 그 기일이 도과하였다면, 다른 특별한 사정이 없는 한, 매수인의 중도금 및 잔대금의 지급과 매도인의 소유권이전등기 소요서류의 제공은 동시이행관계에 있다 할 것이어서 그 때부터는 매수인은 중도금을 지급하지 아니한 데 대한 이행지체의 책임을 지지 아니한다(대판 2002.3.29, 2000다577). 다만 이 경우에도 선이행의무기간 동안의 지연이자는 배상하여야 한다.

둘째, 당사자 일방이 선이행의무를 부담하였더라도 상대방에게 이행이 곤란할 현저한 사유가 있는 경우에는 선이행의무자는 상대방의 변제제공이 있을 때까지 채무이행을 거절할 수 있는데(제536조 2항), 이를 불안의 항변권이라고 한다. 그 사유의 발생시기는 계약 성립의 전후를 묻지 않으며 상대방의 급부가 확실해 질 때까지 잠정적으로 존속한다. 과거에는 금전채무의 신용불안의 경우를 중심으로 불안의 항변권이 인정되었으나, 최근에는 인도의무 등의 이행거절권으로 그 범위를 확대하고 있다. 즉, 판례는 이행곤란사유를 '파산에 준하는 재산상태의 악화나 신용불안상태' 등에서 나아가 상대방의 채무불이행을 예단케 할 수 있는 사정이 있는 경우'라고 하여 이행곤란사유를 확장하고 있다(대판 1996.8.23, 96다16650).

【관련 판례】

① 아파트 수분양자의 중도금 지급의무는 아파트를 분양한 건설회사가 수분양자를 아파트에 입주시켜 주어야 할 의무보다 선이행하여야 하는 의무이나, 건설회사의 신용불안이나 재산상태의 악화 등은 민법 제536조 제2항의 건설회사의 의무이행이 곤란할 현저한 사유가 있는 때 또는 민법 제588조의 매매의 목적물에 대하여 권리를 주장하는 자가 있는 경우에 매수인이 매수한 권리의 전부나 일부를 잃을 염려가 있는 때에 해당하여, 아파트 수분양자는 건설회사가 그 의무이행을 제공하거나 매수한 권리를 잃을 염려가 없어질 때까지 자기의 의무이행을 거절할

수 있다(대판 2006.10.26, 2004다24106,24113).

② 일반적으로 건축공사도급계약에서 공사대금의 지급의무와 공사의 완공의무가 반드시 동시이행관계에 있는 것은 아니지만, 도급인이 계약상 의무를 부담하는 공사 기성부분에 대한 공사대금 지급의무를 지체하고 있고, 수급인이 공사를 완공하더라도 도급인이 공사대금의 지급채무를 이행하기 곤란한 현저한 사유가 있는 경우에는 수급인은 그러한 사유가 해소될 때까지 자신의 공사 완공의무를 거절할 수 있다(대판 2005.11.25, 2003다60136).

③ 토지매수인, 시공회사 및 신탁회사 간에 신탁방식에 의한 오피스텔 신축 및 분양사업에 관한 기본약정을 맺은 후 외환위기로 신탁회사가 사업자금 차입 곤란 등으로 공사선급금 등의 지급 확보책을 제시하지 못하였다면 시공회사가 이를 이유로 자신의 선이행의무인 토지대금의 대여 및 지급보증 의무의 이행을 거절할 수 있다(대판 2003.5.16, 2002다2423).

④ 구상권자에 대하여 파산이 선고된 후에 사전구상권을 행사하는 경우에는, 구상금채무의 보증인이 사전구상에 응하더라도 특별한 사정이 없는 한 구상권자가 이를 전부 주채무자의 면책을 위하여 사용하는 것은 파산절차의 제약 상 기대하기 어려우므로, 파산절차에도 불구하고 구상금이 전액 주채무자의 면책을 위하여 사용될 것이라는 점이 확인되기 전에는 구상금채무의 보증인은 신의칙과 공평의 원칙에 터 잡아 민법 제536조 제2항을 유추적용하여 사전구상에 대한 보증채무의 이행을 거절할 수 있다(대판 2002.11.26, 2001다833).

⑤ 계속적 임가공거래에 있어서 피고가 이미 정산이 완료되어 변제기가 지난 기간의 임가공비를 지급하지 못하였고, 이미 정산을 완료하였으나 변제기에 이르지는 아니한 기간의 임가공비에 대하여도 그 지급을 위한 아무런 유가증권도 교부하지 아니한 상태였으므로, 원고로서는 피고와의 사이에 계속적 거래관계에 있어서의 신뢰관계가 깨어져 정산 완료된 이후의 임가공비를 그 변제기에 지급받을 수 있을지 여부가 현저히 불확실한 불안상태에 빠졌다고 할 것이어서 민법 제536조 제2항 및 신의성실의 원칙에 비추어 볼 때 이에 대하여 변제기 내의 지급을 보장할 수 있는 수단을 확보할 수 있을 때까지는 선이행의무가 있는 자기 채무를 거절할 수 있는 동시이행의 항변권을 취득하였다고 해석함이 상당하다(대판 1995.2.28, 93다53887).

3) 상대방이 자기 채무의 이행이나 이행제공 없이 이행을 청구할 것

가) 동시이행의 항변권은 상대방이 채무의 이행을 제공할 때까지 인정되므로, 상대방이 채무내용에 좇은 이행을 하면 채권의 대립상태가 소멸하여 동시이행의 항변권의 문제가 생기지 않는다(제536조 제1항).

나) 일방 당사자가 하여야 할 이행제공의 정도는 불성실한 상대방 당사자에게 부당한 이행거절의 구실을 주지 않도록 하기 위하여 그 시기와 구체적인 상황에 따라 신의성실의 원칙에 어긋나지 않게 합리적으로 정하여야 한다. 이

행제공과 관련하여 판례는, 매도인이 부동산 매매계약의 해제에 따른 매매대금 반환 및 소유권이전등기절차 인수거절의사를 명백히 하고 있는 상황 하에서, 매수인이 소유권이전등기에 필요한 제반 서류를 준비하여 두고 매도인에게 그 수령을 최고하고 그러한 상태를 계속 유지하였다면 매도인은 그 최고일 이후부터 매매대금 반환을 지체함으로 인한 책임을 면할 수 없으나(대판 2005. 4.29, 2005다8637), 매수인이 잔금지급기일이 지나 매도인에게 이행을 청구하면서 중도금 및 잔금 액수를 초과하는 금원이 예치되어 있는 예금통장의 사본을 제시한 것은 중도금 및 잔금의 준비에 불과할 뿐 적법한 이행 제공이라고 할 수 없고(대판 2004.12.9, 2004다49525), 또한 임대차계약 종료 후 임대인의 동시이행의 항변권을 소멸시키고 임대보증금 반환 지체책임을 인정하기 위해서는 임차인이 임대인에게 임차목적물의 명도의 이행제공을 하여야 하므로, 임차인이 임차목적물에서 퇴거하면서 그 사실을 임대인에게 알리지 아니한 경우에는 임차목적물의 명도의 이행제공이 있었다고 볼 수 없다고 하였다(대판 2002. 2.26, 2001다77697).

다) 상대방이 불완전한 이행을 하거나 일부이행 또는 일부제공을 한 경우에 동시이행의 항변권의 행사에 제한을 받는가가 문제된다. 특정물인도채무의 경우에는 채무자가 선관주의의무를 다하여 이행기의 현상대로 인도하면 채권자가 급부목적물을 수령해야 하므로(제462조), 그 범위 내에서 특정물채무의 불완전이행과 관련한 동시이행의 항변권이 문제되지는 않는다. 그러나 종류채무의 불완전이행이 있으면 채권자는 원칙적으로 그 수령을 거절하고 반대급부 전부의 이행을 거절할 수 있다.

일부제공은 제공으로서의 효력이 인정되지 않으면 제공이 없는 것과 동일하게 다루어지므로 상대방이 반대급부의 이행을 거절할 수 있다. 다만 가분급부의 경우에는 원칙적으로 상대방이 아직 이행하지 않은 부분에 해당하는 만큼의 자기 채무의 이행을 거절할 수 있을 뿐이지만, 일부제공이나 일부이행이 있은 후 잔부가 현저히 근소한 경우에는 동시이행항변권이 부정되는 경우도 있을 수 있다. 독일 개정 채무법은 잔존채무가 경미하여 이행거절이 신의칙에 반하는 경우에는 동시이행의 항변권이 인정되지 않는다고 규정하고 있다(제320조 제2항).

【관련 판례】

① 매수인이 매도인을 상대로 매매목적 부동산 중 일부에 대해서만 소유권이전등기의무의 이행을 구하고 있는 경우에도 매도인은 특별한 사정이 없는 한 그 매매잔대금 전부에 대하여 동시이행의 항변권을 행사할 수 있다(대판 2006.2.23, 2005다53187).

② 그러나 토지의 매매계약이나 이행은 불가분적인 것이 아니어서 일부에 관하여만 매매계약이 유효하거나 일부 토지에 관하여만 소유권이전등기가 가능하므로 일부 토지에 대하여만 소유권이전등기를 명할 때에는 매수인이 지급한 매매대금의 합계액이 소유권이전등기를 명하는 토지의 매매대금에 미치지 못하는 때에 한하여 그 범위 안에서만 동시이행의 항변을 받아들여 부족한 매매대금의 수령과 동시이행을 명하는 판결을 할 수 있고, 이미 지급한 매매대금액이 이전등기를 명하는 토지가액을 넘는 경우에는 동시이행을 명하여서는 아니 된다(대판 1993.2.23, 92다32807).

③ 매도인이 말소할 의무를 부담하고 있는 매매목적물상의 근저당권을 말소하지 못하고 있다면 매수인은 그 위험의 한도에서 매매대금의 지급을 거절할 수 있고, 그 결과 민법 제587조 단서에 의하여 매수인이 매매목적물을 인도받았다고 하더라도 미지급 대금에 대한 인도일 이후의 이자를 지급할 의무가 없으나, 이 경우 지급을 거절할 수 있는 매매대금이 어느 경우에나 근저당권의 채권최고액에 상당하는 금액인 것은 아니고, 매수인이 근저당권의 피담보채무액을 확인하여 이를 알고 있는 경우와 같은 특별한 사정이 있는 경우에는 지급을 거절할 수 있는 매매대금은 확인된 피담보채무액에 한정된다(대판 1996.5.10, 96다6554).

④ 기성고에 따라 공사대금을 분할하여 지급하기로 약정한 경우라도 특별한 사정이 없는 한 하자보수의무와 동시이행관계에 있는 공사대금지급채무는 당해 하자가 발생한 부분의 기성공사대금에 한정되는 것은 아니다. 이와 달리 본다면 도급인이 하자발생사실을 모른 채 하자가 발생한 부분에 해당하는 기성공사의 대금을 지급하고 난 후 뒤늦게 하자를 발견한 경우에는 동시이행의 항변권을 행사하지 못하게 되어 공평에 반하기 때문이다(대판 2001.9.18, 2001다9304).

⑤ 등기의무자의 주소 등 표시가 등기후에 변경된 경우 그에 따른 등기명의인의 표시변경등기가 이루어지지 아니하는 한 새로운 소유권이전등기를 할 수 없고, 등기명의인의 표시변경등기는 등기명의인의 신청에 의하여 이루어지는 것이므로 등기후 주소를 변경한 부동산의 소유자가 이를 매도하면서 매수인과의 사이에 소유권이전등기절차의 이행과 상환으로 매매잔대금을 지급받기로 약정한 경우에 있어서 매도인이 잔대금 지급을 최고함에 있어 그의 주소변경등기에 필요한 서류는 제공함이 없이 소유권이전등기에 관한 서류만을 매수인에게 제공하였다면 이는 위 약정에 따른 적법한 이행의 제공이라고 할 수 없다(대판 1987.4.14, 86다카2605).

4) 수령지체와 동시이행의 항변권

수령지체에 빠진 당사자가 상대방이 그 후에 자기 채무의 이행 없이 이행을 청구한 경우에 동시이행의 항변권을 행사할 수 있는가가 문제된다. 이 경우에도 쌍무계약에 있어서 두 채무의 이행상의 견련관계를 그대로 유지시키는 것이 공평에 부합하므로 동시이행의 항변권은 인정되어야 한다. 즉, 쌍무계약의 당사자 일방이 먼저 한번 현실의 제공을 하고, 상대방을 수령지체에 빠지게 하였더라도 그 이행의 제공이 계속되지 않는 한 과거에 이행의 제공이 있었다는 사실만으로 상대방이 가지는 동시이행의 항변권이 소멸하는 것은 아니다. 일시적으로 당사자 일방의 의무의 이행 제공이 있었으나 곧 그 이행의 제공이 중지되어 더 이상 그 제공이 계속되지 아니하는 기간 동안에는 상대방의 의무가 이행지체 상태에 빠졌다고 할 수 없는 것이고, 따라서 그 이행의 제공이 중지된 이후에 상대방의 의무가 이행지체에 빠졌음을 전제로 하는 손해배상청구도 할 수 없다(대판 1999.7.9, 98다13754,13761). 이 경우에 상대방의 반대채무의 이행제공이 계속되면 채무자는 동시이행의 항변권을 상실하는데, 이는 실체법상의 효과일 뿐 절차법적 관점에서 보면 집행단계에서는 동시이행의 관계가 유지된다고 새겨야 한다.[29] 반대채무의 이행제공이 계속되어 단순이행판결이 있은 후 상대방이 그 이행제공을 철회하였음에도 이행판결에 따라 집행을 개시하면 채무자에게 불공평한 결과를 가져오기 때문이다.

라. 효 과

1) 이행지체책임의 면제

가) 동시이행의 항변권은 상대방이 채무를 이행하거나 이행을 제공할 때까지 자기 채무의 이행을 거절할 수 있는 권능을 생기게 하여 이행지체책임을 면하게 할 뿐, 채무 자체를 소멸시키는 것은 아니다. 이행거절권능을 가지는 경우에는 이행거절의 의사를 구체적으로 밝히지 않더라도 이행거절권능의 존재 그 자체로 이행지체책임이 발생하지 않는데(대판 1998.3.13, 97다54604,54611), 이를 동시이행의 항변권의 '당연효'라고 일컫기도 한다. 따라서 동시이행의

29) 지원림, 민법강의, 1324면.

항변권을 가지는 자는 그 상대방에 대하여 이행지체에 따른 손해배상책임을 지지 않을 뿐 아니라, 상대방은 이행지체를 이유로 계약을 해제할 수도 없다.

나) 동시이행의 관계에 있음을 이유로 이행지체책임이 없다고 주장하는 자가 반드시 동시이행의 항변권을 행사하여야 하는 것은 아니다(대판 2001.7.10, 2001다3764). 동시이행의 항변권 자체에 채무자가 그의 채무를 이행하지 않아도 되는 정당화 사유가 내재해 있기 때문이다. 다만 이러한 효과를 소송에서 관철하기 위해서는 동시이행의 항변권을 소송상 원용하여야 하며, 당사자의 원용이 없음에도 법원이 이를 직권으로 고려할 것은 아니다(대판 2006.2.23, 2005다53187). 따라서 그러한 원용이 없으면 법원은 동시이행의 항변권의 존재를 고려할 필요 없이 상대방의 청구를 그대로 인용하여야 한다.

【관련 판례】

매매를 원인으로 한 소유권이전등기청구에 있어 매수인은 매매계약 사실을 주장, 입증하면 특별한 사정이 없는 한 매도인은 소유권이전등기의무가 있는 것이며, 매도인이 매매대금의 일부를 수령한 바 없다면 동시이행의 항변을 제기하여야 하는 것이고, 법원은 매도인의 이와 같은 항변이 있을 때에 비로소 대금지급 사실의 유무를 심리할 수 있는 것이다(대판 1990.11.27, 90다카25222).

2) 소송상의 효과

동시이행의 항변권은 이행거절권에 지나지 않으므로 원고가 제기한 이행청구소송에서 피고가 동시이행의 항변권을 주장하더라도 원고는 이행판결을 받는 것이 아니라, "피고는 원고로부터 그 의무의 이행을 받음과 동시에 자기 의무를 이행하라."는 취지의 상환이행판결을 받게 된다. 이 판결에 기하여 강제집행을 하는 경우에 원고의 반대급부의 이행은 집행문 부여의 요건이 아니라 집행개시의 요건(민사집행법 제41조)이므로, 집행관 기타 집행기관이 조사·판정하게 된다. 상환이행판결에 의해 집행력 있는 정본이 구비되더라도 반대급부의 제공이라는 부가적 요건을 갖춰야 하기 때문이다.

3) 그 밖의 효과

가) 동시이행의 항변권이 붙은 채권을 자동채권으로 하는 상계는 허용되지

않는다(제492조 제1항). 상계의 상대방이 이유 없이 동시이행의 항변권을 잃을 수 있기 때문이다. 가령 매수인 B에 대하여 대여금채무를 부담하고 있는 매도인 A가 매매목적 부동산을 제공하지 않은 상태에서 매매대금채권과 B에 대한 대여금채권을 상계하는 것은 무효이다. B가 소유권이전을 받지 못한 상태에서 매매대금을 선이행한 결과가 되어 부당하기 때문이다. 그러나 동시이행항변권이 붙은 채권을 수동채권으로 하는 상계는 허용된다. B가 자기의 대여금채권과 A의 매매대금채권을 상계하는 것은 그 스스로 자신의 항변권을 포기하는 것이기 때문이다. 이때 B가 소유권이전청구권보전을 위한 가등기를 한 후에 A의 매매대금채권을 수동채권으로 하는 상계를 한다면 소유권 취득에 별다른 장애가 발생하지 않게 된다.

주의해야 할 것은 상계의 대상이 될 수 있는 자동채권과 수동채권이 동시이행관계에 있더라도 서로 현실적으로 이행하여야 할 필요가 없는 경우라면 상계로 인한 불이익이 발생할 우려가 없고 오히려 상계를 허용하는 것이 동시이행관계에 있는 채권·채무관계를 간명하게 해소할 수 있으므로 특별한 사정이 없는 한 상계가 허용된다고 보아야 한다는 점이다(대판 2006.7.28, 2004다54633).

나) 쌍무계약에서 두 채무가 동시이행의 관계에 있더라도 소멸시효는 진행한다. 가령 부동산에 대한 매매대금채권이 소유권이전등기청구권과 동시이행의 관계에 있더라도 매도인은 매매대금의 지급기일 이후에는 언제든지 그 대금의 지급을 청구할 수 있으며, 다만 매수인은 매도인으로부터 그 이전등기에 관한 이행의 제공을 받을 때까지 그 지급을 거절할 수 있을 뿐 매매대금 청구권은 그 지급기일 이후 시효의 진행에 걸리게 된다(대판 1991.3.22, 90다9797).

4. 위험부담

가. 의 의

쌍무계약에서 당사자 일방의 채무가 그에게 책임 없는 사유로 불능이 되어 소멸한 경우에 반대급부의무가 존속하는지, 아니면 소멸하는지가 문제된다. 가령 가옥에 대한 매매계약을 체결하였는데 제3자의 방화나 산사태로 그 가옥이 소실되거나 멸실하여 소유권을 이전할 수 없게 된 경우 또는 여행사가 패키지 해외여행계약을 체결하였는데 여행예정지에 내전이나 지진이 발생하여 여행사가 계약을 이행할 수 없게 된 경우에 매도인 또는 여행사가 그 상대방에게 대금을 청구할 수 있는가 하는 문제가 발생한다. 이를 위험부담의 문제라고 한다. 이 경우에 쌍무계약에 있어 두 채무의 대가적 견련성에 비추어 보면 이행이 불능인 이상 대가의 지급을 구할 수 없게 된다. 민법 제537조는 "쌍무계약의 당사자 일방의 채무가 당사자 쌍방의 책임 없는 사유로 이행할 수 없게 된 때에는 채무자는 상대방의 이행을 청구하지 못한다."고 규정하여 원칙적으로 채무자위험부담주의를 따르고 있다. 위험부담에 관한 제537조와 제538조는 임의규정이므로 당사자의 합의에 의해 위험배분을 달리 정할 수 있다.

나. 요 건

1) 위험부담은 쌍무계약서만 문제됨이 원칙이다. 편무계약에서는 대가관계에 서는 반대급무가 없으므로 위험부담의 문제가 발생하지 않는다. 다만 부담부 증여의 경우에는 쌍무계약에 관한 규정이 준용되므로(제561조), 위험부담의 법리가 적용된다. 쌍무계약이 무효이거나 취소됨으로 인하여 발생한 반환의무가 불능으로 된 경우에도 위험부담의 법리가 적용될 수 있다.[30] 가령 A가 B에게 특정 도자기를 매매하기로 하는 계약을 체결하여 그 이행으로 도자기를 인도하고 대금을 지급받았으나 A가 B의 사기를 이유로 매매계약을 취소하게 되면 A는 도자기의 반환과 불법행위에 기한 손해배상을 청구할 수 있게 된다. 이 때 A와 B의 책임 없는 사유로 도자기가 파손되어 그 반환이 불능으로 되었다면 B는 이미 지급한 대금을 반환받을 수 없게 된다.

2) 후발적·객관적 전부불능에 한하여 문제되며, 채무자의 주된 급부의무에 관한 것이어야 한다. 원시적 불능의 경우에는 계약체결상의 과실책임이나 담보책임이 문제될 뿐이고, 부수의무나 보호의무의 위반의 경우에도 위험부담이 문제되지 않는다. 객관적 불능과 동일시될 수 있는 주관적 불능이라고 하

30) 지원림, 민법강의, 1328면.

더라도 금전채무나 종류채무의 경우에는 역시 위험부담의 법리가 적용되지 않는다. 금전채무의 지급무능력은 급부의무를 면제시킬 수 없고, 종류채무에서 채무자는 목적물이 특정되기 전까지 조달의무를 부담하기 때문이다. 다만 종류물이 품절되고 재생산도 하지 않아 종류물을 구할 수 없게 된 경우에는 불능이 인정되어 조달의무가 면제된다.

위험부담은 급부가 전부불능인 경우에 문제된다. 가옥매매계약에서 가옥의 일부 소실과 같은 일부불능의 경우에는 원칙적으로 담보책임의 법리가 적용된다. 따라서 계약의 목적을 달성할 수 있는 경우에는 채무자의 급부(가옥인도)에 상응하는 가액(상실된 가치만큼 감액된 금액)의 반대급부가 채권자에 의해 이루어져야 한다. 계약목적을 달성할 수 없는 경우라면 전부불능과 동일하게 취급해야 할 것이다. 또한 불능 상태는 급부장애의 발생시점을 기준으로 하여 지속성이 인정되어야 한다. 그 시점에서 지속성이 인정되면 후에 다시 급부가 가능하게 되더라도 급부의무가 다시 생기는 것은 아니다.

3) 당사자에게 책임 없는 사유로 급부가 후발적 불능으로 되어야 한다. 채무자의 귀책사유로 인한 것이면 이행불능이 되어(제390조) 채권자는 전보배상을 청구할 수 있을 뿐이고, 채무자에게 책임 없는 사유로 인한 후발적 불능이라도 채권자가 대상청구권을 행사하면 위험부담이 문제되지 않는다.

4) 급부가 불능이 되었다는 것은 권리소멸사실이므로 그에 대한 증명책임은 채무자가 부담한다. 채무자에게 귀책사유가 없다는 것에 대한 증명책임도 채무자가 부담한다.

다. 위험부담에 관한 입법주의와 민법의 태도

1) 입법주의

위험부담에 관한 입법주의는 불능에 따른 위험을 누구에게 귀속시킬 것인가, 즉 위험을 부담하는 주체가 누구인가에 따라 소유자주의, 채권자주의, 채무자주의로 나뉜다. 채권자주의와 채무자주의에서 ‘채권자’, ‘채무자’란 귀책사유 없는 이행불능에 의해 소멸한 채권에 대한 채권자와 채무자를 뜻한다.

그리고 위험부담에서 말하는 '위험(Risiko)'이란 채권의 목적이 양 당사자의 책임 없는 사유로 이행할 수 없게 되어 발생한 불이익을 말하는데, 통상 대가위험을 의미한다.

가) 소유자주의

가령 유명화가의 특정 그림을 B로부터 주문받은 화랑(畵廊)의 주인 A가 우체국 택배로 배달을 의뢰하였는데 운송 중에 불가항력으로 물건이 멸실한 경우에 그 소유자가 소유물의 불가항력에 의한 멸실의 위험을 부담한다고 하는 입법주의이다. 소유자주의에서는 이행불능에 따른 대가위험의 문제가 아니라 소유자위험이 언제 매도인으로부터 매수인에게 이전하는가 하는 소유자 위험의 이전시기가 중요한 문제가 된다.

나) 채권자주의

소멸한 채권의 채권자가 채권소멸의 위험을 부담하는 입법주의이다. 위의 예에서 채권자 B는 목적물 멸실에 아무런 귀책사유가 없을 뿐만 아니라 주문한 그림을 인도받지 못하였음에도 대금지급의무를 부담하게 된다. 만약 그림의 멸실이 제3자의 고의 또는 과실로 인한 것이면 B는 A에게 대금을 지급한 후 A의 제3자에 대한 손해배상청구권을 승계 받을 수 있지만, 그가 무자력이면 역시 구제받을 수 없게 된다. 채권자주의는 쌍무계약의 견련성이라고 하는 관점에서 보면 불합리한 것이므로, 다른 근거에 터 잡아 설명될 필요가 있다. 그 근거로, ① 채무자에게 책임 없는 사유로 이행불능이 된 경우에는 그 이행이 의제되므로 채무자는 채권자에게 반대급부를 청구할 수 있다고 하는 의제설, ② 특정물 매매에서는 의사표시의 합치에 의해 소유권이 이전하므로 대가위험의 부담은 채권자가 져야 한다는 이전설, ③ 계약의 효력이 발생한 후 물가의 등귀에 의해 생긴 이익은 채권자가 취득하게 되므로 그에 대응하여 불능에 따른 위험도 채권자가 부담함이 공평하다는 이익설 등이 제시되고 있으나, 논거가 부적절하거나 우리 민법의 상황에 맞지 않아 채용하기 어렵다.

다) 채무자주의

쌍무계약의 견련관계를 존중하여 채무자의 귀책사유 없는 후발적 불능으로 인한 대가위험을 채무자에게 부담시키는 입법주의이다. 위의 예에서 B는 그림을 인도받지 않았으므로 그의 대금채무는 소멸하고, A는 자기에게 귀책사유가 없음에도 대금채권을 상실하게 된다.[31)]

2) 민법의 태도

위험부담에 관한 규정은 임의규정이므로 당사자 사이에 위험배분에 관한 특약이 있으면 그에 따르고, 그러한 특약이 없는 경우에 한하여 제537조 및 제538조가 적용된다. 다만 판례는 사업자가 상당한 이유 없이 자신이 부담하여야 할 위험을 고객에게 이전하는 내용의 약관조항은 고객의 정당한 이익과 합리적인 기대에 반할 뿐 아니라 사적자치의 한계를 벗어나는 것이므로 무효라고 새긴다(대판 2005.2.18, 2003두3734).

민법은 쌍무계약의 당사자 일방의 채무가 당사자 쌍방의 책임 없는 사유로 이행할 수 없게 된 때에는 채무자는 상대방의 이행을 청구하지 못한다고 규정함으로써(제537조), 채무자주의를 당사자 쌍방의 귀책사유 없는 후발적 이행불능에 있어 위험배분의 원칙으로 삼고 있다. 다만 당사자 일방의 채무가 채권자의 책임 있는 사유로 이행할 수 없게 되거나, 채권자의 수령지체 중에 당사자 쌍방의 책임 없는 사유로 이행할 수 없게 된 때에는 채무자는 상대방의 이행을 청구할 수 있도록 하여(제538조 제1항), 채권자주의의 예외를 인정한다.

라. 대가위험의 이전시기

1) 쌍무계약에서 당사자 쌍방의 책임 없는 사유로 후발적 불능이 된 경우에 채무자가 대가위험을 부담하게 되지만, 그 위험이 어느 시점을 기준으로 채권자에게로 이전하느냐가 문제된다. 외국의 입법례를 보면, 독일 민법은 매매계약에 대하여 프로이센 일반란트법 등에서 채용해 온 인도주의를 따르면

31) 참고로 독일 개정민법은 위험부담제도를 폐지하였다. 채무자에게 귀책사유 없는 이행불능의 경우에도 채무가 소멸하는 것이 아니라 채무자에게 이행불능의 항변권이 인정될 뿐이다. 이 경우에도 채권자는 계약을 해제할 수 있기 때문에 이익조정의 결과는 채무자주의를 따르는 것과 다르지 않다. 국내에서도 민법개정을 둘러싸고 이에 대한 논의가 활발하다. 대표적인 문헌으로는, 정진명, "위험부담에 대한 입법론적 고찰", 재산법연구 제28권 제4호(2012. 4), 83면 이하 참조.

서도(제446조) 부동산에 관하여는 이전등기나 인도 중 어느 한 쪽이 먼저 행하여지면 위험이 이전한다는 특례를 두었다가 2002년 개정 민법에서 이러한 예외를 삭제하고 인도주의로 통일하였다. 미국 통일상법전도 인도주의를 채용하고 있다(UCC 2-509조 제1항 a). 한편 프랑스민법과 스위스민법은 로마법의 매수인주의를 따르고 있고, 일본 민법은 소유권이 매매계약과 동시에 이전하므로 위험 또한 이와 동시에 이전하는 것으로 규정하고 있다(제176조).

2) 국내에서는 매도인으로부터 매수인에게로 위험이 이전하는 시기와 관련하여, ① 매수인에게 동산이 인도되거나 부동산의 소유권이전등기가 마쳐져야 위험이 이전된다고 보는 견해,[32] ② 부동산의 소유권이전등기가 없더라도 인도가 있은 후 매수인이 이를 점유·사용하고 있으면 그 인도 시에 위험이 이전한 것으로 보는 견해,[33] ③ 동산매매계약에 기하여 소유권을 수반한 목적물의 인도가 이루어지면 계약에 기한 위험배분의 문제가 아니라 소유권에 수반되는 물건의 위험이 문제될 뿐이며, 부동산매매계약의 경우에는 당사자 사이에 위험인수시점에 대한 특약이 없으면 소유권이 이전되기 전이라도 매매목적물이 매수인에게 인도되면 매수인에게 위험이 이전한다고 보는 견해[34] 등이 있다.

①설은 위험의 이전과 관련한 법리는 소유권 및 점유의 이전, 종류채권의 특정, 수령지체 등에 관한 규정들을 종합적으로 고려하여 합리적으로 해결해야 할 문제라고 하지만, 위험부담에 있어 위험의 이전이 소유권의 변동과 직결되는 문제는 아니므로 부동산의 소유권이전등기가 있어야 위험이 이전된다고 새기는 것은 옳지 않다. 계약 성립 후에 소유권이 이전하면 급부의 이행이 이루어졌으므로 위험부담의 문제가 발생하지 않고, 불완전이행이나 담보책임이 문제될 뿐이다. 소유권이 이전되기 전이라도 매도인이 매수인에게 매매목적물을 인도하면 그때부터 매수인에게 위험이 이전한다.

가령 부동산매매에서 소유권이전등기가 경료되기 전에 매수인이 목적물을

32) 이은영, 채권각론, 188면.
33) 김형배, 채권각론, 165면; 김상용, 채권각론, 98면.
34) 지원림, 민법강의, 1330면.

인도받아 사용·수익하고 있다면 매수인이 불능으로 인한 위험을 부담하게 된다. 매도인이 대금을 지급받음과 동시에 이전등기에 필요한 서류 일체를 교부하였음에도 매수인이 이전등기를 게을리 하다가 불능으로 된 경우를 상정해 보면 더욱 분명해진다. 또한 소유권유보부매매에서도 매수인에게 목적물이 인도되면 그때부터 매수인이 위험을 부담한다. 매도인이 소유권을 유보한 것은 매매대금채권을 담보하기 위한 것이기 때문이다. 동산의 매도인이 급부의 이행장소가 그의 주소지임에도 불구하고 매수인의 요청에 따라 호의로 운송기관을 통해 매매목적물을 송부한 경우, 운송기관에 그 목적물을 인도하면 매수인에게 위험이 이전한다. 매도인이 본래의 이행장소에서 이행하는 경우에 부담하였을 위험 이상을 부담할 이유가 없기 때문이다. 다만 매도인이 하자 있는 물건을 인도하거나 흠 있는 권리를 이전한 경우에는 인도주의의 예외가 인정되어야 한다는 견해가 있으나,[35] 이 경우에도 위험이 매수인에게 이전하여 매수인이 대금지급의무를 부담한다고 새기면서 담보책임의 추급을 통해 이익조정을 꾀하는 것이 바람직하다고 생각된다.

마. 위험부담의 원칙으로서 채무자주의

1) 쌍무계약에서 당사자 쌍방의 귀책사유 없는 후발적 불능으로 인하여 급부를 이행할 수 없게 되면 채무자는 그의 급부의무를 면한다. 뿐만 아니라 유책성의 요건이 결여되므로 손해배상의무도 부담하지 않는다. 또한 채무자는 그의 급부의무를 면하는 대신에 채권자에게 반대급부를 청구할 수도 없게 된다. 즉, 채무자는 대가위험을, 채권자는 급부위험을 부담하게 된다. 그리고 계약의 내용이 쌍방의 급부의무에 한정되어 있고, 채무자가 불능이 된 급부에 갈음하는 대상(代償)을 취득하지 않았으며, 채권자가 채무자에게 이행한 급부가 전혀 없다면 당사자 사이의 채권관계는 완전히 소멸한다. 만약 가옥매매계약에서 매수인이 계약금이나 중도금의 일부를 지급한 경우와 같이, 채권자가 반대급부의 전부 또는 일부를 이미 이행하였다면, 채무자에 대하여 부당이득반환을 청구할 수 있다.

---

35) 지원림, 민법강의, 1330면.

【관련 판례】

> 1. 매매 목적물이 경매절차에서 매각됨으로써 당사자 쌍방의 귀책사유 없이 이행불능에 이르러 매매계약이 종료되면, 위험부담의 법리에 따라 매도인은 이미 지급받은 계약금을 반환하여야 하고 매수인은 목적물을 점유·사용함으로써 취득한 임료 상당의 부당이득을 반환할 의무가 있다(대판 2009.5.28, 2008다98655,98662).
>
> 2. 임의경매에 있어서 경락허가결정 확정 후 그 경락대금지급기일 지정 전에 경락목적물의 소유자 내지 채무자 또는 경락인들의 책임으로 돌릴 수 없는 사유로 그 목적물의 일부가 소실되었고 경락인이 그 나머지 부분이라도 매수할 의사가 있어서 경매법원에 경락대금의 감액신청을 한 경우에는 민법상의 위험부담이론을 적용하여 그 감액결정을 허용하는 것이 상당하다(대판 1973.12.12, 73마912).

2) 채무자가 후발적 불능이 된 급부에 갈음하는 대상, 즉 대체된 물건이나 청구권을 취득한 경우에 채권자는 자기의 반대급부를 이행하면서 그 대상을 청구할 수 있다. 대상이 되는 청구권으로는 손해배상청구권, 수용보상금청구권, 보험금청구권, 매매대금청구권 등이 있다. 우리 민법은 이행불능의 효과로서 채권자의 전보배상청구권과 계약 해제권 외에 대상청구권을 별도로 규정하고 있지 않지만, 해석상 대상청구권을 부정할 이유가 없다고 보는 것이 학설·판례의 입장이다(대판 1995.12.22, 95다38080). 판례가 최초로 매매목적토지가 수용되어 매도인이 그 보상금을 취득하였음을 이유로 매수인이 그 금원의 지급을 구한 사안에 대하여 대상청구권을 행사하는 취지라고 본 이래(대판 1992.5.12, 92다4581,4598), 대상청구권을 인정하는 사례가 늘어나고 있다.

대상청구권이 인정되기 위해서는 '급부를 불능하게 하는 사정'과 채무자가 취득한 '대신하는 이익' 사이에 상당인과관계가 존재하여야 한다(대판 2003.11.14, 2003다35482). 그리고 채권자는 채무자에게 자기의 반대급부를 이행하면서 대상의 인도 또는 양도를 청구할 수 있을 뿐, 대상에 대한 권리가 직접 채권자에게 귀속하는 것은 아니다.[36] 이 때 채권자의 반대급부의 전부 또는 일부가

36) 소유권이전등기의무의 목적 부동산이 수용되어 그 소유권이전등기의무가 이행불능이 된 경우, 등기청구권자는 등기의무자에게 대상청구권의 행사로써 등기의무자가 지급받은 수용보상금의 반환을 구하거나 또는 등기의무자가 취득한 수용보상금청구권의 양도를 구할 수 있을 뿐 그 수용보상금청구권 자체가 등기청구권자에게 귀속되는 것은 아니다(대판 1996.10.29, 95다56910).

일행불능이 되고 나머지 잔부의 이행만으로는 채무자의 계약목적을 달성할 수 없는 등 채무자에게 아무런 이익이 되지 않는다고 인정되면, 채무자가 채권자의 대상청구를 거부하는 것이 신의칙에 반한다고 볼 만한 특별한 사정이 없는 한, 채권자는 채무자에 대하여 대상청구권을 행사할 수 없다(대판 1996.6.25, 95다6601. 토지교환계약의 목적물인 토지가 모두 공공사업의 시행자에 의하여 협의취득되거나 수용됨으로 인하여 당사자의 상대방에 대한 각 토지 소유권이전등기의무가 이행불능이 된 사안임. 필자 주).

대상이 원래의 급부가치 보다 많은 경우에도 채무자는 그 대상 전부를 채권자에게 양도하여야 하는가가 문제된다. 이와 관련하여서는 대상청구의 범위를 채권자가 입은 손해의 한도로 제한하여야 한다는 견해[37]와 그러한 제한을 두게 되면 상환물의 대체에 불과한 대상청구관계를 지나치게 복잡하게 할 뿐만 아니라 굳이 대상청구권을 인정할 실익이 없다는 이유에서 대상 전부를 양도해야 한다는 견해[38]가 있다. 판례는 경매 목적물인 토지가 매각허가결정 확정 이후에 하천구역에 편입되어 국유로 됨으로써 소유자의 매수인에 대한 소유권이전등기의무가 이행불능이 된 경우, 매수인은 특별한 사정이 없는 한 그 목적물에 대하여 지급되는 보상금 전부에 대하여 대상청구권을 행사할 수 있다고 함으로써, 대상청구의 범위를 소유권이전등기의무의 이행불능 당시 채권자가 그 목적물의 소유권을 취득하기 위하여 지출한 매수대금 상당액 등의 한도 내로 제한하지 않는다(대판 2008.6.12, 2005두5956).

바. 위험부담의 예외로서 채권자주의

당사자 일방의 채무가 채권자에게 책임 있는 사유 또는 채권자의 수령지체 중에 당사자 쌍방의 책임 없는 사유로 이행할 수 없게 된 때에는 채무자는 상대방의 이행을 청구할 수 있다(제538조 제1항). 즉, 급부불능이 된 채무자의 급부의무는 소멸하지만 그의 상대방의 반대급부의무는 소멸하지 않으므로, 결국 채권자가 대가위험을 부담하게 되는 것이다.

---

37) 양창수, 민법주해(IX), 293-294면; 이은영, 채권각론, 182면; 지원림, 민법강의, 1038면.
38) 최병조, 민법주해(XIII), 97면; 권오승, 민법특강, 294면; 송덕수, 민법강의(하), 103면; 양형우, 민법의 세계, 943면.

1) 요 건

가) 채권자의 책임 있는 사유로 인한 이행불능

'채권자의 책임 있는 사유'란 채무불이행에서 요구하는 귀책사유보다 완화된 의미로 받아들여지고 있다. 즉, 채무자에게 요구되는 정도의 주의의무를 채권자에게 요구할 수 없으므로, 고의나 과실이 아니라 채무자의 급부가 불능이 된 데에 원인이 된 채권자의 모든 유책한 계약위반적 행태를 의미한다.[39] 판례도 채권자의 어떤 작위나 부작위가 채무자의 이행의 실현을 방해하고 그 작위나 부작위는 채권자가 이를 피할 수 있었다는 점에서 신의칙상 비난받을 수 있는 경우를 '채권자의 책임 있는 사유'로 이해하는데, 같은 맥락이다(대판 2004.3.12, 2001다79013).

【관련 판례】

1. 사용자의 부당한 해고처분이 무효이거나 취소된 때에는 그동안 피해고자의 근로자로서 지위는 계속되고, 그간 근로의 제공을 하지 못한 것은 사용자의 귀책사유로 인한 것이므로 근로자는 민법 제538조 제1항에 의하여 계속 근로하였을 경우 받을 수 있는 임금 전부의 지급을 청구할 수 있다(대판 2012.2.9, 2011다20034).

2. 아파트 수분양자에게 중도금을 대출한 은행이, 수분양자가 대출금 이자의 지급 및 후취담보약정의 이행 등을 하지 않자 연대보증인인 분양회사로부터 분양아파트에 대한 근저당권을 설정 받아 결국 근저당권을 실행함으로써 제3자가 분양아파트의 소유권을 취득한 사안에서, 위 근저당권의 실행으로 분양회사의 소유권이전의무가 이행불능이 된 것은 대출금 이자 지급의무 등을 이행하지 않은 수분양자의 귀책사유로 인한 것이므로 민법 제538조 제1항 제1문의 '채권자의 책임 있는 사유'로 인하여 채무를 이행할 수 없게 된 때에 해당한다(대판 2011.1.27, 2010다42495).

3. 부동산 매수인이 매매목적물에 설정된 근저당권의 피담보채무를 이행인수한 뒤 그 변제를 게을리 하여 근저당권이 실행됨으로써 매도인이 매매목적물에 대한 소유권을 상실한 경우, 매수인의 책임 있는 사유로 소유권이전등기의무가 이행불능으로 된 경우에 해당한다(대판 2009.5.14, 2009다5193).

4. 경매로 낙찰 받은 부동산에 관하여 낙찰대금의 납부 전에 체결한 매매계약에서 매수인이 그 낙찰대금의 납입을 대신하기로 약정하였으나 이를 이행하지 않아 위 부동산이 재경매됨으로써 매도인의 채무가 이행불능이 된 경우, 그 이행불능에 대한 책임은 매수인이 진다(대판 2008.8.11, 2008다25824).

---

39) 최병조, 민법주해(XIII), 103면.

> 5. 잔금지급기일 이후에도 매수인의 이행거절이 지속되던 중 수용으로 인하여 매도인의 채무가 이행불능으로 된 경우, 매수인의 이행거절을 '채권자의 책임 있는 사유'로 볼 수 없다(대판 2004.3.12, 2001다79013).

나) 채권자의 수령지체 중의 이행불능

(1) 채권자의 수령거절이 있는 경우에 채권자 지체가 성립하기 위하여 이행의 제공이 필요한지, 또한 제538조 제1항 제2문 소정의 '채권자의 수령지체 중에 당사자 쌍방의 책임 없는 사유로 이행할 수 없게 된 때'에 해당하기 위하여 이행의 제공이 필요한지가 문제된다. 채권자가 변제를 받지 아니할 의사가 확고한 경우에는 구두 제공을 한다는 것이 무의미하므로 그러한 경우에는 구두 제공조차 할 필요가 없다고 할 것이다. 그러나 구두의 제공조차 필요 없는 경우라고 하더라도 이는 그로써 채무자가 채무불이행책임을 면한다는 것에 불과하므로, 민법 제538조 제1항 제2문 소정의 '채권자의 수령지체 중에 당사자 쌍방의 책임 없는 사유로 이행할 수 없게 된 때'에 해당하기 위하여는 현실 제공이나 구두 제공이 필요하다(대판 2004.3.12, 2001다79013).

(2) 채권자지체가 성립하면 채무자는 고의 또는 중과실이 없으면 불이행으로 인한 모든 책임을 면하므로(제401조), 채무자의 경과실로 인한 급부불능으로 채무자의 급부의무가 소멸하였더라도 채권자의 반대급부의무는 소멸하지 않는다(제538조 제1항 후문). 따라서 이 경우에는 채권자가 대가위험을 부담한다.

【관련 판례】

> 수급인이 도급인에게 공사금을 지급하고 기성부분을 인도받아 가라고 최고하였다면 수급인은 이로써 자기 의무의 이행 제공을 하였다고 볼 수 있는데 도급인이 아무런 이유 없이 수령을 거절하던 중 쌍방이 책임질 수 없는 제3자의 행위로 기성부분이 철거되었다면 도급인의 수급인에 대한 공사대금지급채무는 여전히 남아 있다(대판 1993.3.26, 91다14116).

2) 효 과

가) 이익상환의무

채권자가 위험을 부담하는 경우, 채무자는 자기의 채무를 면함으로써 얻은 이익이 있으면 이를 채권자에게 상환하여야 한다(제538조 제2항). 채무자가 불능이 없었더라면 있었을 이익상태 보다 더 나은 상태에 놓이게 되는 것이 공평하지 않기 때문이다. 이는 손익상계를 인정하는 제399조의 이념과 같다. 이익상환은 통상 채권자의 이의에 의해 고려되는 감액의 형태를 취하게 되므로 상계에 관한 제492조 이하의 규정은 적용되지 않는다고 새겨야 한다.[40] '자기의 채무를 면함으로써 얻은 이익'이란 채무를 면함으로써 지출하지 않은 비용이나 노무를 달리 제공하여 얻은 이익 등을 포괄하는 의미이다. 판례도 사용자의 부당해고로 근로자에게 임금청구가 인정되는 경우, 해당 기간 동안 근로자에게 기회소득이 있었다면 이를 반환해야 한다고 한다(대판 1991.12.13, 90다18999). 이 때 채무자가 상환해야 할 이익은 채무액을 그 한도로 한다. 채무자가 얻은 이익이 채무액을 초과하는 경우에 그 이익을 모두 채권자에게 반환하여야 한다면 채권자는 예기하지 못한 이익을 부당하게 취득하는 결과가 되기 때문이다. 위의 예에서 근로자의 임금이 1천만 원이고 기회소득이 1천 2백만 원인 경우, 채무자는 1천만 원을 상환하는 것으로 충분하다.

채무자가 상환해야 할 이익은 채무를 면한 것과 상당인과관계에 있는 것에 한한다. 판례는 근로자가 해고기간 중에 얻은 기회소득은 상환해야 할 이익이라고 보는 반면, 노동조합기금으로부터 지급받은 금원은 그가 노무제공을 면한 것과 상당인과관계에 있는 이익이 아니라고 하여 그 상환을 부정한다(대판 1991.5.14, 91다2656).

나) 대상급부의무

채권자가 위험을 부담하는 경우, 채무자가 불능이 된 급부의 대상(代償)을 취득하면 채무자는 채권자의 청구에 따라 이를 급부해야 할 의무를 진다. 채권자에게 불능에 대한 귀책사유가 있더라도 채무자는 반대급부의 수령과 대상의 취득이라는 이중의 이익을 향유해서는 안 되고, 불능이 된 급부와 객체적 동일성을 가지는 대상은 채권자의 몫이 되어야 하기 때문이다.

---

40) 최병조, 민법주해(XIII), 106면.

☞ 기본 사례형 쟁점 찾기

Ⅰ. A는 B에게 임차인 C가 거주하고 있는 주택을 매각하였다. 그런데 매매 계약체결 후 B가 A에게 계약금만 교부한 상태에서 C의 중과실로 위 주택이 소실되었다. 이 경우 A·B·C 3자간의 법률관계를 논하시오(임대료에 관한 법률관계는 제외함).

【주요 쟁점】

1. 임차인의 중과실을 매도인인 임대인의 중과실로 볼 수 있는지 여부
2. 위험부담(대상청구와 계약금반환의 관계)
3. 제3자의 채권침해

Ⅱ. 2012. 4. 25. A는 B와 자신 소유의 자동차를 1,000만 원에 매도하기로 하고 그 약정에 따라 같은 해 5. 1. 이행 제공을 하였지만 B는 그 수령을 거절하였다. 그럼에도 B는 5월 10일에 위 자동차를 1,100만 원에 C에게 매각하면서 그 인도기일을 5월 말로 정하였다. B가 C에게 자동차를 인도하지 않은 상태에서 6월 10일 D의 방화에 의해 A소유의 자동차는 전소하여 버렸다. 자동차 가격은 5월 말에 1,200만 원으로 등귀하였고 그 후 6월 10일에는 1,150만 원으로 하락하였다가 현재에는 1,100만 원에 거래되고 있다.

A, B, C, D 사이에는 어떠한 법률관계가 성립하는가?

【주요 쟁점】

1. 수령지체와 위험부담(A와 B)
2. 손해배상액의 산정시기와 구체적인 손해액(A와 D)
3. 불법행위책임의 성부
4. D의 책임과 대상청구권 행사의 가부(B와 D)

Ⅲ. A는 B의 창고에 보관 중이던 B 소유의 X형 워드프로세서 500대 중 200대를 매수하면서, 계약한 날로부터 1주일 후에 그 전부를 인도받기로 하였다. 다음 각 경우에 대하여 A과 B사이의 법률관계를 논하시오.

1. 계약 다음날 X형 워드프로세서 전부가 창고에서 소실된 경우
2. B가 A에게 인도하기 위하여 미리 A가 지시한 X형 워드프로세서 200대를 창고에서 반출하여 트럭에 적재해 두었는데, 트럭에 있던 목적물이 전부 소실한 경우

【주요 쟁점】

1. 제한종류채권의 후발적 불능
2. 귀책사유의 존부에 따른 법리구성의 차이
3. 한정종류물의 특정 유무
4. 급부변경권의 인정 여부

5. 제3자를 위한 계약

가. 서

1) 계약의 제3자에 대한 효력

계약은 그 본체적 효력인 계약관계라고 하는 의미에서 보면, 계약당사자만을 구속함이 원칙이다. 이러한 계약의 효력을 물권의 '절대효(대세효)'에 대비해 '상대효'라고 부른다. 물론 계약에 터 잡아 물권변동이 있으면 제3자에게도 그 효력을 주장할 수 있고, 계약에 의하여 발생한 채권을 제3자가 위법하게 침해하여서는 안 된다는 것은 계약관계 그 자체로부터 발생하는 효력은 아니므로, 논의의 차원을 달리한다.

2) 제3자를 위한 계약의 의의

계약에 의하여 당사자 일방이 제3자에게 이행할 것을 약정한 때에는 그 제3자는 채무자에게 직접 그 이행을 청구할 수 있는데(제539조 제1항), 이를 제3자를 위한 계약이라고 한다. 제539조는 계약관계에서 발생한 계약의 효력을 제3자에게 확장하는 것을 허용하는 민법상의 유일한 규정이다. 사적 자치의 원칙상 이러한 형태의 계약을 인정하여도 아무런 문제가 없고, 3자 사이의 법률관계를 하나의 계약으로 처리할 수 있어서 거래관계의 합리화와 절차의 간략화에 기여할 수 있다는 제도적 이점이 있기 때문이다.

어떤 계약이 제3자를 위한 계약에 해당하는지 여부는 당사자의 의사가 그 계약에 의하여 제3자에게 직접 권리를 취득하게 하려는 것인지에 관한 의사해석의 문제로서, 이는 계약 체결의 목적, 계약에 있어서의 당사자의 행위의 성질, 계약으로 인하여 당사자 사이 또는 당사자와 제3자 사이에 생기는 이해

득실, 거래 관행, 제3자를 위한 계약제도가 갖는 사회적 기능 등 제반 사정을 종합하여 계약 당사자의 합리적 의사를 해석함으로써 판별할 수 있다(대판 2010.3.25, 2009다99914).

계약의 당사자가 제3자에 대하여 가진 채권에 관하여 채무를 면제하는 계약도 제3자를 위한 계약에 준하여 유효하다(대판 2004.9.3, 2002다37405). 나아가 제3자를 위한 계약은 단순히 제3자에게 권리를 수여하는 계약에 한하지 않고, 제3자에게 권리를 수여하는 동시에 그 제3자로 하여금 반대급부를 부담하게 하는 계약도 포함하므로, 제3자를 위한 매매의 예약도 유효하다(대판 1957.3.16, 4289민상536).

나. 3자 사이의 법률관계(3면 관계)

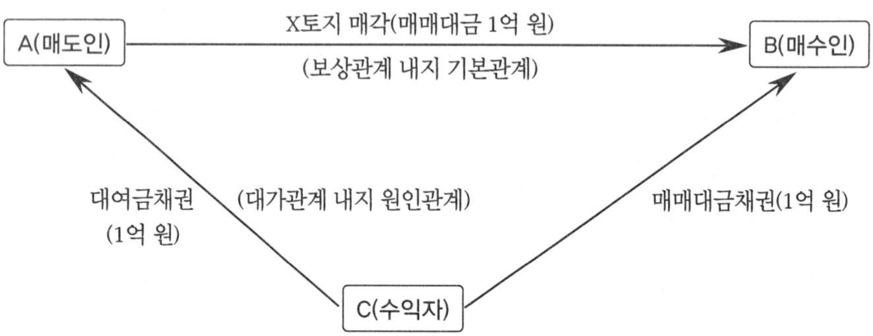

1) 당사자 관계

위의 그림에서 보듯이, 매매계약의 당사자가 아닌 제3자 C에게 매매대금채권을 취득시킬 목적으로 B와 매매계약을 체결하고자 하는 A를 '요약자', 그 상대방으로서 이에 응한 B를 '낙약자'라고 한다. 이러한 계약은 통상 채무의 상환성이 인정되는 쌍무계약에서 체결되지만, 증여와 같은 편무계약에서도 체결될 수 있다. 쌍무계약의 경우에는 당사자 사이에 동시이행의 항변권이나 위험부담의 법리가 그대로 적용된다. 따라서 요약자의 반대급부의 이행이 없으면 낙약자는 수익자에 대한 급부를 거절할 수 있고, 위험부담의 법리에 따라 수익자에 대한 반대급부의무를 면하기도 한다.

2) 대가관계(원인관계)

제3자를 위한 계약을 체결하는 것은 그 나름의 원인이 있다. 위의 예에서 A·B 사이의 매매계약을 통해 C에게 매매대금채권을 취득하게 한 것은 A의 C에 대한 대여금채무를 변제하기 위한 것이다. 즉, 이러한 A·C 사이의 관계를 대가관계 내지 원인관계라고 한다. 이러한 원인을 이루는 것은 차용금의 변제뿐만 아니라 임차보증금의 지급, 단순한 증여 등 매우 다양할 것이다.

제3자를 위한 계약의 체결 원인이 된 대가관계의 효력은 제3자를 위한 계약 자체는 물론 그에 기한 요약자와 낙약자 사이의 법률관계의 성립이나 효력에 영향을 미치지 않는다. 따라서 낙약자는 요약자와 수익자 사이의 법률관계에 기한 항변으로 수익자에게 대항하지 못하고, 요약자도 대가관계의 부존재나 효력의 상실을 이유로 자신이 기본관계에 기하여 낙약자에게 부담하는 채무의 이행을 거부할 수 없다(대판 2003.12.11, 2003다49771). 따라서 대가관계에 무효사유가 있더라도 낙약자가 수익자에게 급부를 이행하였다면 그 이행은 적법하고, 다만 요약자는 대가관계의 법률상 원인 없음을 이유로 수익자에게 부당이득반환을 청구를 할 수 있을 뿐이다.

3) 보상관계(기본관계)

요약자와 낙약자 사이에 체결된 기본계약에 의해 낙약자의 수익자에 대한 출연이 이루어지고, 낙약자는 요약자로부터 그 계약에 기한 반대급부를 이행 받음으로서 자기의 출연에 따른 손실을 보상받게 된다. 위의 예에서 B가 C에게 매매대금을 지급하는 것은 A로부터 X토지의 소유권을 이전받기 때문인데, 이처럼 B·C 간의 급부에 대한 A·B 사이의 관계를 보상관계 내지 기본관계라고 한다.

보상관계에 흠이 존재하면 낙약자는 그 흠을 이유로 제3자인 수익자에게 항변할 수 있는데, 능력의 유무나 의사표시의 흠결에 관한 사항은 계약당사자인 요약자와 낙약자를 기준으로 판단한다.

4) 급부관계

급부관계는 낙약자와 수익자 사이의 관계이다. 수익자는 수익의 의사표시를 한 후에 낙약자에 대하여 급부청구권을 가지게 되는데, 이 청구권은 요약자와 낙약자 사이의 보상관계에 기한 것이므로 그에 의존하게 된다. 제3자를 위한 계약에서 낙약자의 수익자에 대한 급부의 내용에는 제한이 없으므로 낙약자가 제3자에 대하여 가지는 청구권을 행사하지 않도록 하는 것도 급부에 해당한다. 이 경우 제3자는 낙약자의 청구에 대해 청구권불행사의 합의(부제소특약)가 있었다는 항변권을 행사할 수 있다(대판 2006.1.12, 2004다46922).

다. 인 정 례

A가 B에게 자신 소유의 X토지를 5억 원에 매도하면서 A가 약정기일에 이전등기에 필요한 서류 일체를 교부함과 동시에 B가 그 대금을 A에 대한 대여금 채권자 C에게 지급하기로 B와 합의하는 경우가 제3자를 위한 계약의 전형적인 예이다. 판례는 다양한 형태의 제3자를 위한 계약을 인정한다.

【관련 판례】

① 부동산을 매매하면서 매도인과 매수인 사이에 중도금 및 잔금은 매도인의 채권자에게 직접 지급하기로 약정한 경우, 그 약정은 매도인의 채권자로 하여금 매수인에 대하여 그 중도금 및 잔금에 대한 직접청구권을 행사할 권리를 취득케 하는 제3자를 위한 계약에 해당하고 동시에 매수인이 매도인의 그 제3자에 대한 채무를 인수하는 병존적 채무인수에도 해당한다(대판 1997.10.24, 97다28698).

② 부동산을 매수하는 사람이 근저당채무 등 그 부동산에 결부된 부담을 인수하고 그 채무액만큼 매매대금을 공제하기로 약정하는 경우에, 매수인의 그러한 채무부담의 약정은 채권자의 승낙이 없는 한 매도인 측을 면책시키는 이른바 면책적 채무인수라고 볼 수는 없으나, 나아가서 그러한 약정이 이행인수에 불과한지 아니면 병존적 채무인수 즉 제3자를 위한 계약인지를 구별함에 있어서 그 판별 기준은, 계약 당사자에게 제3자 또는 채권자가 계약 당사자 일방 또는 채무인수인에 대하여 직접 채권을 취득하게 할 의사가 있는지 여부에 달려 있다 할 것이고, 구체적으로는 계약 체결의 동기, 경위 및 목적, 계약에 있어서의 당사자의 지위, 당사자 사이 및 당사자와 제3자 사이의 이해관계, 거래 관행 등을 종합적으로 고려하여 그 의사를 해석하여야 하는 것인데, 인수의 대상으로 된 채무의 책임을 구성하는 권리관계도 함께 양도된 경우이거나 채무인수인이 그 채무부담에 상응하는 대가를 얻을 때에는 특별한 사정이 없는 한 원칙적으로 이행인수가 아닌 병존적 채무인수로 보아야 할 것이다(대판 2010.2.11, 2009다73905). 제3자가 공장 소유자로부터 공장건물과 공장대지의 분양계약자로서의 지위를 포괄적으로 인수하면서 그 공장건물에 의하여 담보된 공장운영과 관련하여 발생된 채무도 함께 인수하여 직접 채권

자에게 변제하기로 하는 약정은 다른 특별한 사정이 없는 한 채권자로 하여금 인수인에 대하여 직접 채권을 취득하게 하는 의사도 내포되어 있다고 봄이 상당하므로, 채무자와 인수인의 합의에 의한 병존적 채무인수, 즉 일종의 제3자를 위한 계약이므로, 채권자는 인수인에 대하여 채무이행을 청구하거나 기타 채권자로서의 권리를 행사하는 방법으로 수익의 의사표시를 함으로써 인수인에 대하여 직접 청구할 권리를 갖게 된다. 이러한 병존적 채무인수에 대하여 채권자가 공장건물에 대하여 임의경매신청을 하였다거나 또는 소유자에 대하여 공장대지에 관한 양수인 앞으로의 소유권이전등기를 유보하여 줄 것을 요청하였다는 사실(필자 주: 채권자가 공장건물에 대하여 경매신청에 이르게 된 이유는 공장양도인에게 부도가 발생된 이후 공장 운영이 정상화되지 않은데다가 사업지원기관인 중소기업진흥공단의 "중소기업 사업전환계획 승인"도 취소되어 조속히 채권회수를 할 필요성이 생겼기 때문이고, 농공단지 분양자인 온양시장에게 공장대지에 관하여 채무인수인인 피고 앞으로 소유권이전등기를 하는 것을 유보하여 달라고 요청한 이유도, 온양시의 소유명의로 되어 있는 공장대지에 관하여 경매절차진행 도중에 피고 앞으로 소유권이전등기가 경료되어 버리면 아무도 공장건물만을 경락받으려 하지 않아 경락가격이 크게 하락할 염려가 있었기 때문임)만으로 수익의 의사표시를 거절한 것으로 볼 수 없다(대판 1995.5.9, 94다47469).

③ 건설공제조합이 하는 하도급대금지급보증은 공동수급체의 조합원이 하도급계약을 체결하는 경우, 하수급인에게 부담하는 하도급대금지급채무를 보증하는 이른바 제3자(하수급인)를 위한 계약이므로 그 계약의 당사자는 건설공제조합과 그 조합원이다(대판 2010.8.19, 2010다36599).

④ 주택분양보증은 사업계획승인을 얻은 자가 분양계약상의 주택공급의무를 이행할 수 없게 되는 경우, 주택사업공제조합이 수분양자가 이미 납부한 계약금 및 중도금의 환급 또는 주택의 분양에 대하여 이행책임을 부담하기로 하는 조건부 제3자를 위한 계약이다(대판 2006.5.25, 2003다45267).

⑤ 주택건설사업자와 시공권 있는 등록업체 사이에 아파트의 준공 및 그 대지의 저당권 말소를 입주 전까지 이행할 것을 연대보증하는 내용의 약정을 체결하고 그 공증서를 소관청에 제출한 경우, 주택건설사업자와 등록업체는 장래의 불특정 분양계약상의 입주자를 위하여 주택건설사업자가 위 아파트의 준공과 그 대지의 저당권 말소를 이행하지 아니하는 경우 등록업체가 이를 대신 이행하여 주택건설사업자와 사이에 적법하게 분양계약을 체결한 입주자들에게 분양계약상의 주택공급의무를 이행하기로 하는 제3자를 위한 계약을 체결하였다고 할 것이므로, 분양계약자로서는 등록업체에 대하여 그 수익의 의사표시를 하여 기존의 분양계약상의 권리를 행사할 수 있다. 등록업체와 주택건설사업자 사이에 주택건설사업자가 아파트의 준공과 아파트 대지에 대한 근저당권 말소를 이행하지 않는 경우 등록업체가 대신 이를 이행하여 주택건설사업자와 적법하게 분양계약을 체결한 입주자들에게 분양계약상의 주택공급의무를 이행하기로 하는 조건부 제3자를 위한 계약을 체결한 경우, 주택건설사업자가 당해 주택의 건축을 지연하거나 그 능력을 상실하여 계약상의 조건이 성취되면 입주자들이 등록업체에 대하여 그 수익의 의사표시를 한 후 행사할 수 있는 분양계약상의 권리에는 등록업체의 채무불이행을 원인으로 분양계약

을 해제하고 그에 따른 원상회복을 구할 수 있는 권리도 당연히 포함된다(대판 1997.10.10, 97다7264,7271,7288,7295,7301).

⑥ 주택건설사업을 공동으로 시행하는 주택조합과 등록업자는 단순한 도급인과 수급인의 관계에 그치는 것이 아니라 공동으로 주택건설사업을 시행하기 위하여 민법상 조합에 유사한 단체를 결성한다고 보아야 하므로, 주택건설사업의 공동사업주체들이 공동사업계약을 체결하면서 그 계약체결 이전에 공동사업주체들 중 1인과 제3자 사이에 이루어진 법률행위를 공동사업의 목적을 달성하는 데 필요한 행위로 인정하고 그 법률행위에 기하여 제3자로부터 취득하게 되는 권리를 그 공동사업에 이용하기로 하는 한편 제3자에 대하여 부담하기로 한 채무를 이행하기로 약정한 경우에는, 이는 그 법률행위에 의하여 제3자에게 부담하고 있는 채무를 민법상 조합에 유사한 단체로서의 공동사업주체들 전원이 병존적으로 인수하기로 하는 내용의 제3자를 위한 계약에 해당하여, 그 제3자는 수익의 의사표시를 하고 공동사업주체들 전원에 대하여 그 법률행위에 따른 권리를 행사할 수 있다(대판 2007.12.13, 2005다52214).

⑦ 갑이 을과의 사이에 을이 무의 갑에 대한 채무를 대위변제하는 것을 조건으로 주택에 대한 전세권을 을에게 양도하기로 하는 약정을 체결하면서 을의 요구에 따라 그 수취인을 병으로 하는 전세권양도확인서를 작성하여 준 사안에서, 이는 갑이 을과 위 약정을 체결하면서 그 조건의 성취로 발생하는 전세권양도의무를 계약의 당사자인 을이 아니라 제3자인 병에게 이행하기로 합의하고 이를 위하여 위 전세권양도확인서를 작성해 준 것이라고 봄이 상당하므로, 병은 갑과 위 전세권양도확인서에 따른 계약을 체결한 당사자가 아니라 갑과 을 사이에 체결한 '조건부 제3자를 위한 계약'의 수익자에 불과하다(대판 2010.3.25, 2009다99914).

⑧ 주식매매거래는 그 명의를 실거래자 이름으로 할 수 있음은 물론이고 그 명의를 타인이나 가명으로도 할 수 있고 실제거래에 있어서 거래자의 실명 아닌 다른 사람의 이름으로 거래를 하는 경우가 허다하므로, 주권매매거래 구좌설정계약서에 그 거래자명의를 타인으로 표시하였다고 하여 곧 그 계약이 그 타인을 위한 것이라고 단정할 수 없고, 그 후 어떠한 경위로 그 타인이 위 주식거래에 관한 주권위탁자 통장이나 거래인감을 소지하게 되었다고 하더라도 그 이치는 마찬가지이다. 이 경우, 제3자를 위한 계약이 인정되기 위해서는 실거래자가 거래명의자를 위한 의사로 주권매매거래 구좌설정계약을 하였다는 사실을 직접 증명하거나 또는 거래명의자를 위하여 한 것임을 알아 볼 수 있기에 충분한 객관적인 정황이 인정되어야 한다(대판 1986.7.22, 85다카239,240).

⑨ 어음발행인이 지급은행과의 사이에 체결한 사고신고담보금의 처리에 관한 약정은 제3자를 위한 계약이므로, 어음발행인에 대한 회사정리절차에서 어음소지인의 어음상의 권리가 변경되었다고 하더라도, 즉 어음소지인과 어음발행인 사이의 수익의 원인관계에 변경이 있다고 하더라도 특별한 사정이 없는 한 낙약자인 지급은행이 제3자인 어음소지인에 대하여 부담하는 급부의무에는 아무런 영향이 없다(대판 2005.3.24, 2004다71928).

라. 성립요건

1) 요약자와 낙약자 사이에 유효한 계약이 성립할 것

요약자와 낙약자 사이에 체결된 계약이 계약의 일반적 성립요건과 효력요건을 갖추어야 함은 물론이다. 나아가 당해 계약에 특유한 성립요건을 갖추어야 하고, 계약의 효력을 저지하는 사유가 존재하지 않아야 한다. 가령 토지거래허가구역 내의 토지거래계약의 경우에는 시장·군수 또는 구청장의 허가를 받아야 한다(국토의 계획 및 이용에 관한 법률 제118조 제2항). 조건부 제3자를 위한 계약도 가능하다. 주택분양보증은 그 성질상 조건부 제3자를 위한 계약으로서, 제3자의 지위에 있는 수분양자는 주택분양보증계약의 내용에 따라 수익의 의사표시에 의하여 주택분양보증인에 대한 분양계약상의 권리를 취득함과 동시에 그와 반대급부의 관계에 있는 의무를 부담한다(대판 2006.5.12, 2005다68783). 제3자에게 채권과 함께 채무를 부담시키는 계약의 유효성도 인정된다.

2) 제3자에게 직접 권리를 취득하게 하려는 취지가 계약 내용에 포함되어 있을 것

제3자를 위한 계약이 성립하기 위하여는 요약자와 낙약자 사이의 '계약에 의해' 낙약자가 수익자에게 일정한 급부를 이행하기로 하는 약속이 있어야 한다. 수익자가 취득하게 되는 권리는 채권인 경우가 대부분이지만, 수익자에게 물권을 취득하게 하는 이른바 제3자를 위한 물권계약의 유효성도 인정된다(대판 1965.11.9, 65다1620). 낙약자가 수익자에 대하여 갖는 채권을 소멸시키기로 한 약정도 제3자를 위한 처분행위로서 유효하다. 제3자를 위한 계약이 성립하기 위해서는 일반적으로 그 계약의 당사자가 아닌 제3자로 하여금 직접 권리를 취득하게 하는 조항이 있어야 하지만, 계약의 당사자가 제3자에 대하여 가진 채권에 관하여 그 채무를 면제하는 계약도 제3자를 위한 계약에 준하는 것으로서 유효하다(대판 2004.9.3, 2002다37405).

3) 제3자를 특정할 수 있을 것

제3자에게 급부가 이행되기 위해서는 제3자가 반드시 존재하여야 한다. 그러나 제3자는 계약 성립 시에 특정되어 있을 필요는 없고 장래에 특정할 수 있는 자이면 된다(앞의 대판 1997.10.10, 97다7264,7271,7288,7295,7301 참조). 권리능력이 없는 태아나 설립 중인 법인을 위한 계약도 가능하다. 다만 계약의 효과가 발생하기 위하여는 제3자가 특정되고 또한 권리능력을 가져야 한다.

마. 효 과

1) 수익자에 대한 효력

가) 수익자의 권리취득

수익자는 낙약자에 대하여 수익의 의사표시를 함으로써 직접적인 급부청구권을 취득한다. 즉, 수익자의 급부청구권의 취득 시기는 수익의 의사표시를 한 때이다(제539조 제2항). 수익의 의사표시는 요약자와 낙약자 사이에 성립한 계약의 효과를 자기에게 귀속시키려고 하는 의사표시이다. 수익자가 수익의 의사표시를 하지 않아도 권리를 취득한다는 요약자와 낙약자 사이의 특약은 원칙적으로 효력이 없다.[41] 수익자에게 경제적 이익이 된다는 이유만으로 그의 의사에 반하여 권리의 취득을 강요할 수는 없기 때문이다. 다만 공탁, 신탁, 운송, 보험 등에서는 수익의 의사표시를 요하지 않는다는 특별규정이 있다.

수익의 의사표시가 있기 전에도 요약자와 낙약자 사이에 제3자를 위한 계약은 성립하지만, 제3자는 형성권인 수익의 의사표시를 행사함으로써 비로소 급부청구권을 취득하고, 그 이전까지는 요약자에게 권리가 귀속하게 된다. 제3자를 위한 계약이 성립한 후에 낙약자가 수익자에게 상당한 기간을 두고 확답을 최고하였음에도 그 기간 내에 수익의 의사표시를 하지 않은 때에는 수익을 거절한 것으로 보아야 한다(제540조).

수익의 의사표시는 낙약자에 대하여 하여야 하고, 그 방식이 명시적이든 묵시적이든 효력에 영향을 미치지 않는다. 수익의 의사표시는 원칙적으로 권리만을 얻는 행위이므로 미성년자도 단독으로 할 수 있다(제5조 제1항 단서). 그러나 앞의 예에서 미성년자가 요약자의 낙약자에 대한 매매대금채권에 관한 수익의 의사표시를 함으로써 요약자에 대한 대여금채권의 기한이익을 상실하게

41) 지원림, 민법강의, 1342면; 송덕수, 신민법강의, 1348면; 양형우, 민법의 세계, 1267면.

되는 경우에는 미성년자 단독으로 수익의 의사표시를 할 수 없다고 새겨야 할 것이다.

나) 수익자의 지위

(1) 수익의 의사표시 이전

제3자를 위한 계약이 성립하여도 수익자가 수익의 의사표시를 하기 전까지는 권리가 확정되지 않기 때문에 계약당사자는 수익자가 취득할 수 있는 권리를 변경하거나 소멸시킬 수 있다(제541조의 반대해석). 요컨대 제3자를 위한 계약의 1단계 효과는 수익자에게 일종의 형성권인 수익의 의사표시를 할 권리가 성립하는 것이다.

수익의 의사표시를 할 수 있는 권리를 일신전속권으로 보는 견해도 있지만,[42] 다소 불안정하기는 하여도 재산권적 색채가 강하므로 양도·상속·채권자대위권 행사의 목적이 된다고 새겨야 한다. 상속을 인정하여도 상속인이 이익을 향유할 것인지의 여부에 대한 의사가 존중되고, 자력이 충분하지 않은 자에게 채권자를 해할 때까지 개인적 의사를 존중할 필요는 없기 때문이다.

수익의 의사표시를 언제까지 행사하여야 하는가에 대하여 민법은 아무런 규정을 두고 있지 않으므로, 형성권의 시효에 관한 일반론이 적용되어야 할 것이다. 학설은 일반적으로 계약에서 달리 정한 바가 없으면 10년의 제척기간에 걸린다고 새긴다.[43] 이 때 10년의 제척기간은 수익의 의사표시를 할 수 있는 권리가 발생한 때로부터 기산한다(대판 1995.11.10, 94다22682·22699).

(2) 수익의 의사표시 이후

수익자는 낙약자에 대하여 직접 급부의 이행을 청구할 수 있는 권리를 취득하고, 낙약자가 채무의 내용에 좇은 이행을 하지 않는 경우에는 급부청구권의 변형으로서 손해배상청구권을 행사할 수도 있다.

수익자가 수익의 의사표시를 하면 계약상의 권리를 확정적으로 취득하므로, 계약당사자는 원칙적으로 수익자가 취득한 권리를 변경하거나 소멸시킬 수

42) 김기선, 한국채권법각론, 76면.
43) 송덕수, 민법주해(XIII), 162면; 지원림, 민법강의, 1343면.

없다(제541조). 요약자와 낙약자의 합의에 의하여 수익자의 권리를 변경·소멸시킬 수 있음을 미리 유보하였거나, 수익자의 동의가 있는 경우가 아니면 계약의 당사자인 요약자와 낙약자는 수익자의 권리를 변경·소멸시키지 못하고, 만일 계약의 당사자가 수익자의 권리를 임의로 변경·소멸시키는 행위를 한 경우 이는 수익자에 대하여 효력이 없다(대판 2002.1.25, 2001다30285).

수익자가 취득하는 권리는 타인 간의 계약으로부터 발생한 권리이므로 그 권리는 계약의 운명에 따를 수밖에 없다. 수익자의 권리 행사에 대하여 낙약자는 요약자가 채권자인 경우보다 불이익을 입어서는 안 되므로, 낙약자는 요약자에게 주장할 수 있는 모든 사유로 수익자에게 대항할 수 있다. 즉, 요약자에게 주장할 수 있는 계약의 무효나 취소, 동시이행의 항변권 등을 수익자에 대하여 주장할 수 있다.

수익자는 제3자를 위한 계약의 당사자가 아니므로 계약의 해제권이나 해제를 원인으로 한 원상회복청구권을 행사할 수 없다. 같은 이유에서 법률행위의 상대방의 선의·악의나 과실의 유무가 문제될 때에는 오로지 요약자를 기준으로 하여 판단하며, 수익자의 권리는 요약자와 낙약자 사이의 계약에 기하여 직접 발생하므로 수익자는 선의의 제3자로서 보호받지 못한다.

【주의 : 수익자는 제3자 보호규정의 제3자에 해당하지 않음】

앞에서 든 예시에서, A가 B를 기망하여 계약을 체결하고 C가 수익의 의사표시를 한 후 B가 계약을 취소한 경우, 또는 A·B 사이의 계약이 허위표시에 의한 것임에도 C가 그 사실을 알지 못하고 수익의 의사표시를 한 경우에 C는 제110조 제3항, 제108조 제2항의 제3자로서 보호될 수 있는가가 문제된다. 특히 C가 A·B 간의 매매계약을 신뢰하여 A에게 새로 금원을 대여한 경우에 C의 법적 지위가 문제된다.

제108조 제2항과 제110조 제3항의 '제3자'로 되기 위하여는 허위표시 또는 사기·강박에 의한 의사표시에 의하여 외형상 형성된 법률관계에 터 잡아 실질적으로 새로운 법률상의 이해관계를 맺은 자이어야 하므로(대판 1996.4.26, 94다12074), 요약자와 낙약자 사이의 계약에 터 잡아 직접 권리를 취득하는 수익자는 비록 선의라고 하더라도 제3자로서 보호받지 못한다.

그러나 수익자가 수익의 의사표시를 한 후에는 낙약자에게 직접 급부의 이행을 청구할 수 있을 뿐만 아니라 요약자가 계약을 해제한 경우에는 낙약자에게 자기가 입은 손해의 배상을 청구할 수 있으므로, 수익자가 완성물의 하자로 인하여 손해를 입었다면 수급인은 그 손해를 배상할 의무가 있다(대판 1994. 8.12, 92다41559). 다만 낙약자의 행위 자체가 불법행위가 되거나 계약 자체가 무효인 경우에는 손해배상을 청구할 수 없다(대판 1966.6.21, 66다674). 그리고 수익자가 계약당사자는 아니지만 급부의 수령주체이므로, 채권자지체책임의 성부는 수익자를 기준으로 판단한다.

2) 요약자에 대한 효력

가) 요약자는 낙약자에 대하여 수익자에게 급부를 이행할 것을 청구할 수 있는 권리를 가진다. 수익자에 대한 낙약자의 이행 여부가 요약자에게도 긴밀한 이해관계를 가지기 때문이다. 요약자와 수익자가 급부청구권을 가지므로 연대채권관계와 같은 외양을 보이지만, 요약자가 자기에게 이행할 것을 청구할 수 없고, 낙약자는 반드시 수익자에게 급부하여야 하므로 연대채권관계에 있는 것은 아니다.

나) 제3자가 수익거절의 의사표시를 한 경우에는 원칙적으로 요약자가 보충적으로 급부청구권을 행사할 수 있다. 이 때 제3자가 단순히 수익의 의사표시를 거절한 것만으로는 곧바로 이행불능이 되지 않고, 사실상 급부수령의 거절이 확정되어야 비로소 이행불능이 된다고 보아야 한다. 또한 이행불능이 되었다고 하여 계약이 그 효력을 상실하였다고 단정할 수 없고, 계약의 취지에 비추어 요약자에게 제3자를 다시 지정할 수 있는 변경권이 인정되거나 또는 계약해석에 의해 계약을 유지시켜야 하는 경우도 있을 수 있다. 제3자에게 일신전속적으로 귀속해야 할 성질의 급부가 이행불능이 된 경우에는 특약이 없는 한 요약자의 귀책사유로 인한 것으로 해석되므로, 요약자는 반대급부를 이행하여야 한다.

다) 요약자가 낙약자에 대하여 수익자에게 이행할 것을 청구할 수 있다고 하여도, 낙약자가 그 이행을 지체하고 그로 인하여 요약자에게 고유한 손해가 발생한 경우에 요약자는 낙약자의 채무불이행을 이유로 자신이 입은 손해에 대하여 배상을 청구할 수 있는가가 문제된다. 생각건대, 아버지가 미성년인 아

들의 의료비용을 지급하기로 하고 의사에게 수술을 위임한 경우에 그 수술과정에서 의사의 과실로 아이가 사망하였다면 아버지는 의사의 채무불이행을 이유로 자신이 입은 정신적 손해의 배상을 청구할 수 있다고 보아야 할 것이다.

일차적으로 수익자에게 손해배상을 할 것을 청구할 수 있다는 데는 이견이 없으나, 수익자가 수령을 거절한 때에는 요약자가 손해배상을 청구할 보충적 권리를 가지는가에 대하여는 견해의 대립이 있다. 이 경우 반대급부를 이행하는 요약자는 손해배상청구권을 보충적으로 행사할 수 있다고 새겨야 한다. 이를 부정하게 되면, 귀책사유 있는 낙약자의 책임을 면제해 주는 부당한 결과를 초래하기 때문이다.

라) 요약자는 자신의 행위무능력이나 착오를 이유로 또는 낙약자의 사기·강박을 이유로 계약을 취소할 수 있다. 요약자가 수익자의 사기에 의하여 계약을 체결한 경우, 요약자는 낙약자가 그 사실을 알았거나 알 수 있었던 경우가 아니면 계약을 취소할 수 없다(제110조 제2항). 물론 수익자에 대하여 불법행위책임을 물을 수는 있다.

【관련 판례】

일반적으로 타인을 위한 보험계약에서 보험계약자의 사기를 이유로 보험자가 보험계약을 취소하는 경우, 보험사고가 발생하더라도 피보험자는 보험금청구권을 취득할 수 없는 것과는 달리, 보증보험계약의 경우 보험자가 이미 보증보험증권을 교부하여 피보험자가 그 보증보험증권을 수령한 후 이에 터 잡아 새로운 계약을 체결하거나 이미 체결한 계약에 따른 의무를 이행하는 등으로 보증보험계약의 채권담보적 기능을 신뢰하여 새로운 이해관계를 가지게 되었다면 그와 같은 피보험자의 신뢰를 보호할 필요가 있으므로, 주채무자에 해당하는 보험계약자가 보증보험계약을 체결함에 있어서 보험자를 기망하였다는 이유로 보험자가 보증보험계약 체결의 의사표시를 취소하였다 하더라도, 이미 그 보증보험계약의 피보험자인 채권자가 보증보험계약의 채권담보적 기능을 신뢰하여 새로운 이해관계를 가지게 되었다면, 피보험자가 그와 같은 기망행위가 있었음을 알았거나 알 수 있었던 경우이거나, 혹은 피보험자와 보험자 사이에 피보험자가 보험자를 위하여 보험계약자가 제출하는 보증보험계약 체결 소요 서류들이 진정한 것인지 등을 심사할 책임을 지고 보험자는 그와 같은 심사를 거친 서류만을 확인하고 보증보험계약을 체결하도록 미리 약정이 되어 있는데, 피보험자가 그와 같은 서류심사에 있어서 필요한 주의의무를 다하지 아니한 과실이 있었던 탓으로 보험자가 보증책임을 이행한 후 구상권을 확보할 수 없게 되었다는 등의 특별한 사정이 없는 한 그 취소를 가지고 피보험자에게 대항할 수 없다(대판 2001.2.13, 99다13737).

마) 요약자는 낙약자가 이행지체 또는 귀책사유 있는 이행불능에 빠진 경우에 계약해제권과 그로 인한 원상회복청구권을 행사할 수 있고, 손해배상청구권은 원칙적으로 수익자가 행사할 수 있다. 담보책임에 기한 해제권과 대금감액청구권도 요약자만이 가진다.

낙약자의 채무불이행에 기한 요약자의 계약해제권은 수익자의 동의 없이 언제든지 행사될 수 있다고 보는 것이 판례의 입장이다(대판 1970.2.24, 69다1410, 1411). 요약자로서는 자신의 채무를 면하기 위하여 해제권을 행사할 필요가 있고, 수익자의 권리는 계약으로부터 발생하는 권리이므로 계약이 해제되면 그와 함께 소멸해야 한다는 점에서 판례의 입장에 원칙적으로 찬성한다. 다만 해제 후 원상회복이 이루어지면 수익자는 급부청구권과 전보배상청구권을 모두 잃게 될 염려가 있으므로 제3자가 수익의 의사표시를 한 후에는 그의 동의를 얻어야만 해제권을 행사할 수 있다고 보는 것이 타당하다.[44]

계약이 해제되면 수익자는 이미 수령한 급부를 낙약자에게 반환하여야 하고, 그에 따른 불이익은 요약자와 수익자의 원인관계에 의해 보상받아야 한다.

3) 낙약자에 대한 효력

가) 낙약자가 부담하는 채무는 요약자와의 계약에 기한 것이므로, 낙약자는 수익자의 급부청구에 대하여 그 계약에 기한 항변으로 대항할 수 있다(제542조). 따라서 낙약자는 동시이행의 항변권을 주장하여 수익자의 이행청구를 거절할 수 있고, 계약의 무효 또는 취소 원인이 있으면 이를 주장하여 수익자의 권리를 부인할 수 있다. 가령 매매목적물인 요약자 명의의 부동산이 원인무효 등기에 의한 것임이 드러난 경우, 낙약자는 수익자의 대금지급청구권의 존재를 부인할 수 있다.

그러나 요약자와 수익자 사이의 법률관계의 효력은 제3자를 위한 계약 자체는 물론 그에 기한 요약자와 낙약자 사이의 법률관계의 성립이나 효력에 영향을 미치지 아니하므로 낙약자는 요약자와 수익자 사이의 법률관계에 기한 항변으로 수익자에게 대항하지 못하고, 요약자도 대가관계의 부존재나 효력

44) 김형배, 채권각론, 193면; 이은영, 채권각론, 205면; 송덕수, 신민법강의, 1351면.

의 상실을 이유로 자신이 기본관계에 기하여 낙약자에게 부담하는 채무의 이행을 거절할 수 없다(대판 2003.12.11, 2003다49771).

나) 제3자를 위한 계약관계에서 낙약자와 요약자 사이의 법률관계를 이루는 계약이 무효이거나 해제된 경우, 그 계약관계의 청산은 계약의 당사자인 낙약자와 요약자 사이에 이루어져야 하므로, 특별한 사정이 없는 한 낙약자가 이미 수익자에게 일부 또는 전부를 급부하였더라도 낙약자는 계약해제 등에 기한 원상회복 또는 부당이득을 원인으로 수익자를 상대로 그 반환을 구할 수 없다(대판 2010.8.19, 2010다31860,31877). 수익자는 요약자와의 대가관계에 기하여 정당하게 급부를 수령을 한 것이므로 부당이득이 성립하지 않으며, 이로 인하여 대가관계상의 의무를 면한 요약자가 부당이득을 얻은 것으로 된다.

【관련 판례】

매도인 甲과 매수인 乙이 토지거래허가구역 내 토지의 지분에 관한 매매계약을 체결하면서 매매대금을 丙에게 지급하기로 하는 제3자를 위한 계약을 체결하고 그 후 매수인 乙이 그 매매대금을 丙에게 지급하였는데, 토지거래허가를 받지 않아 유동적 무효였던 위 매매계약이 확정적으로 무효가 된 사안에서, 그 계약관계의 청산은 요약자인 甲과 낙약자인 乙 사이에 이루어져야 하므로 특별한 사정이 없는 한 乙은 丙에게 매매대금 상당액의 부당이득반환을 구할 수 없다(위 2010다31860,31877 판결).

☞ **기본 사례형 쟁점 및 풀이**

甲은 乙에 대하여 1,000만 원의 매매대금채권(이하 'A채권'이라고 함)을 가지고 있다. 乙은 丙에게 자신 소유의 고화를 800만 원에 매각하는 계약을 체결하면서 乙이 丙에게 그 매매대금을 A채권의 변제를 위하여 甲에게 지급할 것을 요구하였고 丙도 이에 동의하였다. 이에 따라 丙은 甲에게 800만 원을 지급하였고 甲은 이를 곧바로 수령하였다. 아래의 각 독립한 질문에 대하여 답하시오.

(1) A채권을 발생시킨 甲·乙 간의 매매계약이 乙의 착오로 인하여 취소된 경우, 丙은 甲에게 800만 원의 반환을 청구할 수 있는가? 乙에 대한 법률관계는 어떻게 되는가?

(2) A채권을 발생시킨 甲·乙 간의 매매계약은 유효하지만 乙과 丙 사이의 고화 매매계약이 乙의 사기를 이유로 丙에 의해 취소된 경우, 丙은 甲에게 800만 원의 반환을

청구할 수 있는가? 乙에 대한 법률관계는 어떻게 되는가?

【주요 쟁점】

1. 제3자를 위한 계약의 3면 관계
2. 부당이득의 성부
3. 제110조 제3항에 있어 '제3자'의 의미

【풀 이】

Ⅰ. 사안의 정리

갑에 대하여 1천만 원의 대금채무를 부담하고 있는 을이 자신 소유의 고화를 병에게 800만 원에 매각하면서 그 대금을 갑에 대한 대금채무의 변제조로 병이 갑에게 지급할 것을 요구하였고 병도 이에 동의하였으므로, 을(요약자)과 병(낙약자) 사이에는 갑을 수익자로 하는 제3자를 위한 계약이 성립하였다(제539조 제1항).

또한 을·병간의 약정에 따라 갑이 을의 병에 대한 매매대금채권 800만 원을 곧바로 수령하였으므로, 수익의 의사표시가 전제되었다고 보아야 한다.

Ⅱ. 쟁점 및 해결

1. (1)문에 대하여

(1) 주요 쟁점

A채권을 발생시킨 갑·을 간의 매매대금채권관계(이른바 '대가관계')가 매수인 을의 착오를 이유로 취소된 경우, 그 효력이 을·병 사이에 약정된 제3자(갑)를 위한 계약 자체나 그에 터 잡은 을·병 사이의 매매계약의 성립이나 효력에 영향을 미치는가가 문제된다.

(2) 검 토

제3자를 위한 계약의 체결 원인이 된 대가관계의 효력은 요약자와 낙약자 사이의 법률관계에 아무런 영향을 미치지 않는다. 즉, 낙약자는 요약자와 수익자 사이의 법률관계에 터 잡은 항변으로 수익자에게 대항하지 못하고, 요약자도 대가관계의 부존재나 효력의 상실을 이유로 자신이 기본관계(보상관계)에 터 잡아 낙약자에게 부담하는 채무의 이행을 거절할 수 없다고 보는 것이 대법원 판례의 입장이다(대판 2003.12.11, 2003다49771).

따라서 대가관계에 무효 또는 취소사유가 있더라도 병이 갑에게 급부를 이행하였다면 그 이행은 적법하다. 다만 을은 대가관계의 법률상의 원인 없음을 이유로 병을 상대로 부당이득반환을 청구할 수 있을 뿐이다(제741조).

(3) 문제의 해결

A채권을 발생시킨 갑·을 간의 매매계약이 乙의 착오로 인하여 취소되더라도 갑을 수익자로 하는 을·병 간의 제3자를 위한 계약은 유효하다. 그리고 갑·을 간의 매매계약이 소급 무효된다고 하여 을·병 사이에 체결된 매매계약이 그 효력을 상실하는 것도 아니다.

따라서 병은 갑·을 간의 매매계약이 취소되었음을 이유로 갑에게 지급한 800만 원의 반환을 청구할 수 없다. 을은 병에게 약정대로 고화의 소유권을 이전하고, 갑에 대하여는 병으로부터 지급받은 800만 원을 법률상 원인 없음을 이유로 부당이득반환청구를 할 수 있다.

2. (2)문에 대하여

(1) 주요 쟁점

을·병 사이에 체결된 고화 매매계약이 을의 사기를 이유로 병에 의하여 취소된 경우에 병이 갑에게 지급한 800만 원의 반환을 청구할 수 있는가가 문제된다. 또한 갑이 을의 기망행위에 대하여 선의인 경우에 제3자로서 보호받을 수 있는지도 문제된다. 이 경우, 병이 갑에게 지급한 대금채무반환의 인정 여부에 따라 을의 법적 지위가 달라질 수 있다.

(2) 검 토

1) 요약자와 낙약자 사이에 체결된 매매계약에 기한 급부관계(보상관계)에 흠이 존재하면 그 흠을 이유로 수익자에게 항변할 수 있다. 즉, 사안에서 요약자인 을의 사기를 이유로 병이 매매계약을 취소하면, 병은 그 취소로써 갑에게 대항할 수 있다. 병이 취득하는 권리는 을·병 간의 계약으로부터 발생한 권리이므로, 병은 을에게 주장할 수 있는 모든 사유로 갑에게 대항할 수 있기 때문이다.

2) 낙약자가 요약자의 사기를 이유로 매매계약을 취소하면, 수익자가 요약자의 기망사실을 알지 못하였더라도 선의의 제3자로서 보호받지 못한다. 수익자의 권리는 새로운 법률원인에 터 잡은 것이 아니라 요약자와 수익자 사이의 계약에 터 잡아 직접 발생하는 것이기 때문이다.

3) 낙약자가 요약자의 사기를 이유로 매매계약을 취소하는 경우에도, 낙약자가 매매목적물인 고화를 수령하였다면 이를 반환하여야 한다. 다만 그로 인하여 손해가 발생하였다면 불법행위를 이유로 손해배상을 청구할 수 있다. 요약자의 사기에 의한 의사표시가 불법행위의 성립요건을 충족하면 취소권과 손해배상청구권이 경합하기 때문이다.

(3) 문제의 해결

병은 을·병 사이에 체결된 매매계약이 취소되었음을 이유로 갑에게 지급한 800만 원의 반환을 청구할 수 있다. 갑은 을이 병을 기망한 사실을 알지 못하였더라도 제110조 제3항 소정의 선의의 제3자임을 이유로 병으로부터 수령한 800만 원의 반환을 거절할 수 없다.

병이 취소권을 행사한 경우, 기 수령한 고화를 을에게 반환하여야 하며, 가령 전매이익의 손해와 같이 별도의 손해가 있으면 이를 주장·증명하여 그 배상을 청구할 수 있다. 이때 손해배상의 범위는 제393조에 따른다(제763조에 의한 준용).

제3절 계약의 해제와 해지

1. 계약해제의 의의 및 기능

가. 해제의 의의

1) 의의 및 발생원인

가) 의의 및 대상

계약해제란 당사자의 일방적 의사표시에 의하여 유효하게 성립한 계약의 효력을 소멸시킴으로써 그 계약이 존재하지 않았던 것과 같은 효과를 발생시키는 단독행위이다. 해제권은 일방적 의사표시에 의하여 그 효력이 발생하는 형성권이고, 해제권자는 원칙적으로 계약당사자만이 될 수 있다. 계약인수나 상속 등에 의하여 당사자의 지위를 포괄적으로 승계한 자는 계약당사자이므로 해제권을 행사할 수 있다. 그러나 해제권만을 양도하는 것은 허용되지 않고, 제3자를 위한 계약에 있어 수익자도 해제권 행사할 수 없다. 다만, 계약당사자의 채권자가 채권자대위권의 행사로서 해제권을 행사할 수는 있다.

해제의 대상은 채권계약에 국한된다. 해제권의 발생 원인이 있는 경우에 편무계약에 대해서도 해제가 인정되는가가 문제되는데, 쌍무계약에 국한하여야 할 것이다.[45)] 가령 증여계약의 경우, 수증자는 증여자가 채무를 이행하지 않더라도 자신이 면할 채무가 존재하지 않으므로 해제권을 인정할 이유가 없는

45) 프랑스민법은 쌍무계약에 대해서만 해제를 인정하고 있는데, 일본 구민법이 이를 계수한 것이다. 독일민법도 같은 입장이지만, 해제권을 행사하지 않고도 전보배상을 청구할 수 있다는 점에 차이가 있다. 일본민법과 우리 민법은 해당 부분의 표제에 단순히 '계약의 해제'라는 표현을 쓰기 때문에 이러한 논의가 요구되는 것이다.

것이다. 이 경우, 수증자는 해제권을 행사하지 않고 채무불이행에 기한 손해배상책임을 묻는 것으로 충분하다.

다음으로 채권행위와 별개로 물권행위에 대하여도 해제가 필요한가가 문제된다. 판례는 물권행위의 유인성을 인정하므로 그 원인행위인 채권행위를 해제하는 것만으로 해제의 목적을 달성할 수 있다. 따라서 물권행위에 대하여 별도로 해제를 인정할 실익은 없다. 채권양도와 같은 준물권행위도 해제의 대상이 되지 않는다. 가령 A가 B에 대한 대여금채권을 C에 대한 매매대금채무의 이행수단으로 C에게 양도한 경우, C의 반대급부가 이행불능으로 되면 A는 채권양도의 원인이 된 A·C 사이의 매매계약을 해제하는 것으로 충분하기 때문이다.

나) 해제권의 유형

해제권을 발생원인의 관점에서 보면 다음과 같이 나눌 수 있다.

① 법정해제권 : 민법 제544조 이하에 규정된 해제에 관한 일반규정에 터잡아 상대방의 채무불이행을 이유로 해제권의 행사가 허용되는 경우이다. 좁은 의미의 해제는 법정해제를 뜻하는 것이다. 민법은 법정해제의 원인으로 이행지체(제544조)와 이행불능(제546조)만을 규정하고 있다. 불완전이행과 수령지체에 대해서는 해석 상 다툼이 있고, 중대한 계약사정의 변경에 대해서는 입법에 의한 해결을 모색하고 있다.

② 약정해제권 : 계약당사자의 합의에 의해 당사자 일방 또는 쌍방에게 유보된 해제권을 뜻하고, 이에 터 잡은 해제를 약정해제라고 한다. 해제권 유보약정은 계약체결 시 뿐만 아니라 그 이후에도 가능하다. 매매계약에 있어 다른 약정이 없는 한 계약금은 해약금으로 추정되므로(제565조 제1항), 당사자 사이에 다른 약정이 없는 한 계약금이 지급되면 약정해제권이 유보된 것으로 보아야 한다.

③ 계약법 상 특별규정에 의해 인정되는 해제권 : 도급계약에서 일의 완성 전의 도급인의 해제권(제673조), 도급인의 파산에 따른 수급인 또는 파산관재인의 해제권(제674조)에 관한 특별규정이 있다.

1) 해제와 유사한 제도

가) 취소와의 구별

유효하게 성립한 계약의 효력이 소급적으로 소멸하는 당사자 일방의 의사표시로는 '해제'와 '취소'가 있다. 그러나 양자는 다음의 점에서 구별된다. ① 해제는 채무불이행이라고 하는 계약 성립 후의 문제를 원인으로 함에 반하여, 취소는 계약 성립 시에 존재한 사정을 원인으로 한다는 점에서 제도의 취지가 다르다. 취소는 계약체결단계에서 취소원인이 존재하여야 하기 때문에 합의에 의해 계약을 취소하는 것은 허용되지 않는다. ② 해제는 계약만을 그 대상으로 하지만, 취소는 모든 법률행위를 그 대상으로 한다. ③ 해제권의 발생사유로는 법정해제사유와 약정해제사유가 있지만, 취소에서는 법정사유가 있을 뿐이다. ④ 불가분의 원칙(제547조)은 해제권의 행사에만 적용된다. ⑤ 해제를 위해서는 이행의 최고를 요하는 경우가 있지만, 취소에서는 그러하지 아니하다.

【해제 후 취소권 행사의 가부】

> 매도인이 매수인의 중도금 지급채무 불이행을 이유로 매매계약을 적법하게 해제한 후라도 매수인으로서는 상대방이 한 계약해제의 효과로서 발생하는 손해배상책임을 지거나 매매계약에 따른 계약금의 반환을 받을 수 없는 불이익을 면하기 위하여 착오를 이유로 한 취소권을 행사하여 매매계약 전체를 무효로 돌리게 할 수 있다(대판 1996.12.6, 95다24982,24999).

나) 해제계약(합의해제)와의 구별

(1) 해제계약 또는 합의해제라 함은 해제권의 유무를 묻지 않고 계약당사자 쌍방이 합의에 의하여 기존의 계약의 효력을 소멸시켜 당초부터 계약이 체결되지 않았던 것과 같은 상태로 복귀시킬 것을 내용으로 하는 새로운 계약이다(대판 2009.2.12, 2008다71926). 합의해제는 명시적인 방법뿐만 아니라 묵시적으로도 가능하다. 가령 매도인이 잔대금 지급기일 경과 후 계약해제를 주장하여 이미 지급받은 계약금과 중도금을 반환하는 공탁을 한 경우, 매수인이 아무런 이의 없이 그 공탁금을 수령하였다면 특단의 사정이 없는 한 매매계약은 합의해제된 것으로 보아야 하고(대판 1979.10.10, 79다1457), 계약의 성립 후에 당사자

쌍방의 계약실현 의사의 결여 또는 포기로 인하여 쌍방 모두 이행의 제공이나 최고에 이름이 없이 장기간 이를 방치하였다면, 그 계약은 당사자 쌍방이 계약을 실현하지 아니할 의사가 일치함으로써 묵시적으로 합의해제되었다고 보아야 한다(대판 2007.6.15, 2004다37904,37911).

(2) 당사자의 합의에 의해 계약이 해제되면 계약이 소급적으로 소멸하므로 물권변동도 소급하여 그 효력을 잃게 된다. 당사자는 계약으로부터 해방되지만 원상회복의무는 부담한다. 합의해제의 효력은 그 합의의 내용에 의하여 결정되므로, 해제에 관한 민법 제548조 제2항은 적용되지 않는다. 따라서 당사자 사이에 약정이 없는 이상 합의해제로 인하여 반환할 금전에 그 받은 날로부터의 이자를 가산하여 지급할 의무는 없다(대판 1996.7.30, 95다16011). 그리고 계약이 합의해제된 경우에는 그 해제 시에 당사자 일방이 상대방에게 손해배상을 하기로 특약하거나 손해배상청구를 유보하는 의사표시를 하는 등 다른 사정이 없는 한 채무불이행으로 인한 손해배상을 청구할 수 없다(대판 1989.4.25, 86다카1147,1148).

(3) 민법 제548조 제1항 단서는 합의해제의 경우에도 그대로 적용된다. 제3자를 위한 계약의 경우에 제3자가 수익의 의사표시를 한 후에는 합의해제로 수익자에게 대항할 수 없으며(제541조), 임대인의 동의를 얻은 전대차의 경우에 임대기간만료 전의 임대차계약의 합의해제로 전차인에게 대항할 수 없다.
다만 민법 제548조 제1항 단서에서 규정하는 제3자라 함은 그 해제된 계약으로부터 생긴 법률적 효과를 기초로 하여 새로운 이해관계를 가졌을 뿐 아니라 등기·인도 등으로 완전한 권리를 취득한 자를 지칭하는 것이므로, 계약상의 채권을 양도받은 양수인(대판 2003.1.24, 2000다22850)이나 채권에 대한 가압류채권자(대판 2001.6.1, 98다17930) 등은 특별한 사정이 없는 한 보호받을 수 있는 제3자에 해당하지 않는다.

(4) 매매계약을 체결하였다가 매수인의 사정으로 매도인이 매매목적물을 다시 매수하고 원계약을 해제하기로 약정한 경우와 같이, 재계약상의 해제합의는 원계약의 소멸(해제)로써 그 효과가 완결되고 합의해제 자체의 이행의 문

제를 발생시키지 않으므로, 원계약의 매도인이 재계약상의 매매대금 지급의무를 불이행하였다고 하더라도 이를 이유로 원계약에 대한 해제합의를 해제할 수는 없다(대판 1992.8.18, 92다6266). 그러나 매매계약을 합의해제한 후 그 합의해제를 무효화시키고, 해제된 매매계약을 부활시키는 약정은 계약자유의 원칙상 적어도 당사자 사이에서는 가능하다고 보아야 한다(대판 2006.4.13, 2003다45700).

다) 실권약관(조항)과 해제

(1) 실권조항이란 계약의 해제조건을 일방 당사자가 작성한 약관의 내용에 정해 놓은 것을 말한다. 가령 계약을 체결하면서 "채무불이행이 있으면 채권자의 특별한 의사표시가 없더라도 계약은 당연히 그 효력을 상실한다."고 약정해 두는 경우가 그러하다. 실권조항은 약관의 규제 등에 관한 법률의 적용대상이 되는 경우가 있다. 특히 할부매매약관에서 매수인이 할부금을 1회라도 연체하면 계약관계의 해소를 정하는 경우가 빈번하다. 실권약관은 채권자에게 강력한 채권확보수단이 되고, 상대방의 채무불이행에 따른 법률관계를 간명하게 한다는 장점이 있으나, 상대방에게는 지나치게 가혹할 수 있다. 실권약관의 내용이 사업자에게 법률에 규정하지 않는 해제권을 부여하고, 아울러 해제권행사의 요건을 완화하여 고객에게 부당하게 불이익을 줄 우려가 있는 경우에는 약관규제법 제9조 제2항에 의해 무효가 될 수 있다. 실권약관이 무효로 되면, 결국 채권자는 민법의 규정에 따라 상당한 유예기간을 정하여 최고한 후에 비로소 해제권을 취득하고, 이의 행사를 통하여 계약을 해소시킬 수 있다.

(2) 실권약관의 유효성 여부

(가) 중도금지급채무의 불이행을 조건으로 한 실권조항

매매계약에서 매수인이 중도금을 약정한 일자에 지급하지 아니하면 그 계약을 무효로 한다고 하는 특약이 있는 경우에 매수인이 약정한대로 중도금을 지급하지 않으면 그 불이행 자체로써 계약은 그 일자에 자동적으로 해제된 것이라고 보아야 한다(대판 1991.8.13, 91다13717).

(나) 잔금지급채무의 불이행을 조건으로 한 실권조항

부동산 매매계약에 있어서 매수인이 잔대금지급기일까지 그 대금을 지급하지 못하면 그 계약이 자동적으로 해제된다는 취지의 약정이 있더라도 특별한 사정이 없는 한 매수인의 잔대금지급의무와 매도인의 소유권이전등기의무는 동시이행의 관계에 있으므로 매도인이 잔대금지급기일에 소유권이전등기에 필요한 서류를 준비하여 매수인에게 알리는 등 이행의 제공을 하여 매수인으로 하여금 이행지체에 빠지게 하였을 때에 비로소 자동적으로 매매계약이 해제된다고 보아야 하고, 매수인이 그 약정기한을 도과하였더라도 이행지체에 빠진 것이 아니라면 대금 미지급으로 계약이 자동해제 된다고는 볼 수 없다(대판 1992.10.27, 91다32022). 다만 이러한 약정이 매도인이 소유권이전등기 등 소요서류를 갖추었는지 여부를 묻지 않고 매수인의 지급기한 도과 및 매도인의 해제통지만으로 계약을 해제시키기로 하는 특약이라고 볼 특별한 사정이 있는 경우에는 매수인의 지급기한 도과 및 매도인의 해제통지로써 위 매매계약은 해제된다고 보아야 한다(대판 2007.11.29, 2007다576).

(다) 기 타

임대차계약을 체결하면서, “임대차계약은 임차인이 임차보증금을 완급한 때부터 효력이 생기고, 그 때부터 한 달 이내에 임차인이 임차부분에 입점하지 아니하면 자동적으로 해지된다.”고 약정하였는데, 그 후 임차인이 약정 기한 내에 입점하지 않았다면 해지의 의사표시를 요하지 않고 그 불이행 자체로써 임대차계약은 그 일자에 자동적으로 해지된 것으로 보아야 한다(대판 2003.1.24, 2000다5336,5343).

나. 해제제도에 대한 국제적 입법 동향

1) 서

민법은 채무불이행으로 인한 손해배상의 요건에 관하여는 통일적인 일반 규정을 두고 있는 반면(제390조), 해제의 요건에 관하여는 이행지체와 이행불능을 각각 달리 규율함으로 인하여(제544조, 제546조) 규범체계적으로 조화롭지 못하다는 비판과 함께 해석 상 혼란을 야기해 왔다. 즉, 제544조는 해제의 요건으로 채무자의 귀책사유를 요하지 않지만(제544조), 제546조는 '채무자의 책임 있는 사유로'라는 표현을 명시하고 있고(제546조), 불완전이행에 관하여는 명문의 규정이 없으므로 그 요부에 관한 판단을 전적으로 해석론에 위임해 왔다. 종래 채무불이행의 효과인 손해배상의 요건과의 통일성을 유지하기 위하여 귀책사유가 필요하다고 보는 입장이 지배적이었으나,[46] 최근에는 손해배상과 해제의 제도적 목적을 이질적인 것으로 파악하면서, 이른바 귀책사유 필요설은 해제 제도의 본지를 간과한 해석으로서 현행 민법 어디에서도 그 근거를 찾을 수 없다는 문제점을 가지고 있다고 비판하는 유력설이 있다.[47] 이 견해는 계약상의 채무불이행에 대하여 상대방에게 책임을 귀속시키기 위한 제도인 손해배상과, 계약으로부터의 해방과 새로운 계약에 대한 체결의 자유를 회복시켜 주는 제도인 해제는 근본적인 차이가 있다고 본다. 현재 세계적인 입법 추세는 후설의 관점에서 진행되어 왔고, 우리 민법의 입법 방향도 그러하리라고 예견된다.

2) 입법동향

가) UN통일매매법(CISG)

CISG는 매도인에 의한 해제(제64조)와 매수인에 의한 해제(제49조)를 나누어 규정하고 있지만, 기본적으로는 동일한 구조이다. 매도인의 채무불이행에 의한 매수인의 해제에 관하여 보면, 매도인에게 매수인이 당연히 기대할 수 있었던 계약적 이익을 중대하게 침해하여 손해를 발생케 하는 이른바 '중대한 계약위반(fundamental breach of contract)'있는 경우에 해제를 인정한다(제49조 제1항 a호). 그리고 목적물을 인도하지 않은 경우에는 매수인이 정한 합리적인 부가기간 내에 목적물을 인도하지 않던가(제47조 제1항), 그 기간 내에 매도인이 인도하지 않겠다는 의사를 명시적으로 표시한 경우에 한하여 해제가 인정된다.

---

46) 김증한, 채권각론, 85면; 곽윤직, 채권각론, 102면; 김용덕, 민법주해(XIII), 274면; 김상용, 채권각론, 119면; 지원림, 민법강의, 1354면; 송덕수, 신민법강의, 1362면

47) 김형배, 채권각론, 207면; 이은영, 채권각론, 229면; 하경효, "채무불이행과 계약해제의 요건", 고려법학 제40호(2003), 67면 이하; 졸고, "법정해제의 귀책사유에 관한 국제적 동향과 우리 민법에서의 논의", 인권과 정의 제356호(2006), 159면.

이와 같이 채무불이행에 의하여 채권자가 침해받게 되는 이익의 중대성과 그에 대한 채무자의 예견가능성(채무불이행에 대한 유책성을 의미하는 것은 아니다)을 요건으로 하여 즉시해제를 인정하고, 목적물을 인도하지 않은 경우에는 매수인이 정한 부가기간을 도과한 경우에 한하여 해제를 인정한다.

나) 유럽계약법원칙(PECL)

PECL은 채권자는 채무자에 의한 '중대한 불이행'이 있거나, 이행기 전이라도 중대한 불이행의 발생이 명백하게 된 경우에는 계약을 해제할 수 있다고 규정한다(제9:301조 제1항, 제9:304조). 이행장애의 중심에 놓인 개념인 중대한 불이행은 ① 채무의 엄격한 준수가 계약의 핵심적 요소에 해당하는 경우, ② 불이행의 결과 채권자가 계약상 기대할 수 있었던 결과를 실질적으로 박탈한 경우(다만, 채무자가 그러한 결과를 계약체결 시에 예견하지 않았거나 예견할 수 없었던 때에는 그러하지 아니하다), ③ 채무의 불이행이 '고의적'이어서 채권자가 채무자의 장래의 이행을 합리적으로 신뢰할 수 없는 경우를 의미한다(제8:103조). 다만 이행지체에 대해서는 그것이 중대한 불이행에 해당하지 않아도, 채권자는 합리적인 유예기간을 정하여 이행의 최고를 통지하고 그 기간 내에 이행되지 않으면 계약을 해제할 수 있으며, 지정된 기간 내에 채무가 이행되지 않으면 계약은 자동적으로 종료한다고 정할 수도 있다(제8:106조 제3항, 제9:301조 제2항). 이와 같이 PECL에서는 채권자의 계약해제 요건으로서 채무자 측의 귀책사유를 완전히 배제하고 있다.

다) 국제상사계약원칙(PICC)

PICC는 '중대한 불이행'을 해제의 요건으로 삼는다는 점, 해제의 소급효를 인정하지 않는다는 점에서는 PECL과 그 맥을 같이 하지만, 해제의 요건인 중대한 불이행을 판단함에 있어서 PICC는 PECL이 드는 사정 외에, ① '계약이 해제된 경우에 불이행을 한 당사자가 계약의 준비나 이행을 위하여 부당한 손실을 입었는지의 여부'를 고려요소로 삼고 있다는 점에서(제7·3·1조 제2항) 경제적 효율성을 고려하는 경향이 강함을 알 수 있고, ② 계약해제에 따른 원상회복의 근거와 관련하여 PECL은 쌍무계약에서 당사자 일방만의 이행이 수령된 경우에 그 회복을 문제 삼는 반면, PICC는 당사자 쌍방에게 이미 수령된 급부가 있으면 원칙적으로 원물반환에 의하고 그것이 불가능하거나 부적당한 경우에는 금전반환에 의할 것을 규정하고 있다는 점에서(제7·3·6조 제1항) 차이가 있다.

라) 유럽계약법초안

채권자는 채무자의 중대한 불이행이 있으면 15일 이상의 상당한 기간을 정하여 이행할 것을 최고하고, 그 기간 내에 이행하지 않으면 계약이 당연히 해제됨을 알린 후에 계약을 해제할 수 있다(제114조 제1항). 채무불이행이 전적으로 채권자의 책임 있는 작위 또는 부작위에 의한 경우에는 채권자는 해제권을 행사할 수 없으며, 채권자가 타방 당사자에 대하여 계약해제를 하지 않는다고 신뢰를 준 경우에도 해제권이 인정되지 않는다(동조 제6항).

다. 법정해제의 기능

법정해제의 기능은 이행제체와 이행불능의 경우를 나누어 살펴 볼 필요가 있다.

먼저 이행지체의 경우에는, ① 채무불이행의 상대방을 계약의 구속력(의무부담)으로부터 해방시켜 그 이익을 보호해 준다는 점이다. 매매의 예를 들어 보면, 매도인은 이행기 전이라면 계약을 해제한 후 매매목적물을 타인에게 매각하여 조기에 그 대금을 취득할 수 있고, 이행기 후라도 대금회수가 곤란하면 목적물을 반환받거나 손해배상을 청구할 수 있는 길이 열리게 된다. 매수인도 대급지급 전에는 대금지급의무를 면하게 되고, 대금지급 후에는 대금의 반환과 함께 손해배상도 청구할 수 있게 된다. 물론 대금지급 후에는 강제이행의 방법이 유익한 경우가 많을 것이다. ② ①의 경우는 해제의 사후적 기능이지만, 해제제도가 존재함으로 인하여 당사자는 채무를 이행하지 않으면 계약이 해제된다고 하는 심리적 압박을 받게 된다. 이처럼 이행을 심리적으로 강제하는 것이 해제의 사전예방적 기능이다.

다음으로 이행불능의 경우에는 해제의 실익이 그다지 크지 않다. 이행기 전이라면 매수인이 해제를 통해 대금채무를 면하는 효과는 매도인의 손해배상

채무와 상계하는 방법으로 실현될 수 있다. 매수인이 대금을 지급한 후에는 해제를 하여도 대금반환을 청구해야 하므로, 해제를 하지 않고 손해배상을 청구하는 것과 차이가 없다. 후자의 경우, 매수인이 불능 당시의 시가상당액과 대금의 차액을 손해배상으로 청구할 수 있음은 당연하다.

2. 법정해제의 요건

가. 이행지체에 의한 해제

1) 의 의

민법 제544조는 "당사자 일방이 그 채무를 이행하지 아니하는 때에는 상대방은 상당한 기간을 정하여 그 이행을 최고하고 그 기간 내에 이행하지 아니한 때에는 계약을 해제할 수 있다."고 규정하고 있다. 이와 같이 이행지체에 의한 해제요건으로는, ① 채무자가 채무를 이행하지 않을 것, ② 채권자가 상당한 기간을 정하여 최고할 것, ③ 채무자가 그 기간 내에 이행하지 않을 것이 필요하다.

2) 요 건

가) 채무자의 이행지체가 있을 것

(1) 제544조에는 구체적으로 명기되어 있지 않지만, ① 채무가 이행기를 도과하고 있거나, 또는 ② 이행기가 정하여져 있지 않음에도 이행을 하지 않을 것이 필요하다. 채무자가 이행기 전에 이행을 하지 않았다면 채권자는 당연히 해제권을 행사할 수 없다.

위의 경우에도 이행지체가 되기 위해서는 채무자의 불이행을 정당화하는 사유가 존재하지 않아야 한다. 채무자는 그에게 동시이행의 항변권이 있거나 유치권이 성립한 경우 또는 채권자가 수령지체에 빠진 경우에는 지체책임을 면하게 된다. 쌍무계약에서 상대방의 이행지체를 이유로 계약을 해제하려는 자는 동시이행관계에 있는 자기 채무의 이행을 제공하여야 한다(대판 2004.12.9, 2004다49525).

(2) 채무불이행을 이유로 계약을 해제하려면, 당해 채무가 계약의 목적 달

성에 있어 필요불가결하고 이를 이행하지 아니하면 계약의 목적이 달성되지 아니하여 채권자가 그 계약을 체결하지 아니하였을 것이라고 여겨질 정도의 주된 채무이어야 하고 그렇지 아니한 부수적 채무를 불이행한 데에 지나지 아니한 경우에는 계약을 해제할 수 없다(대판 2001.11.13, 2001다20394,20400).

【관련 판례】

① 전대차계약을 체결한 후 중도금 수수 시에 비로소 전차보증금의 반환을 담보하기 위하여 전대인이 그 소유 부동산에 근저당권을 설정하여 주기로 약정한 경우, 근저당권설정약정이 이미 전대차계약이 체결된 후에 이루어진 점에서 전대인의 근저당권설정약정이 없었더라면 전차인이 전대인과 사이에 전대차계약을 체결하지 않았으리라고 보기 어려울 뿐 아니라, 전대인의 근저당권설정등기의무가 전대차계약의 목적달성에 필요불가결하다거나 그 의무의 이행이 없으면 전대차계약이 목적을 달성할 수 없다고 볼 만한 사정을 찾아볼 수 없으므로 전대인의 근저당권설정등기의무가 전대차계약에서의 주된 의무라고 보기 어렵고, 따라서 전차인은 전대인이 약정대로 근저당권을 설정하여 주지 않았음을 이유로 전대차계약을 해지할 수 없다(위의 2001다20394, 20400 판결).

② 검인계약서상의 매매대금을 실제 대금과는 달리 매매목적 부동산의 과세표준액으로 작성하기로 약정한 매매계약은 매수인이 매도인에게 매매대금을 지급하고 매도인 소유의 부동산에 관한 소유권을 취득할 것을 주된 목적으로 하는 것이고 검인계약서상의 매매대금에 관한 약정부분은 조세회피 등의 의도에서 매도인의 편의를 보아 준다는 것일 뿐 매매계약의 주된 목적을 달성하는 데 필수불가결한 것은 아니라 할 것이므로 그러한 부수의무의 불이행에 의하여 매매계약의 목적을 달성할 수 없게 되는 등의 특별한 사정이 없는 한 그 불이행만을 들어 매도인이 매매계약을 해제할 수는 없다(대판 1992.6.23, 92다7795).

③ 갑이 을의 노력과 주선으로 토지를 매수하면서 을에게 그 토지 중 일부가 을의 지분이라는 확인서를 작성해 주었고, 그에 따라 갑의 아들 병과 을이 체결한 약정서에는 앞부분에 '위 토지 중 일부가 을의 지분임을 인증하며 다음과 같이 조건을 부여한다.'는 내용의 약정이 기재되고, 그 아래에 '을이 위 토지에 인접한 다른 토지에 관하여 병 명의로 소유권이전등기가 경료될 수 있도록 하는 것'이라는 조항이 위치한 사안에서, 제반 사정에 비추어 위 조항에서 정한 채무는 약정의 부수적 채무에 불과할 뿐이고 주된 채무에 해당한다고 볼 수 없다(대판 2012.3.29, 2011다102301).

④ 부동산 매매계약의 일부 특약조항 소정의 이행의무는 매도인이 언제든지 위약금 청구 등 간접강제 등의 방법으로 그 이행을 강요하여 불이행으로 인한 권리침해상태를 회복할 수 있는 법적 수단이 있는 점 등 제반 사정을 종합하여 보면, 그 특약사항이 매매계약의 목적달성에 있어 필요불가결하고, 이를 이행하지 아니하면 매매계약의 목적이 달성되지 아니하여 매도인이 매매계약을 체결하지 아니하였을 것이라고 여겨질 정도의 주된 채무라고 보기 어렵고, 단지

매매계약의 부수적 채무라고 봄이 상당하여 이의 불이행을 이유로는 매매계약을 해제할 수 없다(대판 1994.12.22, 93다2766).

⑤ 분양회사가 상가 분양 당시 충별 지정업종 및 품목을 중복되지 않게 정해놓고 수분양자들에게 분양을 원하는 층의 층별 지정업종의 범위 내에서 세부적인 취급품목을 지정하여 분양계약을 체결하고, 그 분양계약서에 '협의한 업종과 취급품목으로만 영업하여야 하며, 다른 업종이나 품목으로 변경하고자 할 경우에는 분양회사의 사전 서면승인을 받아야 하고, 수분양자가 위 계약을 위반할 경우에 분양회사는 계약을 해제할 수 있다.'고 규정한 취지는, 경업금지를 분양계약의 내용으로 하여 만약 분양계약 체결 이후라도 수분양자가 경업금지의 약정을 위배하는 경우에는 그 분양계약을 해제하는 등의 조치를 취함으로써 기존 점포를 분양받은 상인들의 영업권이 실질적으로 보호되도록 최선을 다하여야 할 의무를 부담하겠다는 것이므로, 분양회사의 이러한 경업금지의무는 상가 분양계약의 목적달성에 있어 필요불가결하고 이를 이행하지 아니하면 분양계약의 목적이 달성되지 아니하여 수분양자들이 분양계약을 체결하지 아니하였을 것이라고 여겨질 정도의 주된 채무라고 봄이 상당하다(대판 2005.7.14, 2004다67011).

(3) 이행불능에 의한 해제를 규정한 제546조는 해제의 요건으로 채무자의 유책성을 요구하지만, 이행지체의 경우에는 이를 요구하지 않는다. 법문에 명시되어 있지는 않지만, 이행지체에 의한 해제의 경우에도 채무자의 유책성을 요하는가에 대해서는 해석 상 논란이 있다. 종래 지배적인 견해는 이행지체를 제390조와 동일하게 이해하면서 이행지체에 의한 해제의 경우에도 채무자의 유책성이 요구된다는 입장을 취하여 왔다. 그러나 제544조의 명문 상 단순히 '채무를 이행하지 아니한 때'라고 규정되어 있고, 당사자를 계약의 구속력으로부터 해방시켜 새로운 거래관계를 창설할 수 있는 기회를 보장하려는 해제제도와 손해전보기능을 담당하는 손해배상제도는 각기 다른 취지를 가진 제도이므로 귀책성의 요부도 별도로 판단하는 것이 타당하며, 담보책임이나 도급계약의 해제에서도 채무자의 유책성을 그 요건으로 삼지 않는다는 점 등을 고려하면, 채무자의 유책성이 이행지체에 의한 해제의 요건은 아니라고 새겨야 할 것이다.

(4) 가분채무에서 그 일부가 지체되더라도 채권자는 원칙적으로 계약 전부를 해제할 수 있다. 다만 불이행부분의 해제만으로 계약목적을 달성할 수 있는 경우에는 해제할 수 없다. 또한 근소한 액이 미지급(총 매매대금 2,000만 원 중

미지급액이 불과 105,000원 일뿐 아니라 그 미지급액에 대하여 월5부의 지연이자를 지급하기로 약속한 사안)을 이유로 계약을 해제하는 것은 신의칙에 반하여 허용될 수 없으며(대판 1971.3.31, 71다352,353,354), 매매목적물의 일부가 부족하여 매수인이 대금감액을 청구할 수 있는 경우에 매도인이 매수인의 감액요구를 거절하고 대금 전액의 지급만을 요구하면서 그 불이행을 이유로 계약을 해제하는 것은 부적법하므로 허용되지 않는다(대판 1980.3.11, 79다1948).

나) 채권자가 상당한 기간을 정하여 최고할 것

⑴ 채권자는 대상 채권을 명시하고 상당한 기간을 정하여 그 기간 내에 이행하도록 최고하여야 한다. 즉, 이행지체와 동시에 해제권이 발생하는 것이 아니라 최고 후 상당한 기간 동안 이행이 없어야 비로소 해제할 수 있게 된다. 최고를 하는 것으로 충분하고, 상당한 기간 내에 이행을 하지 않으면 계약을 해제한다는 주의를 촉구할 필요는 없다. 물론 채권자가 일정한 기간을 정하여 채무이행을 최고함과 동시에 그 기간 내에 이행을 하지 않으면 계약을 해제하겠다는 의사표시를 한 경우에는 그 기간의 경과로 계약이 곧바로 해제된다(대판 1992.12.22, 92다28549).

⑵ '상당한 기간'이라 함은 이미 매매목적물을 인도하기 위하여 매도인이 목적물을 외국으로부터 수입하거나 다른 사람으로부터 구입하거나 직접 생산하는 것과 같이 처음부터 준비를 하여 이행을 하기 위하여 필요한 기간이 아니라, 이미 준비가 완료되어 있음을 전제한 상태에서 이행을 준비하고 급부를 완료하기 위하여 필요한 유예기간을 의미한다. 상당한 기간을 판단함에 있어 질병이나 여행 등과 같은 채무자의 주관적 사정을 고려할 필요는 없지만, 적어도 채권자가 알고 있는 사정은 고려되어야 한다. 유예기간을 정하지 않았거나 지나치게 짧은 경우에도 최고 자체는 유효하나, 계약의 유형이나 거래관행을 고려하여 상당한 기간이 경과한 후에 해제권이 발생한다고 새겨야 한다.

판례 중에는 매매계약에 있어 그 이행기일을 도과하도록 쌍방의 의무가 이행되지 않고 있는 중에 매도인이 소유권이전등기 서류일체를 매수인에게 제공하면서 2일 이내에 잔대금을 지급할 것을 최고하였는데 잔대금의 지급이 없어서 해제통고를 한 사안에 대하여, 매매계약이 적법하게 해제되었다고 본 것이 있다(대판 1980.1.15, 79다1859).

(3) 최고 없이도 해제가 가능한 경우가 있다.

(가) 채무자가 미리 이행하지 않겠다는 의사를 표시한 경우

민법 제544조 단서는 "채무자가 미리 이행하지 아니할 의사를 표시한 경우에는 최고를 요하지 아니한다."고 규정하고 있다. 채권자는 채무자가 미리 이행거절의 의사표시를 한 때에는 그 변제기 전이라도 최고나 유예기간의 경과 없이 해제권을 행사할 수 있다. 그러나 채무자가 채무의 이행기가 도래되지 아니하였다고 믿을 만한 상당한 근거를 이유로 그 이행을 거절한 경우에는, 후에 법원의 판결에 의하여 채무의 이행기가 도래한 것으로 최종 판명되었더라도 그것만으로는 채무자가 자기 채무를 이행하지 아니할 의사를 명백히 표시한 경우에 해당한다고 할 수 없다(대판 1996.7.30, 96다17738).

부동산 매도인이 중도금의 수령을 거절하였을 뿐만 아니라 계약을 이행하지 아니할 의사를 명백히 표시한 경우에 매수인은 신의성실의 원칙상 소유권이전등기의무 이행기일까지 기다릴 필요 없이 이를 이유로 매매계약을 해제할 수 있고(대판 1993.6.25, 93다11821), 매수인이 잔금 지급을 제공하였음에도 매도인이 자신의 의무에 관하여 스스로 이행지체에 빠진 후에 오히려 매수인의 귀책사유로 자신에 의하여 계약이 해제되었다고 주장하면서 계약금 상당액을 공탁한 경우에 매수인은 이행의 최고 없이 매매계약을 해제할 수 있다(대판 2009.3.12, 2008다29635). 그러나 채무자가 이행거절의 의사표시를 한 후 이를 적법하게 철회한 경우에는 상대방은 자기 채무의 이행을 제공하고 상당한 기간을 정하여 이행을 최고한 후가 아니면 채무불이행을 이유로 계약을 해제할 수 없다(대판 2003.2.26, 2000다40995).

또한 채무자가 명시적으로 이행거절의 의사를 표시하지 않았더라도 계약 당시나 계약 후의 여러 사정을 종합하여 그 거절의사가 정황상 분명하게 인정된다면 묵시적 이행거절의사를 인정할 수 있다(대판 2011.2.10, 2010다77385). 매수인이 자기의 귀책사유로 인한 채무불이행의 경우에 상대방의 계약해제권의

행사를 회피할 목적으로 자신의 주소를 계약서에 허위로 기재하거나 실지 주소를 매도인에게 알리지 아니하고 소재를 밝히지 아니하여 매도인은 과실 없이 매수인의 소재를 알지 못함으로서 자기의 채무의 이행을 제공하여 상대방의 이행을 최고할 수 없게 된 채 이행기가 도과하였다면, 특별한 사정이 없는 한 매수인에게 이행의 의사가 없다고 보아야 한다(대판 1982.4.27, 81다968,81다카476). 그리고 매수인이 이행기일이 도과된 후에 이르러 매도인에 대하여 계약상 의무 없는 과다한 채무의 이행을 구하고 있는 경우에는 매도인으로서는 매수인이 자기채무이행의 의사가 없음을 표시한 것으로 보고 이행의 최고 없이 계약을 해제할 수 있다(대판 1982.4.27, 81다968,81다카476). 그러나 매수인이 법원으로부터 목적부동산에 대한 처분금지가처분결정을 받아 그에 관한 가처분기입등기를 경료하였고, 또 매도인을 상대로 매매잔대금이 일정 금원 남아 있다고 자인하면서 목적부동산에 관한 소유권이전등기절차의 이행을 구하는 소를 제기한 후 매도인에 대하여 잔금 수령을 통지하는 등의 사실이 인정되는 사안에 대하여는, 계약 전후의 제반 사정을 고려해 보더라도 매도인의 잔대금지급불이행을 이유로 한 계약해제통지 이전에 매수인이 미리 자신의 채무를 이행하지 아니할 의사를 명백히 표시하였다고 보기는 어렵다고 한 판례도 있다(대판 1995.3.3, 93다50024).

(나) 당사자 일방이 이행을 제공하더라도 상대방이 상당한 기간 내에 그 채무를 이행할 수 없음이 객관적으로 명백한 경우

쌍무계약에 있어 당사자 일방이 이행을 제공하더라도 상대방이 상당한 기간 내에 그 채무를 이행할 수 없음이 객관적으로 명백한 경우에는 그 일방은 자신의 채무의 이행을 제공하지 않더라도 상대방의 이행지체를 이유로 계약을 해제할 수 있다. 이 경우 당사자 일방이 이행을 제공하더라도 상대방이 채무를 이행할 수 없음이 명백한지의 여부는 계약해제 시를 기준으로 하여 판단하여야 한다(대판 1993.8.24, 93다7204).

(다) 정기행위의 경우

계약의 성질이나 당사자의 의사표시에 의하여 일정한 기간 내에 이

행하지 않으면 계약목적을 달성할 수 없는 것을 정기행위라고 한다. 가령 결혼식 일자에 맞춰 예복을 주문하거나, 고희연을 위해 요리를 주문하거나, 사업상의 필요에 의해 특정 시간까지 특정 지점에 운송하여 주는 대가로 고액의 운임을 지급하기로 약정하였음에도 채무자가 약정한 내용대로 채무를 이행하지 않아서 계약목적을 달성할 수 없게 된 경우가 그 전형이다. 민법은 정기행위에 있어 당사자 일방이 그 시기에 이행하지 아니한 때에는 상대방은 상당한 기간을 정하여 최고절차를 거칠 필요 없이 곧바로 계약을 해제할 수 있다고 규정한다(제545조). 즉, 이행지체와 동시에 해제권이 발생한다.

영상물 제작공급계약상 수급인의 채무는 도급인과 협력하여 그 지시감독을 받으면서 영상물을 제작하는 것이므로 도급인의 협력 없이는 완전한 이행이 불가능한 채무이고, 한편 특정시점에 영상물을 상영할 목적으로 제작하는 것이라면 그 계약의 성질상 수급인이 일정한 기간 내에 채무를 이행하지 아니하면 계약의 목적을 달성할 수 없는 정기행위에 해당한다. 그러나 도급인의 영상물제작에 대한 협력의무의 이행 거부로 수급인이 독자적으로 성의껏 제작하여 납품한 영상물이 도급인의 의도에 부합되지 아니하게 됨으로써 결과적으로 도급인의 의도에 부합하는 영상물을 기한 내에 제작하여 납품하여야 할 수급인의 채무가 이행불능으로 된 경우, 이는 계약상의 협력의무의 이행을 거부한 도급인의 귀책사유로 인한 것이므로 수급인은 약정대금 전부의 지급을 청구할 수 있다(대판 1996.7.9, 96다14364,14371).

(라) 제544조는 강행규정이 아니므로, 당사자의 특약에 의하여 최고 및 상당한 기간의 경과라는 절차적 요건을 배제할 수 있다.

(4) 채권자가 최고하는 채권의 동일성을 채무자가 아는 한, 그 금액이 실제 금액보다 크거나 적어도 원칙적으로 그 최고는 유효하다. 그러나 최고액이 실제금액보다 지나치게 많거나 적은 경우에는 그 유효성이 문제될 수 있다.

(가) 과다최고의 경우

채권자의 이행최고가 본래 이행하여야 할 채무액을 초과하는 경우에도 본래 급부하여야 할 수량과의 차이가 비교적 적거나 채권자가 급부의 수량을 잘못 알고 과다한 최고를 한 것으로서 과다하게 최고한 진의가 본래의 급부를 청구하는 취지라면, 그 최고는 본래 급부하여야 할 수량의 범위 내에서 유효하다고 할 것이나, 그 과다한 정도가 현저하고 채권자가 청구한 금액을 제공하지 않으면 그것을 수령하지 않을 것이라는 의사가 분명한 경우에는 그 최고는 부적법하고 이러한 최고에 터 잡은 계약의 해제는 그 효력이 없다(대판 2004.7.9, 2004다13083). 판례는 부동산매매 잔대금 120만원에 대하여 매도인이 180만원을 지급하지 않으면 계약이 자동으로 해제된다는 뜻을 통지한 경우와 같이 과다의 정도가 현저하여 본래의 채무를 이행하여도 수령거절이 예상되는 경우(대판 1980.10.14, 80다463) 및 호텔헬스사우나클럽 개업하면서 창립회원에게는 배우자 및 직계가족 2인에 대하여 연회비를 면제해 주겠다고 약정하였음에도 3년이 지난 후 가족들의 연회비의 납부를 요구하였고 이와 같이 부당한 연회비 납부 청구를 거절한 회원에 대한 제명처분을 한 경우(대판 1995.9.5, 95다19898)에 대하여 과다최고를 이유로 해제의 효력을 부정하였다.

(나) 과소최고의 경우

채무의 동일성이 인정되면 원칙적으로 최고부분에 대해서만 효력 인정된다. 그러나 그 정도가 아주 경미한 경우에는 신의칙상 전부에 대하여 최고의 효력이 생긴다고 보아야 한다.

다) 채무자가 최고기간 내에 채무를 이행하지 않을 것

(1) 채권자가 이행을 최고하면서 정한 상당한 기간 내에 채무가 이행되지 않으면 채권자는 곧바로 계약을 해제할 수 있다. 그런데 채무자가 이행지체 상태에 있지만, 최고기간 내에 이행을 하지 못한 이유가 채무자에게 책임 없는 사유에 의한 경우에도 해제권이 발생하는가가 문제된다. 가령 외국에서 목적물을 수입하여 인도하기로 한 매매계약에서 해당 국가의 내전(內戰)으로 수입선이 차단되어 그 이행이 지체되는 경우에도 매매계약을 해제할 수 있는가 하는 문제이다. 앞서 언급한 바 있지만, 이에 관하여는 ① 귀책사유 필요설과 ② 귀책사유 불요설이 대립한다. ①설은 계약해제에 의해 채무자도 불이익을 입게 되므로 그러한 불이익을 정당하게 하는 사유가 존재하여야 하고, 법정해

제권은 지체책임의 하나의 효과이므로 채무자의 귀책사유가 그 요건이 되어야 한다고 한다. 이에 반하여 ②설은 해제제도의 존재의의가 채권자를 계약의 구속력으로부터 해방시키는데 있다고 보면서 채권자의 이익보호를 우선시하므로, 채무자의 귀책사유를 그 요건으로 삼을 필요는 없다고 본다. 종래 ①설이 통설이었으나 지금은 ②설을 따르는 견해가 유력해지고 있다.

(2) 동시이행관계에 있는 의무자의 일방이 상대방의 이행지체를 이유로 한 해제권을 적법하게 취득하기 위해서는, 이행청구에 표시된 이행기가 '일정한 기간 내'로 정하여진 경우라면 이행을 청구한 자가 원칙으로 그 기간 중에 이행제공을 계속하여야 하고, '일정한 일시' 등과 같이 기일로 정하여진 경우에는 그 기일에 이행제공이 있어야 한다(대판 1992.12.22, 92다28549). 이 경우에 쌍무계약의 당사자 일방이 최고기간동안 이행제공을 하여 상대방을 수령지체에 빠지게 하였더라도 그 이행의 제공이 계속되지 않으면 동시이행의 항변권이 소멸하는 것은 아니므로, 이행의 제공이 중지된 이후부분에 대한 손해배상청구는 할 수 없다(대판 1995.3.14, 94다26646).

최고기간 만료 후 해제권 행사 전에 채무자가 이행 또는 이행제공을 하면 해제권은 소멸한다. 이 때 채권자가 채무자를 상대로 이미 발생한 지연손해금을 청구할 수 있음은 물론이다.

나. 이행불능에 의한 해제

제546조는 "채무자의 책임 있는 사유로 이행이 불능으로 된 때에는 채권자는 계약을 해제할 수 있다."고 규정한다. 동조는 이행지체에 의한 해제에서와는 달리 채무자의 귀책사유를 해제의 요건으로 명시하고 있다.

1) 채무의 이행이 불능일 것

채무의 이행불능이라 함은 단순히 절대적·물리적으로 불능인 경우가 아니라 사회생활에 있어서의 경험법칙 또는 거래상의 관념에 비추어 볼 때 채권자가 채무자의 이행의 실현을 기대할 수 없는 경우를 말한다(대판 2010.12.9, 2009다75321). 제546조 소정의 이행불능은 채권이 성립한 후에 채무자의 귀책사유로 인하여 채무의 이행이 확정적·영구적으로 불가능하게 되어 채무가 이행될 수 없게 된 경우를 의미하므로, 일반적으로 제390조의 이행불능과 동일한 개념으로 이해한다. 채무의 이행이 불능으로 되면, 채권자는 이행기까지 기다리거나 최고할 필요 없이 곧바로 해제권을 취득한다.

일부불능의 경우에는 원칙적으로 그 전부에 대하여 해제할 수 있다. 다만, 가분급부의 경우에는 불이행부분의 해제만으로 계약목적을 달성할 수 있거나, 불이행부분이 아주 경미한 경우에는 신의칙상 그 전부를 해제할 수 없다.

매매목적물에 대한 소유권의 제한이 있는 경우에 이행불능을 이유로 해제를 할 수 있는지가 문제되는데, 이와 관련한 판례를 소개하면 다음과 같다.

【관련 판례】

① 매매의 목적이 된 부동산에 관하여 제3자의 처분금지가처분의 등기가 기입되었다 할지라도, 이는 단지 그에 저촉되는 범위 내에서 가처분채권자에게 대항할 수 없는 효과가 있다는 것일 뿐 그것에 의하여 곧바로 부동산 위에 어떤 지배관계가 생겨서 채무자가 그 부동산을 임의로 타에 처분하는 행위 자체를 금지하는 것은 아니라 하겠으므로, 그 가처분등기로 인하여 바로 계약이 이행불능으로 되는 것은 아니고, 제3자 앞으로 소유권이전등기가 경료되는 등 사회거래의 통념에 비추어 계약의 이행이 극히 곤란한 사정이 발생하는 때에 비로소 이행불능으로 된다(대판 2002.12.27, 2000다47361).

② 매수인은 매매목적물에 대하여 가압류집행이 되었다고 하여 매매에 따른 소유권이전등기가 불가능한 것도 아니므로, 이러한 경우 매수인으로서는 신의칙 등에 의해 대금지급채무의 이행을 거절할 수 있음은 별론으로 하고, 매매목적물이 가압류되었다는 사유만으로 매도인의 계약 위반을 이유로 매매계약을 해제할 수는 없다(대판 1999.6.11, 99다11045). 그러나 가압류 또는 가처분 집행을 모두 해제할 수 없는 무자력 상태에 있다고 인정되는 경우에는 이행불능이 되어 해제할 수 있다(대판 2006.6.16, 2005다39211).

③ 매매목적물에 관하여 매도인의 다른 채권자가 강제경매를 신청하여 그 절차가 진행 중에 있다는 사유만으로는 아직 매도인이 그 목적물의 소유권을 취득할 수 없는 때에 해당한다고 할 수 없으므로 매수인은 이를 이유로 계약을 해제하거나 위약금의 청구를 할 수 없다(대판 1987.9.8, 87다카655).

③ 매도인이 제2매수인과 매매계약을 체결한 사실만으로 이행불능이라고 할 수 없고, 제2매수인 앞으로 소유권이전등기가 경료된 때에 비로소 이행불능이 되어 해제할 수 있지만, 제2매수인과 환매, 재매매예약, 명의신탁으로 인한 원인무효 등의 특별한 사유에 의해 소유권을 회복하여 제1매수인에게 소유권을 이전시켜줄 수 있는 때에는 그러하지 아니하다(대판 1989.9.12, 88다카33176; 대판 1992.10.13, 91다34394).

④ ③과 관련하여, "매도인이 매매계약 체결 당시 매수인에게 점포의 가등기권자로 되어 있는 갑은 자신의 제수되는 사람으로 자신에 대한 채권자들로부터 강제집행을 당하지 않기 위하여 통정허위표시의 가등기를 하여 둔 것이라고 하면서 그에 대한 증명으로 갑의 가등기말소용 인감증명서를 매수인에게 교부하였고, 그 뒤 갑이 위 가등기에 기하여 한 부동산임의경매절차에서 매도인의 아들인 을이 점포를 경락받았다면, 을이 매도인의 아들인 점에 비추어 사회통념상 매도인이 을로부터 점포에 관한 소유권을 회복하여 매수인에게 이에 관한 소유권이전등기절차를 이행하는 것이 불가능하게 되었다고 단정할 수 없을 뿐더러, 만일 갑 명의의 가등기가 매수인의 말대로 통정허위표시에 기하여 경료된 것으로서 을이 이를 알고서도 점포를 경락 취득한 것이라면 그 명의의 소유권이전등기는 소송 기타 방법에 따라 말소 환원 여부가 결정지워질 특별한 사정도 있다 할 것이므로, 점포에 관한 매도인의 매수인에 대한 매매계약에 따른 소유권이전등기의무는 아직 이행불능으로 확정되었다고 볼 수는 없다."고 판시한 판결이 있다(대판 1994.12.22, 94다40789).

⑤ 부동산소유권이전등기 의무자가 그 목적물을 제3자에게 양도하고 아직 그 소유권이전등기를 경료하지 아니한 경우에는 특단의 사유가 없는 한 소유권이전등기의무는 이행불능의 상태에 있다고 볼 수 없음은 물론 위 소유권이전등기의무를 상속한 위 제3자가 그 명의로 소유권이전등기를 경료하였다고 할지라도 상속한 소유권이전등기의무가 이행불능이 되었다고는 볼 수 없다(대판 1984.4.10, 83다카1222).

⑥ 소유권이전등기의무자가 그 부동산상에 제3자 명의로 가등기를 마쳐 주었다 하여도 가등기는 본등기의 순위보전의 효력을 가지는 것에 불과하고, 또한 그 소유권이전등기의무자의 처분권한이 상실되는 것도 아니므로 그 가등기만으로는 소유권이전등기의무가 이행불능이 된다고 할 수 없다(대판 1993.9.14, 93다12268).

2) 채무자에게 귀책사유가 있을 것

이행불능이 채무자의 귀책사유에 의한 것이어야 한다. 따라서 매도인의 매매목적물에 관한 소유권이전의무가 매수인의 귀책사유만으로 이행불능이 된 경우와 같이, 채권자의 귀책사유로 이행불능이 되었다면 채권자는 그 이행불능을 이유로 계약을 해제할 수 없다(대판 2011.1.27, 2010다41010,41027).

채무자의 귀책사유가 이행불능에 의한 해제의 요건으로 되어 있는 제546조에 대해서는, ① 해제의 요건을 손해배상의 요건과 반드시 동일하게 해석해야 할 필연성은 없으므로 오히려 그 기능과 목적에 상응한 요건을 구축해야 하고, ② 이행불능으로 인한 계약해제의 경우에 채무자의 귀책사유를 요구한 것은 위험부담과의 적용영역을 구분하기 위한 것일 뿐이며, ③ 해제는 가치중립적인 계약청산을 그 내용으로 하고, 쌍방 당사자가 동일하게 원상회복의 의무를 부담하기 때문에, 일방적으로 배상의무를 부담하는 손해배상에 비하여 제재의 의미를 갖는다고는 볼 수 없고, ④ 이행지체에 따른 해제를 규정한 민법 제544조는 그 발생에 있어서 귀책사유에 관한 요건을 명문으로 규정한 바 없는데, 이행지체가 채무불이행의 가장 빈번하고 전형적인 유형이라는 점을 고려하면 채무불이행 일반의 경우에도 귀책사유를 요구한다고 볼 수 없다는 점 등을 이유로 채무자의 귀책사유를 해제의 요건에서 배제하자는 주장이 설득력을 더해 가고 있다. 급부장애법의 재편과정에서 국제적인 입법동향과 균형을 유지하기 위하여 진전된 논의가 필요한 영역이다.

다. 불완전이행에 의한 해제

채무자가 채무를 이행하였으나 그 급부의 내용이 불완전하거나 그로 인하여 기타 부수손해 내지 확대손해가 발생한 경우를 불완전이행이라고 한다. 불완전이행은 제390조가 정한 '채무의 내용에 좇은 이행을 하지 않은 경우'에 해당된다고 보아 채무불이행의 한 유형으로 취급되어 왔다. 그러나 불완전이행은 불이행의 한 형태일 뿐, 책임유형으로서 특별한 의미를 갖는 것은 아니다. 민법은 해제에 관하여 독립적인 규정을 두고 있지 않기 때문에, 해제권의 인정 여부와 범위를 둘러싸고 학설의 대립이 있다.

① 긍정설[48)]은 채무의 완전한 이행이 없으면 원칙적으로 해제권이 발생한다고 본다. 다만 완전한 이행이 불가능한 경우에는 최고절차 없이 곧바로 해제권이 발생하지만, 완전한 이행이 가능한 경우에는 상당한 기간을 정하여 최고를 한 후에 해제할 수 있다고 한다.

② 제한적 긍정설[49)]은 원칙적으로 해제권이 발생하지 않지만, 불완전이행으로 인하여 계약의 목적을 달성할 수 없는 정도에 이른 경우에는 해제권이 발생한다고 한다. 민법이 해제권 발생사유에 관하여 열거주의를 취하지만, 계약목적을 달성할 수 없을 정도로 중대한 불이행이 있으면 당사자를 계약의 구속력

48) 곽윤직, 채권총론, 167면; 김형배, 채권총론, 221면.
49) 이은영, 채권각론, 237면.

으로부터 해방시켜야 할 현실적 필요성이 존재한다는 점을 그 이유로 든다.

③ 부정설[50]은 불완전이행을 제3의 채무불이행 형태인 이행가해, 즉 보호의무를 위반한 불완전급부로 인하여 확대손해가 발생한 경우로 좁게 이해하면서, 그에 따른 해제권의 발생을 부정한다. 다만 긍정설이 단순한 내용의 불완전이나 일부 불이행에 대하여 해제권을 인정하는 경우 중에서 추완이 가능한 경우는 이행지체로, 추완이 불가능한 경우는 이행불능으로 보아 문제를 해결하려고 한다.

생각건대, 불완전이행에 의한 해제가 가능한지의 여부는 추완가능성과 연결시켜 판단할 필요가 있다. 첫째, 불완전이행의 추완이 가능한 경우에는 일종의 이행의무인 추완의무의 이행지체로 보아 채권자가 상당한 기간을 정하여 최고하고 그 기간 내에 추완이 없으면, ⓐ 이미 이행한 불완전 부분으로는 계약목적을 달성할 수 없는 경우에는 전부 해제할 수 있고, ⓑ 불완전 부분으로도 계약목적을 달성할 수 있는 경우에는 일부 해제(대금감액의 형태)할 수 있다고 보아야 한다. 둘째 불완전이행의 추완이 불가능한 경우에는 계약을 이행할 수 없기 때문에 이행불능으로 되고, ⓐ 불완전이행으로 계약목적을 달성할 수 없으면 전부 해제할 수 있고, ⓑ 불완전이행으로도 계약목적을 달성할 수 있으면 일부 해제할 수 있다고 새겨야 할 것이다.

라. 채권자지체에 의한 해제

채무자의 채무의 내용에 좇은 이행의 제공이 있었음에도 불구하고, 채권자가 이를 수령할 수 없거나 하지 않아서 채무자의 채무이행이 지체되고 있는 상태를 채권자지체 또는 수령지체라고 한다. 채권자가 정당한 이유 없이 채무자에 의한 이행의 제공을 거절하는 경우에 채무자가 이를 이유로 계약을 해제할 수 있는가는 채권자지체의 본질을 어떻게 이해하는가에 따라 그 결과가 달라진다.

먼저 채권자지체의 본질을 법률이 이익형평의 원칙에 따라 수령지체로 인한 불이익을 채권자에게 부담시키려는 법정책임이라고 파악하는 법정책임

50) 지원림, 민법강의, 1361면.

설[51]에 의하면, 채무자에게 해제권이나 손해배상청구권과 같은 적극적인 권리를 인정하지 않는다. 쌍무계약관계에서는 수령지체에 빠져있는 채권자는 일반적으로 자기의 채무를 이행하지 않고 있을 것이므로, 채무자로서는 대가적 채무의 불이행을 이유로 계약해제와 손해배상을 청구할 수 있어 부당한 결과를 초래하지 않는다는 이유에서이다.

한편 채권자도 채무자의 급부의무에 상응하여 법적인 수령의무를 부담한다고 전제하는 채무불이행책임설[52]에 의하면, 채권자의 수령의무의 불이행이 채권자의 귀책사유에 의하여 발생한 경우에만 채권자지체가 성립하며, 이 때 채무불이행의 일반적 효과인 계약해제권과 손해배상청구권이 채무자에게 발생한다고 본다.

생각건대, 채권자의 수령의무를 법적 의무로 파악하는 것은 채무불이행책임의 본질을 그르칠 위험이 있고, 수령의무위반에 대한 구체적인 강제수단도 존재하지 않는다. 더구나 채권자지체의 책임을 채권자에게 귀책사유가 있는 경우로만 한정하는 것은 이익균형상 채무자에게 부당하게 불리하므로, 귀책사유가 없는 경우에도 지체책임을 물을 수 있어야 한다. 나아가 거래실제 상 해제권을 인정할 실익도 찾기 어렵다. 따라서 법정책임설이 타당하다.

마. 사정변경에 의한 해제

1) 의 의

사정변경의 원칙(행위기초의 상실이론, 계약좌절법리, 불예견론)이란 계약 성립 후에 계약체결의 환경적 기초를 이루었던 객관적 사정이 당사자의 책임 없는 사유로 인하여 현저하게 변경되어 최초의 계약내용을 그대로 유지·강제하는 것이 신의칙이나 공평의 원리에 반하여 계약의 해소나 계약내용의 조정을 가능하게 하는 것이다(대판 2007.3.29, 2004다31302 참조).

계약당사자는 계약 당시의 상황을 잘못 인식한 경우뿐만 아니라 장래의 상황 변화에 대한 평가를 잘못하였다고 하여도 계약체결로 인한 모든 위험을 부

---

51) 이은영, 채권총론, 239면.
52) 곽윤직, 채권총론, 110면; 대판 1958.5.8, 4290민상372.

담해야 함이 원칙이다. 이것이 "계약은 지켜져야 한다(pacta sund servanda)."고 하는 계약법의 기본원칙이다.

그런데 어떠한 사정의 변경이 있더라도 계약의 구속력이 유지되어야 한다는 계약준수의 원칙이 경우에 따라서는 당사자에게 지나치게 가혹한 결과를 초래할 수 있다. 중세 교회법에서 발단이 되어 주석학파가 발전시킨 이른바 「clausula rebus sic stantibus(모든 계약은 그 기초가 되는 사정이 존속하는 한에서만 그 효력을 갖는다)」 법리가 1차 세계대전 이후 사회경제사정의 급격한 변화에 수반하여 부활하게 되면서 사정변경에 의한 계약의 해소를 인정하자는 주장이 입법에 반영되기에 이르렀다.

2) 적용범위 및 요건

가) 적용범위

사정변경의 원칙은 공법 영역에서도 문제될 수 있지만, 사법계약 중 계약의 성립 시와 이행기 사이에 시간적 간극이 있는 계속적 거래관계에서 주로 문제가 된다. 임대차계약에서 임대료의 추가청구(대판 전합체 1993.12.21, 92다46226), 원자재 장기공급계약에서 원자재가격의 앙등이나 운송료의 급등으로 인한 계약해소나 대금증액청구 등이 그 예이다.

사정변경의 원칙은 일정한 경우에 그 적용을 제한받는다. 가령 사정변경의 원칙에 우선하는 특별규정이 있거나, 계약내용과 계약현실의 차이가 해석을 통하여 조정될 수 있거나, 법률행위에 모순(Perplexität)이 있거나, 불능법에 의한 규율을 받거나, 동기착오에 관한 특별규정이 있는 경우에는 사정변경의 원칙에 관한 일반이론이 적용될 여지가 없다.

나) 요 건

(1) 계약성립의 기초가 되었던 사정이 현저히 변경되었을 것

계약성립의 객관적 기초가 되었던 사정이 현저히 변경되어야 한다. 여기에서의 사정이라 함은 계약체결의 전제의 정당성이 의심스럽다고 인식하였다면 계약을 체결하지 않았거나 다른 내용의 계약을 체결하였을 것이라고 생각될 정도로 중요한 사정이어야 한다. 또한 사정변경은 계약의 객관적 기초

에 관한 것이어야 하므로, 당사자 일방의 개인적·주관적 사정에 불과하거나 당사자 일방의 위험영역에 속하는 경우에는 인정되지 아니한다.

(2) 사정변경은 당사자가 예견하였거나 예견할 수 있었던 것이 아닐 것

이와 관련하여서는 인플레이션에 대한 예견가능성이 특히 문제된다. 통상 전시중이거나 전쟁직후에 이행기가 도래하는 경우에는 예견가능성이 부정되지만, 인플레이션이 진행 중인 상태에서 체결된 계약에 대해서는 예견가능성이 인정된다. 또한 사태의 변화를 예측할 수 있는 투기적 성격의 계약에 대해서는 사정변경의 원칙이 적용될 가능성이 매우 낮다. 예컨대 장기적으로 화폐가치가 하락한다는 사실을 경험칙상 쉽게 알 수 있음에도 불구하고 장기계약을 체결한 후 화폐가치가 상당히 하락하였음을 이유로 계약의 해소를 주장하는 것은 인용될 수 없다. 반대로 연금이나 보상금의 지급과 같이 급부가 부조목적(Versorgungszweck)을 가지는 경우에는 급부가치의 하락에 의한 등가성 상실에 대하여 보다 용이하게 예견가능성을 부정하여야 할 것이다.

(3) 사정변경이 당사자의 책임 없는 사유에 의하여 발생하였을 것

당사자의 책임 없는 사유라 함은 전쟁의 발발, 천재지변에 의한 재앙의 발생, 급격한 인플레이션, 법령의 변경 등으로 인하여 채무의 이행이 현저하게 곤란하게 된 경우를 말한다. 이와 관련하여 당사자 일방의 이행지체 중에 사정변경이 생긴 경우에 그 당사자가 사정변경을 주장할 수 있는가가 문제된다. 이 문제를 경제적 균형의 회복이라고 하는 형평성의 견지에서만 바라본다면 긍정할 수도 있겠지만, 사정변경의 원칙의 근거를 신의칙에서 구하는 통설·판례의 입장에서는 그 주장을 배척할 수밖에 없을 것이다.

(4) 당초의 계약내용에 당사자를 구속시키는 것이 신의칙상 현저히 부당할 것

3) 효 과

가) 지금까지 우리나라의 판례는 경제적 불능이나 등가관계의 파괴 등의 사정변경을 이유로 하는 계약의 해제를 인정하지 않아 왔다. 다만 사정변경의 원칙의 효과에 관하여 학설의 입장은 엇갈린다. 크게 보면, ① 사적자치를 존

중하는 자유주의적 계약법의 구조 하에서 사정변경의 법리는 인정될 수 없다는 견해,[53] ② 계약해소에 중점을 두어 계약해제권을 인정하는 견해,[54] ③ 계약유지에 중점을 두어 계약내용의 조정을 인정하는 견해[55]로 나뉜다.

나) 최근의 국제적 입법추세는 사정변경에 대한 효과로서 재교섭의무의 부과(제1차적 효과), 계약내용의 조정(제2차적 효과)과 해제(제3차적 효과)를 단계적으로 인정한다(PECL 제2:117조, PICC 제6·2·3조).[56] 최근 민법 개정 논의도 같은 맥락에서 이루어지고 있다. 생각건대 계약 성립의 기초가 되었던 사정에 중대한 변경이 발생하였음에도 계약규범의 안정성을 위하여 계약의 내용을 그대로 유지시킨다든가, 구체적 타당성의 실현이라는 명분 아래 계약유지를 위한 최소한의 노력도 없이 최초의 합의를 무력화시키는 것은 계약적 정의에 부합하지 않는다. 당사자에게 재교섭의무를 부과할 것인지, 법관에 의한 보다 적극적인 직권조정을 인정할 것인지에 대한 논의도 필요하겠지만, 사적 자치와 계약의 구속력을 크게 훼손하지 않는 범위 내에서 엄격한 요건 하에 해제권을 인정하는 것은 불가피해 보인다. 해제권은 계약내용의 조정을 기대할 수 없거나 불가능한 경우에 부여되는 사정변경의 최종적 효과이다. 일단 해제권이 인정되면 그 후에 발생한 사정의 변경은 고려할 필요가 없지만, 사정변경의 원칙의 적용가부를 판단함에 있어서는 구두변론종결 시까지의 사실을 종합적으로 고려하여야 한다.

3. 해제권의 행사

해제의 요건을 충족하면 그 효과로서 해제권이 발생한다. 해제권이 성립하였다고 하여 당연히 계약이 해제되는 것은 아니고, 해제권이 행사되어야 비로소 계약의 효력이 소멸한다. 민법은 해제권의 행사에 관하여 법정해제에 한

---

53) 이영준, "사정변경의 원칙에 관한 연구", 사법논집 5집(1974.12), 106면.

54) 곽윤직, 채권각론, 113면; 이은영, 채권각론, 240면.

55) 황적인. "행위기초론(하): 독일의 사정변경의 원칙에 관한 이론", 사법행정(1969), 43면; 백태승, "사정변경의 원칙", 사법행정(1971), 17면 이하; 김주수, 채권각론, 46-47면; 곽윤직, 채권각론, 114면; 이은영, 채권각론, 240면.

56) 독일 개정채권법은 재교섭의무를 도입하지 않았다(제313조).

정하지 않고, 해제 전반에 관한 일반규정을 두고 있다.

가. 해제권의 행사 방법

계약 또는 법률의 규정에 의하여 당사자 일방이나 쌍방이 해지 또는 해제의 권리가 있는 때에는 그 해지 또는 해제는 상대방에 대한 의사표시로 한다(제543조 제1항). 해제권자는 해제권 행사의 자유를 가지며, 해제권의 행사는 상대방 있는 단독행위이다. 의사표시의 방식은 아무런 제한이 없으므로, 구두로는 물론 계약상의 의무를 방치하는 등 묵시적인 방법으로도 할 수 있고, 재판상 공격방어방법으로 할 수도 있다. 그리고 소제기로써 계약해제권을 행사한 후 그 소송을 취하하였더라도 해제권은 형성권이므로 그 행사의 효력에는 아무런 영향을 미치지 않는다(대판 1982.5.11, 80다916).

해제권의 행사는 단독행위이므로 불확정적인 법률 상태로 인하여 상대방을 부당하게 불리하게 하는 조건이나 기한을 붙일 수 없음이 원칙이다. 다만 최고와 동시에 최고기간 내에 이행하지 않으면 계약이 자동 해제된다고 하는 의사표시, 즉 최고기간 내의 불이행을 정지조건으로 하는 해제의 의사표시는 상대방에게 불이익을 초래하지 않으므로 유효하다고 해석된다.

그리고 해제의 의사표시는 철회하지 못한다(제543조 제2항). 해제권의 성격이 형성권이므로 임의적 철회를 인정하게 되면 법률관계의 불안정을 초래하기 때문이다. 제543조 제2항은 강행규정이 아니므로 합의에 의한 철회는 가능하다.

나. 해제의 불가분성

1) 해제의 의사표시의 불가분성

가) 계약의 당사자 일방 또는 쌍방이 수인인 경우, 가령 ① A·B가 공동으로 C소유의 X토지를 매수하기로 하였거나, ② A·B가 공유하는 Y토지를 C가 매수하기로 한 경우에 해제의 의사표시를 어떠한 방식으로 해야 하는가가 문제된다. 수인의 당사자가 계약을 체결한 경우뿐만 아니라, 당사자가 1인이었지만 그의 사망으로 인하여 수인이 계약당사자의 지위를 상속한 경우에도 동일한 문제가 발생한다. 이에 대해 민법은 “계약당사자의 일방 또는 쌍방이 수

인인 경우에 해제 또는 해지의 의사표시는 그 전원으로부터 전원에 대하여 하여야 한다."고 규정한다(제547조 제1항). 이를 해제의 불가분성이라고 한다. 다만, 수인의 일방당사자 중 1인이 다른 사람의 대리인으로서 해제의 의사를 표시하거나 수령하는 것은 가능하다. 그리고 전원에 대한 해제의 의사표시가 순차적으로 이시(異時)에 행해지는 경우에는 마지막 의사표시가 도달한 때에 해제의 효력이 생기고, 선행된 의사표시는 유동적 무효의 상태에 놓이게 된다.

나) 불가분성이 인정되는 근거는 다음과 같다.

위의 예에서 당사자가 수인이라고 하여도 계약은 하나일 뿐이다. 만약 채권채무가 가분이면 분할채권관계가 성립하지만(제408조), 계약관계가 분할되는 것은 아니다. 수인의 당사자 중 1인에게만 채무불이행이 있으면 채무를 이행한 다른 당사자에 대하여는 계약해제권이 성립하지 않는다. 이 경우 해제는 전원에 대하여 하여야 하기 때문에 계약을 해제할 수 없게 된다. 또한 해제권을 행사하는 당사자가 수인인 경우에는 해제권을 전원이 준공유하는 것으로 되므로, 그 처분인 해제를 하기 위해서는 전원의 동의가 필요하다(제264조). 따라서 가령 A·B가 공동으로 C와 C소유의 X토지를 매수하기로 한 후 약정기일에 C가 대금을 지급받고도 자신의 채무를 이행하지 않는 경우, A는 B와 함께 또는 B의 동의를 얻어 해제의 의사표시를 하여야 한다. 반대로 A·B가 대금을 지급하지 않는 경우에는 C는 A·B 모두에게 해제의 의사표시를 하여야 한다. A가 단독으로 해제를 하거나, C가 A 또는 B만을 상대로 해제를 하여도 계약은 소멸하지 않는다. 해제의 불가분성은 해제권이 형성권으로서의 성질을 가지기 때문에 수인의 당사자 사이에 법적 운명의 공동성을 갖도록 하기 위하여 인정되는 것이다.

2) 해제권의 성립·존속 상의 불가분성

제547조 제2항은 제1항의 취지에 따라 "전항의 경우에 해지나 해제의 권리가 당사자 1인에 대하여 소멸한 때에는 다른 당사자에 대하여도 소멸한다."고 규정한다. 가령 위에서 든 A·B가 공유하는 Y토지를 C가 매수하기로 한 사례에서, A·B가 약정기일에 매매대금을 지급하지 않은 C를 상대로 그 이

행을 최고하고 최고기간의 경과로 해제권이 발생하였지만, A가 C에게 해제권을 행사하지 않겠다고 약속하였다면 해제권을 포기하지 않은 B의 해제권도 소멸하게 된다. 해제권의 성립에 관하여는 명문의 규정이 없지만, 마찬가지로 새겨야 할 것이다. 즉, 수인의 당사자 중 1인에 대하여 채무불이행이 있더라도 전원에 대한 불이행이 아니면 그 계약에 대한 하나의 불가분적인 해제권이 성립하는 것은 아니라고 보아야 한다.

【관련 판례】

하나의 부동산을 수인이 공유하는 경우 각 공유자는 각 그 소유의 지분을 자유로이 처분할 수 있으므로, 공유자 전원이 공유물에 대한 각 그 소유지분 전부를 형식상 하나의 매매계약에 의하여 동일한 매수인에게 매도하는 경우라도 당사자들의 의사표시에 의하여 각 지분에 관한 소유권이전의무, 대금지급의무를 불가분으로 하는 특별한 사정이 없는 한 실질상 각 공유지분별로 별개의 매매계약이 성립되었다고 할 것이고, 일부 공유자가 매수인의 매매대금지급의무불이행을 원인으로 한 그 공유지분에 대한 매매계약을 해제하는 것은 가능하다. 그러나 당사자들의 의사표시에 의하여 각 지분에 관한 소유권이전의무, 대금지급의무를 불가분으로 하는 실질상으로도 하나의 매매계약이라고 볼 수 있는 경우에는 매도인 중 공유자 1인이 그의 지분비율에 상응하는 매매대금 중 일부를 매수인으로부터 지급받지 못하였다 할지라도 이를 이유로 자신의 지분에 관한 매매계약 부분만을 해제할 수는 없다. 이 경우 매매계약 전체에 대한 해제의 의사표시는 매도인 전원이 하여야 한다(대판 1995.3.28, 94다59745).

4. 계약해제의 효과

가. 계약해제의 효과에 관한 법리 구성

계약의 해제로 인하여 어떠한 효력이 발생하는가에 대하여는 학설의 대립이 첨예하다. 학설 마다 법리 구성을 달리하므로 그 결론에 있어 많은 차이가 있다. 이러한 논의는 해제의 효과로서 민법이 정하고 있는 원상회복의무와 손해배상의무를 모순 없이 설명하고, 해제 이전에 생긴 물권변동의 효과를 규명하는데 실천적인 의의가 있다.

	계약관계	미이행 채무	기이행 채무	물권변동/복귀	급부반환	제3자 보호 범위
채권적효과설	소급무효	불발생	불발생	유효	부당이득	선의·악의 불문
물권적효과설	소급무효	불발생	불발생	당연복귀	부당이득	해제 후 말소등기 전: 선의
간접효과설	유효 (내용변경)	존속 (이행거절의 항변)	이행으로 소멸	유효 (해제 후 인도/등기시 물권복귀)	원상회복	선의·악의 불문
청산관계설	유효 (내용변경)	해제시부터 소멸	이행으로 소멸	유효 (해제 후 인도/등기시 물권복귀)	원상회복	선의·악의 불문

1) 직접효과설[57)]

가) 직접효과설은 해제의 효과를 취소의 효과와 동일하게 이해한다. 즉, 계약에 터 잡은 채권관계는 해제에 의해 소급하여 소멸한다고 본다. 이렇게 해석하는 것이 가장 간명하고 민법 제548조의 규정취지에도 부합한다는 것이 그 이유이다. 해제에 의해 계약이 소급하여 그 효력을 상실하므로, 이미 이행된 급부는 법률상의 원인을 잃게 되어 부당이득반환의 대상이 된다. 계약해제의 효과로서의 원상회복의무를 규정한 제548조 제1항 본문은 부당이득에 관한 특별규정의 성격을 가진 것이므로, 선의의 수령자의 반환범위를 현존이익으로 한정하는 제748조 제1항은 적용되지 않으며, 특단의 사유가 없는 한 이익의 현존 여부나 선의·악의를 묻지 않고 받은 이익 전부를 반환하여야 한다 (대판 1998.12.23, 98다43175).

나) 해제에 의하여 계약관계가 소급하여 소멸하므로 계약의 불이행으로 인한 손해배상청구권이 성립할 여지는 없지만, 해제의 소급효는 채권관계만을 소급하여 소멸시킬 뿐 채무불이행이라는 비법률적 사실은 소멸시키지 않는다고 한다. 계약관계가 소급하여 소멸하였음에도 채무불이행의 결과인 손해배

57) 김욱곤, "해제의 효과에 관한 법리 소고", 성헌황적인박사화갑기념논문집(1990), 733면; 곽윤직, 채권각론, 118면; 양창수·김재형, 계약법, 521면; 대판 1962.1.18, 4294민상576; 동, 1962.3.29, 4294민상1429; 동, 1977.5.24, 77다1394; 동, 1983.5.24, 82다카1667 등.

상채무는 그대로 남는다는 점에 대하여는 논리적 정합성이 떨어진다는 비판이 있다.

다) 해제의 소급효는 해제의 의사표시 이전에 권리를 취득한 제3자, 그리고 해제의 의사표시 후 말소등기 이전에 선의로 권리를 취득한 제3자에 대하여 영향을 미치지 않는다.

라) 해제에 의하여 채권계약만 소급하여 소멸하는가, 아니면 물권행위도 함께 소급하여 소멸하는가? 즉, 해제 이전에 채무의 이행으로 이전등기를 마쳤거나 목적물을 인도하여 이미 소유권이 이전된 경우에 소유권이전의 효과도 소급하여 소멸하는가에 대하여서는 다시 견해가 나뉜다. 물권행위의 무인성을 인정하는 입장과 유인성을 인정하는 입장의 차이에서 비롯된 것이다. 이해의 편의를 위하여, A가 B에게 토지를 매도하고 이전등기를 마쳐주었으나 B가 그 대금을 지급하지 않아 A가 계약을 해제한 경우를 상정하여 살펴보기로 한다.

(1) 채권적 효과설(무인설)

물권변동에 관하여 무인성을 인정하는 독일 민법의 전통적인 입장을 답습한 견해이다.[58] 해제권의 행사에 의해 계약이 소급적으로 소멸하고, 당사자는 원상회복의무를 지게 된다. 해제의 소급효는 채권행위에만 미치고, 해제 이전에 행하여진 물권행위는 그대로 존속한다. 양도인이 해제의 의사표시를 하여도 이전된 소유권이 곧바로 회복되지 않고, 소유권이전의 원인무효를 원인으로 하는 반환청구권만 취득하게 된다. 즉, 양도인이 양수인으로부터 등기나 인도를 통해 다시 소유권을 이전받아야 비로소 양도인에게 소유권이 복귀하게 되는 것이다. 이 설에 의하면 제3자가 물권을 취득하게 되면 선의·악의를 가리지 않고 물권을 보유하게 된다.

위의 예에서 A가 계약을 해제하면 B는 소유권을 부당이득하는 것이므로 이를 A에게 반환하여야 한다. 즉, A는 B에 대하여 소유권을 이전시키는 물권행

58) 김증한, 채권각론, 102면; 김주수, 채권각론, 148면.

위를 할 것을 부당이득반환청구권에 터 잡아 청구할 수 있다.

(2) 물권적 효과설(유인설)

물권적 효과설은 물권행위의 유인성을 전제로 하여 해제의 의사표시만으로 물권변동의 효과가 소급하여 소멸하고, 양수인 앞으로 이전된 소유권은 양도인에게 자동적으로 복귀된다고 한다.[59] 이 때 양수인 앞으로 이전된 등기의 말소 및 점유의 반환은 물권적 청구권의 행사를 통해 이루어질 수 있다. 위의 예에서 A가 계약을 해제하면 채권계약뿐만 아니라 소유권이전의 효과도 소급하여 소멸하므로, 소유권 없이 A의 토지를 점유하면서 등기명의인으로 되어 있는 B는 A의 토지명도 및 이전등기 말소청구에 응하여야 한다. 그러나 해제권자가 '해제의 의사표시를 하기 전'에 제3자에게 물권이 이전한 경우에는 제548조 1항 단서에 의해 제3자로부터 물권을 회복할 수 없게 된다. 그리고 '해제 후 말소등기 전'에는 물권을 취득한 제3자는 선의인 경우에 한하여 보호된다고 새긴다.

(3) 판례의 태도

판례는 "제548조 제1항 본문에 의하면 계약이 해제되면 각 당사자는 상대방을 계약이 없었던 것과 같은 상태로 복귀하게 할 의무를 부담한다는 뜻을 규정하고 있는바, 계약에 따른 채무의 이행으로 이미 등기나 인도를 하고 있는 경우에 그 원인행위인 채권계약이 해제됨으로써 원상회복 된다고 할 때 그 이론 구성에 관하여 이른바 채권적 효과설과 물권적 효과설이 대립되어 있으나 우리의 법제가 물권행위의 독자성과 무인성을 인정하고 있지 않는 점과 민법 548조 1항 단서가 거래안정을 위한 특별규정이란 점을 생각할 때 계약이 해제되면 그 계약의 이행으로 변동이 생겼던 물권은 당연히 그 계약이 없었던 원상태로 복귀한다 할 것(대판 1991.11.12, 91다9503)"이라고 하여 물권적 효과설을 따르고 있다.

---

59) 김욱곤, 앞의 논문, 735면; 곽윤직, 채권각론, 118면; 양창수, 민법연구(3), 267면; 지원림, 민법강의, 1366면; 송덕수, 신민법강의, 1375면.

2) 간접효과설

간접효과설은 물권행위의 독자성과 무인성을 인정하는 독일에서 주장된 학설이고, 독일민법 제1초안에서 채택된 바 있다. 이 설은 계약해제에 의하여 계약이 소멸하지 않고 그 효력이 그대로 유지되기 때문에, 기존의 이행을 위한 채권관계가 원상회복을 위한 채권관계로 변경될 뿐이라고 한다. 해제권이 행사되어도 계약은 그대로 유효하므로, ① 미이행채무에 대한 채무는 소멸하지 않고, 채무자에게는 단지 이행거절권이 생길 뿐이며, ② 기이행채무에 대한 이행은 유효하므로 부당이득으로 되지 않지만, 원상회복관계로 계약내용이 변경된다. 즉, 계약이 해제되면 원상회복의무가 계약상의 의무로 되어 그 의무가 완전하게 이행되어야 비로소 계약관계가 소멸한다고 한다. 그러나 현재 국내에서 이를 따르는 견해는 없다.

3) 청산관계설

가) 현재 독일의 통설이고 국내에서도 이를 지지하는 견해가 유력해지고 있다.[60] 청산관계설이 계약을 해제하여도 종래의 계약관계는 동일성을 유지하면서 원상회복관계로 변용한다고 보는 점에서는 간접효과설과 같지만, ① 미이행채무는 소멸하고, ② 기이행채무는 원상회복의무를 발생시킨다는 점에서 차이가 있다. 그리고 해제 이후의 법률관계를 부당이득과 같은 법정채권관계가 아니라 계약관계의 연장선상에 있는 청산관계로 이해하기 때문에, 동시이행항변권이나 위험부담과 같은 쌍무계약의 특성이나 보증채무의 속성이 그대로 유지된다. 이러한 입장에서 직접효과설이 해제로 인하여 채권관계가 소급적으로 소멸하여 계약당사자의 지위가 소멸하였음에도 원계약의 보증인에게 계약해제로 인한 원상회복의무와 손해배상의무에 대하여 보증채무를 부담하게 하는 것은 논리적으로 정합하지 않다고 비판한다.

나) 손해배상의무나 원상회복의무는 원래의 채권관계와 연속성을 갖는 청

60) 김증한, 채권각론, 100면; 김형배, 채권각론, 236면; 이은영, 채권각론, 250면; 김용담, "해제의 효과에 관한 일고찰", 민사법학 제4·5호(1982), 144면; 정진명, "계약해제와 손해배상", 재산법연구, 제20권 제2호(2003), 134면; 양형우, 민법의 세계, 1290면.

산관계에서도 자연스럽게 유지된다. 해제 전에 행하여진 물권변동이 해제로 인하여 당연히 복귀되는 것이 아니라 양수인에게 원상회복의 내용으로서 소유권반환채무를 부과하게 하고, 양수인으로부터 등기나 인도가 완료된 때 소유권이 복귀한다고 본다.

다) 계약이 해제되어도 양수인은 양도인에 대하여 채권적 반환의무만 부담하게 되므로 해제의 의사표시 전후를 묻지 않고 물권을 양도 받은 제3자는 선의·악의에 관계없이 보호받게 된다. 물권적 효과설과 같이 제548조 제1항 단서의 제3자를 '선의의 제3자'로 한정하는 것은 규정취지에도 반한다고 한다.

4) 소 결

해제제도의 본지가 일정한 요건 아래 당사자를 계약으로부터의 해방시켜 줌과 동시에 새로운 계약체결의 자유를 회복시켜 주는 데 있다는 점에 기본적으로 동의한다. 해제의 요건을 포함한 해제법의 재구성이 입법적 과제임도 강조한 바 있다. 더구나 직접효과설은 ① 원상회복의 근거를 부당이득에서 구한다는 점, ② 손해배상청구권을 비법률적 사실로 구성한다는 점, ③ 이전등기의 말소나 물건의 반환 없이 소유권이 자동적으로 복귀한다는 점, ④ 해제 후의 동시이행항변권을 설명하기 곤란하다는 점 등에서 논리적인 정합성이 떨어지는 것도 사실이다.

그러나 입법의 지향을 떠나 실정성을 가지는 현행법과의 조화를 모색하는 것이 해석론의 과제이자 한계이기도 하다. 민법은 제550조에 해지의 장래효를 별도로 규정하고 있고, 제548조가 원상회복으로 인하여 반환할 금전에 그 받은 날로부터 이자를 가하도록 하고 있는데, 이는 해제의 소급효를 전제한 것으로 볼 수밖에 없다. 또한 청산관계설에 의한다면 원상회복의무와 동시이행에 관한 제549조와 손해배상에 관한 제551조를 굳이 규정할 필요가 없었을 것이다. 따라서 해제법의 규정체계나 내용 상 직접효과설 중 물권적 효과설이 여전히 타당하다고 생각한다.

나. 해제의 효과

1) 일반적 효과

가) 계약의 구속력으로부터의 해방

계약이 해제되면 당사자 사이의 계약관계는 소멸하고, 채무자는 미이행채무를 이행할 필요가 없다. 당사자는 계약의 구속력으로부터 벗어나 자유롭게 상대방을 선택하고 새로운 계약내용을 창설할 수 있는 기회를 얻게 된다. 계약이 해제되었음에도 상대방이 계약이 존속함을 전제로 계약상 의무의 이행을 구하는 경우에는 계약을 위반한 당사자도 당해 계약이 상대방의 해제로 소멸되었음을 들어 그 이행을 거절할 수 있다(대판 2008.10.23, 2007다54979).

나) 계약의 소급적 소멸

직접효과설(물권적 효과설)에 의하면 해제에 의하여 계약이 소급적으로 소멸한다. 그러나 청산관계설에 의하면 해제에 의하여 계약이 곧바로 소멸하지 않고, 원상회복관계로 그 내용이 변경된 후 그 관계가 완료되어야 비로소 계약이 종료한다. 생각건대, 합의해제의 경우에는 해제 시점부터 계약관계를 청산관계로 변경하는 합의가 있었다고 볼 수 있겠지만, 해제는 단독행위라는 점에서 이를 인정하기 어렵다.

다) 물권의 복귀

물권적 효과설에 의하면 처음부터 물권변동이 일어나지 않으므로 해제로 인하여 물권은 자동적으로 복귀한다. 물권행위의 독자성을 인정하는 전제 하에, 간접효과설과 청산관계설은 해제 후 물권적 청구권을 행사하여야 인도나 등기되었던 물권이 복귀하게 된다.

2) 제3자의 보호

가) 계약을 해제하면 각 당사자는 원상회복의무를 부담하지만, 해제의 의사표시 전에 이해관계를 맺은 제3자의 권리를 해하지는 못한다(제548조 제1항 단서). 민법 제548조 제1항 단서에서 말하는 제3자란 일반적으로 그 해제된 계약으로부터 생긴 법률효과를 기초로 하여 해제 전에 새로운 이해관계를 가졌을 뿐 아니라 등기, 인도 등으로 완전한 권리를 취득한 자를 말한다(대판 2007.

12.27, 2006다60229). 해제의 의사표시 전에 새로운 이해관계를 가진 제3자는 선의·악의를 묻지 않고 보호되는 반면, 해제의 의사표시가 있은 후 해제를 원인으로 하는 말소등기가 있기 전에 이해관계를 가지게 된 제3자는 선의인 경우에만 보호된다. 이 때 제3자가 악의라는 사실에 대한 주장·증명책임은 계약해제를 주장하는 자가 부담한다(대판 2005.6.9, 2005다6341).

나) 보호되는 제3자의 범위

제548조 제1항 단서에서 말하는 해제에 의해 권리를 침해받지 않는 제3자의 범위를 구획해 보면 다음과 같다.

(1) 보호되는 제3자

판례가 드는 '해제된 계약으로부터 생긴 법률효과를 기초로 하여 해제 전에 새로운 이해관계를 가졌을 뿐 아니라 등기, 인도 등으로 완전한 권리를 취득한 자'의 예는 다음과 같다. ① 부동산 매매계약이 해제되기 전에 부동산을 매수하여 소유권을 취득한 자(대판 1999.9.7, 99다14877), ② 해제된 매매계약에 의하여 채무자의 책임재산이 된 부동산을 가압류집행한 가압류채권자(대판 2005.1.14, 2003다33004), ③ 주택에 대한 매매계약의 해제로 인하여 소유권을 상실하게 된 임대인으로부터 그 계약이 해제되기 전에 주택을 임차 받아 주택임대차보호법상의 대항요건을 갖춘 임차인(대판 2008.4.10, 2007다38908,38915), ④ 해제된 계약에 의하여 채무자의 책임재산이 된 계약의 목적물을 가압류한 가압류채권자(대판 2000.1.14, 99다40937), ⑤ 실권특약부 매매계약에 기하여 매수인 앞으로 소유권이전등기가 경료되어 매수인의 책임재산이 된 토지를 체납처분의 일환으로 압류하고 그 등기까지 마친 자(대판 2000.4.21, 2000다584), ⑤ 매도인이 건물 및 대지의 매수인에게 매매계약의 해제를 통보하기 전에 그 건물 및 대지에 관하여 가등기를 마친 자(대판 2010.12.23, 2008다57746. 계약이 해제될 가능성이 있다는 것을 알았거나 알 수 있었다 하더라도 마찬가지이다) 등은 제548조 제1항 단서에 의해 보호받을 수 있는 제3자이다.

(2) 보호되지 않는 제3자

① 계약이 해제되기 이전에 계약상의 채권을 양수하여 이를 피보전권리로

하여 처분금지가처분결정을 받은 경우, 그 권리는 채권에 불과하고 대세적 효력을 갖는 완전한 권리가 아니므로 그 채권자는 민법 제548조 제1항 단서 소정의 제3자에 해당하지 아니한다(대판 2000.8.22, 2000다23433). 계약상의 채권을 양수한 자나 그 채권 자체를 압류 또는 전부한 채권자 역시 마찬가지이다(대판 2000.4.11, 99다51685). 이 때 채권을 양수한 자 등은 특단의 사정이 없는 한 채무자로부터 이행 받은 급부를 원상회복하여야 할 의무가 있다(대판 2003.1.24, 2000다22850).

② 해제된 매매계약에 의하여 채무자의 책임재산이 된 부동산을 가압류집행한 가압류채권자는 보호되는 제3자이지만(대판 2005.1.14, 2003다33004), 부동산에 대하여 가압류등기가 된 경우에, 그 가압류채무자의 전 소유자가 가압류집행에 앞서 같은 부동산에 대하여 소유권이전등기의 말소청구권을 보전하기 위한 처분금지가처분등기를 경료한 다음, 채무자를 상대로 매매계약의 해제를 주장하면서 소유권이전등기 말소소송을 제기한 결과 승소판결을 받아 확정되기에 이르렀다면, 처분금지가처분등기 후에 경료된 가압류등기는 결국 말소될 수밖에 없으므로, 이 경우 가압류채권자는 민법 제548조 제1항 단서에서 말하는 제3자로 볼 수 없으며, 이는 가처분채권자가 받은 본안판결이 전부 승소판결이 아닌 동시이행판결인 경우도 마찬가지이다(대판 2005.1.14, 2003다33004).

☞ 부동산처분금지가처분이 유효하게 집행된 이후 가처분채권자가 그 본안소송에서 승소판결을 선고받아 확정되면 가처분채권자는 가처분등기 후에 경료된, 그에 위반되는 등기의 말소를 단독으로 신청할 수 있고(대판 1992.2.14, 91다12349), 동일한 부동산에 대하여 가압류와 처분금지가처분이 경합하는 경우에 처분의 금지라는 점에 있어서는 양자의 효력이 양립할 수 없어 가압류와 가처분의 효력 순위는 그 집행 순서에 따라 정할 수밖에 없다.

③ 계약당사자의 일방이 계약을 해제하여도 제3자의 권리를 침해할 수 없지만, 여기에서 그 제3자는 계약의 목적물에 관하여 권리를 취득하고 또 이를 가지고 계약당사자에게 대항할 수 있는 자를 말하므로, 토지를 매도하였다가 대금지급을 받지 못하여 그 매매계약을 해제한 경우에 있어 그 토지 위에 신축된 건물의 매수인은 위 계약해제로 권리를 침해당하지 않을 제3자에 해당하지 아니한다(대판 1991.5.28, 90다카16761).

3) 원상회복의무

가) 원상회복의무의 내용

매매계약이 해제되면 각 당사자는 그 상대방에 대하여 원상회복의 의무가 있다(제548조 제1항 본문). 계약을 해제한 자도 계약금 등을 수령하였다면 이를 반환하여야 한다. 매도인에게 매매목적물에 관한 소유권 기타 처분권한이 없다고 하더라도 매매계약은 유효하게 성립하므로, 그 매매계약이 해제된 때에는 매수인에 대하여 원상회복을 구할 수 있다. 가령 부동산 실권리자명의 등기에 관한 법률 제4조 제1항에 따라 무효로 되는 명의신탁약정에 의하여 소유권보존등기를 마친 명의수탁자가 제3자와의 사이에 그 부동산에 관하여 매매계약을 체결한 경우에도 매매계약은 유효하고, 그 매매계약이 해제된 때에는 매수인에 대하여 원상회복을 구할 수 있다(대판 2009.4.9, 2008다94714).

원상회복의무는 부당이득반환과 그 본질에 있어 차이가 있지만, 직접효과설을 따르는 판례는 원상회복의무를 규정한 민법 제548조 제1항 본문을 부당이득에 관한 특별 규정의 성격을 가진 것으로 보면서, 이익의 현존 여부나 선의·악의를 묻지 않고 특단의 사유가 없는 한 받은 이익의 전부를 그 이익 반환의 범위라고 한다(대판 2008.2.14, 2006다37892).

나) 원상회복과 물권(소유권)의 귀속

(1) 매도인이 매매계약을 해제하기 전에 매수인 앞으로 소유권이전등기가 경료된 경우

직접효과설 중 물권적 효과설에 의하면 해제의 의사표시를 한 때에 소유권이 매도인에게 복귀한다. 다만 매도인은 해제 후 매수인으로부터 완전한 권리를 취득한 선의의 제3자에게 대항하기 위하여 이전등기의 말소등기를 할 필요가 있다. 청산관계설과 채권적 효과설에 의하면 해제 후에도 매수인이 소유권을 보유하지만, 계약의무가 원상회복의무로 변용됨에 따라 매수인은 소유권이전의무를 부담하고, 매수인의 소유권은 말소등기를 한 때에 매도인에게 복귀한다.

(2) 매도인이 매매계약을 해제한 후 그 말소등기 전에 제3자가 소유권을 취득

한 경우

물권적 효과설에 의하면 제3자가 해제사실을 알지 못한 선의의 자인 경우에 한하여 보호되지만, 채권적 효과설 및 청산관계설에 의하면 제3자는 선의·악의에 관계없이 소유권을 취득한다.

다) 원상회복의 범위

(1) 원물반환의 원칙

채무의 이행으로서 토지, 건물, 특정 동산 등과 같이 특정물을 인도받은 경우에는 그 물건을 반환하여야 하고, 종류물인 때에는 그 물건 또는 동종·동량·동질의 다른 물건으로 반환하여야 한다. 매매계약이 해제되면, 매수인은 인도받은 목적물로부터 수취한 과실(임료 등)을 매도인에게 반환하여야 하며, 목적물에 투여된 필요비는 그 전액을, 유익비는 매도인의 선택에 좇아 그 지출금액이나 현존의 증가액을 상환하여야 한다(제203조 제1항 본문, 제2항). 그리고 물건을 사용한 경우에는 인도 시부터 반환 시까지의 사용이익을 반환하여야 한다. 그러나 매수인의 사용이익 반환의무는 매매계약의 해제에 따른 원상회복의무의 일환으로서 인정되는 것이므로 매도인이 매매계약의 이행으로서 목적물을 매수인에게 인도하여 매수인이 그 목적물을 사용한 경우에 비로소 인정될 수 있다. 가령 임대인이 임차인에게 자신 소유의 건물을 매도하기로 한 후 임차인이 중도금 지급을 하지 않아 매매계약이 해제된 경우, 임차인이 건물을 점용한 것은 매매계약에 앞서 체결된 임대차계약에 기한 것일 뿐 매매계약의 이행으로서 인도받은 것은 아니므로, 임차인이 임대차계약에 기하여 부당이득반환의무를 지는 것은 별론으로 하고, 매매계약의 해제에 따른 원상회복으로서 임료상당의 사용이익을 반환할 의무를 진다고는 볼 수는 없다(대판 2011.6.30, 2009다30724).

사용이익을 산정함에 있어서 매수인이 목적물을 사용하여 취득한 순수입에는 목적물 자체의 사용이익뿐만 아니라 목적물의 수리비 등 매수인이 투입한 현금자본의 기여도 포함되어 있으므로 매수인의 순수입에서 현금자본의 투입비율을 고려하지 아니하고 단순히 현금자본에 해당하는 금액을 공제하는 방식으로 목적물의 사용이익을 산정할 수 없고, 매수인의 영업수완 등 노력으로 인한 이른바 운용이익이 포함된 것으로 볼 여지가 있는 경우, 이러한 운용이익은 사회통념상 매수인의 행위가 개입되지 않았더라도 그 목적물로부터 매도인이 당연히 취득하였으리라고 생각되는 범위 내의 것이 아닌 한 매수인이 반환하여야 할 사용이익의 범위에서 공제하여야 한다(대판 2006.9.8, 2006다26328, 26335). 그러나 양도 목적물 등이 양수인에 의하여 사용됨으로 인하여 감가 내지 소모가 되는 요인이 발생하였다 하여도 그것을 훼손으로 볼 수 없는 한 그 감가비 상당은 원상회복의무로서 반환할 성질의 것은 아니다(대판 2000.2.25, 97다30066).

(2) 가액반환의 예외

(가) 매도인이 매수인의 채무불이행을 이유로 계약을 해제하면 매수인은 그가 점유하는 매매목적물을 매도인에게 반환해야 한다. 그런데 이러한 반환의무를 부담한 후에 목적물의 멸실, 매각, 도난 등으로 그 반환이 불가능하게 되거나, 원물의 반환이 매도인에게 이익이 되지 않는 경우가 발생할 수 있다.

반환불능이 매수인의 고의 또는 과실에 의해 발생한 경우에는, 원상회복의무의 이행불능을 이유로 하는 채무불이행책임과 가액반환에 의한 원상회복을 선택적으로 청구할 수 있다. 또한 물권적 효과설에 의할 경우, 해제에 의해 자동적으로 복귀한 소유권의 침해를 이유로 불법행위책임을 물을 수도 있을 것이다.

한편 반환불능이 불가항력에 의한 경우에는, 매수인에게 귀책사유가 없기 때문에 원상회복의무의 이행불능이나 불법행위를 이유로 하는 손해배상청구를 할 수 없다. 이 경우에도 가액반환은 인정된다. 매도인에게 대금반환의무를 존속시키면서 매수인에게는 불가항력을 이유로 가액반환의무를 면제하는 것이 쌍무계약에 있어 존속상의 견련성이나 형평의 원칙에 반하기 때문이다. 청산관계가 존속하는 한 견련성이 유지된다고 보는 청산관계설도 이와 결론을 같이 한다.

(나) 가액반환의 경우, 반환되어야 할 가액은 다음과 같이 정해진다.

① 특정물이 멸실된 경우에는 원칙적으로 반환 시의 시가에 의해 반환가액

이 결정되지만,[61] 매매계약의 해제로 인한 원상회복의무가 이행불능이 된 경우에는 이행불능 당시의 목적물의 가액이 반환가액이 된다(대판 1998.5.12, 96다47913).

② 노무제공과 같이 원물반환이 그 성질상 허용되지 않는 경우에는 급부 당시의 급부의 객관적 가액을 반환하여야 한다.

③ 해제에 의해 원상회복으로서 반환해야 할 급부가 금전인 경우에는 그 받은 날로부터 이자를 가하여 반환하여야 한다(제548조 제2항). 금전채무의 채무자가 채무를 이행하지 않은 경우에는 채무자에 따라 재산 상태에 큰 차이가 있을 것이므로, 원상회복으로서 반환해야 할 급부가 금전인 경우에도 지연손해를 지연이자로 획일화한 것과 마찬가지로 이 역시 법정이자를 지급하도록 한 것이다. 여기에서 말하는 이자는 이행지체로 인한 지연손해금 내지 지연배상과는 그 성질이 다르기 때문에 동시이행의 항변권이 성립하더라도 그 지급을 면할 수 없다.

제548조 제2항이 법정이자의 부가를 규정한 것은 원상회복의 범위에 속하는 것으로서 일종의 부당이득반환의 성질을 가지는 것이고, 반환의무의 이행지체로 인한 것이 아니다. 즉, 부동산 매매계약이 해제되면 매도인의 매매대금 반환의무와 매수인의 소유권이전등기 말소등기절차이행의무가 동시이행의 관계에 있는지의 여부와는 관계없이 매도인이 반환하여야 할 매매대금에 대하여는 그 받은 날로부터 민법 소정의 법정이율인 연 5푼의 비율에 의한 법정이자를 부가하여 지급하여야 한다. 이는 약정해제권을 행사하는 경우에도 동일하게 적용된다(대판 2000.6.9, 2000다9123).

사업자가 계약해제로 인하여 이미 받은 금전을 반환하여야 하는 경우, 그 이자의 반환의무를 배제하는 약관조항은 고객에게 부당하게 불리하여 공정을 잃은 것으로 추정되어 이를 정당화할 합리적인 사유가 없는 한 무효이다(대판 2008.12.24, 2008다75393).

---

61) 곽윤직, 채권각론, 126면은 해제 시를 기준으로 하여 판단한다.

(3) 보증인의 보증채무

직접효과설에 따르면 해제에 의하여 계약관계가 소급적으로 소멸하므로, 기존의 계약상의 채무를 보증한 자의 보증채무도 소멸하는 것으로 보는 것이 논리적이다. 그러나 보증채무관계는 해제 후에도 원상회복의무나 손해배상의무에 까지 미친다고 새기는 것이 일반적이다. 판례도 도급인과 수급인이 계약보증금의 한도에 관한 약정만 하고 이를 건설공제조합이 계약보증을 한 경우, 수급인의 귀책사유로 공사도급계약이 해제되면 도급인은 수급인의 구체적인 채무 및 채무액을 증명하여 건설공제조합에게 그 금액만큼의 보증금을 청구할 수 있다고 한다(대판 1999.3.26, 96다23306).

청산관계설에 의하면 원상회복의무와 손해배상의무는 원래의 계약상의 의무와 동일성을 유지하는 청산관계에 서기 때문에 특약이 없는 한 보증채무관계는 해제 후에도 존속하는 것으로 된다.

(4) 동시이행의 항변권

쌍무계약에서 원상회복의무는 동시이행의 관계에 있다(제549조). 계약이 해제되면 계약당사자는 상대방에 대하여 원상회복의무와 손해배상의무를 부담하는데, 이 때 계약당사자가 부담하는 원상회복의무뿐만 아니라 손해배상의무도 함께 동시이행의 관계에 서게 된다(대판 1996.7.26, 95다25138,25145).

(5) 원상회복청구권의 소멸시효

계약해제로 인한 원상회복청구권의 소멸시효는 해제 시, 즉 원상회복청구권이 발생한 때부터 진행한다(대판 2009.12.24, 2009다63267). 그러나 매매계약이 합의해제된 경우에도 매수인에게 이전되었던 소유권은 당연히 매도인에게 복귀한다. 합의해제에 따른 매도인의 원상회복청구권은 소유권에 기한 물권적 청구권이라고 할 것이므로 이는 소멸시효의 대상이 되지 않는다(대판 1982.7.27, 80다2968).

4) 해제와 손해배상

가) 민법은 "계약의 해지 또는 해제는 손해배상의 청구에 영향을 미치지

않는다."고 규정함으로써, 해제와 손해배상의 양립을 인정하고 있다(제551조). 즉, 채무불이행으로 인한 해제에 의해 원상회복이 이루어지더라도 채권자는 남은 손해가 있으면 채무자를 상대로 그 배상을 청구할 수 있다. 가령 A가 친구 B에게 아파트 한 채를 매도한 후 B가 그 대금을 지급하지 않아 매매계약을 해제하였는데, B가 매매대금을 지급하지 않은 사이에 목적물의 가격이 매매 당시 시가의 70%에 지나지 않게 된 경우, A는 B에 대하여 시가의 30%에 상당하는 손해액을 일정한 요건 하에 배상할 것을 청구할 수 있는 것이다. 해제와 손해배상청구의 양립은 계약관계의 존속이 전제되어야 논리적 정합성을 가지므로, 제551조는 청산관계설의 유력한 논거가 되기도 한다.

나) 계약이 채무자의 귀책사유 없는 이행지체에 의하여 해제된 경우에는 채무불이행이 성립하지 않으므로 손해배상을 청구할 수 없다. 원상회복이 이루어진 후에 손해배상청구를 하기 위하여는, ① 채무자의 귀책사유 있는 채무불이행이 있어야 한다. ② 손해배상은 채무불이행과 상당인과관계가 있는 통상손해와 채무자가 예견하였거나 예견할 수 있었던 특별손해에 대하여 인정된다(제393조). 이행불능에 의한 해제의 경우에는 전보배상액에서 해제권자의 채무면제액과 반환받은 급부액을 공제한 금액을 배상하면 되고, 이행지체에 의한 해제의 경우에는 지연손해액을 배상하면 될 것이다. 그리고 손해배상액은 해제에 의해 급부청구권이 손해배상청구권으로 전화하는 것이므로 해제 시의 가격을 기준으로 산정한다.

다) 손해배상은 채무불이행으로 인한 것이므로 이행이익을 배상함이 원칙이지만, 그에 갈음하여 신뢰이익의 배상을 구할 수도 있다. 채권자는 이행이익의 배상과 신뢰이익의 배상을 선택적으로 청구할 수 있지만, 그 신뢰이익이 과잉배상금지의 원칙에 따라 이행이익을 초과할 수는 없다.

판례도 "입주계약에 있어 분양업자의 채무불이행을 이유로 계약해제와 아울러 손해배상을 청구하는 경우에 그 계약이행으로 인하여 채권자가 얻을 이익 즉 이행이익의 배상을 구하는 것이 원칙이지만, 그에 갈음하여 그 계약이 이행되리라고 믿고 채권자가 지출한 비용 즉 신뢰이익의 배상을 구할 수도 있다고 할 것이고, 그 신뢰이익 중 계약의 체결과 이행을 위하여 통상적으로 지출되는 비용은 통상의 손해로서 상대방이 알았거나 알 수 있었는지의 여부와는 관계없이 그 배상을 구할 수 있고, 이를 초과하여 지출되는 비용은 특별한 사정으로 인한 손해로서 상대방이 이를 알았거나 알 수 있었던 경우에 한하여 그 배상을 구할 수 있다. 입주계약의 해제로 인한 원상회복으로서 반환할 분양대금에 대하여 분양대금납부의무의 지체에 관하여 약정한 시중은행의 일반대출 연체금리에 의한 지연손해금이 아닌 법정이자를 가산하여야 한다"고 설시한 바 있다(대판 2003.10.23, 2001다75295).

5) 해제권의 소멸

가) 일반적 소멸원인

(1) 채무자의 이행지체로 인하여 해제권이 발생한 경우, 채권자가 해제권을 행사하기 전에 채무자가 채무의 내용에 좇은 이행을 하거나 이행제공을 하면 해제권은 소멸한다.

(2) 채권자가 해제권을 포기하거나 해제권이 실효하면 해제권은 소멸한다. 해제권을 포기한 후에 채무불이행이 계속되어도 채권자는 다시 해제권을 행사할 수 없고, 급부의 이행을 청구하거나 손해배상을 청구할 수 있을 뿐이다.

채권자가 해제권을 행사하지 않고 채무자도 급부를 이행하지 않는 경우에 채권자는 언제든지 해제권 또는 급부청구권을 선택적으로 행사할 수 있는가가 문제된다. 해제권의 행사 가부에 대한 채무자의 최고권이 인정되지만(제552조), 실제로 최고가 행해지는 사례가 매우 드물다. 또한 해제에 의한 손해배상액은 원칙적으로 해제 당시의 가격을 기준으로 산정하므로, 해제권자에게 부당하게 유리한 지위를 부여하게 되는 결과를 낳는다. 따라서 해제권의 불행사가 지나치게 장기화되고 상대방이 그 행사가 없을 것이라고 신뢰한 때에는 신의칙에 기하여 해제권의 실효(Verwirkung)를 인정함이 타당하다.

【관련 판례】

① 해제의 의사표시가 있은 무렵을 기준으로 볼 때 무려 1년 4개월 가량 전에 발생한 해제권

을 장기간 행사하지 아니하고 오히려 매매계약이 여전히 유효함을 전제로 잔존채무의 이행을 최고함에 따라 상대방으로서는 그 해제권이 더 이상 행사되지 아니할 것으로 신뢰하였고 또 매매계약상의 매매대금 자체는 거의 전부가 지급된 점 등에 비추어 보면 그와 같이 신뢰한 데에는 정당한 사유도 있었다고 봄이 상당하다면, 그 후 새삼스럽게 그 해제권을 행사한다는 것은 신의성실의 원칙에 반하여 허용되지 아니한다 할 것이므로, 이제 와서 매매계약을 해제하기 위하여는 다시 이행제공을 하면서 최고를 할 필요가 있다(대판 1994.11.25, 94다12234).

② 상가분양계약에 있어서 약정해제사유의 발생에 의해 계약해제권을 갖게 된 후에도 계약해제의 의사표시를 하지 아니하고 그 잔대금과 약정연체료까지 지급받으면서 소유권이전등기절차를 이행할 뜻을 통고까지 하였다면 위 분양계약을 이행할 의사로 그 전에 발생한 약정해제사유에 의하여 갖게 된 해제권을 포기하기로 한 것으로 보아야 하고, 위 해제권을 그대로 유보하기로 하였다거나 새로이 해제권이 발생하였다는 등의 특별한 사정이 인정되지 아니하는 이상 그 후의 계약해제통고는 아무런 효력이 없다고 보아야 한다(대판 1991.5.14, 91다8005).

(3) 당사자 사이의 특약이나 담보책임 등에서와 같이 법률의 규정에 의하여 해제권의 행사기간이 정하여져 있으면, 그 기간의 경과로 해제권은 소멸한다. 가령 해약금에 의한 해제는 일방 당사자가 이행에 착수하기 전까지, 그리고 도급인의 해제권은 수급인이 일을 완성하기 전까지 할 수 있다(제565조, 제673조). 행사기간이 정하여져 있지 않은 경우에는 해제권은 형성권이므로 10년의 제척기간에 걸린다. 그리고 계약상의 채무가 시효로 소멸하면 법정해제권도 소멸한다.

나) 특수한 소멸원인

(1) 상대방의 최고에 의한 소멸

해제권이 발생하여도 그 행사 여부는 해제권자의 자유이다. 해제권자는 계약을 해제하여 계약관계를 소급적으로 소멸시킬 수도 있고, 해제를 하지 않고 채무의 이행을 청구할 수도 있다. 특히 해제권의 행사기간을 정하지 않은 경우에는 상대방은 해제권자의 해제 여부에 따라 그 법적 지위가 달라지는 매우 불안정한 지위에 놓이게 된다. 상대방의 법적 지위의 불안정을 해소하고 거래안전을 도모하기 위하여, 민법은 상대방은 상당한 기간을 정하여 해제권 행사 여부의 확답을 해제권자에게 최고할 수 있고, 그 기간 내에 해제의 통지를 받지 못한 때에는 해제권이 소멸하는 것으로 정하였다(제552조 제1항, 제2항).

최고기간 내에 해제권이 행사되지 않으면 채무자는 이행을 준비하거나 이행할 수 있게 된다.

(2) 목적물의 훼손 등에 의한 소멸

(가) 해제권자의 고의나 과실로 인하여 계약의 목적물이 현저히 훼손되거나 이를 반환할 수 없게 된 때 또는 가공이나 개조로 인하여 다른 종류의 물건으로 변경된 때에는 해제권은 소멸한다(제553조). 해제권자가 해제로 인하여 반환 받을 목적물을 자신의 귀책사유에 의하여 반환할 수 없게 한 경우에 대해서까지 해제권을 인정하는 것은 신의칙에 반하기 때문이다. 이 규정은 주로 약정해제의 경우에 적용되지만, 법정해제의 경우에도 그 적용이 배제된다고 할 수는 없다. 가령 매수인에게 2주일 동안 해제권을 유보하는 특약을 하였는데, 그 기간이 경과하기 전에 고의 또는 과실로 목적물을 멸실하였다면 약정해제권은 그 시점부터 소멸한다. 또한 매매목적물에 중대한 하자가 있는 경우, 매수인이 해제를 하기 전에 과실로 목적물을 멸실하였다면 역시 매수인은 해제권을 행사할 수 없게 된다.

(나) 목적물이 현저히 훼손되거나 이를 반환할 수 없게 될 정도에 이르러야 해제권이 소멸한다. 따라서 목적물이 경미하게 훼손되어 계약의 목적을 달성하는데 지장이 없거나, 목적물이 대체물인 경우에는 해제권은 소멸하지 않는다. 또한 해제권의 소멸 요건인 해제권자의 과실은 책임추급요건으로서의 귀책사유가 아니라, 해제를 인정하는 것이 공평하지 않은 경우를 표현한 것이라고 넓게 해석할 필요가 있다. 멸실이나 훼손의 대상이 되는 목적물이 원래 해제권자의 것이었고, 상대방의 채무이행으로 그 목적물을 다시 사용·수익할 수 있다는 점을 고려하면, 해제권자의 과실에 의한 목적물의 멸실·훼손이 상대방에 대한 의무위반이라고 보기는 어렵다. 따라서 여기에서의 과실은 법적 의무위반이 아니라 책무위반을 의미한다고 새겨야 할 것이다.[62]

62) 지원림, 민법강의, 1377면.

(3) 기 타

(가) 당사자가 수인인 경우, 1인에 관하여 해제권이 소멸하면 해제의 불가분성에 의해 다른 모든 자에 대한 관계에서도 해제권이 소멸한다(제547조 2항).

(나) 채무자가 이행지체에 빠졌더라도, 채권자의 이행이 현저히 곤란하거나(제536조 제2항), 매매목적물에 대하여 권리를 주장하는 자가 있어서 매수한 권리의 전부나 일부를 잃을 염려가 있는 경우(제588조)에는 채무자 또는 매수인은 채무의 이행을 거절함과 동시에 동시이행의 항변권을 행사할 수 있다. 이 경우에도 채권자 및 매도인의 해제권은 행사될 수 없다.

5. 계약의 해지

가. 의 의

임대차, 고용, 소비대차, 수도·가스·전기 등의 공급계약과 같이 급부가 일정기간 동안 계속하여 행하여지는 계속적 계약관계를 일방적 의사표시에 의하여 '장래에 향하여' 소멸하게 하는 것을 계약의 해지라고 한다. 계속적 계약관계에서 당사자 일방의 채무불이행을 이유로 하는 해제를 인정하여 계약관계를 소급적으로 소멸시킨다면, 그 원상회복을 둘러싸고 복잡한 문제가 발생한다. 이를 막기 위하여 해지에서는 해제와 달리 소급효가 인정되지 않는 것이다. 법정해지는 합의에 의해 계약의 효력을 장래에 향하여 소멸하게 하는 새로운 계약인 합의해지와 구별된다.

해지의 의사표시는 해제에서와 마찬가지로 묵시적인 방법으로도 가능하다. 가령 법정 혹은 약정해지사유가 발생한 경우에 당사자가 경매신청 등 계약의 해지를 전제로 하는 행위 또는 기존 계약관계를 유지할 의사가 없음을 파악할 수 있는 어떤 외부적·객관적 행위를 하고, 그에 따라 법원에 의하여 경매개시결정이 상대방에게 송달되는 등 상대방도 그와 같은 사정 때문에 계약이 종료됨을 객관적으로 인식할 수 있었던 경우라면, 그로써 계약해지의 효과는 발생한다고 보아야 한다(대판 2008.9.25, 2006다62492,62508).

나. 해지권의 발생

해지권의 발생원인도 해제권과 마찬가지로 약정해지권과 법정해지권이 있다.

① 약정해지권은 계속적 채권관계에 있는 당사자 사이에 미리 해지권 유보 약정을 해 두고, 약정사유가 발생하면 해지할 수 있는 권리이다. 주로 근로계약의 합의해지에서 문제가 되지만, 계약당사자의 일방이 계약해지에 관한 조건을 제시한 경우에는 그 조건에 관한 합의까지 이루어져야 합의해지가 성립한다(대판 2009.7.23, 2008다1477).

② 법정해지권은 이행지체나 이행불능에 의한 해제(제544조, 제546조)와 같은 일반 규정이 없고, 각종 계약에서 개별적으로 규정하고 있다. 채무불이행을 원인으로 한 계약해지가 가능한가에 대하여는 학설이 대립하는데, 가령 1회의 급부의 이행지체로 해지권 행사를 인정하는 것은 채무자에게 지나치게 가혹하므로 매우 제한적인 범위 내에서 인정될 수 있을 것이다.

계약의 해지는 계속적 계약관계에서 문제가 되기 때문에 신뢰관계의 파괴나 사정변경 등을 이유로 해지권이 인정되는 경우가 많다.

【관련 판례】

① 국방일보의 발행책임자인 국방홍보원장으로 채용된 자가 부하직원에 대한 지휘·감독을 소홀히 함으로써 북한의 혁명가극인 '피바다'에 관한 기사(김주석이 창작지도한 혁명연극이라고 찬양하였음)가 국방일보에 게재되어 사회적 물의를 야기한 경우, 그 채용계약의 기초가 되는 신뢰관계가 파괴되어 채용계약을 그대로 유지하기 어려운 정도에 이르렀다고 하여 채용계약의 해지를 인정하였다(대판 2002.11.26, 2002두5948). 이러한 판지는 특점계약상의 경업금지의무 위반(대판 1995.3.24, 94다17826) 등에서도 나타난다.

② 계속적 거래관계로 인하여 발생하는 '불확정한 채무'를 보증하기 위한 이른바 계속적 보증에 있어서는 보증계약 성립 당시의 사정에 현저한 변경이 생겨 보증인에게 계속하여 보증책임을 지우는 것이 당사자의 의사해석 내지 신의칙에 비추어 상당하지 못하다고 인정되는 경우에는, 상대방인 채권자에게 신의칙상 묵과할 수 없는 손해를 입게 하는 등의 특별한 사정이 없는 한 보증인은 일방적인 보증계약해지의 의사표시에 의하여 보증계약을 해지할 수 있다고 보아야 할 것이고, 회사의 이사라는 지위에 있었기 때문에 부득이 회사와 은행 사이의 계속적 거래로 인한 회사의 채무에 연대보증인이 된 자가 그 후 회사로부터 퇴직하여 이사의 지위를 상실하게 된 때에는 사회통념상 계속 보증인의 지위를 유지케 하는 것이 부당하므로, 연대보증계약 성립

당시의 사정에 현저한 변경이 생긴 것을 이유로 그 보증계약을 일방적으로 해지할 수 있다(대판 2000.3.10, 99다61750).

다. 해지권의 행사

해지권 역시 형성권으로서 일방적 의사표시에 의하고, 그 의사표시가 상대방에게 도달하면 철회할 수 없다. 당사자의 일방 또는 쌍방이 수인인 경우, 계약의 해지는 그 전원으로부터 또는 전원에 대하여 하여야 한다(제547조 제1항).

그러나 해지의 불가분성에 대한 예외가 인정되는 경우도 있다. 판례는 문중소유 부동산에 대한 명의신탁약정의 해지와 관련하여, 수탁자의 사망으로 인하여 수탁자의 지위가 공동상속되었을 때 신탁해지의 의사표시가 그 공동상속인 일부에게만 이루어졌다면 신탁해지의 효과는 그 일부 상속인에게만 발생하는 것이고, 이때에는 해제권의 불가분에 관한 민법 제547조의 규정은 그 적용이 없고 그 일부에 한하여 신탁해지의 효과가 발생하는 것일 뿐 수탁자나 수탁자의 지위를 승계한 사람이 수인이라 하여 그 전원에게 신탁해지의 의사표시를 동시에 하여야만 그 효과가 발생하는 것은 아니라고 하였다(대판 1992.6.9, 92다9579). 문중총회의 개최 관행과 문중원 전원에 대한 소집통지의 한계를 고려하여 그 예외를 인정할 수밖에 없었던 것으로 보인다.

라. 해지권의 포기

해지권은 해지권자의 포기나 실효의 원칙이 적용되어 소멸하기도 한다. 그러나 계속적 거래관계에서 일방의 계약위반이 있음에도 거래를 계속한 사실이 있다고 하여도 이와 같은 사실만 가지고 상대방이 계약해지에 관한 권리를 포기하였다고 할 수는 없다(대판 1989.10.10, 88다카25601).

☞ **기본 사례형 쟁점 찾기**

Ⅰ. A는 자신 소유의 X가옥을 B에게 대금 3억 원에 매도하면서 그 계약금은 계약체결일에 수령하고 잔금은 3개월 후에 지급받기로 하였다. B 앞으로 소유권이전등기가 경료되지는 않았지만, A는 매수대금의 지급 편의를 위하여 대금지급 전이라도 B가

X가옥을 임대할 수 있다는 내용을 계약서에 명기하였다. B는 계약금을 지급한 후 곧바로 X가옥을 인도받았고, 인도일로부터 1개월이 지난 후에 C와 기간 1년, 임대료 월 150만원으로 하는 임대차계약을 체결하여 위 가옥을 C에게 인도하였으며, C는 인도받는 날에 주민등록을 마쳤다. 다음 물음에 답하시오.

(1) A가 X가옥을 인도한 후 4개월이 되던 날, B의 대금채무불이행을 이유로 매매계약을 해제한 경우, A는 C에 대하여 X가옥의 명도를 청구할 수 있는가?

(2) A가 매매계약을 해제하기 전에 B는 C에 대한 계약체결 시부터 1년간의 임대료채권을 D에게 양도하고 B는 C에 대하여 내용증명우편으로 그 사실을 통지하였다. A가 매매계약을 해제하는 경우, A·C, C·D 사이의 각 법률관계에 대하여 논하라.

【주요 쟁점】

1. 해제의 효과
2. 제548조 제1항 단서에 있어 '제3자'의 의의
3. 임대인의 지위 이전
4. 장래 채권양도의 유효성
5. 임대료채권의 귀속주체와 귀속시기

II. A와 B는 A 소유의 건물을 3억원에 매매하기로 합의하였다. 아래의 각 질문에 답하시오(각각 독립한 질문임).

1. 매매목적 건물은 수입자재를 사용하여 신축 중인 주택인데, A는 그 재료의 수출국에서 내란이 일어나 재료를 제때 공급받지 못하여 건물을 완성할 수 없었고, 결국 이행기에 건물을 B에게 인도할 수 없었다. B는 매매계약을 해제할 수가 있는가?

2. 매매목적 건물은 그 기초 부분에 중대한 하자가 있어서 객관적으로는 5,000만 원의 가치 밖에 없었는데 B는 그 사실을 알지 못하고 매수하였다. B가 대금 전액을 지급하고 건물의 인도를 받은 후 산사태에 의하여 건물이 멸실되었다. 그 후 B가 매매계약을 해제하고 지급한 대금의 반환을 청구하였을 경우에 A·B간의 법률관계는 어떻게 되는가?

3. A는 건물을 B에게 인도하여 소유권 이전등기를 마쳐주었으나, B가 건물의 하자를 이유로 이행기에 대금 3억 원 중 1억원만 지급하여 A가 그 잔금의 이행을 최고한

후 매매계약을 해제하였다. B가 건물을 A에게 반환하기 전에 산사태에 의하여 건물이 멸실된 경우, B는 A에 대하여 이미 지급한 대금 1억 원의 반환을 청구할 수 있는가?

【주요 쟁점】

1. (1) 귀책사유 없는 이행지체로 인한 해제의 가부
   (2) 사정변경의 원칙의 적용 가부
2. 해제 전, 불가항력에 의한 수령물의 멸실
   (1) 하자담보책임과 해제의 효과
   (2) 위험부담
3. 해제 후, 불가항력에 의한 수령물의 멸실
   (1) 해제의 효과(원상회복의무)
   (2) 위험부담에 따른 법률관계

☞ **종합 사례형 쟁점 및 풀이(일본 신사법시험 변형)**

아래의 각각의 물음에 답하시오.

Ⅰ. B와 C사이에 미술 공예품 X의 매매계약을 둘러싸고 다툼이 발생하였다. 아래에 제시된 사실은 이 분쟁에 대하여 B측 변호사인 D와 C측 변호사인 E가 2006년 5월 초에 확인한 「변호사 사이에서 확인된 사실」, 「B의 답변」, 「C의 답변」, 그리고 E변호사와 실무수습 중인 사법연수생 L이 2006년 5월 말에 주고받은 「E변호사와 L연수생의 대화」 내용이다.

【변호사 사이에서 확인된 사실】

1. 2005년 9월 무렵 미술품 수집가 B는 C의 권유로 프랑스에 거주하는 A가 제작한 미술 공예품을 구입하기로 하였다. C는 외국을 다니면서 현지의 미술 공예품을 국내에 수입·판매하는 자인데, A로부터 완성 작품인 X에 대한 매각승낙을 얻어 매수인을 구하고 있던 중이다.
2. A의 작품은 프랑스의 전통적인 제사도구에 독자적인 무늬를 넣은 것으로서, 그 크기·장식·칠 등에서 독특한 개성을 지니고 있다. 그리고 눈에 잘 띄지 않는 곳에 작가의 이름·완성 연월일·작품번호 등이 각인되어 있다. C는 A가 제작한 X의 사진을 B에게 보여주며 구입을 권유하였다.

3. 같은 해 9월 28일 C는 B와 대금액·대금의 지급시기 등에 대해 협의한 내용을 반영한 메모를 작성하여 B에게 교부하였다. 거기에는 다음과 같은 내용이 기재되어 있었다.
   1) X의 대금액 : 6,000만 원
   2) X의 납품목록과 장소 : 2005년 12월 7일 A의 자택에 송부한다.
   3) 대금 지급기일
      ① 계약금 2,000만 원 : 신청 시
      ② 중도금 2,000만 원 : 2005년 12월 7일
      ③ 잔금 2,000만 원 : 2006년 1월 10일
   4) 지급방법 : 중도금은 X의 납품 시에 현금으로 지급하고, 그 밖의 대금은 ○○은행 ××지점 C명의의 보통예금계좌로 입금한다.
   5) 소유권 이전 시기 : X의 소유권은 대금 완납 시에 B에게 이전하는 것으로 한다.
4. 9월 28일 C는 메모를 교부할 때 "X는 내가 비용을 지급해 선박 편으로 한국으로 수송하지만, 프랑스로부터의 선박 편은 한 달에 2편 정도로 수송에 1개월 전후가 소요된다. 납품은 메모대로 12월 초순을 전망하고 있지만, 선박 편의 상황에 따라서는 1개월 정도는 지연될 수도 있다."고 설명했다. 이에 대해 B는 "그 정도의 지연이라면 상관없지만 아무리 늦어도 내년(2006년) 2월 말일까지 X를 납품해 주었으면 한다."고 말한 C의 요청에 대하여 확정적인 대답을 하지 않았다.
5. 10월 1일 B는 C가 지정하는 은행계좌로 입금용지를 이용해 2,000만 원을 입금하였다.
6. 10월 6일 C는 A에게 국제전화로 X에 대한 매수청약을 하여 승낙통지를 받았고, 같은 날 대금의 일부를 A의 계좌로 송금하였다.
7. 10월 28일 C는 다른 미술 공예품의 구매를 겸해 다시 프랑스로 떠났다. C는 A에게 대금의 일부를 지급하고 X를 인도받아 다음날 E운송회사(이하 'E'라 함)에 선박 편으로 X를 프랑스로부터 한국으로 보낼 것을 의뢰하면서 X를 인도하였다. 이 시점에서 X에 흠이 발견되지는 않았다.
8. 12월 5일 한국에서 E로부터 X를 수령한 C는 같은 달 7일 B의 집에서 중도금을 지급받으면서 X를 인도하기 위하여 갔는데, 그 자리에서 포장을 뜯어 작가명의 등의 각인을 조사하던 중 X 공예품 문(門)의 작동 부분에 균열과 칠이 벗겨져서 개폐에 장애가 있고 B가 문의 지지 부품이 접혀 버리는 하자를 발견하게 되었다. 이로 인해 B는 X의 수령 거절을 위해 준비하고 있던 중도금 2,000만 원도 지급하지 않았다.

C는 어쩔 수 없이 X를 가지고 돌아와 운송품에 흠이 있음을 E에게 알렸고, E로부터 사실관계를 조사하겠다는 회답을 받았다.

9. 12월 8일 C는 동업자의 친구로부터 흠이 있는 X의 감정평가액은 3,000만 원 정도라는 말을 들었다. C는 감정결과를 감추고 B에게 서둘러 프랑스로 떠나 X의 수리가 가능한지의 여부를 확인하겠다고 하였고, B도 이에 동의하였다. 그러나 B는 "X의 잔금을 A에게 지급해야 하므로 중도금을 즉시 지급해 주었으면 좋겠다."는 C의 요구를 거절하였다.
10. 12월 10일 프랑스로 떠난 C는 자신이 마련한 돈으로 A에게 X의 잔금을 지급하였다. B는 X의 손상 부분의 사진을 A에게 보여주면서 수리 가능성을 문의하였는데, A는 "파손이 없었던 것처럼 보이도록 하는 수리는 가능하지만, X를 일단 분해하여 손상되지 않은 부품과 교체하고, 이를 재조립하여 전체의 도장도 다시 해야 하는 작업이 필요하므로 수리에는 약 2주간의 기간과 500만 원의 비용을 들어간다고 하였다. 그리고 주문이 밀려있어서 수리를 시작하는 시기는 빨라야 1개월 후가 된다."고 답하였다.
11. 12월 12일 귀국한 C는 B에게 수리에 필요로 하는 비용이나 기간에 대해 설명하고 수리된 공예품의 납품은 빨라도 2월 중순 이후가 되어야 한다고 하였으나, B는 흠이 있는 X는 수령할 수 없다고 하였다. X의 수리를 A에게 의뢰할 것인지의 여부에 대하여 상의하던 중 C가 중도금의 지급과 X의 수리비용의 선 지급을 요구하였는데, B는 이에 격노해 "내년 2월말까지 파손된 부분을 수리한 X를 인도하지 않으면 기 지급한 2,000만 원의 반환과 함께 손해배상도 청구할 것"이라고 하면서 C를 돌려보냈다.
12. 12월 25일 B가 C에게 물건 손상에 대한 상담을 하였는데, E는 C가 자신에게 고래가 수송선에 부딪치는 사고로 인하여 X가 손상된 것으로 추측된다고 설명한 뒤, 한국과 프랑스의 사이의 왕복 선박편의 수송료 및 X의 수리대금 500만 원은 E가 지불한다는 취지의 약속을 했다고 하였다(B로부터 C에게 위 지불약속을 확인하는 취지의 서면이 2006년 1월말에 도착했지만 X의 파손 경위는 그 후에도 분명하지 않다). C는 A에게 국제전화를 걸어 "X를 운송업자 E에게 부탁해 항공편으로 보내니 급히 수리해 주기 바란다. 수리가 완료되면 선박 편으로 보내도록 E에게 부탁하고, 수리의 완성 사실을 E의 프랑스 현지사무소에 연락했으면 좋겠다. 수리대금은 E로부터 수리가 완료된 X의 수령확인과 발송연락이 있는 대로 송금하겠다."고 하였다. B는 A의 승낙을 얻었으므로 다음날 X를 E를 통해 항공편으로 A에게 보냈다.
13. 2006년 1월 25일 C는 E로부터 "수리 끝난 X를 A로부터 수령하여 바로 선박 편으로

보낸다. 한국에 도착 예정일은 3월 5일이다."는 연락을 받았다. C는 수리대금 500만 원을 A의 은행계좌로 송금했다. 그리고 C는 X의 수리가 완료되었음을 B에게 전화로 알렸다. B가 X를 항공편으로 보내달라고 요구했을 때, A는 비용을 부담해 준다면 그렇게 하겠다고 하자 B는 정중히 사양하면서 전화를 끊었다. 그리하여 C는 E에게 운송방법의 변경을 지시하지 않았고, 결국 X는 선박 편으로 수송되었다.

14. 3월 5일 C는 E로부터 X를 수령하여 파손이 없음을 확인하였다. 같은 달 7일 C는 B의 집으로 X를 지참하고 가서 X의 수령과 상환으로 잔금 4,000만 원의 지급을 요구하였지만, A는 계약이 이미 해제되었다고 주장하면서 X의 수령도 잔금의 지급도 거절하였다.

【B측의 답변】

X는 F로부터 의뢰를 받아 2006년 5월에 개최되는 미술전에 전시하기 위하여 가격이 조금 비싸다고 생각하면서도, 2005년 12월에는 납품할 수 있다고 판단하여 공예품을 구입한 것이다. F가 주최하고 있는 미술전은 유명하여 X와 같은 미술 공예품이 테마가 되고 있었던 사실은 C도 당연히 알고 있었고, 그리하여 C도 나에게 X를 팔 수 있었던 것이다. X가 2월 중에 인도되지 않았기 때문에 미술전에 출전(出展)이 불가능하게 되었다. C가 구입배경을 잘 알고 있었을 것이므로, 높은 가격에 구입한 이유를 사전에 설명할 필요가 없었다.

C가 X를 수령한 것은 약속한 납품 기일을 3개월이나 지나서였다. 그 지연은 X의 손상으로 인한 것이지만, 그 원인은 E의 운송 과실에 있고, 그런 운송업자를 선택한 C에게 책임이 있다. 그럼에도 중도금의 지급이 지연되었다든가, 수리대금의 500만 원을 부담하라고 하는 것은 납득할 수 없다. 나는 X의 수리를 A에게 의뢰하거나 수리된 물건을 선박 편으로 보내는 것에 동의하지 않았다. A에게 수리를 의뢰하거나 선박 편으로의 운송하는 것은 C가 스스로 판단으로 한 것이다. 늦어도 2월말까지 납품해 주지 않으면 곤란하다는 사실을 계약 전에 말해 두었고, 12월 12일에도 경고하였다. 더구나 1월 25일 C가 전화하였을 때에도 나는 C에게 X를 프랑스에서 항공편으로 보내달라고 하였다. 손상된 부분을 수리하는데 시간이 걸림에도 나의 정당한 요구를 무시하며 1개월이나 걸리는 배편으로 보냈다는 것은 납득할 수 없는 일이다.

나는 2월말까지 잔금 4,000만 원을 지급할 준비를 하고 있었지만, 2월말에 X가 도착하지 않아 이 계약은 종료하였으므로 기 지급하였던 2,000만 원을 반환받아야 한다. 또한 나는 X를 집에 보관하기 위해 작년(2005년) 10월 30일에 시가 200만 원의 특수 아크릴 케이스를 전문업자 G에게 주문하였다. 이것이 불필요하게 되어 3월 3일 나는 G에게 80만 원을 지급하고 계약을 합의해제 할 수 밖에 없었다. 미술품 수집가로서 나의 평판은 추락하였고, 미술전이 개최되는 20일 동안 X를 F에 빌려주었더라면 얻을 수 있었던 100만 원의 임대료 수입도 상실했다. C는 이러한 손해를 배상하여야 한다.

【C측의 답변】

5월에 F주최의 미술전이 있는 것을 알고는 있었지만, 거기에서 B가 X작품을 출전한다는 사실은 금시초문이다.

X가 손상되었던 것에 대하여 나에게 책임은 없다. X의 손상은 불가항력에 의한 것이다. 설령 E에게 과실이 있다고 하여도 나는 X가 손상되기 쉬운 고가품이라는 사실을 E에게 고지하여 안전한 포장을 의뢰하였고, 전문가인 E를 신뢰하여 맡겼으므로 아무런 과실이 없다.

따라서 그 손상에도 불구하고 E는 한국과 프랑스 간의 왕복 선박 편의 수송료 및 X의 수리대금 500만 원을 지급하여야 한다. E는 대기업이고 사후처리에 대한 교섭태도도 성실하여 B가 주장하는 바와 같은 정도의 업자는 아니다.

나로서는 본래 X를 현상대로 B에게 인도하면 그만이었지만, 항공운임이나 수리대금 500만 원을 우선 지급하면서 A에게 수리를 의뢰한 것은 수리를 요구하는 B의 지시를 성실히 따랐기 때문이다. 수리로 인해 이 정도의 납품이 지체된다는 사실은 B에게도 전달되었고, 오히려 B가 그 사실을 알면서 강력하게 X의 수리를 요구해 온 것이다.

그 후 나는 수리를 위하여 X를 항공편으로 보내는 등 조속한 납품을 위해 최선을 다 하였다. 3월 7일의 납품은 최선을 다한 노력의 결과이다. B는 12월 12일에 만났을 때에도, 1월 25일에 전화연락을 한 때에도, 확실히 2월 중의 납품을 요구하고 있었다. 그러나 미술전에 늦게 되는 등이라고 하는 사정에 대하여 C는 아무런 말도 하지 않았다. 또한 항공편은 배편의 몇 배의 비용이 소요된다. 계약에서 선박 편으로 보내게 되어 있었으므로, 선박 편으로 보낸 X가 3월초에 도착된 것에는 아무런 문제가 없다. C가 운송비용의 증가분을 부담하지 않으면서 항공편으로 보내달라고 한 것은 무모한 요구이다.

또한 3월 7일에 이를 때까지 C는 단 한 번도 계약 해제의 의사를 밝힌 바 없다. 3월 7일이 되어 갑자기 해제를 주장하는 것은 내가 노력해 온 것을 무의미하게 하는 것이므로 불합리하다.

반대로 나는 A에게 X의 대금을 지급하기 위하여 자금이 필요했다. 이러한 사정은 C의 요구를 수용해 대금을 분할지급하기로 한 경위에 비추어 C도 충분히 알고 있었을 것으로 보인다. 그럼에도 C가 중도금을 지급해 주지 않아서 나는 스스로 대금지급을 위한 자금을 별도로 마련하지 않으면 안 되는 매우 어려운 사정에 처하였다. 본래 나의 귀책사유가 아닌 X의 파손을 이유로 X의 수취를 거절하고 중도금을 지급하지 않았던 C의 태도는 매우 부당하다.

【E변호사와 L연수생의 대화】

E 변호사: 이번 달 초에 B측의 D변호사와 사이에 사실의 확인을 한 다음 타협이 되지 않을까 서로 이야기해 보았습니다만, B는 재판으로 해결하고 싶은 것 같습니다. C에게 A가 어떤 주장을 할 것인지를 예상한 다음 그에 대하여 C로서는 어떻게 반론을 제기할 것인지를 생각해 두어야 합니다. 본건에 대한 검토 결과를 나에게 보고해 주세요.

L 연수생: 판례의 태도에 따라 우선 B가 주장할 수 있는 법적구성을 예측하고, 그에 따라 대응하는 방식은 어떨까요.

E 변호사: 기본은 그렇습니다만 판례도 일치하지 않고 통설이나 유력설이 있어 B에게 유리하면 B측은 그에 따라 법적구성을 궁리할 수도 있다고 생각합니다.

L 연수생: 그렇게 되면 판례와 학설의 대립이 있는 부분도 정리해 둘 필요가 있겠네요.

E 변호사: 본건과 관계없는 점에 대하여까지 자세하게 정리·검토한 세미나 자료 같은 것을 작성할 필요는 없습니다. 어디까지나 확인된 사실에 비추어 서로 어떤 주장을 하게 되는지를 중심으로 간결하게 정리하면 됩니다. 또한 이쪽의 의견을 제대로 주장하는 것은 당연합니다만, B의 주장이 받아들여질 경우에 대하여도 그 대응방법을 생각해 둘 필요가 있습니다.

L 연수생: 예를 들면, 나는 C의 주장에 따라 C에게는 귀책사유가 없음을 강하게 주장하려고 생각하고 있는데, 법원에서 귀책사유가 인정된다고 판단하는 경우도 대비할 필요가 있다는 말씀이시군요.

E 변호사: 그러한 점이 하나의 핵심입니다. 그 점은 계약해제의 근거의 하나로 작용합니다. 그런 이유에서 나에게는 우려되는 점이 있습니다. 최근 채무자의 귀책사유를 필요로 하지 않고 계약을 해제할 수 있다고 하는 견해가 학설에서는 유력하게 주장되고 있는

것 같네요.

L **연수생** : 네, 이전부터 이행지체에 의한 해제에 귀책사유를 필요로 하지 않는다는 견해가 있고, 최근에는 채무불이행을 일반적으로 중대한 채무불이행이 있으면 귀책사유가 없어도 해제할 수 있다고 하는 견해도 있습니다. 다만 이러한 견해를 세밀하게 이해하여 이론적인 반론을 준비하는 것은 나에게는 조금 과중합니다.

E **변호사** : 알았습니다. 그 밖의 학설도 있는 것 같기 때문에 그러한 이론적인 문제는 B측의 구체적인 주장을 본 다음에 함께 검토합시다. 경우에 따라서는 친구인 대학교수에게 이야기를 들어 보겠습니다. 만일 채무불이행을 이유로 하는 해제에 귀책사유를 필요로 하지 않는다는 견해가 채용된다고 하더라도, 확인된 사실에 근거하여 생각했을 경우에 B가 본건 계약을 해제할 수 없다고 주장할 수 있는지의 여부를 검토해 주세요.

L **연수생** : 네. 그런데 C측으로부터 미지급대금 등의 지급을 요구하는 반소도 대비해야 하지 않을까요?

E **변호사** : 그 점은 내가 검토할 것이므로, 쓰지 않아도 좋습니다. 여러 가지를 검토했으니 과제를 정리합시다. 우선 (a) 기 지급한 대금 2000만 원의 반환과 180만 원의 손해배상을 청구하기 위하여 B가 주장할 수 있다고 예상되는 여러 가지 실체법상의 법적 구성을 확인된 사실을 전제로 검토해 보세요. 다음 (b) C는 이것에 대하여 어떻게 반론하면 좋은가를 생각해 보세요. 지금 말했듯이 귀책사유 없는 채무불이행을 이유로 해제를 할 수 있다고 하는 해석론의 당부 자체의 검토는 하지 않아도 됩니다. 이상의 두 가지의 점에 대하여 보고서를 작성해 주세요.

[설문 1] 본인이 L연수생이라고 생각하고 E변호사가 지시한 과제 (a) 및 (b)에 대하여 어떠한 보고를 할 것인가에 대한 검토 결과를 기술하시오(본건에 관하여는 모두 한국법이 적용되는 것으로 함).

【주요 쟁점】

1. 이행지체에 의한 해제(민법 제544조)
   (1) 이행보조자의 고의·과실(민법 제391조)
   (2) 정지기한부 해제의 의사표시
2. 정기행위의 이행지체에 근거하는 해제(민법 제545조)
3. 손해배상의 범위(민법 제393조)

4. 하자담보책임에 근거한 해제·손해배상 청구(민법 제580조)

【풀 이】

Ⅰ. **과제 (a)에 대한 검토 결과** – B가 주장할 것으로 예상되는 사실과 책임법적 논거 -

1. 본건에서 B가 기 지급한 대금 2,000만 원의 반환 및 180만 원에 대한 손해배상을 청구하기 위해 주장할 것으로 예상되는 법적 근거로는, ① 이행지체에 의한 해제(제544조), ② 정기행위의 이행지체에 의한 해제(제545조) 그리고 이에 터 잡은 원상회복청구(제548조 제1항) 및 손해배상청구(제551조, 제393조), 나아가 ③ 하자담보책임에 기한 해제 및 손해배상청구(제580조 제1항, 제575조 제1항)가 각각 고려될 수 있다.

2. 이행지체에 의한 해제

(1) 이행지체에 의한 해제의 요건으로, ① 이행기가 도과할 것, ② 채무의 내용에 좇은 이행이 없을 것, ③ 채무자에게 귀책사유가 있을 것(이에 대해서는 다툼이 있다), ④ 최고 후 상당기간이 경과할 것, ⑤ 해제의 의사표시가 있을 것 등이 요구되는데, 아래에서 보는 바와 같이 본건에서는 위의 요건이 모두 충족되었다고 판단된다. 사실에 터 잡아 검토한다.

(2) 먼저 이행기와 관련하여, X의 납품일을 2005. 12. 7.로 정한 메모가 있는 점에 비추어 당일을 이행기라고 볼 수 있고, 또한 B가 "아무리 늦어도 2006. 2.말까지 X를 납품해 달라."고 수차 요구한 점에 비추어 늦어도 2월 말일이 이행기라고 보아야 한다. 따라서 어떤 사실에 근거하든 이행기는 도과하였다.

(3) 다음으로 2005. 12. 7. C가 손상된 X를 B의 집으로 지참하고 와서 현실 제공한 것은 하자 있는 목적물을 제공한 것이므로 채무의 내용에 좇은 이행이라고 볼 수 없다(채무불이행설의 관점).

(4) 그리고 이행지체에 의한 해제의 요건으로서 채무자의 귀책사유는 요구되지 않는다. 만약 귀책사유가 요구된다고 하더라도 이행기에 채무의 내용에 좇은 이행을 할 수 없었던 것은 C가 E 운송회사에 의뢰하여 선박 편으로 X를 프랑스에서 한국으로 수송하는 과정에서 운송선이 사고를 당하여 X가 손상된 결과에 기인하는 것이다. E는 C의 이행보조자이므로 신의칙상 E의 과실은 C의 과실과 동일시된다. 따라서 채무자 C의 유책성도 인정된다.

(5) 또한 B는 2005. 12. 12. "아무리 늦어도 2006년 2월말까지 수리가 완성된 X를 가져오지 않으면 이미 지급한 2,000만 원의 반환뿐만 아니라 손해배상도 청구할

것이다."라고 C에게 말한 바 있는데, 이는 최고와 동시에 최고 후 상당기간의 도과를 정지기한으로 하는 해제의 의사표시를 한 것으로 보아야 한다.

만약 이러한 주장이 인정되지 않는다고 하더라도 2006. 1. 25. B가 수리한 X를 항공편으로 보내달라고 요구한 바(B가 같은 해 3. 5.이 도착 예정일이라고 통보하였으므로 이행기를 도과할 수밖에 없다), C가 비용을 부담해 준다면 그렇게 하겠다고 회답한 것에 대하여 B가 "그렇다면 사양하겠다."고 전화로 전한 것도 정지기한부 해제의 의사표시에 해당한다.

3. 정기행위의 이행지체에 의한 해제

(1) B는 최고나 상당기간의 경과가 인정되지 않는 경우를 대비하여 본건 B·C 간의 매매계약이 정기행위(제545조)라고 주장할 수 있다.

(2) 즉, B는 2006년 5월에 개최되는 F 주최의 미술전에 출전(출품)하기 위해 X를 구입한 바, F가 주최하는 미술전은 공예품을 주제로 하는 매우 유명한 전시회라는 점을 C도 잘 알고 있었으므로, 본건 매매계약은 계약의 성질상 절대적 정기행위는 아니라고 할지라도 당사자의 의사표시에 기한 상대적 정기행위에 해당한다고 볼 것이다.

(3) 또한 이행기의 도과와 해제의 의사표시의 사실이 인정됨은 전술한 바이다.

4. 채무불이행과 손해배상의 범위

(1) 민법 제393조는 채무불이행에 기한 손해배상의 범위를 채무불이행과 상당인과관계에 있는 손해로 한정하고 있다. 동조 제1항은 통상손해의 배상청구를 인정하고 있고, 제2항은 예견 가능한 특별사정에 기한 특별손해의 배상청구를 인정하고 있다.

(2) B가 X를 자신의 집에서 보관하기 위해 전문업자 G와 체결한 아크릴 케이스 주문계약을 합의해제하기 위하여 G에게 지급한 80만 원은 C의 본건 채무불이행에 기한 통상손해에 해당한다. 또한 매수인 B가 X를 타인에게 임대하여 주는 것을 매도인 C도 예견할 수 있기 때문에 X를 F에게 빌려주고 얻을 수 있었던 임료 100만 원은 C가 예견할 수 있었던 특별사정에 기한 특별손해에 해당한다. 따라서 C는 B가 입은 180만 원의 손해에 대하여 배상책임을 져야 한다.

5. 하자담보책임에 기한 해제

물건의 하자로 인한 담보책임의 법적 성질과 관련하여서는 법정책임설과 채무불이행책임설이 대립하는데, 판례는 법정책임설을 따른다. 그러나 B는 담보책임의 범위를 원시적 하자로 한정하지 않는 채무불이행책임설을 주장하게 될 것이다.

본건 매매계약은 미술공예품 X의 크기, 장식, 칠 등 독특한 개성에 중점을 둔 특정물매매이고, X에는 일반적 주의로는 발견하기 어려운 '숨은 하자'가 있으며, 이행지체로 인하여 미술전에 출품을 할 수 없게 되어 결국 계약 목적을 달성할 수 없게 되었다. 따라서 B는 본건 매매계약을 해제할 수 있다.

6. 하자담보책임과 손해배상

B가 계약을 해제하기 위하여 G에게 지급한 80만 원은 신뢰이익, X를 F에게 빌려주면서 얻을 수 있었던 임료 100만 원은 이행이익이라고 할 수 있다. 하자담보책임을 채무불이행책임의 특칙이라고 새기는 채무불이행책임설에 의하면 신뢰이익 80만 원뿐만 아니라 이행이익 100만 원에 대하여도 C가 손해배상책임을 부담한다.

II. 과제 (b)에 대한 검토 결과 - B의 주장에 대한 C의 반론 -

1. 이행지체에 의한 해제가 가능하다는 주장에 대한 반론

(1) 이행기와 관련하여, 메모에 X의 납품일이 2005. 12. 7.이라는 취지의 기재가 있었다고 하여도 그것은 단순한 메모에 불과하다. 또한 B가 늦어도 2006. 2. 말일까지 납품해 달라고 수차 요구했다고 하더라도 이는 구두에 의한 요청일 뿐이다. 따라서 본건에서 이행기를 명확하게 정한 계약서가 없는 이상, 아직 이행기가 도과하였다고 볼 수 없다.

(2) C는 2005. 12. 7. 손상된 X를 B의 집에서 현실 제공한 바, 본건 매매계약은 미술공예품인 X의 개성에 중점을 둔 특정물매매이므로 그 물건의 이행기의 현상대로 인도하면 채무의 내용에 좇은 이행을 한 것으로 된다(제462조).

(3) 1) 이행지체에 의한 해제의 요건으로서 채무자의 유책성이 필요하다. B는 E운송회사가 C의 이행보조자이고 E의 과실이 C의 과실과 신의칙상 동일시된다고 주장하지만, E는 대기업으로서 독립성을 가지기 때문에 이행보조자라고 볼 수 없다. 또한 C는 X가 손상되기 쉬운 고가품이라는 사실을 E에게 고지하여 안전한 포장을 의뢰하였기 때문에 E의 선임·감독상의 과실도 인정되지 않는다. 만약 E가 C의 이행보조자라고 하더라도 본건 사고는 고래가 수송선에 부딪혀 발생한 초유의 사고이므로 X의 손상은 불가항력에 의한 것으로 볼 수밖에 없다.

2) 나아가 이행지체에 의한 해제에는 채무자의 귀책사유를 필요로 하지 않는다고 하여도 C는 X의 수리를 위해 항공편으로 수송하는 등 신속한 납품을 위하여 성실하게 최선의 노력을 다하였으므로 B가 일방적으로 본건 매매계약을 해제하는 것은

신의칙에 반한다. 따라서 이행지체에 의한 해제의 요건으로서 채무자의 귀책사유를 요구하는지의 여부에 대한 논의를 떠나 B는 본건 매매계약을 해제할 수 없다.

(4) 마지막으로 B가 2005. 12. 12. 행한 발언은 C의 중도금 지급 및 수리비용의 선급 요구에 대한 거절의 의사표시에 불과하고, 최고와 동시에 최고 후 상당기간의 도과를 정지기한으로 하는 해제의 의사표시를 의미하는 것은 아니다. 또한 B가 2007. 1. 25. 전화를 통해 한 발언도 C가 요구한 X의 항공편 수송비용의 부담 요구에 대한 거절의 의사표시일 뿐 정지기한부 해제의 의사표시는 아니다.

2. 정기행위의 이행지체에 의한 해제가 가능하다는 주장에 대한 반론

2006년 5월 F가 주최하는 미술전이 개최된다는 사실은 알았지만, B가 X를 출품한다는 사실을 전혀 알지 못하였기 때문에 B·C 사이의 매매계약은 당사자의 의사표시에 기한 상대적 정기행위에도 해당하지 않는다.

3. 채무불이행으로 인한 손해배상 범위의 확정에 대한 반론

(1) B가 X를 자신의 집에 보관하기 위하여 아크릴 케이스를 전문업자 G에게 특별 주문한 것은 통상 예상할 수 없는 일이고, 이러한 사정에 대한 C의 예견가능성도 인정되지 않기 때문에 B가 합의해제를 위하여 G에게 지급한 80만 원은 예견할 수 없었던 특별손해로서 손해배상의 범위에 포함되지 않는다.

(2) B가 주장하는 100만 원의 임료상당액의 손해에 대하여 C는 B가 F에게 X를 임대해 준다는 사실을 알지 못하였을 뿐만 아니라 알아야 할 이유도 없었기 때문에, 이 또한 예견가능성이 없는 특별손해로서 손해배상의 범위에 포함되지 않는다.

(3) 만약 180만 원 전액이 손해배상의 범위에 포함된다고 하여도 B가 X의 수령을 거절한 것은 '과실'에 해당하므로, 과실상계에 의해 배상액이 감액된다(제396조).

4. 하자담보책임에 기한 해제가 가능하다는 주장에 대한 반론

특정물에 관한 한, 하자담보책임의 법적 성질을 법정책임으로 이해하는 것이 판례의 입장이다. 이에 의하면 채무자는 하자 있는 물건이라도 이행기의 현상대로 인도를 하면 채무를 이행한 것으로 되고(제462조), 그럼에도 과실 없는 채무자에게 담보책임을 부과하는 것은 공평을 실현하기 위한 법정책적 목적이 개입되었기 때문이라고 본다.

공예품 X에 존재하는 손상은 문(門)의 작동부분에 균열과 칠이 벗겨져 있고 지지부품이 접혀지는 등 개폐에 지장을 초래하는 것이다. 더구나 이러한 손상은 X의 수송과정에서 우발적 사고에 의한 것으로 추정될 여지도 있다. 따라서 이를 두고 계약 당시부터 존재하는

원시적 하자라고 할 수 없으며, 거래상 요구되는 일반적 주의로는 발견할 수 없는 '숨은 하자'라고도 할 수 없다. 설령 지지부품이 절단되었다고 하더라도 미술전에 출품하는 것은 가능하기 때문에 계약 목적을 달성할 수 없다고 인정하기도 어렵다. 따라서 본건에서 하자담보책임을 추급하여 해제를 주장하는 것은 타당하지 않다.

5. 하자담보책임에 기한 손해배상청구가 가능하다는 주장에 대한 반론

4.에서 기술한 바와 같이 하자담보책임을 추급할 수 없다고 판단되지만, 만약 그 추급이 인정된다고 하더라도 판례가 취하는 법정책임설에 의하면 이행이익의 배상은 허용되지 않고, 신뢰이익의 손해인 80만 원에 대한 배상청구만 가능하게 된다. 물론 이에 대하여도 과실상계의 법리는 적용된다.

제2편

계약각론

민법은 채권편 제2장 제2절부터 제15절(제554조-제733조)까지 14종의 전형계약을 규정하고 있다. 민법이 제정되고 반세기가 훌쩍 지난 현재까지 계약법과 관련된 특별법의 제·개정은 활발하였지만, 급격한 사회경제적 변화에도 불구하고 민사거래 일반을 규율하는 기본법의 변화는 없었다. 민법의 시대적응성과 국제규범에 대한 동화력을 의심케 하는 대목이다.

시대흐름의 변화에 따라 구 시대의 경제환경을 반영했던 전형계약은 그 내용이 시대에 뒤떨어지거나 비전형화의 길을 걷고 있고, 새롭게 등장한 비전형계약들이 전형화의 기반을 구축하고 있다. 가령 교환, 고용, 종신정기금 등에 관한 규정은 그 적용례가 현저히 축소되는 반면, 혼합계약의 성격을 가진 중개계약이나 여행계약 등은 대중화·일반화되어 가고 있다.

민법 상 전형계약에는 ① 재산권이전을 목적으로 하는 증여, 매매, 교환, ② 물건의 대차를 목적으로 하는 소비대차, 사용대차, 임대차, ③ 노무의 제공을 목적으로 하는 고용, 도급, 현상광고, 위임, 임치, ④ 기타 조합, 종신정기금, 화해가 있다.

제1장 증 여

제1절 의의 및 법적 성질

1. 의 의

증여는 당사자 일방(증여자)이 일정한 재산을 무상으로 상대방(수증자)에게 준다는 의사를 표시하고, 상대방이 이를 승낙함으로써 성립하는 계약이다(제554조). 종교, 학술, 자선단체에 대한 기부, 기부체납(대판 1996.11.8, 96다20581) 등이 그 대표적인 예이다. 실생활에서 사인 간의 증여가 문제된 사례는 그다지 많지 않다.

증여의 대상은 '재산'이므로, 물건, 금전, 채권, 무체재산권 등이 포함된다. 무상으로 노무를 제공하거나 물건을 사용하게 하는 것은 증여가 아니다. 증여는 계약이라는 점에서 단독행위인 유증이나 채권자의 채무자에 대한 일방적 채권포기행위인 채무면제와 다르고, 또한 당사자 사이에 법적 구속력을 발생시키는 의사가 존재하여야 한다는 점에서 호의행위와도 구별된다.

2. 법적 성질

가. 증여는 채권계약이므로 증여자는 목적재산에 대한 급부의무를 부담할 뿐이다. 증여의 대상이 되는 재산은 통상 증여자 자신의 재산이겠지만, 타인의 재산에 대한 증여가 무효로 되는 것은 아니다. 타인으로부터 재산을 취득하여 그 재산을 증여하겠다고 하는 약정이나 타인의 재산을 자신의 재산이라고 하면서 증여한 경우도 유효하다. 다만 계약이 이행되지 않으면 담보책임이 문제될 뿐이다.

나. 증여계약은 무상·편무계약이다. 무상성은 증여계약의 중핵적 요소로서, 재산을 주는 것에 대한 대가가 지급되지 않는다는 것을 의미한다. 재산권 이전에 대하여 대금의 지급이 있으면 그것이 현저하게 대가적 균형을 잃었다고 하더라도 매매계약으로 보아야 한다. 부담부 증여와 같이 수증자의 부담이 증여와 대가관계에 서지 않으면 수증자가 일정한 의무를 부담하여도 역시 증여이다. 증여는 이러한 무상성으로 인하여 증여자의 책임이나 의무를 크게 완화하고 있다. 서면에 의하지 않은 증여에 대하여는 임의해제를 허용하고, 대가성을 전제로 한 유상계약에 비하여 담보책임이 현저하게 완화되며, 주의의무가 자기재산과 동일한 주의의무로 경감된다는 점에서 그러하다.

다. 증여는 낙성·불요식계약이다(제554조). 외국의 입법례를 보면 거의 예외 없이 증여를 공정증서에 의한 요식계약으로 하고 있지만, 현행 민법은 일본 민법을 답습하여 당사자의 합의만으로 증여계약이 성립하는 것으로 하였다. 일본 민법의 기초자는 낙성계약으로 하는 것이 사적 자치에 부합한다고 하는 형식적 이유를 내세우지만, 서면에 의하지 않은 증여의 철회를 인정한다고 하더라도 공정증서에 의한 서면주의를 채택하였던 구민법에서 크게 후퇴한 것이다. 입법적 고려가 필요한 영역이다.

라. 증여는 증여자와 수증자 간의 계약으로서 수증자의 승낙을 요건으로 하므로 아직 형성되지도 아니한 종중 또는 친족공동체에 대한 증여의 의사표시는 아무런 효력이 없다(대판 1992.2.25, 91다28344).

제2절 증여의 효력

1. 증여자의 급부의무

가. 동산의 증여와 같이 채권행위와 물권행위가 하나의 행위로 합체되어 행하여지는 것이 아닌 한, 증여자는 계약에 의하여 부담하는 의무를 그 내용에 좇아 이행하여야 한다. 동산 또는 부동산을 증여한 경우에는 증여자는 목적물을 인도하거나 소유권이전등기를 마쳐줌으로써 종국적으로 수증자에게 소유권을 이전하여야 한다. 증여자가 채무의 내용에 좇은 이행을 하지 않으면 수증자는 그 이행을 강제하거나 손해배상을 청구할 수 있다.

나. 특정물의 재산권을 이전하기로 하는 증여계약을 체결한 경우에 증여자는 그 계약이 성립한 때로부터 선량한 관리자의 주의로 보관하여야 하는가, 아니면 자기재산과 동일한 주의로 보관하면 충분한가에 대하여는 견해의 대립이 있다. 증여자의 특정물에 대한 보관의무에 관하여 주의의무경감에 관한 특별규정이 없는 한 채권법의 일반원칙에 따라 선관주의의무를 진다고 보아야 한다는 선관의무설이 있으나,[1] 무상계약의 특성을 고려하여 자기재산과 동일한 주의의무를 부담한다고 보는 책임경감설[2]을 따르기로 한다. 참고로 독일 민법 제521조는 증여자에게 고의 또는 중과실이 있는 경우에만 책임을 부과한다.

1) 김증한, 채권각론, 128면; 곽윤직, 채권각론, 142면.
2) 이태재, 채권각론, 146면; 김형배, 채권각론, 403면; 이은영, 채권각론, 280면; 지원림, 민법강의, 1383면; 윤철홍, "증여에 관한 소고", 법학논총 제11집(1998), 숭실대학교 법학연구소, 221면.

2. 증여자의 담보책임

가. 원 칙

증여자는 원칙적으로 증여의 목적인 물건 또는 권리의 하자나 흠결에 대하여 책임을 지지 않는다(제559조 제1항 본문). 무상성을 중핵적 요소로 하는 증여의 특성상 당연한 논리적 귀결이다.

증여의 대상이 특정물인 경우에는 위 규정이 적용됨에 의문의 여지가 없지만, 불특정물인 경우에는 그 적용 여부에 대하여 견해의 대립이 있다. 증여의 무상성에도 불구하고 당사자 사이에 특별한 의사표시가 없는 한 증여자는 완전물 급부의무를 부담하여야 한다는 견해[3]와 증여자가 악의로 하자를 고지하지 않은 경우를 제외하고는 담보책임이 배제된다고 하는 견해[4]가 그것이다. 증여의 목적물이 특정되기 전이라면 증여의 무상성 보다는 증여자의 증여의사에 무게를 두어 반대특약이 없는 한 증여자의 완전물 급부의무를 인정하여야 할 것이다.

나. 예 외

1) 증여자가 증여의 목적인 물건 또는 권리의 하자나 흠결을 알고 수증자에게 고지하지 아니한 때에는 담보책임을 진다(제559조 제1항 후단). 이 경우에 수증자가 목적물의 하자나 권리의 흠결을 사실을 알지 못하였다면 그 사실을 안 날로부터 1년 내에 담보책임을 물어야 한다(제573조 유추적용). 담보책임의 내용은 신뢰이익의 손해에 대한 배상이다. 매매와 같은 유상계약과 달리, 대가적 보증을 위한 담보책임을 인정할 필요가 없으므로, 신뢰이익의 배상을 인정하는 것만으로 충분하기 때문이다. 증여자의 하자담보책임이 신뢰이익의 손해에 한정되기 때문에 악의의 수증자는 담보책임을 물을 수 없게 된다.

2) 부담부 증여의 경우에는 증여자는 그 부담의 한도에서 매도인과 같은 담보책임을 진다(제559조 제2항). 수증자가 시가 1,000만 원 상당의 골동품을 증

3) 곽윤직, 채권각론, 142면; 김형배, 채권각론, 404면; 지원림, 민법강의, 1384면.
4) 김주수, 채권각론, 178면; 이은영, 채권각론, 281면; 송덕수, 신민법강의, 1391면.

여받으면서 증여자가 지정한 고아원에 30개월 동안 월 10만 원 상당의 생활용품을 제공하기로 하였는데 그 골동품이 모조품이어서 100만 원의 가치밖에 없는 것으로 밝혀진 경우가 그 예가 될 수 있다. 이 경우에 수증자는 골동품의 가치하락분에 비례하여 자신의 총 부담액을 30만원 상당으로 감액하여 줄 것을 청구할 수는 없고, 대금 100만 원의 모조품을 매매한 경우와 마찬가지로 증여계약을 해제할 수 있을 뿐이다. 다만 담보책임, 채무불이행책임, 불법행위책임에 기하여 손해배상을 청구할 수는 있다.

3) 제559조는 강행규정이 아니므로, 당사자의 특약에 의하여 담보책임의 발생 여부를 임의로 정할 수 있다.

3. 증여의 해제

증여의 경우에는 계약의 일반적인 해제원인 외에 특유한 해제원인이 있다. 서면에 의하지 않은 증여(제555조), 수증자의 망은행위(제556조), 증여자의 재산상태의 현저한 변경(제557조)이 그것이다. 이들 해제원인은 이미 이행한 부분에 대하여는 영향을 미치지 않으므로(제558조), 증여자가 계약을 해제하더라도 이미 이행한 부분을 부당이득으로 하여 그 반환을 청구할 수 없다.

가령 토지에 대한 증여는 증여자의 의사에 기하여 수증자에게 소유권이전등기가 경료됨으로써 이행이 완료되므로, 증여자가 그 이행 후 증여계약을 해제하였다고 하더라도 증여계약이나 그에 의한 소유권이전등기의 효력에는 아무런 영향을 미치지 못한다(대판 2005.5.12, 2004다63484). 소유권이전등기가 경료되지 않은 매수 토지를 구두로 증여하기로 하고, 그 토지에 관한 소유권이전등기청구권을 수증자에게 양도하고 매도인에게 양도통지까지 마친 경우라면 증여자 또는 증여자의 상속인들은 서면에 의하지 아니한 증여라는 이유로 증여계약을 해제할 수 없다(대판 1998.9.25, 98다22543).

가. 서면에 의하지 않은 증여의 해제

1) 증여의 의사가 서면으로 표시되지 아니한 경우에는 각 당사자는 이를 해제할 수 있다(제555조). 증여자의 의사는 그다지 확정적이지 않고, 증여의 의

사표시 후에 이를 후회하여 다툼으로 이어지는 경우가 빈번하기 때문에, 서면의 유무라는 형식적이고 획일적인 기준을 통하여 분쟁을 미연에 방지하기 위하여 이 규정을 둔 것이다. 즉, 서면에 의하지 않은 증여에 대하여 증여자 및 수증자에게 해제권을 인정한 것은 계약체결의 신중성을 확보하여 경솔한 증여를 방지하고, 후발적 분쟁을 차단하는데 그 목적이 있는 것이다.

2) 서면에 의한 증여란 증여계약 당사자 사이에 있어서 증여자가 자기의 재산을 상대방에게 준다는 증여의사가 문서를 통하여 확실히 알 수 있는 정도로 서면에 나타난 증여를 말하는 것이다. 그러나 서면의 문언 자체는 증여계약서로 되어 있지 않더라도 그 서면의 작성에 이르게 된 경위를 아울러 고려할 때 그 서면이 바로 증여의사를 표시한 서면이라고 인정되면 이를 제555조에서 말하는 서면에 해당한다고 보아야 할 것이다(대판 2003.4.11, 2003다1755).

3) 증여의 의사가 표시된 서면의 작성 시기에 관하여는 법률상 아무런 제한이 없으므로, 증여계약이 성립한 당시에는 서면이 작성되지 않았다고 하더라도 그 후 계약이 존속하는 동안 서면을 작성한 때에는 그때부터 당사자가 이를 임의로 해제할 수 없게 된다(대판 1992.9.14, 92다4192). 즉, 증여의 의사가 표시된 서면이 작성된 때부터 해제권의 행사가 허용되지 않는다.

4) 제555조에서 말하는 해제는 일종의 특수한 철회일 뿐 제543조 이하에서 규정한 본래 의미의 해제와는 다르기 때문에, 형성권의 제척기간의 적용을 받지 않는다(대판 2003.4.11, 2003다1755).

나. 망은행위 및 증여자의 재산상태 악화로 인한 해제

1) 인정이유

유상·쌍무계약과 달리 무상계약인 증여의 경우, 증여자와 수증자 사이에 어느 정도 특별한 관계가 있고, 증여자에게 출연을 할 만큼의 재산적 여유가 있는 것이 보통이다. 그리고 증여의 목적이나 동기에는 수증자의 과거의 행위에 대한 감사나 장래의 은혜에 대한 기대라고 하는 사정이 자리 잡고 있다. 그런데 이러한 증여의 기초가 되는 특별한 관계가 수증자의 귀책사유에 의하여 파탄에 이르거나, 증여계약 후 증여자의 재산상태가 현저히 악화되어 생계에 지장을 줄 정도에 이른 경우에는 증여자의 보호 내지 구제가 문제된다. 대가를 지급받는 쌍무계약과는 달리 생각해야 하기 때문이다.

2) 망은행위로 인한 해제

민법은 수증자가 ① 증여자 또는 그 배우자나 직계혈족에 대하여 범죄행위를 하거나, ② 증여자에 대하여 부양의무가 있는 경우에 이를 이행하지 아니한 때에는 증여자는 증여를 해제할 수 있다고 규정한다(제556조 제1항). 여기서 부양의무라 함은 민법 제974조에 규정되어 있는 직계혈족 및 그 배우자 또는 생계를 같이 하는 친족 간의 부양의무를 가리키는 것이다(대판 1996.1.26, 95다43358). 망은행위로 인한 해제권도 증여자가 이미 이행한 것이 있으면 그 해제에 영향을 미치지 않는다(제558조). 그리고 해제권은 증여자가 해제원인이 있음을 안 날로부터 6월을 경과하거나 수증자에 대하여 용서의 의사를 표시한 때에는 소멸한다(제556조 제2항).

부양의무 불이행으로 인한 증여계약 해제권의 효과를 제한하는 제558조, 그리고 부양의무 불이행으로 인한 증여계약 해제권의 소멸사유를 규정한 제556조 제2항이 증여자의 법정해제권이라는 재산권을 형성하면서 기본권 제한의 입법적 한계를 벗어난 것이 아닌가하는 위헌소원에 대하여, 헌법재판소는 위헌이라고 볼 수 없다는 결정을 내린 바 있다(헌재결 2009.10.29, 2007헌바135).

3) 증여자의 재산상태 악화로 인한 해제

증여계약 후에 증여자의 재산상태가 현저히 변경되고 그 이행으로 인하여 생계에 중대한 영향을 미칠 경우에는 증여자는 증여를 해제할 수 있다(제557조). 계약 성립의 중요한 기초 사정이 소멸함에 따라 그 계약의 효력이 당연히 실효한다는 사정변경의 원칙을 명문화한 것이다. 증여자의 재산상태 변경을 이유로 한 증여계약의 해제는 증여자의 증여 당시의 재산상태가 증여 후의 그것과 비교하여 현저히 변경되어 증여 목적 재산의 소유권을 수증자에게 이전하게 되면 생계에 중대한 영향을 미치게 될 것이라는 등의 요건이 구비되어야 한다(대판 1996.10.11, 95다37759). 증여자가 증여계약 이후부터 반신불수가 되어 그의 전 재산을 치료비 등으로 소비함으로써 증여 목적 부동산의 소유권을 수증자에게 이전함으로 인하여 생계에 중대한 영향을 미치게 된 경우에는 증여계약을 해제할 수 있다고 본 판례가 있다(대판 1976.10.12, 76다1833).

제3절 특수한 증여

1. 정기증여

정기적인 급부를 목적으로 하는 증여를 정기증여라고 한다. 가령 기업이 뛰어난 소질을 가진 특정 예술가에게 일정기간 동안 매달 50만 원을 증여하는 경우가 그러하다. 정기증여는 그 정한 기간이 지나치게 장기이면 당연히 그 효력을 상실하지만, 그 기간의 만료 전이라도 증여자 또는 수증자의 사망으로 인하여 그 효력을 잃게 된다(제560조). 이 규정에 비추어 통상의 증여는 당사자의 사망에 의해 그 효력에 영향을 받지 않음을 확인할 수 있다.

2. 부담부 증여

가. 의 의

1) 수증자가 대가관계에 있지 않은 일정한 채무를 부담하는 증여를 부담부 증여라고 한다. 수증자의 부담은 출연행위일 수도 있으나 종교단체에 기부를 하면서 여생을 의탁하는 경우, 증여부동산으로부터 발생하는 수익의 일부를 자선목적으로 사용하기로 하는 경우, 전시를 조건으로 미술품을 증여하는 경우 등과 같이 비재산적 급부를 내용으로 정할 수도 있다. 부담의 의미가 다소 애매하기는 하지만, 증여자의 채무와 대가관계가 서지 않는다고 하여 채무가 아니라고 볼 것은 아니다. 이처럼 부담부 증여에서 수증자는 대가관계에 서는 급부의무를 부담하지는 않지만 어떤 형태로든 일정한 의무를 부담하기 때문에, 단순증여와 달리 유상계약에 준하는 특별한 취급을 받게 된다.

2) 증여에 상대부담 등의 부관이 붙어있는지 또는 증여와 관련하여 상대방

이 별도의 의무를 부담하는 약정을 하였는지의 여부는 당사자 사이에 어떠한 법률효과의 발생을 원하는 대립하는 의사가 있고 그것이 말 또는 행동 등에 의하여 명시적 또는 묵시적으로 외부에 표시되어 합치가 이루어졌는가를 확정하는 것으로서 사실인정의 문제에 해당하므로, 이는 그 존재를 주장하는 자가 증명하여야 한다(대판 2010.5.27, 2010다5878).

나. 부담부 증여의 효과

1) 부담부 증여에서는 증여의 목적물에 하자가 있거나, 그 목적물이 타인 소유의 것이더라도 담보책임을 지지 않는다는 제551조 제1항의 일반원칙이 적용되지 않는다. 그러나 부담부 증여자는 수증자의 부담의 한도에서 매도인과 같은 담보책임을 진다(제559조 2항).

2) 부담부 증여에는 쌍무계약에 관한 규정이 적용된다(제561조). 즉, 동시이행의 항변권, 위험부담, 계약의 해제 및 해지에 관한 규정이 부담부 증여에 준용된다. 동시이행의 항변권은 대가적 급부 사이에 인정되지만, 그 성질상 동시이행의 관계를 인정하기에 적합한 경우에는 그 예외를 인정한다. 쌍무계약에 관한 규정이 준용되기 때문에 부담의무 있는 상대방이 자신의 의무를 이행하지 아니할 때에는 비록 증여계약이 이미 이행되어 있다 하더라도 증여자는 계약을 해제할 수 있고, 그 경우 제555조와 제558조는 적용되지 않는다(대판 1997.7.8, 97다2177). 그리고 친족 간이 아닌 당사자 사이의 약정에 의해 수증자가 부양의무를 부담하는 경우에는 수증자가 부담의무의 이행을 게을리 하면 증여자는 증여계약을 해제할 수 있고, 이때 제556조 제2항이나 제588조는 적용되지 않는다(대판 1996.1.26, 95다43358).

3. 사인증여

증여와 같이 그 성질이 계약이라는 점에서는 공통하지만, 사인증여는 증여자의 사망으로 인하여 그 효력이 발생한다는 점에서 증여계약과 차이가 있다. 가령 A가 B에게 자신이 죽으면 X토지를 주겠다고 약속하는 경우가 그 전형적인 예이다. 사인증여와 유사한 것으로 유증(제1073조 이하)이 있다. 위의 예에서 A가 유언서를 작성하여 X토지를 B에게 준다고 하는 일방적인 의사표시를 하는 것이다. 즉, 사인증여는 수증자가 증여자 생전에 승낙을 하여야 성립하는 계약인 반면, 유증은 유언자의 일방적 의사표시에 의하여 성립하는 단독행위라는 점에서 차이가 있다.

그러나 사인증여는 증여자의 사망으로 그 효력이 발생한다는 점에서 유증과 같기 때문에, 유증에 관한 규정이 사인증여에 준용된다(제562조). 그러나 유증이 단독행위임을 전제로 한 규정, 즉 유언능력(제1063조), 유언의 방식(제1065조 내지 제1072조), 유언의 승인과 포기(제1074조 이하), 유언의 철회(제1108조)에 관한 규정은 준용되지 않는다고 보아야 한다. 판례도 민법 제562조는 사인증여에 관하여는 유증에 관한 규정을 준용하도록 규정하고 있지만, 유증의 방식에 관한 민법 제1065조 내지 1072조는 그것이 단독행위임을 전제로 하는 것이어서 계약인 사인증여에는 적용되지 않는다고 한다(대판 2001.9.14, 2000다66430,66447).

그리고 위의 예에서 A와 B가 부자(父子)관계에 있는 것처럼, 증여자와 수증자의 관계가 피상속인과 상속인의 관계에 있다고 하여 이를 특별한 사정이 없는 한 유증 내지는 사인증여의 의미로 보아야 한다고 할 수는 없다(대판 1991.8.13, 90다6729).

제2장 매 매

제1절 매매의 의의

매매는 당사자 일방이 재산권을 상대방에게 이전할 것을 약정하고 상대방이 그 대금을 지급할 것을 약정함으로써 그 효력이 생기는 계약이다(제563조). 매매계약은 당사자의 합의만으로 성립하는 낙성·불요식계약이고, 상환성이 있는 대가적 급부를 필요로 한다는 점에서 유상·쌍무계약이다. 매매는 쌍무계약의 전형이고, 그에 관한 규정은 유상계약의 총론적 의미를 가지므로 그 성질이 허용되는 한 다른 유상계약에도 준용된다(제567조).

매매의 대상은 재산권이기 때문에 물건뿐만 아니라 채권, 무체재산권, 영업권 등도 그 대상이 된다. 또한 타인 소유의 물건이나 권리도 매매의 대상이 된다(제569조). 타인의 권리의 매매를 유효로 규정한 것은 선의의 매수인의 신뢰이익을 보호하기 위한 것이므로, 매수인이 매도인의 기망에 의하여 타인의 물건을 매도인의 것으로 잘못 알고 매수한다는 의사표시를 한 것이고 만일 타인의 물건인줄 알았더라면 매수하지 아니하였을 사정이 있는 경우에는 매수인은 제110조에 의하여 매수의 의사표시를 취소할 수 있다(대판 1973.10.23, 73다268).

제2절 매매의 성립

매매는 낙성·불요식계약이므로 특별히 서면의 작성을 요하지 않는다. 매매의 성립과 관련하여서는, ① 매매의 예약, ② 계약금, ③ 계약비용이 문제된다.

1. 매매의 예약

가. 의 의

1) 민법은 “매매의 일방예약은 상대방이 매매를 완결할 의사를 표시하는 때에 매매의 효력이 생긴다.”고 규정한다(제564조 제1항). 예약은 본 계약에 대

응하는 개념으로서, 장차 본계약을 체결할 것을 약속하는 일종의 '계약'이다. 예약의 유형에는, ① 당사자 일방이 예약완결권을 가지는 일방예약과 쌍방이 이를 모두 가지는 쌍방예약, 그리고 ② 당사자 일방이 본계약 체결의무를 부담하는 편무예약과 쌍방이 이를 부담하는 쌍무예약이 있다. 예약은 당사자가 계약을 체결할 의도는 있지만 곧바로 계약의 효력을 발생시킬 수 없거나 그 효력의 발생을 원하지 않는 경우에, 예약을 통해 장래의 계약을 확보하기 위하여 상대방을 잠정적으로 구속할 필요가 있을 때 이용되는 제도이다.

2) 예약에 의하여 당사자들이 본계약을 체결할 의무를 부담하므로, 예약과 예약에 의하여 성립하는 계약은 모두 채권계약이다. 그러나 처분행위인 물권계약의 예약은 채권계약이므로 본계약에 해당한다.

3) 매매예약은 본래의 제도적 취지와 달리, 실거래 상 금전소비대차와 관련한 대물변제예약이나 재매매예약의 형식에 의한 채권담보수단으로 널리 이용되고 있다. 담보권실행을 위한 법정절차를 회피함으로써 비용을 줄이고, 폭리를 취하려는 수단으로 이용되는 역기능을 차단하기 위하여 가등기담보 등에 관한 법률(제4조)이 청산절차를 거치게 하는 등 이에 적극적으로 개입하고 있다.

나. 매매의 일방예약

1) 일방예약의 법적 성질

매매예약이 체결되면 본 계약을 별도로 체결할 필요 없이 예약완결권의 행사만으로 계약의무가 발생한다. 즉, 매매의 예약은 당사자의 일방이 매매를 완결할 의사를 표시한 때에 매매의 효력이 생기는 것이므로 적어도 일방예약이 성립하려면 그 예약에 터 잡아 맺어질 본계약의 요소가 되는 매매목적물, 이전방법, 매매가액 및 지급방법 등의 내용이 확정되어 있거나 확정할 수 있어야 한다(대판 1993.5.27, 93다4908,4915,4922).

매매의 일방예약의 법적 성질과 관련하여서는, 예약완결의 의사표시를 정지조건으로 하는 매매라고 보는 견해가 있지만,[5] 정지조건부 매매는 매매의

5) 이태재, 채권각론, 164면; 김증한, 채권각론, 142면; 이은영, 채권각론, 300면; 김형배, 채권각론,

본계약이므로 이를 정지조건부 매매와 같은 효과를 가지는 특수한 예약이라고 새겨야 한다.[6)]

2) 일방예약의 추정

제564조 제1항은 매매의 일방예약에 관하여 규정하고 있다. 그러나 예약의 유형은 당사자의 합의에 의하여 임의적으로 선택할 수 있고, 계약해석에 의하여 결정될 문제이다. 즉, 제564조 제1항은 매매예약을 일방예약으로 추정하는 규정으로 이해할 수 있다.

판례는 점포분양에 대한 매매예약완결권을 가지는 임차인이 임대인과 사이에 정식 임대차계약을 체결하면서 "임대차기간 만료 후 또는 그 이전이라도 임대인이 점포를 분양하고자 할 때에는 임차인은 이에 응하여야 한다."고 약정한 경우, 이 약정은 분양청구권이 임대인에게만 있다는 취지라고 하기 보다는 임차인이 그러한 권리를 가지는 것으로 분양약정이 되었음을 전제로 임대인도 임차인에 대하여 분양청구권의 행사를 요구할 수 있는 권리가 있음을 나타낸 것으로 해석하여야 한다고 하였다(대판 1998.5.29, 97다27015).

3) 예약완결권의 내용

가) 예약완결권은 일종의 형성권으로 그 완결의 의사표시는 특별한 방식을 요하는 것이 아니고 단순히 예약 의무자에 대한 의사표시로써 할 수 있다(대판 1997.6.27, 97다12488). 따라서 예약완결권자에 의한 예약완결의 의사표시가 있으면 매매계약은 자동적으로 성립한다.

나) 부동산물권을 이전하여야 할 예약완결권은 가등기할 수 있다(부동산등기법 제3조). 예약완결권이 가등기된 때에는 예약완결권을 가지고 제3자에게 대항할 수 있고, 예약완결권은 가등기의 부기등기에 의한 방법으로만 양도할 수 있다(대판 전합체 1998.11.19, 98다24105).

다) 예약완결권은 양도의 대상이 되므로 대항요건 등이 문제된다. 가령 A·

302면.

6) 곽윤직, 채권각론, 155면; 김주수, 채권각론, 188면; 김상용, 채권각론, 177면; 지원림, 민법강의, 1389면; 송덕수, 신민법강의, 1399면; 양형우, 민법의 세계, 1314면.

B 사이에 매매예약이 체결되어 B가 예약완결권을 가지게 되었는데, B가 그 예약완결권을 C에게 양도하고 C가 이를 행사하여 B·C 사이에 매매계약을 성립시키는 경우이다. 예약완결권의 양도는 재산권의 양도와 다르지 않으므로 반대특약이 없는 한 B의 C에 대한 양도는 유효하다. 따라서 B가 예약완결권의 양도로서 A에게 대항할 수 있기 위하여는 A에 대한 통지 또는 그로부터의 승낙이 있어야 한다(제450조 제1항 유추적용).

또한 예약완결권은 채권이므로 그 양도로서 제3자에게 대항하기 위하여는 확정일자 있는 증서에 의하여 B가 통지하거나 또는 예약의무자가 승낙하여야 한다(동조 제2항 유추적용). 예약완결권이 가등기되어 있으면 별도의 통지나 승낙을 요하지는 않는다. 예약완결권이 한 쪽은 통지에 의해, 다른 쪽은 가등기에 의한 방법으로 이중양도된 경우에는 통지 또는 승낙은 보충적인 것이므로 통지보다 가등기가 후에 경료되었더라도 가등기에 의한 양도가 우선한다.

라) 예약완결권이 가등기 된 후 매매목적 부동산이 양도되면 완결권자는 누구를 상대로 예약완결권을 행사하여야 하는가가 문제된다. 가령 A·B 사이에 매매예약이 체결되어 B가 예약완결권의 가등기를 한 후에 A가 C에게 목적 부동산을 양도한 경우, B는 누구를 상대로 예약완결권을 행사하여야 하는가 하는 문제이다. 이에 대해서는 ① 목적부동산의 양수인(C)이라는 견해[7]와 ② 가등기(예약)의무자(A)라는 견해[8]가 대립한다. ①설은 B가 예약완결권의 가등기를 하여 제3자에 대한 대항력을 취득한 이상, B는 C에게 이로써 대항할 수 있고, C는 예약완결권의 부담이 있는 부동산을 취득한 것이므로, B는 C를 상대로 예약완결권을 행사하여야 한다고 새긴다. ②설은 예약도 계약인 이상 예약을 한 A에 대하여만 효력을 가지고, B는 A와 계약을 성립시킬 수 있을 뿐이라고 한다. 이 경우, B가 A에 대하여 예약완결권을 행사하고 가등기에 기한 본등기를 신청하면 C명의의 본등기는 직권으로 말소되는 것이다(대결 1981.10.6, 81마140).

한편 수인의 채권자가 채권 담보를 위하여 채무자와 채무자 소유의 부동산

7) 곽윤직, 채권각론, 129면; 심재돈, 민법주해(XIV), 130면. 이은영 교수는 부동산의 양수인이 예약상대방의 지위를 양수받은 경우에는 그 양수인이 상대방이 된다고 한다(채권각론, 302면).
8) 김상용, 채권각론, 188면; 김형배, 채권각론, 303면; 대판 전합체 1962.12.24, 4294민재항675.

에 관하여 자신들을 공동매수인으로 하는 1개의 매매예약을 체결하고 공동명의로 가등기를 마친 경우에 매매예약완결권이 어떠한 형태로 귀속되는가가 문제된다. 종래 판례는 이를 준공유로 보아 수인의 채권자 전원이 매매예약완결의 의사표시를 하여야 한다고 하였다(대판 1985.10.8, 85다카604). 그 후 대법원은 A가 B에게 돈을 대여하면서 담보 목적으로 B소유의 부동산 지분에 관하여 B의 다른 채권자들과 공동명의로 매매예약을 체결하고 각자의 채권액 비율에 따라 지분을 특정하여 가등기를 마친 사안에서, 채권자가 각자의 지분별로 별개의 독립적인 매매예약완결권을 갖는 것으로 보아, A가 단독으로 담보 목적물 중 자신의 지분에 관하여 매매예약완결권을 행사할 수 있고, 이에 따라 단독으로 자신의 지분에 관하여 가등기에 기한 본등기절차의 이행을 구할 수 있다고 함으로써, 기존의 입장을 변경하였다(대판 전합체 2012.2.16, 2010다82530).

마) 매매예약완결권은 일종의 형성권으로서 당사자 사이에 그 행사기간을 약정한 때에는 그 기간 내에, 그러한 약정이 없는 때에는 그 예약이 성립한 때로부터 10년 내에 이를 행사하여야 하고, 그 기간을 지난 때에는 예약 완결권은 제척기간의 경과로 인하여 소멸한다(대판 2003.1.10, 2000다26425). 물론 그 도과 여부는 직권조사사항이다.

또한 당사자가 예약완결권의 행사기간을 정하는 것이 바람직하지만, 이를 정하지 않은 경우에는 예약 후 목적물의 가격변동 등으로 예약의무자가 불안정한 지위에 놓일 가능성이 높다. 민법은 이러한 문제를 해소하기 위하여 제척기간이 경과하기 전이라도 예약의 상대방에게 최고권을 인정한다. 즉, 예약완결권 행사기간을 정하지 아니한 때에는 10년이 경과하기 전이라도 예약상의 의무자는 상당한 기간을 정하여 매매완결 여부의 확답을 최고할 수 있고, 의무자가 그 기간 내에 확답을 받지 못하면 예약은 효력을 잃게 된다(제564조 제2항, 제3항).

2. 계약금

가. 의 의

1) 민법은 "매매의 당사자 일방이 계약 당시에 금전 기타 물건을 계약금,

보증금 등의 명목으로 상대방에게 교부한 때에는 당사자 간에 다른 약정이 없는 한 당사자의 일방이 이행에 착수할 때까지 교부자는 이를 포기하고 수령자는 그 배액을 상환하여 매매계약을 해제할 수 있다"고 규정하고 있다(제565조 제1항). 여기서 가장 중요한 개념인 계약금이란 당사자 일방이 계약체결에 부수하여 그 상대방에게 교부하는 금전 기타 유가물로서, 대금의 일부를 지급하는 것과는 그 의미가 다르다. 계약금계약은 금전 기타 유가물의 교부를 요건으로 하는 요물계약이고, 매매 기타의 계약에 종된 계약이다.

2) 계약금계약이 요물계약이라고 하더라도, 약정에 따른 계약금이 지급되기 전까지 그 계약에 구속되지 않고 자유로이 계약을 파기할 수 있는 것은 아니다. 즉, 계약금계약은 그 약정에 따른 계약금이 지급되기 전이라도 계약이 일단 성립한 후에는 당사자 일방이 이를 마음대로 해제할 수 없음이 원칙이다. 주된 계약과 더불어 계약금계약을 한 경우에는 제565조 제1항의 규정에 따라 임의 해제를 할 수 있으나, 계약금계약은 금전 기타 유가물의 교부를 요건으로 하므로 단지 계약금을 지급하기로 약정만 한 단계에서는 아직 제565조 제1항에 의한 계약해제권이 발생하지 않는다. 따라서 당사자가 계약금의 일부만을 먼저 지급하고 잔액은 나중에 지급하기로 약정하거나 계약금 전부를 나중에 지급하기로 약정한 경우, 교부자가 계약금의 잔금이나 전부를 약정대로 지급하지 않으면 상대방은 계약금 지급의무의 이행을 청구하거나 채무불이행을 이유로 계약금약정을 해제할 수 있다. 나아가 이러한 약정이 없었더라면 주계약을 체결하지 않았을 것이라는 사정이 인정되면 주계약도 해제할 수 있으나, 교부자가 계약금의 잔금 또는 전부를 지급하지 않는 한 계약금계약은 성립하지 아니하므로 당사자가 임의로 주계약을 해제할 수는 없다(대판 2008.3.13, 2007다73611).

나. 계약금의 법적 성질

계약의 당사자가 교부하는 계약금은 통상 증약금, 위약금, 해약금으로서의 성질을 가진다. 계약금은 이러한 성질을 겸유하거나 일부만을 가질 수도 있다.

1) 증 약 금

합의와 동시에 곧바로 이행하는 현실매매와 달리, 합의만으로 계약이 성립하는 매매계약의 경우에는 당사자가 그 합의에 확정적으로 구속된다는 의식이 약하기 때문에, 이러한 의식을 고양하기 위하여 당사자 간의 합의에 의해 일정액의 계약금을 지급하게 하거나 대금의 일부를 미리 지급하게 하는 것이다. 이 경우에 계약금은 계약의 성립을 증명하는 증거로서의 의미를 가지는데, 계약금은 언제나 증약금으로서의 성질을 내포하고 있다.

2) 위 약 금(벌)

위약벌로서의 위약금은 계약금의 교부자가 계약상의 의무를 이행하지 않으면 수령자가 그 계약금을 몰수하기로 약정하는 것이다. 이 경우에는 위약금 약정을 보다 확실하게 하고, 계약이행에 대한 심리적 압박을 강화하기 위하여 계약과 동시에 미리 위약금을 교부하도록 한다. 위약금의 성격이 위약벌인지 손해배상액의 예정인지가 분명하지 않으면 손해배상액의 예정으로 추정한다. 따라서 위약벌로 해석되기 위하여는 특별한 사정이 주장·입증되어야 한다(대판 2009.12.24, 2009다60169,60176).

위약벌의 약정은 직권 감액의 대상이 되지 않으며, 위약금과 별개의 손해가 있으면 이를 다시 청구할 수 있다. 다만 그 의무의 강제에 의하여 얻어지는 채권자의 이익에 비하여 약정된 벌이 과도하게 무거울 때에는 그 일부 또는 전부가 공서양속에 반하여 무효로 될 수 있다(대판 2005.10.13, 2005다26277).

[관련 판례]

① 매수인의 귀책사유로 인하여 매매계약이 해제되는 경우에는 위약금 약정을 두지 않고, 매도인의 귀책사유로 인하여 매매계약이 해제된 경우에 대해서만 위약금 약정을 두었다 하더라도 그 위약금 약정이 무효로 되는지 여부는 별론으로 하고, 매도인에 대한 위약금 규정이 있다고 하여 공평의 원칙상 매수인의 귀책사유로 매매계약이 해제되는 경우에도 매도인의 귀책사유로 인한 해제의 경우와 마찬가지로 매수인에게 위약금 지급의무가 인정되는 것은 아니다(대판 2007.10.25, 2007다40765).

② 도급계약서 및 그 계약내용에 편입된 약관에 수급인의 귀책사유로 인하여 계약이 해제된 경우에는 계약보증금이 도급인에게 귀속한다는 조항이 있을 때, 이 계약보증금이 손해배상액의

예정인지 위약벌인지는 도급계약서 및 약관 등을 종합하여 구체적 사건에서 개별적으로 결정할 의사해석의 문제이고, 위약금은 민법 제398조 제4항에 의하여 손해배상액의 예정으로 추정되므로 위약금이 위약벌로 해석되기 위하여는 특별한 사정이 주장·입증되어야 하는바, 당사자 사이의 도급계약서에 계약보증금 외에 지체상금도 규정되어 있다는 점만을 이유로 하여 계약보증금을 위약벌로 보기는 어렵다(대판 2010.6.24, 2007다63997).

③ 토지분양계약이 해제되었을 때에는 수분양자가 지급한 계약보증금이 분양자에게 귀속될 뿐만 아니라, 수분양자는 계약 해제로 인하여 분양자가 입은 손해에 대하여도 배상의무를 면하지 못하는 것으로 약정한 경우, 위 계약보증금의 몰취는 계약 해제로 인한 손해배상과는 별도의 성격을 가지는 것이라 할 것이고, 따라서 위 계약보증금 몰취 규정을 단순히 통상 매매계약에 있어서의 손해배상의 예정으로 보기는 어려우며, 수분양자가 계약 위반 시 분양자에게 손해배상책임을 지는 것과는 별도로 이를 분양자에게 귀속시킴으로써 수분양자에게 제재를 가함과 동시에 수분양자의 계약이행을 간접적으로 강제하는 작용을 하는 이른바 위약벌의 성질을 가진 것이라고 봄이 상당하다(대판 1999.3.26, 98다33260).

④ A·B는 B가 점유·관리하는 공장건물이 A 소유의 대지를 침범하였는지에 관하여 분쟁을 벌이다가 공장건물의 일부가 대지를 침범한 사실을 확인하고는 B가 A와의 상의를 거쳐 대지를 침범한 공장 건물 부분 및 그 부지를 임대하고 그 임대보증금과 임료를 A·B가 1/2씩 나누어 갖되, 이를 위반할 때에는 위약자가 상대방에게 1,000만 원을 배상한다는 내용의 약정을 한 사안에 대하여, A·B의 의사는 어디까지나 약정 내용의 계속적인 실현을 의도하면서 이와 별도로 약정의 이행을 간접적으로 강제하기 위하여 위약금을 지급하기로 한 것이라고 보여 질 뿐, 어떠한 손해의 발생을 예상하여 그 배상을 예정한 것이라고 보여 지지 않는 점, 위약금을 채무불이행시 그 이행에 갈음하는 전보배상의 예정으로 볼 경우 B의 임료지급채무가 소멸됨과 동시에 B가 이 약정과 관련하여 이미 지급한 임료를 전보배상의 예정액에서 공제할 수 있게 되어 이 사건 약정을 위약한 B에게 오히려 유리한 결과가 야기될 수도 있는 점 등에 비추어 볼 때, A·B가 약정한 위약금은 손해의 발생을 염두에 두고 그 배상의 법률관계를 간편하게 처리하려는 손해배상의 예정으로서의 성격을 가진다고 하기 보다는, A·B가 상대방에 대하여 이 사건 약정의 이행에 나아가도록 압박을 가하고 위약하였을 때에는 사적인 제재를 가하는 위약벌의 성격을 가진다고 봄이 상당하다(대판 2005.10.13, 2005다26277).

⑤ 매매계약의 목적물이 성질상 매도인 측에서 생산, 공급하는 전량을 매수인이 그 때 그 때 인수하지 않으면 안 되는 물품이어서 매수인은 계약기간 동안 매도인 측에서 생산하는 물품을 전량 인수하기로 하고 계약체결과 동시에 계약금액의 100분의 10 이상의 계약보증금을 납부하고 매수인이 정당한 이유 없이 인수를 거부하거나 지체할 때 또는 기일 내에 대금을 불입하지 않거나 계약의 각 조항을 위배할 때에는 매도인은 사전 권고나 통보 없이 일방적으로 해약을 할 수 있고 이 경우 보증금은 매도인에게 귀속하고 또 매수인이 계약을 이행하지 아니하였을 때에는 그 연대보증인이 채무이행은 물론 배상책임을 진다고 약정하였으며 매수인은 별도로 채무이행을 위하여 계약금액의 100분의 20 이상의 현금이나 지급이행보증보험증서를 제공하기로 약정하였다면 이 계약에 있어서의 계약보증금은 단순히 매수인이 매도인에게 지게 될 물품대

금채무 등을 담보한다거나 손해배상액의 예정으로 추정되는 위약금이라기보다는 매수인의 계약 이행을 간접적으로 강제하는 작용을 하고 매수인이 위약하였을 때에는 이를 매도인의 소유로 귀속하게 하여 제재를 가하는 위약벌 또는 제재금의 성질을 가지는 것으로 봄이 타당하다(대판 1989.10.10, 88다카25601).

3) 해 약 금

계약을 임의로 해제할 수 있는 권리를 양 당사자에게 부여할 수는 있지만, 아무런 조건 없이 계약이 해제되면 상대방에게 손해가 발생할 수 있다. 그러한 손해를 전보하기 위하여 계약체결 시에 매수인이 매도인에게 교부하는 일정액의 계약금을 해약금이라고 한다.

민법은 당사자 간에 다른 약정이 없는 한 당사자의 일방이 이행에 착수할 때까지 계약금을 교부한 자는 이를 포기하고 수령자는 그 배액을 상환하여 매매계약을 해제할 수 있다고 규정함으로써(제565조 제1항), 계약금을 해약금으로 추정한다. 이 때 당사자가 행사하는 해제권은 약정해제권이다.

다. 해제권유보 약정

1) 민법 제565조

제565조 제1항 소정의 계약금은 해제권을 보류하는 작용을 하므로 해약금으로 추정한다. 이는 임의규정이므로 당사자 사이에 반대특약이 가능하다.

매매당사자 사이에 수수된 계약금에 대하여 매수인이 위약하였을 때에는 이를 포기하고 매도인이 위약하였을 때에는 그 배액을 상환할 뜻의 약정이 있는 경우에는 특별한 사정이 없는 한 그 계약금은 해약금의 성질을 가질 뿐만 아니라 제398조 제1항 소정의 손해배상액의 예정의 성질도 가진다(대판 1992.5.12, 91다2151). 유상계약을 체결함에 있어서 계약금이 수수된 경우에 그 계약금은 해약금의 성질을 가지므로, 이를 위약금으로 하기로 하는 특약이 없는 이상 계약이 당사자 일방의 귀책사유로 인하여 법정해제되었다 하더라도 상대방은 계약불이행으로 입은 실제 손해만을 배상받을 수 있을 뿐 계약금이 위약금으로서 상대방에게 귀속되는 것은 아니다(대판 2010.4.29, 2007다24930).

2) 해제권 행사의 요건

가) 계약금을 교부한 자는 의사표시만으로 해제권을 행사할 수 있으나, 그 수령자는 계약해제의 의사표시 외에 계약금의 배액을 이행 제공하여야 한다. 이 때 교부자가 계약금의 배액을 수령하지 않는다고 하여 이를 공탁하여야 하는 것은 아니다(대판 1992.5.12, 91다2151).

나) 해약금에 기한 해제를 할 수 있는 기간을 '이행할 때까지'가 아니라 '이행에 착수할 때까지'이다. 계약의 이행에 따른 비용지출의 불이익을 방지하고, 상대방의 계약적 기대이익을 보장하기 위한 것이다. '이행의 착수'라는 개념이 명확하지 않지만, 통상 매매계약에서 매수인이 중도금 지급한 경우에는 매도인뿐만 아니라 매수인도 해약금에 기한 해제권을 행사할 수 없다고 본다(대판 2000.2.11, 99다62074). 판례는 '이행의 착수'의 의미를 객관적으로 외부에서 인식할 수 있는 정도로 채무의 이행행위의 일부를 하거나 또는 이행을 하기 위하여 필요한 전제행위를 하는 경우로까지 확대한다. 대법원은 매매계약의 잔대금지급기일 다음날에 잔대금 지급을 위하여 금융회사에 예탁하여 둔 돈을 찾아 가지고 잔금을 준비하여 왔음을 알리면서 이전등기서류의 준비 여부를 문의하였으나 상대방이 계약을 이행할 의사가 없는 것이 아닌가 하는 의심이 들 만한 행동을 하여 그날 매매목적 부동산에 대한 처분금지가처분신청을 한 사안에 대하여, 늦어도 잔대금지급기일 다음날에 이행의 착수가 있었다고 보아야 한다고 판시한 바 있다(대판 1993.5.25, 93다1114).

이행기 전에는 착수하지 아니하기로 하는 특약을 하는 등 특별한 사정이 없는 한 그 이행기 전이라도 이행에 착수할 수 있다. 따라서 이행기 전에 이행에 착수하였다면 해제권의 행사는 허용되지 않는다. 그리고 이행의 착수는 단순히 이행의 준비를 하는 것만으로는 부족하나 반드시 계약내용에 들어맞는 이행의 제공의 정도에까지 이르러야 하는 것은 아니다. 가령 매도인이 매수인에 대하여 매매계약의 이행을 최고하고 매매잔대금의 지급을 구하는 소송을 제기한 것만으로는 이행에 착수하였다고 볼 수 없다(대판 2008.10.23, 2007다72274, 72281).

[관련 판례]

① 국토의 계획 및 이용에 관한 법률에 정한 토지거래계약에 관한 허가구역으로 지정된 구역 안에 위치한 토지에 관하여 매매계약이 체결된 경우, 당사자는 그 매매계약이 효력이 있는 것으로 완성될 수 있도록 서로 협력할 의무가 있지만, 이러한 의무는 그 매매계약의 효력으로서 발생하는 매도인의 재산권이전의무나 매수인의 대금지급의무와는 달리 신의칙상의 의무에 해당하는 것이어서 당사자 쌍방이 위 협력의무에 기초해 토지거래허가신청을 하고 이에 따라 관할관청으로부터 그 허가를 받았다 하더라도, 아직 그 단계에서는 당사자 쌍방 모두 매매계약의 효력으로서 발생하는 의무를 이행하였거나 이행에 착수하였다고 할 수 없을 뿐만 아니라, 그 단계에서 매매계약에 대한 이행의 착수가 있다고 보아 민법 제565조의 규정에 의한 해제권 행사를 부정하게 되면 당사자 쌍방 모두에게 해제권의 행사 기한을 부당하게 단축시키는 결과를 가져올 수도 있다. 그러므로 국토의 계획 및 이용에 관한 법률에 정한 토지거래계약에 관한 허가구역으로 지정된 구역 안의 토지에 관하여 매매계약이 체결된 후 계약금만 수수한 상태에서 당사자가 토지거래허가신청을 하고 이에 따라 관할관청으로부터 그 허가를 받았다 하더라도, 그러한 사정만으로는 아직 이행의 착수가 있다고 볼 수 없어 매도인으로서는 민법 제565조에 의하여 계약금의 배액을 상환하여 매매계약을 해제할 수 있다(대판 2009.4.23, 2008다62427).

② 성남비행장 부근의 아파트개발부지에 대한 매매계약체결 후 국방장관의 고도제한 완화조치가 발표되어 계약체결 이후의 시가 상승이 예상되자 매도인이 구두로 구체적인 금액의 제시 없이 매매대금의 증액요청을 하였고, 매수인은 이에 대하여 확답하지 않은 상태에서 중도금을 이행기 전에 제공하자, 그 이후 매도인이 계약금의 배액을 공탁하여 해제권을 행사한 사안에 대하여, 시가 상승만으로 매매계약의 기초적 사실관계가 변경되었다고 볼 수 없어 매도인을 당초의 계약에 구속시키는 것이 특히 불공평하다거나 매수인에 게 계약내용의 변경을 요청하는 것이 상당하지 않고, 이행기 전의 이행의 착수가 허용되어서는 안 될 만한 불가피한 사정이 있는 것도 아니므로 매도인의 해제권 행사는 허용될 수 없다고 판시하였다(대판 2006.2.10, 2004다11599).

다) 당사자 일방이 해약금에 의한 해제를 하더라도 이행에 착수하기 전이므로 원상회복의 문제는 발생하지 않는다. 또한 채무불이행으로 인한 해제가 아니므로 상대방이 계약금 이상의 손해가 발생하였음을 증명하여도 부가적으로 손해배상을 청구할 수 없다(제565조 제2항).

3. 매매비용의 부담

매매계약에 관한 비용은 당사자 쌍방이 균분하여 부담한다(제556조). 매매계약에 관한 비용으로는, 계약 준비를 위한 비용(광고·선전비용 등), 계약체결을 위한 비용(인지대, 공정증서 작성 수수료 등과 같은 계약서 작성비용), 계약이행을 위한 비용(인도 시까지의 목적물 관리비용 등) 등이 고려될 수 있지만, 제556조 소정의 매매계약의 비용이란 계약체결을 위한 비용만을 가리킨다고 새겨야 한다. 통상 준비비용과 이행비용은 대금에 반영되기 때문에, 이를 균분하여 부담하게 하는 것은 실질적으로 매수인에게 이중의 부담을 지우는 결과가 된다.

제3절 매매의 효력

매도인이 매매의 효력으로서 부담하는 의무는 민법의 규정 상 재산권이전의무(제568조 제1항)와 담보책임(제570조 이하)이 있다.

1. 매도인의 의무

가. 재산권이전의무

1) 일 반 론

가) 물건에 대한 전면적·배타적 지배권을 소유권이라고 하는데, 물건의 종류에 따라 그 이전방법이나 시기가 문제된다. 제568조 제1항이 규정하는 재산권이전의무는 물건뿐만 아니라 권리의 매매계약에도 일반적으로 적용된다.

나) 매매목적물이 특정물인 경우, 그것이 부동산이면 매도인은 등기필증이나 인감증명서 등과 같은 이전등기에 필요한 서류를 교부하는 방법으로 등기에 협력해야 할 의무를 진다. 이 때 다른 약정이 없으면 등기비용은 매수인이 부담한다. 다만 농지를 취득하려는 자는 원칙적으로 농지 소재지를 관할하는 시장, 구청장, 읍장 또는 면장에게서 농지취득자격증명을 발급받아야 한다(농지법 제8조 제1항). 목적물이 동산인 경우에는 그 점유를 이전하는 것만으로 충분하다. 또한 동산이 종류물인 경우에는 매도인이 조달의무를 부담하므로 인도의무의 이행지체는 채무불이행의 문제가 된다. 기타 지명채권은 통지 또는 승낙, 지시채권은 배서 및 교부, 무기명채권은 교부, 지식재산권은 이전등록의 방식을 통하여 매수인에게 권리가 이전한다.

다) 매매의 목적이 된 권리가 타인에게 속한 경우에도 매도인은 그 권리를 취득하여 매수인에게 이전하여야 한다(제569조). 가령 대여금의 변제에 갈음하여 타인 소유의 물건을 양도하기로 약정한 경우에도 그 양도계약은 계약당사자 사이에 유효하고, 그 양도계약에 따라 양도인은 그 목적물을 취득하여 양수인에게 이전하여 줄 의무가 있다(대판 1993.8.24, 93다24445). 이에 위반하면 매도인의 담보책임이 문제된다(제570조).

부동산을 매수한 후 그 소유권이전등기를 하지 아니한 채 이를 다시 제3자에게 매도한 경우에는 그것을 민법 제569조에서 말하는 '타인의 권리 매매'라고 할 수 없지만(대판 1996.4.12, 95다55245), 매도인이 타인 소유의 부동산을 매수한 후 3자 간 합의에 의해 중간생략등기의 방식으로 매수인에게 소유권을 이전할 수는 있다. 또한 명의신탁한 부동산을 명의신탁자가 매도하는 경우에 명의신탁자는 그 부동산을 사실상 처분할 수 있을 뿐 아니라 법률상으로도 처분할 수 있는 권원에 의하여 매도한 것이므로 이를 민법 제569조 소정의 타인의 권리의 매매라고 할 수 없다(대판 1996.8.20, 96다18656).

2) 재산권이전의무의 내용

가) 매도인의 재산권이전의무는 결과채무이므로 매수인이 소유권을 취득하여야 소멸한다. 매도인이 이전등기에 필요한 서류 전부를 교부하였더라도 매수인 명의로 이전등기가 경료되지 않았다면 매수인의 등기청구권은 여전히 존속하게 되고, 따라서 매도인의 재산권이전의무도 소멸하지 않는다.

[관련 판례]

① 매매계약에 있어서 매도인은 매수인에 대하여 매매의 목적이 된 권리를 이전할 의무가 있고, 부동산에 관한 매매계약에 있어서는 그 권리이전의무의 하나로서 소유권이전등기절차 이행의무도 있다고 할 것이므로 매도인이 매수인에게 매매 대상 부동산에 대하여 소유권이전청구권의 보전을 위한 가등기를 하여 준 것만으로는 그 권리이전의무를 전부 이행하였다고 할 수 없을 것이고, 따라서 매도인이 매수인에 대하여 가등기를 하여 주었다고 하더라도 그 가등기에 기한 본등기가 이루어지기 전에 매도인이 제3자에게 일부 지분에 관한 소유권이전등기를 하였으며, 그 후 매수인이 스스로 가등기를 말소함으로써 제3자에게 이전된 지분에 대한 이전등기를 할 수 없게 되었다면 매도인으로서는 매수인에게 완전한 소유권을 이전해 줄 의무를 다하지

못하였다고 볼 것이며, 설사 그 가등기를 말소하는 과정에서 매수인에게 과실이 있었다고 하더라도 그러한 과실 때문에 매도인이 그 소유권이전등기를 면할 수는 없다(대판 1997.6.13, 96다15596).

② 아파트 분양권 매매에서 분양자 측이 수분양권자 명의변경을 허용하여 매수인 앞으로 수분양권자 명의를 변경을 함으로써 매매계약의 목적을 달성할 수 있는 경우에 매도인으로서는 수분양권자의 명의변경 절차를 이행하면 그 의무를 다한 것이 되고, 나아가 그 수분양권에 근거하여 목적물에 관한 소유권을 취득한 다음 매수인 앞으로 소유권이전등기를 마쳐 줄 의무까지는 없다. 그러나 매수인 앞으로 수분양권자 명의변경이 이루어지지 않고 있는 사이에 매도인이 스스로 분양권을 행사하여 목적물에 관한 소유권을 취득한 경우에는 매수인 앞으로 목적물에 관한 소유권이전등기를 넘겨주는 방법 외에는 매매 목적을 달성하는 방법이 없으므로, 그 분양대금의 청산관계가 남아 있음은 별론으로 하고 매수인에게 목적물에 관한 소유권이전등기절차를 이행할 의무가 있다(대판 2006.11.23, 2006다44401).

③ 뉴타운 도시개발사업을 시행하는 에스에이치(SH)공사를 상대로 이주대책신청을 한 갑이 이주대책자 확인·결정 전 수분양권을 을에게 매도하였고, 을이 다시 병에게 매도한 사안에서, 갑이 수분양권 취득 요건을 갖추지 못하여 수분양권이 발생하지 않거나 수분양자 명의변경이 불가능한 경우에는 을이 명의변경에 필요한 서류를 병에게 제공하였다는 사정만으로 매매계약상 필요한 의무 이행을 다하였다고 할 수 없다(대판 2011.5.26, 2010다102991).

나) 부동산의 매도인은 특약이 없는 한 제한이나 부담이 없는 완전한 소유권을 이전할 의무를 부담한다. 부동산의 매수인이 매매목적물에 설정된 근저당권의 피담보채무(대판 2010.5.13, 2009다105222), 매매 목적물에 관한 임대차보증금 반환채무(대판 2008.9.11, 2008다39663), 매매목적물에 관한 가등기담보부채무 등 그 부동산에 결부된 부담을 인수하고 그 채무액만큼 매매대금을 공제하기로 약정하는 경우에는 소유권을 그 현상대로 이전하면 된다. 그러나 그러한 약정이 없음에도 매매목적 부동산에 제한물권이 설정되어 있거나 가등기 또는 가압류등기가 경료되어 있는 경우에는 매도인은 원칙적으로 그 등기를 말소하여 완전한 소유권을 이전해 주어야 한다. 가압류등기 등이 있는 부동산의 매매계약에서는 매도인의 소유권이전등기의무와 아울러 가압류등기 등의 말소등기의무도 매수인의 대금지급의무와 동시이행의 관계에 있다(대판 2000.11.28, 2000다8533).

부동산 매도인의 소유권이전등기의무와 함께 목적물인도의무도 매수인의 대금지급의무와 동시이행의 관계에 서는지에 대하여는 학설상 다툼이 있지만,[9] 목적물에 대한 소유권이전등기 뿐만 아니라, 매수인이 목적물을 자유롭게 사용·수익할 수 있는 상태에 놓이게 됨으로써 비로소 소유권의 완전한 이전이 이루어졌다고 보는 것이 거래관념이나 당사자의 의사에도 부합한다고 새겨야 할 것이다. 가령 토지매매에서 매도인이 소유할 때부터 토지를 불법점유해 온 자가 있었는데, 매도인이 소유권이전에 필요한 등기서류만을 교부한 것만으로 그 상환으로 잔금의 지급을 명한다면, 매수인은 불법점유자에 대하여 토지에 대한 명도청구와 함께 불법행위로 인한 손해배상청구권 및(또는) 부당이득반환청구권을 행사하여야 하고, 매도인 역시 동일한 청구를 하여야 하는 복잡한 문제가 발생한다. 판례도 부동산의 매매계약이 체결된 경우에는 매도인의 소유권이전등기의무 및 인도의무와 매수인의 잔대금지급의무는 원칙적으로 동시이행의 관계에 있다고 본다(대판 2000.11.28, 2000다8533).

나. 기타 부수의무

매도인은 재산권을 이전하여야 할 급부의무 외에, 매매계약에 부수하여 보호의무, 지시·경고의무 등을 진다. 제조물책임과 관련하여서는 제조업자에게 결과회피의무위반의 존재를 전제로 한 제조물관찰의무가 인정되어 왔다. 여기에는 제조물이 공급된 후에 발생하는 손해를 방지하기 위한 이른바 '여후의무(余後義務)'도 포함되는데, 건물매매와 관련하여 분양업자에게 이러한 의무가 인정되는지도 문제될 수 있다.

1) 보호의무

매도인은 매매목적물의 하자로 인하여 매수인 또는 그와 인적 밀접성이 인정되는 사람에게 확대손해가 발생하지 않도록 해야 할 보호의무를 부담한다. 보호의무위반에 의한 확대손해의 배상 문제는 불완전이행책임의 성립 여부와 관련이 있다. 매매목적물의 하자로 인하여 확대손해가 발생하였다는 이

---

9) 긍정설로는, 이은영, 채권각론, 294면; 김형배, 채권각론, 312면; 김상용, 채권각론, 197면; 지원림, 민법강의, 1397면; 송덕수, 신민법강의, 1408면이 있고, 부정설로는 곽윤직, 채권각론, 135면이 있다.

유로 매도인에게 그 확대손해에 대한 배상책임을 지우기 위하여는 채무의 내용으로 된 하자 없는 목적물을 인도하지 못한 의무위반 사실 외에 그러한 의무위반에 대하여 매도인에게 귀책사유가 있어야 한다. 매매와 관련하여 보호의무위반을 이유로 확대손해의 배상이 문제된 사례는 많지 않고, 또한 그 청구가 인용된 경우도 발견되지 않는다.

판례는 장미를 재배하는 유리온실 안에 설치된 농업용 공기조화기의 모터 과열로 그 권선의 절연이 파괴되어 권선에서 층간 단락이 발생하고 이때 발생한 열로 인접한 먼지나 코드의 절연 피복에 불이 붙어 화재가 발생한 사안에서, 매수인이 공기조화기의 매도인으로서 품질, 규격, 성능, 안전성 여부를 점검하여 하자 없는 물품을 공급하고 설치상의 하자 유무를 점검하여야 할 주의의무가 있음에도 이를 게을리 하였을 뿐만 아니라 매도인의 이행보조자도 하자 있는 공기조화기를 제작·설치함으로써 화재로 인한 확대손해를 입게 하였다고 주장하면서 매도인에게 확대손해금 1억 원을 청구하였지만, 매도인에게 귀책사유가 인정되지 않는다는 이유로 매수인의 청구를 기각한 바 있다(대판 2003.7.22, 2002다35676).

또한 농업용 난로 등의 제조·판매를 목적으로 하는 B가 산업용 실리콘, 산업용 고무, 열기기 부품 등을 제조·판매하는 A로부터 농업용 난로의 버너에 사용되는 부품인 커플링(COUPLING)을 공급받아 왔는데, B로부터 농업용 난로를 구입하여 비닐하우스 안에 설치하여 가동해 오던 C 등이 농업용 난로가 이상 없이 작동하는 것을 확인하고 귀가하였으나, 같은 날 농업용 난로가 작동하지 아니하여 농작물이 냉해 피해를 입은 사안에서, B가 A에 대하여 C 등에게 냉해 피해로 인하여 지급한 손해배상금 상당액을 자신에게 지급할 것을 청구하였으나 법원은 농작물 피해가 발생할 때까지 B가 제작하여 판매한 농업용 난로가 상당 기간 동안 아무 이상 없이 잘 가동되다가 갑자기 날씨가 추워진 날에 비로소 가동이 중단된 점 등에 비추어 보면, A가 플라스틱을 주된 재료로 하여 제작·공급한 커플링의 샤프트가 통상 갖추어야 할 품질이나 성능조차 갖추지 못한 것이었다고는 볼 수 없다는 이유에서 B의 청구를 받아들이지 않았다(대판 1997.5.7, 96다39455).

2) 지시·경고의무

매도인은 목적물의 사용에 필요한 설명을 하고, 그 사용에 따른 위험을 경고할 의무를 부담한다. 위험성을 수반하는 물건(특히 제조물)의 매매에서는 매도인의 지시·경고가 중요한 의무내용이 된다. 가령 예초기, 인화성 물건, 질병 유발 성분이 함유된 물건, 신품종 씨앗 등의 매매에서 매도인은 매수인에게 그 사용방법과 위험성을 명확하게 설명하고 경고하여야 한다.

가령 안경점에서 콘택트렌즈를 구입할 때 종업원이 1주일에 1회의 비율로 단백질 제거가 필요하다는 사실을 고지하지 않은 등 그 사용방법을 자세하게 설명하지 않아 매수인에게 안질환이 발생하여 시력장해에 이르게 되었고, 종업원이 교부한 사용설명서를 읽는 것만으로 매수인이 단백질 제거의 필요성을 정확하게 판단할 수 없는 경우라면, 매도인은 단순히 제품의 사용설명서를 교부한 것만으로 지시·경고의무를 다하였다고 볼 수 없으므로, 매수인의 인신손해에 대한 배상책임을 져야 한다.

3) 손해방지의무

매도인이 목적물을 매도한 후에도 그로 인한 손해의 발생을 방지하여야 할 의무를 지는가 하는 점이 문제된다. 제조물책임에서 제조자 등의 제조물관찰의무의 한 모습으로 인정되어 왔는데, 최근 일본에서는 분양 건물이나 아파트의 가격하락에 따른 분양업자의 책임과 관련하여 손해방지의무(또는 餘後義務)의 인정 여부가 문제되고 있다. 거품경제의 붕괴로 인하여 고가로 분양되었던 건물이나 아파트 가격이 급락하고 미분양 분량이 속출하면서 분양업자가 미분양 상가나 아파트를 최초 분양가 보다 헐값에 매각하는 사태가 빈발하였다. 이 경우에 매도인은 수분양자에게 목적물의 소유권을 이전한 후에도 신의칙상 미분양 분을 헐값에 매각하지 않아야 할 의무를 부담하는지가 논의의 초점이 된다. 수분양자들은 이러한 매각행위로 인하여 건물 등의 가치가 하락하였고, 이는 매도인에게 신의칙 상 요구되는 손해방지의무 위반에 기한 것이라는 이유를 들어 분양업자를 상대로 그 차액에 상당하는 손해배상을 청구해 왔다. 이에 대하여 법원은 건물 등의 가치하락을 초래한 원인은 거품의 붕괴에 있고, 분양업자가 자금난의 해소를 위하여 미분양 분을 적정가격 이하로 매각하였더라도 분양업자는 원칙적으로 자신의 소유물을 처분할 수 있는 자유를 가지므로, 이를 손해방지의무의 위반이라고는 볼 수 없다고 판단하였다.

다. 과실의 귀속

1) 매매계약이 있은 후에도 인도하지 않은 목적물로부터 생긴 과실은 매도인에게 속한다(제587조 전문). 이는 매수인이 목적물을 인도받기 전까지는 대금의 이자를 지급하지 않아도 된다고 규정한 동조 후문에 대응하는 것으로서, 매매당사자 사이의 형평을 꾀하고자 한 것이다. 제587조는 목적물인도의무와 대금지급의무가 동시이행의 관계에 있는 통상의 경우를 전제한 것이다. 그런데 동조 후문 단서는 매수인이 매매목적물을 인도받았더라도 대금의 지급에 관하여 기한이 있는 때에는 대금의 이자를 지급하지 않아도 된다고 규정하고 있다. 따라서 당사자들 사이에 이들 의무에 대한 이행 기한을 달리 정하였다면 과실의 귀속이나 지연배상은 그 기한이 도래한 후에 비로소 가능해진다. 가령 분양 아파트의 수분양자들이 분양자의 책임 아래 그 아파트를 담보로 은행 대출을 받아 그 대출금으로 잔금을 대체하기로 약정하였다면, 수분양자들에게 대출 지연에 대한 책임이 있다고 볼 수 있는 특별한 사유가 없는 한, 은행 대출을 받을 수 있는 때까지로 보아야 한다(대판 1995.12.26, 95다33962).

2) 제587조는 매매당사자 사이의 대가적 균형을 유지하기 위하여 둔 규정이므로, 특별한 사정이 없는 한 매매계약이 있은 후에도 인도하지 아니한 목적물로부터 생긴 과실은 매도인에게 속하나, 매매목적물의 인도 전이라도 매수인이 매매대금을 완납한 때에는 그 이후의 과실수취권은 매수인에게 귀속한다(대판 1993.11.9, 93다28928). 매매목적 부동산을 제3자가 점유하고 있어 인도받지 아니한 매수인이 명도소송제기의 방편으로 미리 소유권이전등기를 경료받았으나 아직 매매대금을 완납하지 않은 경우에도 부동산으로부터 발생한 과실의 수취권이 매도인에게 귀속함은 마찬가지이다.

매수인이 매매대금의 전액이 아닌 그 일부만 변제한 경우에 지급된 매매대금의 일부에 대응하는 부분의 목적물의 과실을 매수인에게 귀속시키는 것은 매매목적물의 운용이익과 그 목적물의 관리비용 및 매매대금의 이용수익을 간이하게 정산하려 하는 제587조의 취지에 부합하지 않으므로 그 매매목적물로부터 생긴 과실 전부가 매도인에게 속한다고 보아야 한다.

3) 매매목적물이 인도되지 아니하고 또한 매수인이 대금을 완제하지 아니한 때에는 매도인의 이행지체가 있더라도 과실은 매도인에게 귀속되는 것이므로 매수인은 인도의무의 지체로 인한 손해배상금의 지급을 구할 수 없다(대판 2004.4.23, 2004다8210). 또한 특정물의 매매에서 매수인의 대금지급채무가 이행지체에 빠졌다 하더라도 그 목적물이 매수인에게 인도될 때까지는 매수인은 매매대금의 이자를 지급할 필요가 없는 것이므로, 그 목적물의 인도가 이루어지지 아니하는 한 매도인은 매수인의 대금지급의무 이행의 지체를 이유로 매매대금의 이자 상당액의 손해배상청구를 할 수 없다(대판 1995.6.30, 95다14190).

4) 쌍무계약이 무효로 되어 각 당사자가 서로 취득한 것을 반환하여야 하는 경우에도 동시이행관계가 있다고 보아 제536조를 준용함이 옳지만, 착오를 원인으로 하여 토지매매계약이 취소된 경우에 선의의 매수인에게 제201조가 적용되어 과실취득권이 인정되는 이상, 선의의 매도인에게도 제587조의 유추적용에 의하여 대금의 운용이익 내지 법정이자의 반환을 부정하는 것이 형평에 부합한다(대판 1993.5.14, 92다45025).

5) 일반적으로 담보목적으로 가등기를 경료한 경우에는 담보물에 대한 사용·수익권이 가등기설정자인 소유자에게 있지만, 채권자가 가등기담보권을 실행하여 그 담보목적 부동산의 소유권을 취득하기 위하여 가등기담보 등에 관한 법률에 따라 채무자에게 담보권 실행을 통지한 경우 청산금을 지급할 여지가 없는 때에는 2월의 청산기간이 경과함으로써 청산절차는 종료되고, 이에 따라 채권자는 더 이상의 반대급부의 제공 없이 채무자에 대하여 소유권이전등기청구권 및 목적물 인도청구권을 가진다 할 것임에도, 채무자가 소유권이전등기의무 및 목적물 인도의무의 이행을 지연하면서 자신이 담보목적물을 사용·수익할 수 있다고 하는 것은 심히 공평에 반하여 허용될 수 없으므로 이

러한 경우에는 담보목적물에 대한 과실수취권 등을 포함한 사용·수익권은 청산절차의 종료와 함께 채권자에게 귀속된다고 보아야 한다(대판 2001.2.27, 2000다20465).

2. 매도인의 담보책임

가. 서 설

1) 의 의

가) 민법 제570조 이하에는 매도인의 담보책임에 관한 규정을 두고 있다. 매도인의 담보책임이란 매매의 목적인 권리에 흠결이 있거나 매매의 목적물에 하자가 존재하여 그 대가에 상응하는 가치를 가지지 못하는 경우에 매도인이 매수인에 대하여 부담하는 책임을 말한다. 민법은 유상계약에 있어 출연의 등가성을 고려하여 그 책임요건을 완화하면서 매도인에게 무거운 책임을 지우고 있다. 반드시 정확한 표현이라고 할 수는 없지만, 전자를 '추탈담보책임', 후자를 '하자담보책임'이라고 하는데, 이러한 구별은 물건의 하자로 볼 것인가 아니면 권리의 흠결로 볼 것인가에 따라 경매에 따른 담보책임에 있어서 제575조 제1항의 준용 여부가 결정된다는 점에서 그 의의가 있다.

나) 담보책임은 일반 채무불이행책임에 대하여 다음과 같은 특징을 가지고 있다. 채무불이행책임은 채무자의 귀책사유를 그 요건으로 하는 반면, 담보책임은 이를 요건으로 삼지 않는다. 따라서 매수인은 매도인의 고의 또는 과실에 대한 증명책임을 부담하지 않는다. 또한 채무불이행책임에서와는 달리, 매수인의 선의·악의, 과실·무과실의 존부에 따라 책임의 효과가 달라진다. 그리고 채무불이행책임은 계약해제권과 손해배상청구권만을 인정하지만, 담보책임은 이에 더하여 대금감액청구권, 하자보수청구권, 완전물급부청구권을 인정한다는 점에서 책임의 내용이 다양하다. 담보책임은 6월 내지 1년의 단기 제척기간에 걸린다는 점에서도 특징적이다.

다) 담보책임에 관한 민법의 규정은 임의규정이며, 매매 이외의 유상계약에도 준용한다(제567조). 다만 건물 기타 토지의 공작물의 완성을 목적으로 하

는 도급계약에서는 목적물의 하자로 인하여 계약의 목적을 달성할 수 없는 경우에도 수급인에게 해제권을 인정하지 않는다는 점에서 그 예외가 인정된다(제668조). 그리고 하자담보책임은 법률의 규정에 의한 원시취득의 경우에는 문제가 되지 않는다. 가령 토지수용법에 의한 수용재결의 효과로서 토지소유권을 취득하는 경우에, 수용자는 토지소유자와의 법률행위에 의하여 토지를 승계취득하는 것이 아니라 법률의 규정에 의하여 원시취득하는 것이므로, 그 토지와 분리할 수 없는 폐기물이 혼합되어 있는 등 수용목적물에 숨은 하자가 있더라도 토지소유자는 담보책임을 지지 않고, 수용시기까지 수용 대상 토지를 현상대로 수용자에게 인도하면 된다(대판 2001.1.16, 98다58511).

2) 담보책임의 본질

가) 매매의 목적이 권리인 경우에 매도인은 원칙적으로 아무런 제한이나 부담이 없는 완전한 재산권을 매수인에게 이전하여야 할 의무를 부담한다. 따라서 그 권리에 흠결이 있으면 매도인은 이러한 재산권이전의무의 위반에 따른 채무불이행책임을 지게 된다. 이에 대하여 학설 상 다툼은 없으며, 판례도 같은 입장이다. 이에 따라 제570조 및 제572조에서 정한 담보책임의 배상범위는 이행이익의 손해로 새긴다.

[관련 판례]

① 타인의 권리를 매매한 자가 권리이전을 할 수 없게 된 때에는 매도인은 선의의 매수인에 대하여 불능 당시의 시가를 표준으로 그 계약이 완전히 이행된 것과 동일한 경제적 이익을 배상할 의무가 있다(대판 전합체 1967.5.18, 66다2618).

② 매도인이 그의 명의로 등기된 수 개의 부동산을 매수인에게 매도하였으나 그 중 일부 토지의 진정한 소유자가 제기한 소유권이전등기말소청구 사건의 승소판결이 확정됨으로써 매수인에게 손해배상책임을 부담하게 되었다면, 매도인의 매수인에 대한 손해배상액은 이행불능 당시의 형상인 아파트 부지로 조성 중인 상태를 기준으로 산정하여야 한다(대판 2004.12.9, 2002다33557).

제570조 및 제572조가 정한 담보책임 이외에 권리의 흠결로 인한 담보책임에서는 손해배상으로서 신뢰이익의 배상을 인정하여 왔는데, 특히 제576조가

정한 담보책임에서도 그 범위를 신뢰이익으로 한정한 판례가 있어 학설상 논란이 되고 있다.

즉, 판례는 "가압류 목적이 된 부동산을 매수한 이후 가압류에 기한 강제집행으로 부동산 소유권을 상실하였거나(대판 2011.5.13, 2011다1941), 가등기의 목적이 된 부동산을 매수한 사람이 그 뒤 가등기에 기한 본등기가 경료됨으로써 그 부동산의 소유권을 상실하게 된 경우(대판 1992.10.27, 92다21784)는 매매의 목적 부동산에 설정된 저당권 또는 전세권의 행사로 인하여 매수인이 취득한 소유권을 상실한 경우와 유사하므로, 이때에는 민법 제576조의 규정이 준용된다고 보아 같은 조 소정의 담보책임을 진다."고 하면서, 매도인이 매수인에게 배상하여야 할 손해의 범위는 상대방이 그 계약의 유효를 믿었음으로 인하여 받은 손해, 즉 이른바 신뢰이익의 배상에 한정된다고 봄이 상당하고, 당해 계약에서 매매계약이 유효하다고 믿음으로 인하여 입게 된 손해는 매매대금 및 그에 대한 법정이자 상당액이라고 하였다. 이러한 판례의 태도에 대하여는 제570조와 제576조의 담보책임의 본질이 동일하므로 그 손해배상의 범위만을 달리 보아야 할 아무런 이유가 없다고 하면서, 이행이익의 배상을 인정하여야 한다는 비판적 견해가 있다.[10)]

나) 물건에 하자가 있는 경우에는 나누어 살펴볼 필요가 있다.

(1) 불특정물매매

불특정물매매에서 매도인은 조달의무와 함께 하자 없는 완전한 물건을 인도해야 할 의무를 부담한다. 따라서 매도인이 하자 있는 물건을 인도하면 계약의무위반에 따른 채무불이행책임을 진다. 이에 대하여 이설은 없다. 이때 매수인에게 인정되는 완전물급부청구권은 원래의 급부청구권의 연장선상에서 인정되는 것이다. 불특정물의 하자로 인한 담보책임은 채무불이행책임의 성격을 가지지만, 그와 독립한 담보책임의 체계적 특성상 요건, 효과, 행사기간 등에서 일반 채무불이행책임과는 차이가 있다. 즉, 일반 채무불이행책

10) 남효순, "가등기에 기한 본등기 경료로 인한 매도인의 담보책임에 있어서 적용규정과 손해배상의 범위", 민사판례연구, 제16권(1994), 96면 이하.

임이 채무자의 귀책사유를 요건으로 하여 지연배상이나 전보배상을 인정하고 있는 것과는 달리, 매도인의 귀책사유에 관계없이 대금감액 또는 해제가 인정된다는 점과 권리행사기간이 단축된다는 점에서 그러하다.

(2) 특정물매매

매매목적물이 특정물인 경우에 그 물건에 하자가 있으면 이를 법률의 규정에 의한 특별책임으로 볼 것인지, 아니면 매도인이 부담하는 계약의무위반에 따른 채무불이행책임으로 볼 것인지에 대하여 견해가 나뉜다. 대립하는 견해는 특정물채무의 이행방법을 규정한 제462조를 어떻게 해석할 것인가, 즉 특정물도그마를 인정할 것인가의 여부에 따라 그 결론을 달리한다. 그리고 그 본질을 어떻게 이해하느냐에 따라 하자담보책임의 내용이 달라지므로, 이에 관한 논의는 특히 중요한 의미가 있다.

(가) 법정책임설[11]

① 담보책임은 로마법 상 매수인을 보호하기 위하여 인정되어 온 무과실의 해제소권(actio redhibitoria)과 대금감액소권(actio quanti minoris)에 그 기원을 두고 있다.

② 법정책임설은 “특정물의 인도가 채권의 목적인 때에는 채무자는 이행기의 현상대로 그 물건을 인도하면 된다.”는 제462조의 이른바 특정물도그마를 그 이론적 기초로 한다. 특정물매매에서 매도인은 계약체결 시의 상태대로 목적물을 이행하면 되므로, 특정물의 하자로 인한 책임은 원시적 불능에 대한 책임이다. 이렇게 보면 매도인에게 하자 없는 특정물의 인도의무를 지우는 것이 원시적 불능을 목적으로 하는 계약으로서 무효가 되어야 하므로, 계약의 유효를 전제로 하는 담보책임제도와 모순하게 된다. 이러한 이유에서 특정물도그마는 유지되어야 하며, 하자담보책임은 이행의무와 관계가 없는 법정책임이라고 이해하여야 한다.

③ 매도인이 무과실의 법정책임을 부담하는 이유는 매도인과 매수인의 급부가 대가적 견련관계에 있기 때문이다. 이로 인하여 급부와 반대급부 사이에

11) 김증한, 채권각론, 146면; 김준호, 채권법, 576면; 대판 1957.10.31, 4290민상307. 독일의 통설이기도 하다.

발생하는 대가적 불균형을 바로잡기 위하여 형평의 원칙에 터 잡아 매도인의 과실을 요구하지 않는다.

④ 실정법적 근거로는, 특정물의 하자담보책임을 채무불이행책임으로 구성하게 되면 무상증여의 경우에도 이를 인정하여야 하지만 민법은 증여에 대하여 담보책임을 원칙적으로 인정하지 않는다는 점(제559조 제1항), 채무불이행책임에서와는 달리 담보책임에 기한 손해배상은 매수인의 선의를 요한다는 점(제570조 단서, 제575조, 제580조 제1항), 담보책임에서는 매도인의 귀책사유를 요하지 않는다는 점, 수량지정매매에 있어서 계약체결 시에 수량의 부족이 있으면 원시적 일부불능이 되어 그 부분에 관하여는 채무불이행이 문제되지 않을 것임에도 민법은 담보책임을 인정한다는 점(제574조)을 들 수 있다.

⑤ 하자담보책임의 효과로서 손해배상의 범위는 신뢰이익의 배상으로 제한된다. 특정물 하자로 인한 담보책임은 하자 없는 물건의 급부가 원시적 일부불능으로 된 경우에 문제되고, 이 때 계약은 일부무효가 되므로 계약의 유효를 전제로 하는 채무불이행책임이 문제될 여지는 없다. 그럼에도 불구하고 민법이 손해배상을 인정한 것은 당사자 사이에 급부의 대가적 균형을 고려한 결과이므로, 그 범위는 매수인이 무효인 계약을 유효하다고 믿음으로 인하여 입은 손해, 즉 신뢰이익의 손해로 제한되어야 한다. 이렇게 이론 구성을 하여야 계약체결상의 과실책임을 규정한 제535조와 균형을 유지할 수 있다. 법정책임설 중에도 매도인에게 귀책사유가 있는 경우에는 손해배상의 범위가 이행이익으로 확장될 수 있다는 견해가 있지만, 채무불이행책임설과 같은 결론에 이르게 되므로 논리적 정합성을 결여한다.

⑥ 법정책임설 중에는 하자담보책임과 채무불이행책임을 본질적으로 별개의 책임으로 보면서도 양 책임의 경합을 인정하는 견해가 있지만,[12] 원시적 일부불능을 전제로 하여 특정물도그마를 관철시키는 법정책임설의 입장에서 이를 인정하는 것은 논리적 모순을 가져오므로 받아들이기 어렵다. 특정물에 원시적 하자가 있더라도 매도인이 그 현상대로 그 물건을 인도하면 채무의 완

12) 김현태, 채권각론, 117면; 김증한, 채권각론, 146면; 곽윤직, 채권각론, 137면; 김상용, 채권각론, 201면.

전한 이행이 이루어져 채무불이행책임이 발생할 여지가 없기 때문이다.

[관련 판례]

> 매도인의 하자담보책임에 관한 민법 제581조, 제580조 수급인의 하자담보책임에 관한 민법 제667조는 '법이 특별히 인정한 무과실책임'으로서 여기에 민법 제396조의 과실상계 규정이 준용될 수는 없다 하더라도, 담보책임이 민법의 지도이념인 공평의 원칙에 입각한 것인 이상 하자 발생 및 그 확대에 가공한 매수인의 잘못을 참작하여 손해배상의 범위를 정함이 상당하다 (대판 1999.7.13, 99다12888; 대판 1995.6.30, 94다23920).

(2) 채무불이행책임설[13)]

① 학자마다 그 근거를 다소 달리 하지만, 특정물도그마, 원시적 불능 도그마를 부인하고 하자담보책임의 본질을 다른 담보책임에서와 마찬가지로 채무불이행책임의 한 유형인 불완전이행책임으로 이해하는 최근의 지배적인 학설이다. 하자담보책임은 제390조의 채무불이행책임과 그 본질이 같지만, 유상계약의 특칙으로서 보다 풍부한 내용을 담고 있다(특별책임의 성격). 매도인이 완전물인도의무를 부담함에도 하자 있는 물건을 인도한 것은 채무불이행에 해당하지만, 급부와 반대급부 사이의 균형을 고려하여 무과실책임으로 구성한 것일 뿐이다(제580조는 제390조의 특별규정).

② 매도인은 하자 없는 특정물을 인도하면서 그 대가를 지급받기로 하는 등가교환의 합의를 하였기 때문에, 그러한 합의에 기초한 채무가 이행되지 않으면 그 하자가 원시적인가 후발적인가를 묻지 않고 채무불이행책임을 져야 한다. 또한 제462조는 매도인이 원시적으로 하자가 있는 물건을 그대로 인도하였다고 하여 완전한 이행의 효과가 발생하는 것을 의미하는 것이 아니고, 단순히 그 하자를 이유로 수령을 거절할 수 있을 뿐이라고 새겨야 한다. 설령 매수인이 하자 있는 물건을 수령하였더라도 선관주의의무 위반을 이유로 채무불이행책임을 물을 수 있고, 매도인에게 귀책사유가 없다면 하자담보책임

---

13) 김형배, 채권각론, 318면; 이은영, 채권각론, 309면; 김대정, 계약법(상) 407면; 지원림, 민법강의, 1401면; 송덕수, 신민법강의, 1410면; 조규창, "물건의 하자담보책임", 법학논집 제21집(1983), 고려대학교법학연구원, 256면; 남효순, "담보책임의 본질론(Ⅱ)", 서울대 법학 제35권 제2호 (1994), 226면 이하.

을 물을 수 있다.

③ 특정물의 하자를 이유로 매수인이 손해배상을 청구하는 경우에 매도인의 귀책사유를 요하지는 않는다. 담보책임은 매매 목적인 권리의 흠결 또는 물건의 하자가 계약체결 전부터 존재하는 경우에만 인정되고, 그와 같은 하자가 계약 성립 후에 발생한 때에는 담보책임 자체가 문제되지 않는다. 이때는 채무불이행(제390조)과 위험부담(제537조)이 문제될 뿐이다. 따라서 담보책임은 원시적 일부불능인 하자에 대한 책임으로서 매도인의 귀책사유를 전제로 하지 않으므로, 그 요건으로 매도인의 귀책사유를 요하지 않는다.

④ 특정물 하자로 인한 담보책임을 채무불이행으로 구성하게 되면 이는 불완전이행으로 볼 수밖에 없다. 그런데 제580조는 담보책임의 효과로서 무과실의 손해배상을 인정하고 있기 때문에, 채무자의 귀책사유를 그 요건으로 하여 이행이익의 배상을 인정하고 있는 채무불이행책임의 손해배상의 범위 등과 관련하여 조화로운 해석이 필요하다. 이에 대하여는 채무불이행책임설 내부에서도 다양한 견해가 있다. 채무불이행책임의 본질 상 당연히 이행이익의 배상을 인정하여야 한다는 견해,[14] 담보책임은 귀책사유를 요건으로 하지 않고 급부와 반대급부 사이에 등가적 균형을 유지하고자 하는 제도이므로 신뢰이익의 배상만을 인정하여야 한다는 견해,[15] 매도인에게 귀책사유가 있는 경우에 한하여 이행이익의 배상을 인정하는 견해,[16] 하자담보책임의 본질은 채무불이행책임이지만, 무과실책임이므로 과실을 요건으로 하는 채무불이행책임에 비하여 그 효과를 축소할 필요가 있다는 이유에서 숨은 하자에 대해서는 신뢰이익의 배상을, 무하자를 보증하였거나 하자를 고지하지 않은 경우에는 이행이익의 배상을 인정하여야 한다는 견해[17] 등이 주장되고 있다. 하자담보책임은 그 제도적 취지에 기초하여 책임요건을 완화하는 대신에 책임의 범위를 제한하는 구조를 취하므로, 손해배상의 범위는 신뢰이익의 손해로 제한하

14) 이은영, 채권각론, 317면.
15) 곽윤직, 채권각론, 169면; 양창수·김재형, 계약법, 493면.
16) 김주수, 채권각론, 198면.
17) 김형배, 채권각론, 363면

는 것이 바람직할 것이다.

(3) 사 견

채무불이행책임설을 지지한다. 제도의 목적 상 그 요건과 효과에 있어 특별한 취급이 따르기는 하지만, 일반 채무불이행책임과 통일적인 이론구성이 가능해진다는 장점이 있다. 나아가 급부장애법의 일원화를 위한 논의의 전제로서 채무불이행책임설이 보다 유익하다.

3) 하자담보책임과 채무불이행책임과의 관계

가) 매매목적물의 하자가 일반 채무불이행책임의 요건을 동시에 충족하는 경우에 매수인은 매도인을 상대로 담보책임과 함께 채무불이행책임을 물을 수 있는가가 문제된다. 이에 대하여는, ① 매도인의 담보책임은 채무불이행에 대한 특별책임으로서의 성격을 가지므로 매수인은 매도인에 대하여 담보책임 이외에 채무불이행책임을 별도로 주장할 수 없다는 견해[18]와, ② 양 책임의 요건 및 효과의 차이, 권리행사기간의 차이, 매수인의 보호 필요성 등을 이유로 또 다른 하나의 권리구제수단인 채무불이행책임과의 경합을 인정하는 견해[19]가 대립한다. 후설을 지지한다.

나) 양 책임의 관계는 매매목적물의 하자로 인하여 매수인에게 확대손해가 발생한 경우에 주로 문제된다. 매도인의 담보책임은 매수인의 급부이익의 보호에 한정되므로, 매매목적물의 하자로 인하여 매수인의 급부외 이익이 침해된 경우에는 담보책임에 의하여 이를 전보 받을 수 없다. 가령 매도인으로부터 매수한 전기장판의 자동온도 조절장치의 하자로 인하여 매수인이 화상을 입게 된 경우에, 매수인은 확대손해인 신체손해에 대하여 담보책임을 물을 수 없다. 매수인이 신체손해를 전보받기 위해서는 불완전이행책임 또는 제조물책임의 요건이 충족되어야 한다. 양 책임의 보호이익의 범위가 다르기 때문이다. 판례도 "매매목적물의 하자로 인하여 확대손해 내지 2차 손해가 발생하였

18) 김대정, "채무불이행책임설에 의한 하자담보책임의 재구성", 민사법학 제9·10호(1993), 269면.
19) 김형배, 채권각론, 318면; 김상용, 채권각론, 193면; 이은영, 채권각론, 313면; 지원림, 민법강의, 1402면.

다는 이유로 매도인에게 그 확대손해에 대한 배상책임을 지우기 위하여는 채무의 내용으로 된 하자 없는 목적물을 인도하지 못한 의무위반사실 외에 그러한 의무위반에 대하여 매도인에게 귀책사유가 인정될 수 있어야 한다."고 한다(대판 1997.5.7, 96다39455; 대판 2003.7.22, 2002다35676).

다) 매도인의 귀책사유에 의하여 하자 있는 물건이 인도되어 매수인에게 확대손해가 발생한 경우에는 하자담보책임과 채무불이행책임이 경합적으로 인정된다고 새겨야 한다. 이는 매수인에게 확대손해가 발생하지 않았더라도 마찬가지이다. 가령 매도인의 선관주의의무위반에 의하여 하자 있는 물건이 인도되어 매수인이 급부이익을 침해당한 경우에도 양 책임의 경합은 인정된다. 따라서 매수인이 목적물의 하자를 안 날로부터 1년이 도과하여 대금감액을 청구할 수 없게 되었더라도 매수인은 채무불이행책임을 물어 손해배상을 청구할 수 있고, 나아가 당사자 사이에 담보책임에 관한 면제특약이 있었더라도 매도인의 채무불이행책임이 배제되지 않는다.[20]

라) 판례도 양 책임의 경합을 인정한다. 즉, "매도인이 성토작업을 기화로 다량의 폐기물을 은밀히 매립하고 그 위에 토사를 덮은 다음 도시계획사업을 시행하는 공공사업시행자와 사이에서 정상적인 토지임을 전제로 협의취득절차를 진행하여 이를 매도함으로써 매수인으로 하여금 그 토지의 폐기물처리비용 상당의 손해를 입게 하였다면 매도인은 이른바 불완전이행으로서 채무불이행으로 인한 손해배상책임을 부담하고, 이는 하자 있는 토지의 매매로 인한 민법 제580조 소정의 하자담보책임과 경합적으로 인정된다(대판 2004.7.22, 2002다51586)."고 하였다. 그 밖에 도급계약에 있어 수급인의 담보책임과 관련하여서도 양 책임의 경합을 인정한 판례가 있다.

[관련 판례]

① 액젓 저장탱크의 제작·설치공사 도급계약에 의하여 완성된 저장탱크에 균열이 발생한 경우, 보수비용은 민법 제667조 제2항에 의한 수급인의 하자담보책임 중 하자보수에 갈음하는

20) 양창수, 민법주해(IX), 297면.

손해배상이고, 액젓 변질로 인한 손해배상은 위 하자담보책임을 넘어서 수급인이 도급계약의 내용에 따른 의무를 제대로 이행하지 못함으로 인하여 도급인의 신체·재산에 발생한 손해에 대한 배상으로서 양자는 별개의 권원에 의하여 경합적으로 인정된다(대판 2004.8.20, 2001다70337).

② 원단의 가공에 관한 도급계약에 의하여 납품된 물건에 하자가 발생함으로 말미암아 도급인이 외국에 수출하여 지급받기로 한 물품대금을 지급받지 못한 데 대한 손해배상은, 민법 제667조 제2항 소정의 하자담보책임을 넘어서 수급인이 도급계약의 내용에 따른 의무를 제대로 이행하지 못함으로 인하여 도급인의 신체·재산에 발생한 이른바 하자확대손해에 대한 배상으로서, 수급인에게 귀책사유가 없었다는 점을 스스로 입증하지 못하는 한 도급인에게 그 손해를 배상할 의무가 있다(대판 2007.8.23, 2007다26455,26462).

【담보책임의 유형과 내용】

<table>
<tr><th colspan="2" rowspan="2">책임원인</th><th rowspan="2">매수인의
선의·악의</th><th colspan="3">책임의 내용(매수인의 권리)</th></tr>
<tr><th>대금감액
청구권</th><th>해제권</th><th>손배청구권</th></tr>
<tr><td rowspan="18">권리흠결</td><td rowspan="2">전부 타인의 권리(제570조)</td><td>선의</td><td></td><td>있음</td><td>있음</td></tr>
<tr><td>악의</td><td></td><td>있음</td><td>없음</td></tr>
<tr><td colspan="5">현존하는 타인 소유물매매(자기가 정당한 상속인이라고 믿거나 자기명의의 부동산이 법령에 의해 국유화된 사실을 모르고 매도한 경우 등) : 주관적 불능</td></tr>
<tr><td rowspan="2">일부 타인의 권리(제572조)</td><td>선의</td><td>있음</td><td>제한적 인정
(목적달성불능)</td><td>있음</td></tr>
<tr><td>악의</td><td>있음</td><td>없음</td><td>없음</td></tr>
<tr><td colspan="5">원시적·주관적 일부불능(공유자 중 1인이 다른 공유자의 위임 없이 공유물 전부를 매도한 경우)
※ 잔존부분만으로는 계약을 체결하지 않았을 선의의 매수인은 해제권 보유</td></tr>
<tr><td rowspan="2">수량부족/일부멸실(제574조)</td><td>선의</td><td>있음</td><td>제한적 인정</td><td>있음</td></tr>
<tr><td>악의</td><td>없음</td><td>없음</td><td>없음</td></tr>
<tr><td colspan="5">특정물 또는 종류물의 수량을 지정한 매매에서 수량이 부족하거나(100평→90평), 특정물매매에서 원시적·후발적 일부 멸실이 있는 경우(580조의 적용도 가능하나 574조가 유리)</td></tr>
<tr><td rowspan="2">용익권에 의한 제한(제575조)</td><td>선의</td><td></td><td>목적달성
불능 시 인정</td><td>있음</td></tr>
<tr><td>악의</td><td></td><td>없음</td><td>없음</td></tr>
<tr><td colspan="5">매매목적물에 지상권, 지역권, 전세권, 질권, 유치권, 대항력 있는 임차권이 설정되어 있어 매수인의 사용·수익에 제한이 따르는 경우</td></tr>
<tr><td rowspan="2">저당권/전세권에 의한 제한(제576조)</td><td>선의</td><td></td><td>제한적 인정</td><td>제한적 인정</td></tr>
<tr><td>악의</td><td></td><td>제한적 인정</td><td>제한적 인정</td></tr>
<tr><td colspan="5">부동산 매매계약 후에 그 부동산에 설정되어 있던 저당권, 전세권, 가등기담보 등 담보물권이 실행됨으로 인하여 매도인이 소유권을 이전해 줄 수 없게 된 경우(후발적·주관적 불능)</td></tr>
</table>

<table>
<tr><th colspan="2" rowspan="2">책임원인</th><th rowspan="2">매수인의 선의·악의</th><th colspan="3">책임의 내용(매수인의 권리)</th></tr>
<tr><th>대금감액 청구권</th><th>해제권</th><th>손배청구권</th></tr>
<tr><td rowspan="6">물건하자</td><td rowspan="2">특정물 하자(제580조)</td><td>선의</td><td></td><td>목적달성 불능 시 인정</td><td>있음</td></tr>
<tr><td>악의</td><td></td><td>없음</td><td>없음</td></tr>
<tr><td colspan="5">매매 목적이 된 특정물이 객관적으로 지녀야 할 성상을 결여한 경우</td></tr>
<tr><td rowspan="2">종류물 하자(제581조)</td><td>선의</td><td></td><td>목적달성 불능 시 인정</td><td>손해배상 청구 또는 완전물급부 청구</td></tr>
<tr><td>악의</td><td></td><td>없음</td><td>없음</td></tr>
<tr><td colspan="5">매매 목적이 된 종류물이 객관적으로 지녀야 할 성상을 결여한 경우</td></tr>
</table>

나. 타인의 권리를 매도한 매도인의 담보책임

타인의 권리를 매도한 경우에 매도인은 어떠한 의무를 부담하는지, 매도인이 그 권리를 취득할 수 없다면 매수인은 어떻게 보호받아야 하는지가 문제된다. 민법은 이에 관하여 권리의 전부가 타인에게 속하는 경우와 그 일부가 타인에게 속하는 경우를 나누어 규정하고 있다.

1) 권리의 전부가 타인에게 속하는 경우(제570조)

가) 매도인의 재산권이전의무

(1) 처분권 없는 자가 타인의 재산을 매도한 경우에 그 처분행위에 대하여 물권적 효력을 인정할 수는 없지만(제108조 제2항, 제245조 등의 예외), 특별한 사정이 없는 한 그 채권계약 자체가 무효로 되는 것은 아니다. 이러한 전제 하에 민법 제569조는 타인 권리의 매매의 경우에 매도인은 그 권리를 취득하여 매수인에게 이전하여야 한다고 규정한다. 타인의 권리매매는 자기의 이름 내지 권리로서 타인의 권리를 처분하는 행위이므로, 가령 부동산의 매수인이 자기 명의로 소유권이전등기를 경료하지 아니한 채 타인에게 그 부동산을 전매하거나 임의경매절차에서 낙찰 받은 부동산을 그 대금납부 전에 타인에게 매도하기로 한 경우에는 타인의 권리매매가 되지만(대판 2008.8.11, 2008다25824), 명의신탁자가 신탁재산을 처분하는 하는 경우는 이에 해당하지 않는다(대판 1996.

8.20, 96다18656). 자기명의로 등기된 부동산이 법령에 의해 국유화된 사실을 모르고 매도하였거나, 공유자 중 1인이 공유물을 단독소유라고 하면서 매도한 경우에도 제570조가 적용된다. 또한 A가 C소유의 X토지를 B에게 매도하기로 하였으나 C가 D에게 이미 이를 양도하고 D 앞으로 소유권이전등기를 마친 경우, 사실혼관계에 있던 배우자가 그의 사실혼 배우자의 사망 후에 함께 살던 사실혼 배우자 소유의 아파트를 자기의 것이라 믿고 제3자에게 양도하였으나 전처소생의 아들이 나타나 소유권반환청구를 하여 말소등기가 이루어진 경우, A가 귀속재산처리법에 따라 국유화된 토지를 공부 기재(畓으로 표시)의 오류를 틈타 농지분배신청을 하여 이를 자기 명의로 소유권이전등기를 한 다음 이를 B에게 양도하여 전전 매도된 후 국가가 원인무효를 이유로 말소등기청구소송을 제기하여 승소판결을 받은 경우(대판 1993.4.9, 92다25946)에 타인의 권리매매가 성립한다.

(2) 매도인이 매매의 목적이 된 타인의 권리를 취득하여 매수인에게 이전할 수 없게 된 때에는 일정한 담보책임을 지게 되는데, 민법 제570조는 그 권리의 전부가 타인에게 속한 경우를 전제하고 있다. 타인에게 속한 재산권의 이전불능은 채무불이행에 있어서와 같이 엄격하게 해석할 필요는 없다. 사회통념상 매수인에게 해제권을 행사시키거나 손해배상을 구하게 하는 것이 형평에 타당하다고 인정되는 정도의 이행장애가 있으면 충분하고 반드시 객관적 불능에 한하는 엄격한 개념은 아니다(대판 1982.2.28, 80다2750). 따라서 원소유자가 매도인을 상대로 제기한 소유권이전등기의 말소등기절차 이행청구의 소송에서 매도인의 패소로 확정되어 사회관념 상 매수인에 대한 매도인의 목적부동산에 관한 소유권이전등기 의무이행이 불능상태에 이른 경우에도 매도인은 담보책임을 진다(대판 1981.7.7, 80다3122). 이 경우, 이행불능이 성립하는 시기는 매도인의 패소가 확정되는 때이므로, 매도인이 선의의 매수인에 대하여 부담하는 담보책임으로서의 손해배상배상액은 패소확정 시의 목적 부동산의 시가를 표준으로 산정하여야 한다.

[관련 판례]

부동산이 갑, 을, 병, 정으로 순차 매도되어 이전등기가 되었으나 원소유자가 갑, 을, 병, 정을 상대로 말소등기를 청구하여 승소한 경우에 정의 병에 대한 손해액을 갑의 패소확정시를 기준으로 하여 산정한 것은 정당하다(대판 1975.5.13, 75다21).

(3) 타인의 권리매매에 있어 매도인이 목적물을 매수인에게 이전할 수 없게 된 것이 오직 매수인의 귀책사유에 기인한 경우에는 매도인은 민법 제570조의 담보책임을 지지 않는다(대판 1979.6.26, 79다564). 매도인의 귀책사유로 인하여 매매의 목적이 된 권리를 이전할 수 없게 된 때에는 담보책임과 일반채무불이행책임이 경합한다.

나) 담보책임의 내용

(1) 매수인의 해제권

매도인이 매매의 목적이 된 권리를 취득하여 매수인에게 이전할 수 없는 때에는 매수인은 계약을 해제할 수 있다(제570조 본문). 매수인이 해제권을 행사함에 있어서는 매도인의 귀책사유나 매수인의 선의·악의를 묻지 않으며, 최고절차도 요하지 않는다. 매수인이 계약을 해제하면 원상회복의무가 발생하는데, 이 때 매수인은 소유권이전등기말소의무(또는 진정명의회복을 위한 소유권이전등기의무)와 점유이전의무, 그리고 사용이익이 있으면 그에 대한 반환의무를 지고, 매도인은 매매대금반환의무와 매수인이 선의인 경우에 손해배상의무를 부담한다. 이 경우 이행상의 견련성을 가지는 매도인과 매수인의 의무는 동시이행의 관계에 서게 된다(대판 1993.4.9, 92다25946).

(2) 매도인의 손해배상책임

매수인은 계약 당시에 매매의 목적이 된 권리가 타인에게 속한다는 사실을 알지 못한 때에 한하여 매도인에게 손해배상을 청구할 수 있다(제570조 후단). 따라서 악의의 매수인은 손해배상을 청구할 수 없다. 선의의 매수인이 청구할 수 있는 손해배상의 범위는 이행이익이다(대판 1993.1.19, 92다37727). 다만 매수인이 악의이더라도 매도인의 귀책사유로 인하여 이행불능이 되었으면 일반채무불이행책임에 기하여 손해배상책임을 물을 수 있고, 매수인이 선의이지만 과실이 있는 경우에는 그 점이 손해배상액의 산정에서 참작되어야 한다(대판 1971.12.31, 71다218). 이때 매수인의 악의 및 과실에 대한 증명책임은 매도인이 부담한다.

(3) 선의의 매도인의 해제권

매도인이 계약 당시에 매매의 목적이 된 권리가 자기에게 속하지 아니함을 알지 못한 경우에 그 권리를 취득하여 매수인에게 이전할 수 없는 때에는 매도인은 손해를 배상하고 계약을 해제할 수 있다(제571조 제1항). 가령 피상속인 명의의 토지가 피상속인의 사망에 의하여 자기 소유의 토지가 되었다고 믿고 매각하였으나, 실은 타인의 토지였던 경우가 그러하다. 다만 매수인이 악의인 경우에는 매도인은 손해를 배상할 필요 없이 매매의 목적이 된 권리를 이전할 수 없음을 통지하고 계약을 해제할 수 있다(동조 제2항). 선의의 매도인에게 해제권을 부여한 이유는, 매매의 목적이 된 권리의 이전이 불능상태에 있으므로, 선의의 매도인에게도 담보책임을 추급당하는 것과 동일한 결단의 기회를 부여하여 법률관계를 조속하고 간명하게 해결하기 위해서이다.

제571조 제1항은 매매의 목적인 권리의 전부를 이전할 수 없는 경우에만 적용되고, 그 일부만을 이전할 수 없는 경우에는 적용되지 않는다. 따라서 수 개의 권리를 일괄하여 매매의 목적으로 정하였으나 그 중 일부의 권리를 이전할 수 없게 되었다면 위 조항은 적용될 수 없다. 매매 목적 토지 15필지 중 일부가 행정재산임에도 적법한 절차를 거치지 않고 매각되어 해당 지방자치단체가 소유권이전등기말소청구를 하여 승소판결이 확정된 사안에 대하여 위 규정의 적용을 배제한 판례가 있다(대판 2004.12.9, 2002다33557).

(4) 권리행사기간

권리의 일부가 타인에게 속한 경우에는 1년의 권리행사기간을 정하고 있지만(제573조), 권리의 전부가 타인에게 속하는 경우에는 권리행사기간을 정한 규정이 없다. 전자의 경우에는 해제의 가부나 대금감액과 관련하여 증명의 곤란함이 있기 때문에 단기간에 다툼을 종결해야 할 필요가 있지만, 후자의 경우에는 그러한 고려가 필요하지 않으므로 특별규정을 두지 않은 것이다. 따라서 매수인의 해제권은 10년의 제척기간의 경과로 소멸하고, 선의의 매수인의 손해배상청구권은 10년의 소멸시효에 걸린다.[21] 기간의 기산점은 매수인이 권리의 이전불능을 안 때이다.

2) 권리의 일부가 타인에게 속하는 경우(제572조)

가) 책임의 요건

(1) 매매의 목적이 된 권리의 일부가 타인에게 속함으로 인하여 매도인이 그 권리를 취득하여 매수인에게 이전할 수 없는 때에 매수인은 대금감액청구권과 일정한 요건 아래서 해제권을 행사할 수 있다(제572조 제1항, 제2항). 이는 계약체결 당시에 매도인이 소유하지 못한 재산권의 일부를 매수인에게 이전할 수 없게 된 원시적·주관적 일부불능에 대한 매도인의 담보책임이다.

매매목적 토지 1,000평 중 200평이 타인 소유이거나 매매목적물 중 일부 토지에 대하여 수용결정이 내려진 경우(대판 1981.7.28, 80다2400), 건물과 그 대지가 매매 목적물인데 건물의 일부가 경계를 침범하여 이웃 토지 위에 건립되어 있는 경우에 매도인이 그 경계 침범의 건물부분에 관한 대지부분을 취득하여 매수인에게 이전할 수 없게 된 경우(대판 2009.7.23, 2009다33570), 임의경매절차가 진행되어 그 매각허가결정이 확정되었는데 그 매각대금 지급기일이 지정되기 전에 그 매각목적물에 대한 소유자 내지 채무자 또는 그 매수인의 책임으로 돌릴 수 없는 사유로 말미암아 그 매각목적물의 일부가 멸실된 경우(대판 2004.12.24, 2003마1665)에 제572조 소정의 담보책임이 문제된다.

(2) 제572조는 단일한 권리의 일부가 타인에 속하는 경우에만 적용되는 것이 아니라, 수개의 권리를 일괄하여 매매의 목적으로 정한 경우에도 그 가운데 이전할 수 없게 된 권리부분이 차지하는 비율에 따른 대금산출이 불가능하면 특별한 사정이 없는 한 적용된다. 대법원은 공장부지, 건물 2동, 공장설비 일체에 대하여 경락을 받은 자로부터 이를 일괄 매수하였으나, 경매절차 개시 전에 제3자 명의로 소유권이전청구권에 기한 가등기가 경료되어 있던 건물 1동이

---

21) 제573조를 유추 적용하여야 한다는 견해로는, 김형배, 채권각론, 333면.

후에 본등기가 경료되어 소유권이전이 불가능하게 된 사안에 대하여 제572조의 적용을 인정하였다(대판 1989.11.14, 88다카13547).

가) 담보책임의 내용

(1) 대금감액청구권

타인 권리의 매매는 적법하므로, 매수인은 선의·악의에 관계없이 이전할 수 없는 비율로 대금의 감액을 청구할 수 있다(제572조 제1항). 다만 토지는 장소에 따라 지가에 차이가 있기 때문에, 단순히 매매대금에 불능비율을 곱하여 감액될 대금을 정하는 것이 언제나 타당한지는 의문이다. 대금감액청구는 계약의 일부해제에 해당한다고 볼 수 있으므로, 그 권리의 성격은 형성권으로 새겨야 한다.

(2) 계약해제권 및 손해배상청구권

선의의 매수인은 잔존한 부분만이면 이를 매수하지 아니하였을 때에는 계약 전부를 해제할 수 있다(동조 제2항). 채무불이행이 중대하여 계약목적을 달성할 수 없게 된 경우에 한하여 해제권을 인정하는 것과 그 취지가 같다. 나아가 선의의 매수인은 대금감액청구 또는 계약해제 외에 손해배상을 청구할 수 있는데(제3항), 이때 매도인이 배상하여야 할 손해액은 원칙적으로 매도인이 매매의 목적이 된 권리의 일부를 취득하여 매수인에게 이전할 수 없게 된 때의 이행불능이 된 권리의 시가, 즉 이행이익 상당액이 된다(대판 1993.1.19, 92다37727).

(3) 권리행사기간

제572조에 규정된 매수인의 권리는 매수인이 선의인 경우에는 사실을 안 날로부터 1년, 악의인 경우에는 계약한 날로부터 1년 내에 행사되어야 한다(제573조). 이는 제척기간을 정한 것이지만, 선의의 매수인의 해제권 행사에 따른 원상회복청구권과 손해배상청구권은 소멸시효의 대상이 된다. 그리고 권리행사기간의 기산점인 선의의 매수인이 '사실을 안 날'이라 함은 단순히 목적물이 부족한 사실을 안 날이 아니라, 매도인이 그 부족분을 취득하여 매수인에게 이전할 수 없는 것이 확실하게 된 사실을 안 날을 뜻하는 것이다

(대판 1990.3.27, 89다카17676). 즉, 매수인이 매도인에 대하여 담보책임을 추급할 수 있을 정도로 확실한 사실관계를 인식할 것을 요구하는 것이다.

다. 권리가 부족하거나 제한을 받고 있는 경우

1) 목적물의 수량부족 또는 일부 멸실의 경우(제574조)

제574조는 권리의 일부가 타인에게 속한 경우의 담보책임을 규정한 제572조 및 제573조를 준용한다. 목적물의 수량부족이나 일부 멸실은 특정물의 원시적 하자에 대한 담보책임이지만, 규정의 위치 상 권리의 흠결로 인한 담보책임의 한 유형으로 다루고 있다. 이 규정은 가령 평당 50만원에 1,000평을 구입하였으나 실측 결과 900평인 경우와 같이, 그 목적물의 수량을 고려하여 대금을 정하였으나 인도된 물건이 지정된 수량보다 부족하게 된 경우에 급부의 등가성을 유지할 목적으로 둔 것이다.

가) 책임요건

(1) 수량을 지정한 매매에 있어 수량이 부족한 경우

민법 제574조에서 규정하는 '수량을 지정한 매매'라 함은 당사자가 매매의 목적인 특정물이 일정한 수량을 가지고 있다는 데 주안을 두고 대금도 그 수량을 기준으로 하여 정한 경우를 말하는 것이다. 즉, 당사자가 목적물이 실제로 가지는 수량을 확보하기 위하여, 일정한 면적, 용적, 중량, 개수 등을 계약에서 표시하고, 그 수량을 기초로 하여 대금이 결정되는 매매가 수량지정매매이다. 따라서 토지의 매매에 있어 목적물을 등기부상의 면적에 따라 특정한 경우라도 당사자가 그 지정된 구획을 전체로서 평가하였고 면적에 의한 계산이 하나의 표준에 지나지 아니하여 그것이 당사자들 사이에 대상 토지를 특정하고 그 대금을 결정하기 위한 방편이었다고 보일 때에는 이를 가리켜 수량을 지정한 매매라고 할 수 없다(대판 2003.1.24, 2002다65189). 수량지정매매는 일정한 수량을 갖춘 특정물의 존재가 매매계약의 중요한 기초사실을 이루고 있는 것을 의미하는 것이다.

제574조는 원시적 일부불능에 대한 매도인의 담보책임을 규율하는 것이다. 따라서 가령 주택건설업자가 분양계약 당시 공유지분의 산정기초가 된 아파

트 대지 중 일부를 분양계약 후에 공용시설용 대지에 편입하여 市에 기부채납한 경우에는 제574조에 기한 담보책임을 물을 수 없고, 감소된 지분의 범위 내에서 일부불능이 되므로 계약의 일부해제 후 원상회복으로서 감소분에 상당하는 대금의 반환을 청구할 수 있을 뿐이다(대판 1996.12.10, 94다56098).

[관련 판례 : 수량지정매매의 인부 판단]

1. 인정례

① 당사자 사이에 목적물의 면적을 가격결정의 가장 중요한 요소로 파악하고, 그 객관적인 수치를 기준으로 가격을 정한 경우에는 수량을 지정한 매매라고 볼 수 있다(1998.6.26, 98다13914). 다만 이 판결에서는 토지에 대한 매매계약을 체결한 당시 매매계약서에 매매 대상물의 면적을 부동산등기부상의 기재에 따라 '834㎡(약 252평)'로 기재하고, 위 면적에 평당 가액 150만 원을 곱한 금액에서 우수리 돈을 감액하는 방법으로 매매대금 3억 7,000만 원을 결정하였는데 그 후 측량 결과 이 사건 토지의 실제 면적이 746㎡로 밝혀진 사실이 있음에도, 이 사건 토지가 도로, 잡목, 주택 등으로 인근 토지와 경계가 구분되어 있으며, 매수인이 매매계약을 체결하기 전에 대상 토지를 2차례 현장 답사하여 현황을 확인하였던 점 등에 비추어 이 사건 토지 매매는 구획된 경계에 따라 특정하여 매매한 것일 뿐 '수량을 지정한 매매'라고 볼 수 없다고 판시하였다.

② 현장답사와 공부상의 기재에 의하여 현황을 확인한 후 그 면적이 공부상의 표시대로 605평인 것으로만 알고 우수리를 뗀 600평에 대하여 평당 400,000원씩 계산한 금 240,000,000원에 매수하겠다고 제의하여 이를 그대로 받아들인 매도인과 매매계약을 체결한 사안에 대하여, "임야의 면적이 공부상의 표시와 같은 것을 전제로 가격을 정한 것이고, 만약 그 면적이 공부상의 표시와 다르다는 것을 사전에 알았더라면 당연히 그 실제 평수를 기준으로 가격을 정하였으리라는 점이 인정되면 수량지정매매이다."라고 판시하였다(대판 1996.4.9, 95다48780).

③ 상계주공아파트 12단지 아파트 분양자들에게 약정된 공유대지의 면적 보다 6,120.4㎡(1,850평 정도)가 덜 이전된 사안인데, 그 이유는 ① 제7, 제9 내지 제12단지에 건축되는 연면적 886,465.29㎡(26만 8천평 정도) 11,801세대를 일괄분양하기로 하고 공고를 냈는데, 이 때 공유대지면적을 각 단지별로 구분하지 않고 이 사건 단지들의 총 대지면적 468,318㎡로 계산한 위 대지면적을 이 사건 단지들의 총 건축 연면적에 대한 각 개별 아파트 건축면적의 비율로 배분·계산하고, 다시 소수점 이하는 절사하여 유사한 평형에 대해서는 동일한 공유대지면적으로 공고하였으나(소위 '통합배분방식'), 사업준공 후 실제로 공유대지를 배분함에 있어서는 분양 당시의 위 방식과는 달리 각 단지별로 지번이 부여된 아파트 대지를 공유대지로서 해당 단지 아파트 총 건축 연면적에 대한 각 개별 아파트 건축면적의 비율로 배분한 결과 단지별로 공고된 면적에 비해 과다 또는 과소하게 이전되게 되었으며, 제12단지의 경우 총 4,747㎡(1,435평 정도)를 과소 이전받게 되었고, ② 주택건설사업계획의 변경으로 인하여 제12단지 아파트 대지면적이 61,175㎡에서 60,652㎡로 523㎡가 감소된 사안에 대하여, 아파트 분양 시 공유대지면적을

지정한 아파트 분양계약을 수량지정매매로 보아 공유대지면적을 부족하게 이전해 준 경우에 대하여 대금감액청구를 인정하였다(대판 2002.11.8, 99다58136).

2. 부정례

① 일반적으로 담보권실행을 위한 임의경매에 있어 경매법원이 경매목적인 토지의 등기부상 면적을 표시하는 것은 단지 토지를 특정하여 표시하기 위한 방법에 지나지 아니한 것이고, 그 최저경매가격을 결정함에 있어 감정인이 단위면적당 가액에 공부상의 면적을 곱하여 산정한 가격을 기준으로 삼았다 하여도 이는 당해 토지 전체의 가격을 결정하기 위한 방편에 불과하다 할 것이어서, 특별한 사정이 없는 한 이를 민법 제574조 소정의 '수량을 지정한 매매'라고 할 수 없다(대판 2003.1.24, 2002다65189).

② 통상 등기부상의 평수와 실평수가 일치하지 않기 때문에, 등기부상의 평수에 따라 목적물을 특정한 경우에도, 당사자가 지정된 구획을 전체로서 평가하였고, 평수에 의한 계산이 하나의 표준에 지나지 아니하여 그것이 당사자들 사이에 대상 토지를 특정하고 그 대금을 결정하기 위한 방편이었다고 보여지는 경우에는 수량을 지정한 매매라고 볼 수 없다(대판 1996.5.10, 95다11733).

(2) 매매목적물의 일부가 계약 당시에 이미 멸실된 경우

매매목적물의 일부가 계약 당시에 이미 일부 멸실된 경우라 함은, 가령 아파트 조경용 나무로 식재하기 위하여 산림의 특정 소나무 50그루를 5천만 원에 매수하였는데, 계약 당시에 이미 그 일부인 10그루가 벌채되어 없어진 경우가 그 예에 해당한다. 목적물이 전부 멸실되었으면 계약이 무효로 되지만, 일부 멸실에 대해서는 그 예외를 인정하여 멸실한 10그루를 포함하는 50그루 전체에 대한 매매계약이 유효함을 전제로 하여 매도인의 책임을 규정하고 있다. 계약 후에 일부가 멸실되었다면, 일부 이행불능의 문제가 된다. 목적물의 일부 '멸실'은 물리적 멸실 뿐만 아니라, 임의경매절차에서 경매개시결정이 취소되는 등의 사유로 낙찰인이 당해 목적물의 소유권을 취득할 수 없게 된 경우도 포함한다(대판 2005.3.29, 2005마58).

[관련 판례]

자수기에 대한 경매절차가 개시된 이후 낙찰기일 이전에 그 자수기로부터 중요부품의 대부분을 분리하여 반출·은닉하였고 이로 말미암아 자수기가 작동할 수 없는 상태가 되었다면, 이는 경매목적물의 일부가 이미 멸실된 경우에 해당하므로 매수인은 민법 제578조, 제574조, 제572

조 제2항에 의한 계약해제를 주장할 수 있다(대판 2001.6.12, 99다34673).

나) 담보책임의 내용

제574조는 매수인이 계약 당시에 목적물의 수량부족과 일부 멸실을 알지 못한 경우에 한하여 제572조 및 제573조를 준용하여 대금감액청구권과 계약해제권 그리고 손해배상청구권을 청구할 수 있다는 취지로 규정하고 있다. 그런데 대법원은 앞서 본 99다58136 판결에서 "수량지정매매에 있어서의 매도인의 담보책임에 기한 매수인의 대금감액청구권은 매수인이 선의인 경우에는 사실을 안 날로부터, 악의인 경우에는 계약한 날로부터 1년 이내에 행사하여야 하며, 여기서 매수인이 사실을 안 날이라 함은 단순히 권리의 일부가 타인에게 속한 사실을 안 날이 아니라 그 때문에 매도인이 이를 취득하여 매수인에게 이전할 수 없게 되었음이 확실하게 된 사실을 안 날을 말한다."고 판시함으로써, 수량지정매매에서 악의의 매수인에게도 대금감액청구권을 인정하고 있다.[22] 이 판결의 사실관계를 보면 매수인들이 계약 당시에는 대지면적의 부족분을 알지 못하였고, 이로 인하여 제척기간이 연장되었고 대금감액청구도 인정된 것이다. 학설 중에는 판례의 입장을 지지하는 견해도 있으나,[23] 제574조가 제572조 및 제573조를 준용하는 요건 그 자체가 매수인의 선의이므로 악의의 매수인에게는 대금감액청구권이 인정되지 않는다고 새겨야 한다. 이는 쌍무계약에서 대가조정을 위한 효과이고, 계약 당시에 수량부족이나 일부멸실의 사실을 알았던 악의인 매수인은 이미 이를 대금에 반영하였을 것이기 때문이다.[24]

---

22) 참고로 상사매매에 대해서는 상법 상 특칙이 있다. 상법 제69조는, "상인인 간의 매매의 경우에는 매수인이 목적물을 수령한 때에는 지체 없이 이를 검사하여야 하며 하자 또는 수량의 부족을 발견한 경우에는 즉시 매도인에게 그 통지를 발송하지 아니하면 이로 인한 계약해제, 대금감액 또는 손해배상을 청구하지 못한다. 매매의 목적물에 즉시 발견할 수 없는 하자가 있는 경우에 매수인이 6월내에 이를 발견한 때에도 같다(제1항). 전항의 규정은 매도인이 악의인 경우에는 적용하지 아니한다(제2항)."고 규정한다. 제69조는 특정물 매매에 한정하고 있지 않기 때문에, 불특정물의 수량부족으로 인한 일부불이행의 경우에도 적용됨에 주의하여야 한다.

23) 지원림, 민법강의, 1408면.

한편, 수량을 지정한 부동산매매계약에서 제574조, 제572조에 의한 대금감액청구권을 행사함은 별론으로 하고, 그 매매계약이 그 미달 부분만큼 일부 무효임을 들어 이와 별도로 일반 부당이득반환청구를 하거나 그 부분의 원시적 불능을 이유로 제535조가 규정하는 계약체결상의 과실에 따른 책임의 이행을 구할 수는 없다(대판 2002.4.9, 99다47396).

매수인의 권리는 목적물이 부족한 사실을 안 날이 아니라, '부족분의 인도불능이 확실함을 안 날'로부터 1년 이내에 행사되어야 하며, 이는 제척기간이다(앞의 99다58136판결).

☞ 기본 사례형 쟁점 찾기

A는 B로부터 등기부상 330㎡로 기재되어 있는 토지를 빌려 그 위에 스스로 건물을 지어 보존등기를 하고 거주하고 있었다. A는 건물을 개축할 생각을 가지고 관할시청 건축과 직원과 상담하였는데, 부지면적이 330㎡라면 의도한 대로의 개축이 가능하다는 답변을 듣고 B와 위 토지에 대한 매매계약을 체결하였다. 매매계약에서는 3.3㎡당 250만원으로 하여 대금을 2억 5,000만원으로 정하였고, A는 대금 전액을 지급하였다.

다음 물음에 답하시오(각각 독립한 질문임).

1. 매매계약 체결 직후 위 토지 및 건물을 시가보다 1억원 비싼 가격에 사겠다는 C의 매수청약을 받고, A는 C에게 토지 및 건물을 매도하였다. 그러나 전문업자에 의한 실측결과 토지의 실제면적이 297㎡인 것으로 판명되자, C는 자신이 원하는 크기의 건물을 재건축하는 것이 불가능하였기 때문에 A를 상대로 매매계약은 해제하였다. A는 B에게 어떠한 청구를 할 수 있는가?
2. 수년 후 B는 A에게 이전등기가 경료되지 않은 사실을 알고 위 토지를 D에게 매각하기 위하여 "차임 미지급을 이유로 A와의 임대차계약을 해제하였다."고 거짓말을 하였다. D가 그 사실을 확인하기 위하여 노력하였지만, A가 장기간 해외체류 중이어서 그 사실을 확인하기가 여의치 않았으므로 B의 말을 신뢰하고 위 토지에 대하여 매매계약을 체결하고 이전등기도 마쳤다. A·D간의 법률관계를 논하시오.

24) 양창수·김재형, 계약법, 482면.

【주요 쟁점】

1. 수량지정매매의 요건 및 효과
2. 부동산의 이중매매
3. 대지건물임대차에서의 임차인의 대항력

2) 목적물에 점유를 방해하는 권리가 있는 경우(제575조)

가) 책임요건

매수인이 매매목적물의 소유권을 취득하였음에도 그 목적물 위에 점유를 방해하는 타인의 권리가 존재하여 이를 사용·수익할 수 없는 경우가 발생할 수 있다. 민법은 매매의 목적물이 지상권, 지역권, 전세권, 질권 또는 유치권의 목적이 되어 선의의 매수인이 계약의 목적을 달성할 수 없는 경우에 한하여 매수인에게 해제권을 부여하고 있으며(제575조 제1항), 이를 매매의 목적이 된 부동산을 위하여 존재할 지역권이 없거나, 그 부동산에 등기된 임대차계약(주택임대차보호법이나 상가건물임대차보호법에 의해 대항력을 갖춘 임대차계약도 포함한다)이 있는 경우에 준용한다(동조 제2항). 저당권이나 가등기에 의한 소유권 상실의 위험이나 가치하락에 대해서는 제576조에 의한 별도의 규율이 있으므로, 본조가 적용되지 않는다. 또한 매도인에게 귀책사유가 있는 경우에는 채무불이행책임이 문제될 뿐이며, 매수인이 용익권능 제한의 부담을 인수한 경우에도 마찬가지이다.

임차권은 계약 당시에 설정되었지만 대항력을 갖추지 않았거나, 매매계약 체결 후에 임차권이 설정되어 대항력을 갖춘 경우에는 본조의 적용이 없다. 매매목적이 된 부동산을 위하여 존재할 지역권이 존재하지 않는 경우라 함은, 가령 매수인이 대형 목조건물을 신축하기 위하여 산림을 매수하면서 매도인으로부터 공도(公道) 출입을 위한 주위 토지의 통행지역권이 설정되어 있다는 설명을 들었지만, 사실은 통행지역권이 설정되지 않아 매수인이 산림을 개발할 수 없거나 새로운 도로를 개설할 비용이 없어서 손해를 입은 경우가 이에 해당한다.

나) 담보책임의 내용

(1) 선의의 매수인의 계약해제권

매매의 목적인 권리가 타인에게 설정된 제한물권 등에 의하여 매수인이 이를 사용·수익할 수 없게 됨으로 인하여 계약의 목적을 달성할 수 없게 된 경우에 그 매수인이 선의라면 매매계약을 해제할 수 있다(동조 제1항). 악의의 매수인은 그 사실을 알면서 매수한 자이므로 특별히 보호받아야 할 이유가 없으며, 채무불이행책임의 일반규정에 의해 구제될 수 있을 뿐이다.

(2) 손해배상청구권

매수인은 계약을 해제함과 동시에 손해배상을 청구할 수 있고, 또한 해제할 수 없는 경우에도 손해배상청구권만을 행사할 수 있다(동조 제1항 후단). 매도인인 배상하여야 할 손해로는, 전세권이 설정된 건물을 명도받기 위하여 매수인이 전세권자에게 지급한 전세보증금(적극적 손해), 목적물을 예정대로 사용하지 못하여 입게 된 손해 등이 있을 수 있다.

(3) 권리행사기간

해제권 및 손해배상청구권은 매수인이 그 사실을 안 때부터 1년 이내에 행사되어야 한다(동조 제3항).

3) 목적물에 설정된 저당권 또는 전세권이 실행된 경우(제576조, 제577조)

가) 책임요건

(1) 매매의 목적물에 단순히 저당권이 설정되어 있는 경우에는 매수인은 그 소유자로서 목적물을 사용·수익하는데 아무런 제약을 받지 않는다. 다만 전세권이 설정된 경우에는 용익권에 의한 제한을 받지만, 전세권에는 전세금채권을 담보하는 기능이 있고 전세권에 기한 임의경매가 가능하므로 저당권이 설정된 경우와 마찬가지로 취급된다.

그러나 매매의 목적인 부동산에 설정된 저당권 또는 전세권의 행사로 매수인이 그 부동산의 소유권을 취득할 수 없거나 취득한 소유권을 잃게 되는 경우에는 매도인에게 일정한 책임을 지울 필요가 있다. 가령 매매계약 체결 후 소유권이전등기 전에 목적 부동산에 설정된 저당권이 실행되어 제3자가 소유권을 취득하였다거나, 매수인이 소유권을 취득한 후 그 이전에 설정된 저당권의 실행으로 소유권을 잃게 되는 경우가 그러하다. 그러나 매수인이 매매목적물에 관한 근저당권의 피담보채무를 인수하면서 이를 매매대금의 지급에 갈음하기로 약정한 경우에는 특별한 사정이 없는 한, 매수인으로서는 매도인에 대하여 민법 제576조 제1항의 담보책임을 면제하여 주었거나 이를 포기한 것으로 보는 것이 상당하므로, 근저당권이 실행되어 매수인이 취득한 소유권을 잃게 되더라도 민법 제576조 소정의 담보책임을 부담하게 되는 것은 아니다 (대판 2002.9.4, 2002다11151).

또한 매수인이 담보권의 실행으로 인한 소유권의 상실을 피하기 위하여 자기의 출재로 그 소유권을 보존한 때에는 매도인에 대하여 그 비용의 상환을 청구할 수 있다. 매도인이 피담보채권의 채무자인 경우에는 매도인에 대하여 당연히 구상권을 가지므로 이에 관한 별도의 규정을 둘 실익은 없지만, 그렇지 않은 경우를 대비하여 매도인에 대한 구상권을 인정함으로써 매수인을 보호하고자 한 규정이 제576조 제2항이다.[25]

[관련 판례]

임대차계약에 기한 임차권(임대차보증금반환청구권을 포함한다)을 그 목적물로 한 매매계약이 성립한 경우, 매도인이 임대인의 임대차계약상의 의무이행을 담보한다는 특별한 약정을 하지 아니한 이상, 임차권 매매계약 당시 임대차 목적물에 이미 설정되어 있던 근저당권이 임차권 매매계약 이후에 실행되어 낙찰인이 임대차 목적물의 소유권을 취득함으로써 임대인의 목적물을 사용·수익하게 할 의무가 이행불능으로 되었다거나, 임대인의 무자력으로 인하여 임대차보증금반환의무가 사실상 이행되지 않고 있다고 하더라도, 임차권 매도인에게 민법 제576조에 따른 담보책임이 있다고 할 수 없고, 이러한 법리는 임차권을 교환계약의 목적물로 한 경우에도 마찬가지이다(대판 2007.4.26, 2005다34018,34025).

(2) 소유권에 관한 가등기의 목적이 된 부동산을 낙찰 받아 낙찰대금까지 납부하여 소유권을 취득한 낙찰인이 그 뒤 가등기에 기한 본등기가 경료됨으

25) 양창수·김재형, 계약법, 488면.

로써 일단 취득한 소유권을 상실하게 된 경우 또는 압류 목적이 된 부동산을 매수한 사람이 그 후 가압류에 기한 강제집행으로 부동산 소유권을 상실하게 된 경우, 이는 매매의 목적 부동산에 설정된 저당권 또는 전세권의 행사로 인하여 매수인이 취득한 소유권을 상실한 경우와 유사하므로 매도인의 담보책임에 관한 민법 제576조의 규정이 준용된다(대판 1997.11.11, 96그64; 대판 2011.5.13, 2011다1941).

(3) 저당권의 목적이 된 지상권 또는 전세권이 매매의 목적인 경우에, 그 저당권의 실행으로 매수인이 지상권이나 전세권을 취득할 수 없게 되거나, 매수인이 자기의 출재로 지상권 또는 전세권을 보존한 때에도 제576조가 준용된다(제577조). 저당권 또는 전세권의 실행으로 소유권을 취득할 수 없게 되는 경우와 달리 볼 이유가 없기 때문이다.

나) 담보책임의 내용

(1) 해 제 권

저당권 또는 전세권의 실행으로 소유권을 취득할 수 없게 되거나 취득한 소유권을 상실하게 된 매수인은 선의·악의에 관계없이 매매계약을 해제할 수 있다(제576조 제1항). 계약이 해제되면 당사자는 원상회복의무를 부담하므로, 매도인은 매수인에 대하여 목적 부동산의 점유이전과 경매로 인하여 소유권을 상실할 때까지의 그 사용·수익에 대한 대가의 반환을 청구할 수 있고, 매수인은 매도인에 대하여 매매대금과 그 이자의 반환을 청구할 수 있다. 이 경우에 각자가 부담하는 의무는 동시이행의 관계에 있다.

(2) 출재에 대한 상환청구권

부동산의 매수인이 저당권 또는 전세권이 설정된 소유권을 보존하기 위하여 자기의 출재로 피담보채권 또는 전세금채권을 변제함으로써 그 부동산에 설정된 저당권을 소멸시킨 경우에는, 매수인은 그 부동산의 매수 시점에 저당권 또는 전세권이 설정된 사실을 알았는지의 여부와 관계없이 매도인에게 그 출재의 상환을 청구할 수 있다(대판 1996.4.12, 95다55245).

(3) 손해배상청구권

매수인이 제576조 제1항에 기하여 해제권을 행사하였거나, 동조 제2항에 기하여 보존비용을 상환 받은 경우에도 그에게 발생한 손해가 있으면 손해배상을 청구할 수 있다(동조 제3항).

(4) 권리행사기간

제576조 및 제577조에 기한 담보책임에 대해서는 제척기간의 정함이 없으므로, 해제권, 출재의 상환청구권, 손해배상청구권은 모두 10년의 제척기간에 걸린다.

4) 경매와 담보책임(제578조)

가) 책임요건

(1) 채권자가 자신의 금전채권을 실현하기 위하여 채무자의 재산에 대하여 강제경매 또는 담보권 실행을 위한 경매를 하였으나, 그 목적물에 권리의 흠결이 있어 매수인이 경매 목적인 재산권을 완전하게 취득할 수 없게 된 경우에 담보책임이 문제된다. 민법은 경매제도의 신용을 유지하기 위하여 경매 목적물 자체에 하자가 있는 경우에는 원칙적으로 담보책임을 인정하지 않는다(제578조 제1항, 제580조 제2항). 또한 경매에서의 담보책임은 민사집행법이나 국세징수법에 의한 공경매에 한하여 인정되고, 저당목적물의 경매에서 그 목적물을 물상보증인이 경락받은 경우에는 매매가 성립하지 않으므로 제578조가 적용되지 않는다.

(2) 경매목적물에 존재하는 권리의 흠결을 이유로 담보책임의 인정 여부가 문제된 경우는 다음과 같다.

[관련 판례]

① 임의경매절차가 진행되어 그 낙찰허가결정이 확정되었는데 그 낙찰대금 지급기일이 지정되기 전에 그 낙찰목적물에 대한 소유자 내지 채무자 또는 그 매수인의 책임으로 돌릴 수 없는 사유로 말미암아 그 낙찰목적물의 일부가 멸실되었고, 그 낙찰인이 나머지 부분이라도 매수할 의사가 있어서 경매법원에 대하여 그 낙찰대금의 감액신청을 하여 왔을 때에는 경매법원으로서는 민법상의 쌍무계약에 있어서의 위험부담 내지 하자담보책임의 이론을 적용하여 그 감액결정

을 허용하는 것이 상당하고(대판 2004.12.24, 2003마1665), 한편 낙찰목적물의 일부가 '멸실' 된 때라 함은 물리적인 멸실 뿐만 아니라 경매개시결정이 취소되는 등의 사유로 낙찰인이 당해 목적물의 소유권을 취득할 수 없게 된 경우도 이에 포함된다고 봄이 상당하다(대판 2005.3.29, 2005마58).

② 소유권에 관한 가등기의 목적이 된 부동산을 낙찰 받아 낙찰대금까지 납부하여 소유권을 취득한 낙찰인이 그 뒤 가등기에 기한 본등기가 경료됨으로써 일단 취득한 소유권을 상실하게 된 경우, 이는 매매의 목적 부동산에 설정된 저당권 또는 전세권의 행사로 인하여 매수인이 취득한 소유권을 상실한 경우와 유사하므로, 민법 제578조, 제576조를 유추적용하여 담보책임을 추급할 수는 있지만(대판 1997.11.11, 96그64), 경매절차에서 소유권이전청구권 가등기가 경료된 부동산을 경락받았으나 가등기에 기한 본등기가 경료되지 않은 경우에는 아직 경락인이 그 부동산의 소유권을 상실한 것이 아니므로 민법 제578조에 의한 손해배상책임이 성립되었다고 볼 여지가 없다(대판 1999.9.17, 97다54024).

③ 경매에서의 담보책임은 매매의 경우와 마찬가지로 경매절차는 유효하게 이루어졌으나 경매의 목적이 된 권리의 전부 또는 일부가 타인에게 속하는 등의 하자로 경락인이 완전한 소유권을 취득할 수 없거나 이를 잃게 되는 경우에 인정되는 것이고, 경매절차 자체가 무효인 경우에는 경매의 채무자나 채권자의 담보책임은 인정될 여지가 없다(대판 1993.5.25, 92다15574). 가령 강제경매의 기초가 된 채무자 명의의 소유권이전등기가 원인무효여서 강제경매절차가 무효로 된 경우, 매수인은 경매채권자의 배당금에 대한 부당이득반환청구를 할 수는 있어도 제578조 제1항 및 제2항에 규정된 담보책임을 물을 수는 없는 것이다. 같은 이유에서, 경락인이 강제경매절차를 통하여 부동산을 경락받아 대금을 납부하고 그 앞으로 소유권이전등기까지 마쳤으나, 그 후 위 강제집행의 채무명의(집행권원)가 된 약속어음공정증서가 위조된 것이어서 무효라는 이유로 그 소유권이전등기의 말소를 명하는 판결이 확정됨으로써 경매 부동산에 대한 소유권을 취득하지 못하게 된 경우 경락인은 경매 채권자에게 경매 대금 중 그가 배당받은 금액에 대하여 일반 부당이득의 법리에 따라 반환을 청구할 수 있을 뿐, 민법 제578조 제2항에 의한 담보책임을 물을 수는 없다(대판 1991.10.11, 91다21640).

나) 담보책임의 내용

(1) 해제권과 대금감액청구권

매수인(경락인)은 제570조 내지 제577조의 규정에 의하여 채무자에게 계약의 해제 또는 대금감액의 청구를 할 수 있다(제578조 제1항). 이에 관하여 민사집행법이 소제주의를 취하므로 제576조와 제577조는 적용되지 않는다고 하는 견해가 있으나, 동법 제91조 제3항에 의하면 전세권이 소멸하지 않는 경우도 있고, 가등기에 기한 본등기가 경료됨에 따라 매수인이 소유권을 잃게

되는 경우도 있으므로, 위 규정을 배제할 것은 아니다.[26)]

경매에서의 담보책임은 1차적으로 집행채무자(매도인)가 부담하며, 매도인이 물상보증인인 경우에는 물상보증인이 1차적 책임을 진다. 이처럼 민법 제578조 제1항의 채무자에는 임의경매에 있어서의 물상보증인도 포함되므로, 매수인이 그에 대하여 적법하게 계약해제권을 행사하였을 때에는 물상보증인은 경락인에 대하여 원상회복의무를 지게 된다(대판 1988.4.12, 87다카2641).

채무자가 자력이 없는 때에는 매수인은 대금의 배당을 받은 채권자에 대하여 그 대금 전부나 일부의 반환을 청구할 수 있다(동조 제2항). 즉, 배당 받은 채권자가 2차적으로 담보책임을 부담한다. 이 경우에 채권자는 배당받은 범위 내에서만 반환책임을 지지만, 배당금에 배당받은 때부터의 법정이자를 더하여 반환하여야 한다(제548조 제2항).

(2) 손해배상청구권

매수인의 손해배상청구권은 다른 담보책임에서와는 달리 제한적으로 인정된다. 즉, 매수인이 선의인 것만으로는 손해배상청구권이 인정되지 않고, 채무자가 물건 또는 권리의 흠결을 알고 고지하지 않았거나, 채권자가 그러한 흠결을 알면서 경매를 청구한 경우에 한하여 채무자나 채권자에 대하여 손해배상을 청구할 수 있다(동조 제3항).

가령 선순위 근저당권의 존재로 후순위 임차권이 소멸하는 것으로 알고 부동산을 낙찰 받았으나, 그 후 채무자가 후순위 임차권의 대항력을 존속시킬 목적으로 선순위 근저당권의 피담보채무를 모두 변제하고 그 근저당권을 소멸시키고도 이 점에 대하여 낙찰자에게 아무런 고지도 하지 않아 낙찰자가 대항력 있는 임차권이 존속하게 된다는 사정을 알지 못한 채 대금지급기일에 낙찰대금을 지급하였다면, 채무자는 민법 제578조 제3항의 규정에 의하여 낙찰자가 입게 된 손해를 배상할 책임이 있다(대판 2003.4.25, 2002다70075).

그리고 경매 목적물의 소유자가 경매로 인하여 입게 된 손해의 범위는 소유권을 상실할 당시의 그 목적물의 객관적인 교환가치이며, 비록 그 경매절차에

26) 지원림, 민법강의, 1419면; 송덕수, 신민법강의, 1428면.

서 경매신고인이 없어 2차에 걸쳐 최저경매가격이 저감된 후에야 경락되었다고 하더라도 제1차 경매기일에서의 평가액(최저경매가격)이 그 객관적인 교환가치라고 보아야 한다(대판 1996.4.23, 95다42621).

위의 경우, 손해배상은 이행이익의 배상이 되는데, 채권자도 동조 제1항에서와 달리 2차적으로 담보책임을 지는 것이 아니므로 그 책임의 범위가 배당받은 범위 내로 한정되지 않는다. 그리고 집행채무자가 물건 또는 권리의 흠결을 알고 고지하지 않았고, 채권자 역시 이를 알면서 경매를 신청하였다면, 이들의 손해배상채무는 부진정연대의 관계에 선다(동조 제3항).

(3) 권리행사기간

담보책임의 내용을 이루는 해제권, 대금감액청구권, 손해배상청구권은 모두 1년의 제척기간에 걸리지만, 권리의 전부가 타인에게 속하는 경우이거나(제570조), 목적물에 설정된 저당권 또는 전세권이 실행된 경우(제576조, 제577조)에는 권리행사기간에 제한이 없으므로 10년의 제척기간 또는 소멸시효에 걸린다. 경매에서의 담보책임이 단기 제척기간에 걸린다고 하여도 경매 이후에 경매가 아닌 일반의 매매를 원인으로 소유권을 취득한 매수인은 매도인에 대하여 하자담보책임을 물을 수 있다.

☞ **기본 사례형 쟁점 찾기**

A는 B로부터 1억 원을 빌리면서 자신 소유의 X가옥에 대하여 저당권을 설정해 주었다. B는 변제기가 지났음에도 A가 원금과 약정이자를 지급하지 않자 저당권을 실행하였고, X가옥은 매각대금 1억 5천만 원에 C에게 낙찰되어 그 대금을 완납한 C 앞으로 소유권이전등기가 경료되었다. A가 망인이 된 친구 D 소유의 X가옥을 등기서류 위조의 방법으로 본인 명의로 이전등기하여 D의 상속인들이 C를 상대로 X가옥에 대한 소유권이전등기말소청구소송을 제기하여 승소 확정된 경우, C는 어떠한 청구를 할 수 있는가? ① 매각대금이 배당되지 않은 경우와 ② 매각대금 중 1억 2천만 원은 채권자 B에게, 나머지 2천 5백만 원은 집행채무자 A에게 각각 배당된 경우를 나누어 설명하라.

【주요 쟁점】

1. 담보책임의 성립 여부
2. 청구근거
3. 반환의 주체 및 범위

5) 채권매도인의 담보책임(제579조)

가) 책임 요건

채권매매에서 매도인이 매수인의 채권만족을 위하여 채무자의 자력을 담보한 경우에 매도인이 지게 되는 담보책임이다. 채권매매에서는 가령 매수인이 1천만 원의 채권을 900만 원에 매수하였으나 채무자의 자력이 부족하여 결국 500만 원밖에 회수할 수 없었던 경우에 매수인이 매도인의 책임을 물을 수 있는가가 문제된다. 매매의 목적이 된 채권 자체에 흠결이 있는 경우에는 각각의 유형별로 앞서 본 담보책임의 규정이 적용된다.

즉, 매매의 목적인 채권이 타인에게 속한 경우에는 제570조 내지 제573조가, 채권의 일부가 무효 또는 채무의 변제 등의 사유로 존재하지 않는 경우에는 제574조가, 매매시 전제된 담보권이나 보증이 존재하지 않는 경우에는 제575조가, 그리고 채권이 질권의 목적인 경우에는 제576조 각각 유추 적용된다.

(1) 매도인이 채무자의 자력을 담보하지 않은 경우

위의 예에서 매수인은 1천만 원의 채권을 취득하고, 권리이전에 아무런 문제도 발생하지 않는다. 채권이 액면대로의 가치를 가지는지의 여부는 채무자의 자력상태에 달려있고, 그것은 채권자가 스스로 파악해야 할 사정이다. 따라서 부실채권을 매수한 자는 그에 따른 위험을 스스로 인수해야 하고, 채무자의 자력을 담보하지 않은 매도인은 매수인이 채무자로부터 채권을 회수할 수 없더라도 담보책임을 지지 않는다.

(2) 매도인이 채무자의 자력을 담보한 경우

채권의 매도인이 채무자의 자력을 담보하기로 하는 특약을 한 경우에는 어느 시점의 자력을 담보하였는지가 문제되기 때문에 민법은 다음과 같은 규정을 두었다.

① 채권의 매도인이 단순히 채무자의 자력을 담보한 때에는 매매계약 당시의 자력을 담보한 것으로 추정한다(제579조 제1항). 따라서 매도인은 계약 성립 후의 채무자의 자력 감소에 따른 매수인의 위험에 대하여는 담보책임을 지지 않는다.

② 변제기가 도래하지 않는 채권의 매도인이 채무자의 자력을 담보한 때에는 그 채무의 변제기의 자력을 담보한 것으로 추정한다(동조 제2항). 따라서 매도인은 계약 성립 후 변제기에 이르기까지 채무자의 자력감소에 따른 위험을 부담하여야 한다.

③ 이미 변제기가 도래한 채권의 매도인이 채무자의 장래의 자력을 담보한 경우에는, 그 표준시점에 대한 특약이 없으면 실제의 변제기까지 담보책임이 존속한다고 보아야 한다.

나) 담보책임의 내용

제579조에서 정한 각 담보시기에 채권매수인에 대한 채무자의 변제자력이 없거나 부족하게 된 경우, 매수인은 매도인에 대하여 손해배상을 청구할 수 있다. 이 때 손해배상액은 담보된 시기의 채권액을 기준으로 하여 산정된다.

다. 물건의 하자에 대한 담보책임(제580조, 제581조)

1) 책임요건

가) 민법 제580조 제1항은 “매매의 목적물에 하자가 있는 때에는 제575조 제1항을 준용한다. 그러나 매수인이 하자있는 것을 알았거나 과실로 인하여 이를 알지 못한 때에는 담보책임을 물을 수 없다.”고 규정한다. 이는 특정물의 하자에 대한 매도인의 담보책임을 규정한 것이다.

나) 담보책임이 성립하기 위하여는 물건에 하자가 존재하여야 한다. ‘하자(Mangel)’는 위험성을 수반하는 ‘결함(Fehler)’과는 구별되는 개념이다. 하자란 통상적인 거래관념에 비추어 물건이 갖추어야 할 객관적인 성상(품질·성질·성능·

견고성·내구성 등)을 갖추지 못한 경우를 말한다. 벌채의 목적으로 산림을 매수하였으나 산림법의 적용을 받는 구역인 경우, 공장부지로 사용할 목적으로 토지를 매수하였으나 하천법의 적용을 받는 지역인 경우, 토지건물을 매매하였으나 토지가 연약지반이어서 지반침하가 일어난 경우, 매수 토지에 매립된 폐기물로 인하여 토지를 용도대로 사용할 수 없게 된 경우, 매수한 감자종자가 잎 말림 병에 감염되어 수확량이 현저히 감소된 경우(대판 1989.11.14, 89다카15298) 등이 이에 해당한다.

[협의취득절차와 수용재결의 효과로서 취득한 토지의 하자에 대한 담보책임의 성부]

① 토지 매도인이 성토작업을 기화로 다량의 폐기물을 은밀히 매립하고 그 위에 토사를 덮은 다음 도시계획사업을 시행하는 공공사업시행자와 사이에서 정상적인 토지임을 전제로 협의취득절차를 진행하여 이를 매도함으로써 매수자로 하여금 그 토지의 폐기물처리비용 상당의 손해를 입게 하였다면 매도인은 이른바 불완전이행으로서 채무불이행으로 인한 손해배상책임을 부담하고, 이는 하자 있는 토지의 매매로 인한 민법 제580조 소정의 하자담보책임과 경합적으로 인정된다(대판 2004.7.22, 2002다51586).

② 토지수용법에 의한 수용재결의 효과로서 수용에 의한 기업자의 토지소유권취득은 토지소유자와 수용자와의 법률행위에 의하여 승계취득하는 것이 아니라, 법률의 규정에 의하여 원시취득하는 것이므로, 토지소유자가 토지수용법 제63조의 규정에 의하여 부담하는 토지의 인도의무에는 수용목적물에 숨은 하자가 있는 경우에도 하자담보책임이 포함되지 아니하여 토지소유자는 수용시기까지 수용 대상 토지를 현존 상태 그대로 기업자에게 인도할 의무가 있을 뿐이다(대판 2001.1.16, 98다58511).

다) 민법은 프랑스 민법이나 일본 민법과 마찬가지로 '하자'의 정의에 관한 규정을 두고 있지 않기 때문에,[27] 그 판단기준을 두고 견해가 갈린다. 학설은 ① 물건이 매매계약체결 시에 당사자 쌍방이 전제한 성질을 갖추지 못한 경우에 하자가 인정된다고 하는 주관설,[28] ② 물건이 객관적으로 기대되는 통

27) 독일민법 제434조 제1항에 의하면, 물건이 그 위험이전 시에 합의된 성상을 가지는 때에는 하자가 없는 것으로 되고, 성상에 관한 합의가 없는 때에는, 물건이 계약에서 전제된 용도에 적합하거나, 그러한 전제가 없는 경우에는 물건이 통상의 용도에 적합하고, 그 성질이 동종의 물건에 통상적이며 또한 매수인이 물건의 종류에 따라 기대할 수 있는 성질을 갖춘 경우에 하자가 없는 것으로 된다.

28) 이은영, 채권각론, 335면.

상의 성상을 결여하는 경우에 하자가 인정된다고 하는 객관설,[29] ③ 하자는 1차적으로 당사자의 합의에 기초하여 판단되어야 하지만, 물건의 성상에 관한 합의가 존재하지 않거나 불분명한 경우에는 객관적 하자개념으로 보충하여야 한다고 하는 주관적 절충설(독일 판례, 이 견해에 따르면 합의내용에 비추어 하자가 없으면, 객관적인 기준에 미달하여도 하자가 없는 것으로 된다),[30] ④ 객관적 하자개념을 기초로 하면서, 명시되거나 해석을 통하여 탐구된 계약 당사자의 목적도 함께 고려하여 하자 유무를 판단하여야 한다고 하는 객관적 절충설[31] 등으로 나뉜다. 생각건대, ①설, ③설, ④설은 모두 물건이 객관적으로 기대되는 통상의 성상을 갖추고 있다고 하더라도 당사자가 합의한 내용의 성상을 갖추지 못한 경우에는 하자 있는 물건으로 취급되므로, 그 결론에 있어 특별한 차이는 없어 보인다. 계약의 성립과 효력에 관한 일반원칙에 비추어 ③설이 논리적으로 타당해 보인다.

대법원은 “아파트 분양계약에서의 분양자의 채무불이행책임이나 하자담보책임은 분양된 아파트가 당사자의 특약에 의하여 보유하여야 하거나 주택법상의 주택건설기준 등 거래상 통상 갖추어야 할 품질이나 성질을 갖추지 못한 경우에 인정된다.”고 판시한 바 있는데(대판 2010.4.29, 2007다9139), 분양 아파트가 객관적으로 기대되는 통상의 성상을 갖추어도 분양계약체결 시에 당사자가 약정한 건축기준을 갖추지 못한 경우에는 하자담보책임을 인정할 수 있다는 취지여서 절충설의 입장에 선 것으로 이해된다.

라) 매도인이 특히 명시적으로 목적물의 품질이나 성능을 보증한 경우에는, 그 물건이 통상의 상품으로서 요구되는 품질과 성능을 갖추고 있더라도 보증된 품질이나 성능이 없다면 하자 있는 물건이 된다. 즉, 통상적인 표준이 아니라 매도인이 보증한 특수한 표준에 따라 하자 유무가 결정된다. 견본매매에서 견본과 다른 물건이 인도된 경우 또는 광고에서 보증한 기능을 갖추지 못한 매매목적물이 송부된 경우가 그 예이다.

---

29) 김증한, 채권각론, 157면; 곽윤직, 채권각론, 179면; 김주수, 채권각론, 213면.
30) 김형배, 채권각론, 351면.
31) 지원림, 민법강의, 1412면.

판례는 매도인이 매수인에게 공급한 기계가 통상의 품질이나 성능을 갖추었더라도, 매도인이 매수인에게 기계를 공급하면서 당해 기계의 카탈로그와 검사성적서를 제시하면서 그 기계가 카탈로그와 검사성적서에 기재된 바와 같은 정도의 품질과 성능을 갖춘 제품이라는 점을 보증하였다면, 매도인이 보증한대로의 일정한 품질과 성능을 갖추지 못한 경우에는 그 기계에 하자가 있다고 본다(대판 2000.10.27, 2000다30554,30561).

마) 하자의 존부를 판단하는 시기에 대하여는 견해의 대립이 있다. 법정책임설은 계약성립 시를 기준으로, 채무불이행설은 위험이전시기를 기준으로 판단한다. 판례는 건축을 목적으로 매수한 토지에 대하여 건축허가를 받을 수 없어 건축이 불가능하게 된 경우와 같은 법률적 제한 내지 장애에 의한 매매목적물의 하자에 대하여, 그 하자의 존부는 매매계약 성립시를 기준으로 판단하여야 한다고 하여 법정책임설을 따르고 있다(대판 2000.1.18, 98다18506). 그러나 계약 성립 후 목적물의 인도 시 사이에 당사자의 책임 없는 사유로 목적물에 하자가 발생한 경우, 그 하자 있는 매매가 채무불이행으로 되는 것을 판별하는 시점은 결국 물건의 인도 시이고, 또한 그에 따른 위험을 채무자인 매도인이 부담하는 것이 위험부담에 관한 채무자주의의 원칙(제537조)에도 부합한다고 할 것이다.[32]

즉, 하자는 목적물의 위험이 이전하는 인도 시에 존재하여야 하고, 이에 대한 증명책임은 매수인이 부담한다. 다만 매수인이 목적물을 인도를 받은 후 얼마 지나지 않아 하자가 발견되었다면 인도 시에 하자가 있었던 것으로 추정될 수 있다. 가령 중고차를 매각하고 인도한 다음 날 매수인이 운전하던 중 차량에 화재가 발생하여 전소한 경우, 매도인이 인도 후 매수인의 사용이나 보관상의 과실로 하자가 발생하였다는 사실을 증명하지 않는 한 담보책임을 져야 할 것이다.

바) 매매목적물 자체에 하자가 있는 것은 아니지만, 물건에 관하여 법률상의 장애가 존재하여 계약목적을 달성할 수 없는 경우에 이를 권리의 흠결로

32) 지원림, 민법강의, 1414면.

볼 것인지(제575조), 아니면 물건의 하자로 볼 것인지가 문제된다. 법률상의 장애란 목적물에 물리적 하자가 있는 것은 아니고, 단지 법률적으로 목적한 행위를 이룰 수 없는 장애가 있는 경우를 뜻한다. 가령 벌채의 목적으로 매수한 산림이 보안림구역으로 지정되어 벌채가 불가능하게 된 경우(산림법 제56조, 제62조), 건축을 목적으로 매수한 토지가 건축금지구역 안에 있어서 건축이 불가능하게 된 경우(대판 2000.1.8, 98다18506), 공장부지로 매수한 토지가 하천법의 적용구역 안에 있어서 공장신축이 불가능하게 된 경우 등이 이에 해당한다.

이를 권리의 흠결로 보게 되면 경매절차에서 법률상 장애가 있는 목적물을 경락받은 매수인은 그 장애를 이유로 담보책임을 추급할 수 있지만(제575조), 물건의 하자로 보게 되면 경매에서의 담보책임이 적용될 여지가 없다는 점에서 차이가 있다(제580조 제2항). 즉, 경매의 경우에는 물건의 하자에 대하여 담보책임을 인정하지 않으므로, 이를 구별할 실익이 있다.

물건에 관한 법률상의 장애를 권리의 흠결로 파악하는 견해도 있지만,[33) 판례는 이를 물건의 하자로 새긴다. 판례를 지지하는 견해에 의하면, 제575조는 용익권에 의해 제한을 받는 소유권을 매수인에게 이전한 데 대한 담보책임으로서, 목적물 자체에 존재하는 법률상의 장애를 이와 함께 다루는 것은 타당하지 않고, 경매 시 채무자의 담보책임의 범위를 축소하고자 하는 제580조 2항의 규정취지에 비추어 법률상의 장애에 대해서까지 담보책임을 확장하는 것은 부당하다고 한다.[34) 판례의 입장에 찬성한다.

[관련 판례]

① 매도인이 불법운행하여 150일간 운행정지처분된 차량을 매도한 경우, 매수인이 그 차량을 매수하여 즉시 운행하려 하였다면 매수인으로서는 다른 차량을 대체하지 않고는 그 목적을 달할 수 없는 경우도 예상되므로 매수인이 그런 하자있음을 알지 못하고 또 이를 알지 못한데에 과실이 없는 때에는 민법 제580조의 매도인에게 하자담보책임이 있는 경우에 해당하여 매수인은 그 매매계약을 해제할 수 있다(대판 1985.4.9, 84다카2525).

② 매매의 목적물이 거래통념상 기대되는 객관적 성질·성능을 결여하거나, 당사자가 예정

33) 곽윤직, 채권각론, 180면.
34) 이은영, 채권각론, 338면; 지원림, 민법강의, 1414면.

> 또는 보증한 성질을 결여한 경우에 매도인은 매수인에 대하여 그 하자로 인한 담보책임을 부담한다 할 것이고, 한편 건축을 목적으로 매매된 토지에 대하여 건축허가를 받을 수 없어 건축이 불가능한 경우, 위와 같은 법률적 제한 내지 장애 역시 매매목적물의 하자에 해당한다 할 것이나, 다만 위와 같은 하자의 존부는 매매계약 성립시를 기준으로 판단하여야 할 것이다(대판 2000.1.8, 98다18506).

사) 매수인은 선의·무과실이어야 한다. 이에 대한 증명책임은 매도인이 부담한다. 매수인이 하자의 존재사실을 증명하면, 매도인은 매수인의 악의 또는 과실 있음을 증명하여야 한다.

[관련 판례]

> ① 공원지로서의 대지를 매수하는 자는 부동산 등기부의 열람뿐만 아니라, 동 대지가 도시계획상 도로에 저촉하는지의 여부 정도는 미리 조사하여 보는 것이 상례라 할 것인 바, 원고가 본건 매매계약을 체결함에 있어 현장을 답사하였음에도 불구하고, 30평의 대지 중 10평이나 도로로 사용되고 있는 사실을 간과하였다면, 원고에게는 위 하자있음을 알지 못한데 대하여 과실이 있다(대판 1979.7.24, 79다827).
>
> ② 하자담보책임으로 인한 손해배상 사건에 있어서 배상 권리자에게 그 하자를 발견하지 못한 잘못으로 손해를 확대시킨 과실이 인정된다면 법원은 손해배상의 범위를 정함에 있어서 이를 참작하여야 하며, 이 경우 손해배상의 책임을 다투는 배상 의무자가 배상 권리자의 과실에 따른 상계 항변을 하지 않더라도 소송에 나타난 자료에 의하여 그 과실이 인정되면 법원은 직권으로 이를 심리·판단하여야 한다(대판 1995.6.30, 94다23920).

2) 담보책임의 내용

가) 해 제 권

매수인이 목적물의 하자로 인하여 계약의 목적을 달성할 수 없는 때에는 계약을 해제할 수 있다(제580조 전단에 의한 제575조 제1항의 준용). 계약의 목적을 달성할 수 없다는 것은 하자가 중대하여 보수가 곤란한 정도에 이른 것을 말한다. 가령 불치병에 걸린 경주마를 매수한 경우에는 해제할 수 있지만, 중고자동차의 엔진에 하자가 있어 수리를 하면 곧바로 운전이 가능한 정도라면 해제할 수 없다. 다만 보수에 과다한 비용이 들어가는 경우에는 해제할 수 있을 것이다. 학설도 목적물의 하자를 쉽고 저렴하게 보수할 수 있음에도 불구하고 외견상 계약의 목적을 달성할 수 없음을 이유로 계약을 해제하는 것은 신의칙에 반한다고 하여 이를 인정하지 않는다.[35)]

나) 손해배상청구권

매수인이 선의·무과실이라면 해제권의 행사 여부와 관계없이 매도인을 상대로 손해배상을 청구할 수 있다. 또한 계약의 목적을 달성할 수 없는 경우는 물론, 그 목적을 달성할 수 있는 경우에도 매수인이 선의라면 손해배상을 청구할 수 있다.

물건의 하자로 인한 손해는, 하자 있는 물건으로서의 가액과 대금의 차액, 신뢰이익의 손해, 이행이익의 손해, 확대손해 등의 형태로 다양하게 나타날 수 있다. B가 A로부터 시간 당 5만부의 신문을 인쇄할 수 있는 고속 윤전기를 50억 원에 매수하였는데, 실제로는 2만부밖에 인쇄할 수 없는 것으로 밝혀진 경우를 그 예로 들 수 있다. ① B는 A를 상대로 가치하락분에 상당하는 30억 원에 대하여 부당이득반환청구는 할 수 없고, 대금감액을 청구할 수 있다. 민법은 이 경우에 대금산정의 곤란을 이유로 이를 손해배상에 포함시켜 청구하도록 하고 있으나, 그 실질은 대금감액청구이다. ② B가 일간 신문사와 1년 동안 신문을 인쇄해 주고 매월 일정액의 대금을 지급받기로 하였으나, 인쇄작업의 잦은 지연으로 인하여 신문사가 계약을 해제하고 위약금까지 몰수하였다면, B는 A를 상대로 이행이익의 손해에 대한 배상을 청구할 수 있다. ③ 윤전기에 하자가 없다고 믿고 설치비용 등을 들였다면 신뢰이익의 손해에 대한 배상도 청구할 수 있다.

손해배상의 범위와 관련하여, 법정책임설은 특정물 도그마에 따라 매도인에게 하자 없는 물건의 인도의무를 인정하지 않으므로 급부의무의 존재에 의해 보장되는 이행이익의 배상을 원칙적으로 인정하지 않는다. 그러나 채무불이행책임설에 의하면 제393조의 원칙에 따라 손해배상의 범위가 정해지므로, 이행이익의 배상을 인정한다. 대법원은 앞서 본 감자종자 사건에서 '잎말림병에 감염된 종자를 식재한 결과 거기에서 자란 감자가 같은 병 등에 감염되어

35) 양창수·김재형, 계약법, 393면; 지원림, 민법강의, 1415면.

수확량이 예년에 비하여 현저하게 줄은 경우, 매수인이 입은 손해는 실제로 들인 비용에서 소득한 금액을 공제한 금액이 아니라, 감자를 식재·경작하여 정상적으로 얻을 수 있었던 평균수입금에서 실제로 소득한 금액을 뺀 차액'이라고 하여 이행이익의 배상을 인정하였다(앞의 89다카15298판결).

다) 권리행사기간

특정물의 하자로 인한 매수인의 해제권과 손해배상청구권은 매수인이 그 사실을 안 날부터 6월 내에 행사하여야 한다(제582조). 매수인은 목적물에 하자가 존재한다는 사실을 안 날로부터 6월 내에 재판상 또는 재판외의 권리 행사가 가능하므로, 이를 출소기간으로 볼 것은 아니다(대판 1985.11.12, 84다카2344).

제582조는 법률관계의 조속한 안정을 도모하는데 그 취지가 있으므로, 매도인에 대한 하자담보에 기한 손해배상청구권에 대하여는 6월의 제척기간이 적용된다. 그러나 폐기물이 매립된 토지를 매수한 자가 폐기물처리비용 상당액을 매도인 등에게 손해배상으로 청구하는 경우와 같이, 하자담보책임에 기한 매수인의 손해배상청구권은 권리의 내용·성질 및 그 취지에 비추어 제162조 제1항의 채권의 소멸시효에 관한 규정이 적용되고, 특별한 사정이 없는 한 시효는 매수인이 매매 목적물을 인도받은 때로부터 진행한다고 해석함이 타당하다(대판 2011.10.13, 2011다10266). 제582조의 취지를 존중한다고 하더라도 특정물의 하자로 인하여 확대손해가 발생한 경우에 대해서까지 매수인의 권리행사기간을 6월로 단축하여 해석하는 것은 옳지 않기 때문이다.

3) 종류매매의 특칙(제581조)

가) 종류매매에서는 매매의 목적물이 특정되기 전까지 매도인은 하자 없는 물건을 인도하여야 할 의무를 부담하므로, 담보책임이 문제되지 않는다. 다만 종류물이 특정되고 난 후에 그 물건에 하자가 있는 경우에는 특정물매매에서의 담보책임에 관한 제580조가 준용된다(제581조).

[관련 판례]

표고버섯 종균에 하자가 존재하는 사실을 알았다고 하기 위하여는 종균을 접종한 표고목에서 종균이 정상적으로 발아하지 아니한 사실을 알았다는 것만으로는 부족하고, 종균이 정상적으로 발아하지 아니한 원인이 바로 종균에 존재하는 하자로 인한 것임을 알았을 때라야 비로소 종균에 하자가 존재하는 사실을 알았다고 볼 것이다(대판 2003.6.27, 2003다20190).

나) 종류물이 특정된 후 매도인의 과실로 목적물이 멸실된 경우에 매도인은 다른 종류물로 급부를 변경하여 이행을 제공하고 매수인으로부터 반대급부를 이행 받을 수 있는가가 문제된다. 종류채권에서는 종류물이 특정되어도 특정된 물건의 개성이 특정물채권에서의 특정물만큼 중요하거나 뚜렷하지 않고, 매수인에게 완전물급부청구권이 인정되는 점과의 균형을 고려해 보면, 매도인의 급부변경권을 부정할 것은 아니다. 다만 매수인이 급부변경에 대한 반대의사를 밝혔거나, 특정에 대하여 이해관계를 가지게 된 경우에는 허용할 수 없을 것이다.[36]

다) 종류물이 특정된 후에 그 물건에 하자가 있으면, 매수인은 특정물의 하자로 인한 담보책임의 효과에 따라 계약의 해제 또는 손해배상을 청구할 수 있다. 종류물이 특정되었다고 하더라도 매수인은 해제권 또는 손해배상청구권을 행사하지 않고, 그에 갈음하여 하자 없는 완전한 물건의 급부를 청구할 수 있다(제581조 제2항). 즉, 매수인은 해제권 또는 손해배상청구권과 완전물급부청구권을 선택적으로 행사할 수 있다. 이와 관련하여 완전물급부청구권과 손해배상청구권의 양립가능성을 배제하는 제581조 2항은 이행지체의 경우에 있어서 본래의 급부청구권과 지연배상청구권의 양립을 인정하는 것과 균형이 맞지 않다는 이유에서 개정이 필요하다는 입장도 있으나,[37] 책임의 요건을 완화하면서 아울러 그 범위를 축소하는 담보책임의 특성 상 그리 새길 것은 아니다.

---

36) 지원림, 민법강의, 904면; 송덕수, 신민법강의, 1422면.

37) 이은영, 채권각론, 340면; 김형배, "하자담보의 성질", 법률행정논집 제19집(1981), 고려대학교 법률행정연구소, 146면.

상인간의 매매에서는 매수인에게 목적물의 검사와 하자통지의무가 있으므로, 매수인이 특정된 물건을 수령한 후 하자 또는 수량의 부족을 발견하였음에도 즉시 매도인에게 그 통지를 발송하지 않았다면 이로 인한 계약해제 또는 손해배상을 청구하지 못한다. 다만 매도인이 악의인 경우에는 그러하지 아니하다(상법 제69조).

☞ **기본 사례형 쟁점 찾기**

Ⅰ. 수도권에 X택지를 소유하고 있는 A는 교외에 있는 B소유의 Y택지를 소유하고 싶어하였다. A가 B와 교섭하여 X택지와 Y택지에 대한 A·B 간의 교환계약이 체결되었고, 그 후 얼마 지나지 않아 B는 X택지를 C에게 전매하여 각각 이전등기를 마쳤다. 그 후 A는 Y택지에 주택을 짓기 위하여 건축업자와 상담을 하였는데, B택지에는 법률상의 제한이 있어 건축허가가 나지 않는다는 사실을 확인할 수 있었다. A는 C로부터 X택지를 반환받을 수 있는가?

【주요 쟁점】

1. 동기의 착오
2. 법률상의 장애와 담보책임
3. 하자담보책임과 착오
4. 해제 전의 제3자

Ⅱ. 부품 제조업자 A는 제품 제조업자 B에게 부품을 공급하였고, B는 그 부품을 이용하여 제조한 제품을 판매업자 C에게 매도하였다. A는 B가 지시하는 품질과 조건에 따라 부품을 제조하였음에도 그 부품에 중대한 하자가 발생하여 C가 판매한 제품이 대량 반품되어 결국 C는 파산에 이르게 되었다. B·C간의 매매계약에서는 B가 하자담보책임을 부담하지 않는다는 취지의 특약이 있었다. A·B·C 3자 사이의 법률관계를 논하시오.

【주요 쟁점】

1. 특정물 하자담보책임, 제조물책임, 하자담보책임의 면제특약
2. B·C 사이 : 하자담보책임의 인정 여부, 일반채무불이행책임의 성립 여부, 면책특약의 효력, 손해배상의 범위

3. A·B 사이 : 계약의 성질, 법적 효과(고지의무 위반 여부)
4. A·C 사이 : 제조물책임의 성부

라. 담보책임 보론(補論) -기타 관련문제-

1) 담보책임과 동시이행

동시이행의 항변권을 규정한 제538조는 제572조 내지 제575조, 제580조 및 제581조의 경우에 준용된다(제583조). 매도인이 위에서 명시한 규정들에 터 잡아 이미 지급받은 대금의 전부나 일부의 반환의무, 손해배상의무, 하자 없는 물건의 지급의무를 부담하고, 매수인이 매도인으로부터 수령한 목적물을 원상회복의무로서 반환할 의무를 부담하는 경우가 있다. 이러한 쌍방 당사자의 의무는 하나의 쌍무계약에서 발생한 것은 아니지만, 동일한 생활관계에서 발생하여 서로 밀접한 관련을 가지므로 그 이행에 있어 견련관계를 인정하는 것이 공평의 원칙에 부합한다. 이러한 이유에서 매도인의 담보책임에 기한 의무와 그로 인한 매수인의 의무 사이에 동시이행의 관계를 인정하는 것이다(대판 1993.4.9, 92다25946).

가령 특정된 종류물에 중대한 하자가 있어서 매수인이 분할지급하기로 한 대금의 2분의 1 이상을 미지급한 상태에서 하자 없는 동종의 물건으로 교환하여 줄 것을 청구한 경우에 매도인의 완전물급부의무와 매수인은 잔대금지급의무는 동시이행의 관계에 서게 되는 것이다(대판 1993.7.13, 93다14783 참조).

2) 담보책임면제의 특약

가) 담보책임에 관한 민법의 규정은 거래의 당사자인 매수인의 보호를 위한 보충적 규정이자 임의규정이다. 사적 자치의 원칙 상 신의칙이나 공서양속에 반하지 않는 한, 당사자의 특약으로 담보책임을 면제하거나 경감하거나 가중하는 것이 원칙적으로 허용된다(대판 2002.9.4, 2002다11151). 가령 담보책임을 부담하지 않는다는 특약 아래 진품인지의 여부가 불명한 유명 화백의 그림을 저렴하게 매매하기로 하는 약정은 얼마든지 가능하다. 물론 매매의 목적물인 그림이 진품이라면 매도인이 손해를 입게 되고, 모조품이라면 매수인이 손해

를 입게 되는 사행계약적 요소를 가지기는 한다. 그러나 민법은 담보책임을 면제하는 특약이 무효로 되는 두 가지의 예외적인 경우를 인정한다.

[관련 판례]

> 원래 민법 제584조는, 권리의 전부 또는 일부의 하자에 대한 매도인의 담보책임을 전적으로 배제하는 내용의 특약이 당연히 유효한 것을 전제로 하고 있는 것이고, 피고는 이 사건 부동산을 임의경매절차에서 경락·취득하여 그 부동산에 숨어 있는 원인무효사유의 존재 등 권리상의 하자 유무를 전혀 알 수 없는 상태이므로 위 매매에 당하여는 후일에 야기될 지도 모를 매도인의 하자담보책임에 관하여 이를 면제하는 내용의 특약을 매매계약서에 담으려 할 것이고 원고로서도 이와 같은 하자담보책임의 면책조항이 있음을 인정하고 그 매수인의 지위를 승계하였다고 보는 이상 위 매매계약서 제5조의 면책조항에 의하여 권리상의 전부 또는 일부의 하자에 대하여 피고가 면책된다고 보는 것이 합리적이라고 하여야 할 것이다(대판 1990.10.30, 90다카9282).

① 매도인이 권리의 흠결이나 물건의 하자를 알고도 매수인에게 고지하지 않은 경우에는 면책특약은 무효이다(제584조). 가령 중고차 매매에서 매도인이 카 오디오 및 속도 표시계가 고장 난 사실을 알면서도 엔진 부분의 하자에 대하여만 책임을 진다고 약정한 경우, 매도인은 자신이 알지 못하였던 특정 엔진부분의 손상뿐만 아니라, 오디오의 고장 부분에 대해서도 담보책임을 져야 한다. 나아가 고장 난 속도계로 인하여 착각을 일으켜 과속을 하다가 차량이 파손되고 신체상의 손해를 입게 된 사고가 발생한 경우라면, 매도인은 그 확대손해에 대해서도 책임을 져야 한다. 이 경우에 매도인의 악의는 매수인이 증명하여야 하고, 매도인의 중과실은 악의와 같게 취급되어야 한다.

[관련 판례]

> 피고(매도인)가 원고(매수인)와 매매계약을 체결함에 있어 피고는 이 사건 대지의 활용에 따른 관계법규 규제사항에 대한 책임을 지지 아니하기로 하는 특약이 이루어진 사실은 인정되나, 피고는 위 재개발사업의 주체로서 이 사건 대지 밑에 구거가 관통하고 있음을 알고 있었다 할 것이므로 위 매매계약체결에 앞서 원고에게 이러한 사실을 고지하였다고 볼 아무런 증거가 없는 이상 위 특약을 이유로 담보책임을 면하지 못한다(서울고법 1986.6.5, 85나4190).

② 매도인이 매매계약체결 전에 매매 목적물의 전부 또는 일부를 스스로 제

3자에게 양도하거나 목적물 위에 지상권이나 전세권 등의 제한물권을 설정한 후에 이를 완전한 것이라고 하면서 매각하는 것은 신의칙상 허용되지 않는다. 따라서 매도인이 이러한 사실로부터 담보책임을 면제받는 특약을 하는 것은 무효이다(제584조 후단). 또한 이러한 행위가 매매계약 체결 후에 행하여지면 채무불이행이 되고, 고의에 의한 경우에는 면책조항이 무효로 된다.

나) 그 밖에 약관규제법 제7조 제2항에 의하여 면책약관이 무효로 될 수 있다(대판 1996.8.23, 95다51915).

3) 착오와 하자담보책임

가) 매매계약체결 당시에 매수인의 착오로 매매목적물에 하자가 있음을 알지 못한 경우에 하자담보책임을 묻는 외에 착오를 이유로 매매계약을 취소할 수 있는지가 문제된다. 착오는 계약체결 시에 문제가 되므로, 특정물에 대해서만 경합이 발생할 수 있다. 불특정물의 경우에는 매수인이 하자가 없다고 믿고 목적물을 수령하여도 착오가 문제될 여지는 없다.

나) 착오와 하자담보책임의 경합은 동기의 착오와 관련하여 문제가 된다. 동기의 착오를 이유로 법률행위를 취소하기 위하여는, ① 동기가 표시되어 상대방이 그 동기를 알고 있어야 한다는 견해,[38] ② 동기가 표시 여부를 묻지 않고 법률행위 내용의 중요부분에 동기의 착오가 있으면 착오를 이유로 취소할 수 있다는 견해,[39] ③ 동기가 표시되어 상대방이 알고 있더라도 동기의 착오는 제109조에 의하여 고려되지 않으며, 동기의 진실함에 대한 위험을 상대방에게 부담시키기 위하여는 동기를 법률행위의 내용으로 고양시켜야 한다는 견해,[40] ④ 동기는 효과의사 결정의 동인(심리적·주관적 요소)에 지나지 않아서 법률행위의 내용은 아니지만, 동기가 표시되어 명백하게 계약교섭의 대상이 되었다면 그에 관한 착오도 이른바 '확장된 내용의 착오'로서 취소권을 부여할 수 있다고 하는 견해[41]가 대립한다. 판례는 동기의 착오가 법률행위의 내

38) 곽윤직, 민법총칙, 239면.
39) 이은영, 민법총칙, 518면 이하; 양창수·김재형, 계약법, 668면 이하.
40) 김증한/김학동, 민법총칙, 343-344면; 송덕수, 민법강의(상), 166면.
41) 지원림, 신민법강의, 248면.

용의 중요부분의 착오에 해당함을 이유로 표의자가 법률행위를 취소하려면, 그 동기를 당해 의사표시의 내용으로 삼을 것을 상대방에게 표시하고 의사표시의 해석상 법률행위의 내용으로 되어 있다고 인정되면 충분하고, 당사자들 사이에 별도로 그 동기를 의사표시의 내용으로 삼기로 하는 합의까지 이루어질 필요는 없다는 입장을 취한다(대판 2010.4.29, 2009다97864). ①설이나 판례와 같이 동기가 표시된 경우에 한하여 제109조에 의한 취소를 고려할 수 있다는 입장을 따르게 되면 착오와 담보책임이 경합하는 사례가 드물겠지만, ②설과 같이 동기의 표시 여부에 관계없이 제109조에 의한 취소를 고려할 수 있다는 입장을 따르게 되면 경합 사례는 크게 확장될 것이다. ③설은 ①설이나 판례보다도 경합 사례를 크게 축소시키는 결과를 가져온다. 판례의 입장을 따르기로 한다.

다) 착오와 하자담보책임에 관한 규정의 요건을 모두 충족하는 경우에 양 규정의 관계가 문제된다. 이는 매수인의 보호와 관련하여 중요한 의미를 가진다. 하자담보책임이 6월의 제척기간의 도과로 소멸한 후에도 매수인이 착오를 이유로 취소권을 행사하여 구제를 받을 수 있는지의 여부(제146조의 적용 여부)가 결정되기 때문이다.

학설은, ① 담보책임에 관한 규정이 적용되는 범위 내에서는 착오에 관한 규정의 적용이 배제된다고 하는 배제설(담보책임 우선적용설),[42] ② 양 규정의 경합을 인정하는 경합설,[43] ③ 위의 학설을 모두 비판하면서 경합을 인정하더라도 착오취소권의 행사기간의 단축을 통해 문제를 해결하자는 견해[44]로 나뉜다. 판례 중에는 공장 설립을 목적으로 토지를 매수한 자가 토지 위에 공장을 건축할 수 있는지 여부를 관할관청에 확인해 보지 않은 것은 중대한 과실에 해당한다고 하면서 착오에 의한 취소의 주장을 배척한 것이 있는데(대판 1993.6.29, 92다38881), 법률상의 장애로 인한 하자담보책임과 착오취소의 경합 가능성을 전제한 것이므로 판례는 경합설을 따른 것으로 이해된다.[45]

42) 곽윤직, 채권각론, 188면; 송덕수, 신민법강의, 1429면.
43) 김주수, 채권각론, 222면; 김상용, 채권각론, 210면.
44) 지원림, 민법강의, 1422면.

배제설은 담보책임을 착오에 대한 특별규정이라고 이해하면서, 담보책임이 적용되는 한, 매수인에게 착오가 있었음이 당연히 전제되는 것이고 또한 착오에 대한 보호라는 의미도 함께 포함되는 것이라고 본다.

담보책임은 매도인의 귀책사유를 책임요건에서 배제함으로써 매수인 보호에 충실을 기하는 한편, 단기의 제척기간을 규정함으로써 매도인을 보호하고 법적 불안정성을 해소하려고 한다. 경합설은 담보책임의 제척기간이 도과된 후에도 10년의 취소권 제척기간에 의하여 매도인에 대한 책임추급을 가능하게 하여 매수인의 보호에는 두텁지만 매도인에게 지나치게 불리한 결과를 초래한다. 또한 법적으로 불안정한 상태를 장기화하여 담보책임의 취지를 무색하게 할 우려가 있다. 따라서 배제설이 타당하다. 다만 매도인의 기망에 의하여 하자 있는 물건을 매수한 경우에는 매도인을 보호할 필요가 없으므로, 담보책임과 제110조에 의한 취소권이 경합한다고 새겨야 한다.

☞ **기본 사례형 쟁점 찾기**

A는 카메라 판매업자 B로부터 최신형 카메라를 구입하였다. 계약체결과정에서 A는 B에게 회상도와 렌즈 기능의 최저기준을 말하였고 B는 이를 충족시킨다고 확인해 주었다. 매입 후 얼마 지나지 않아 촬영을 하였으나 회상도가 기준에 크게 미치지 못하고 렌즈도 고장 난 상태였다. A는 B에 대하여 어떠한 권리를 주장할 수 있는가?

【주요 쟁점】

1. 특정물인 경우와 불특정물인 경우를 구분하여 판단
2. 하자담보책임

45) 하급심 판례 중에는 매도인이 쌍방착오를 이유로 취소권을 행사한 사안에 대하여, 타인의 권리의 매매로 인한 매도인의 담보책임과 착오취소가 경합하는 경우에 담보책임에 관한 규정이 우선 적용되어야 한다고 한 판결이 있다. "공무원이 뇌물을 공여 받고 관계문서를 위조 또는 허위 작성하여 국유지를 소외인 명의로 소유권이전등기를 경료해 주고 다시 원고와 피고에게 순차 이전등기가 경료된 후 위 부정사실이 발각되어 국가가 등기부상 최종 명의자로부터 이를 환수한 경우, 원·피고 사이에 매매가 체결될 당시 매도인인 피고도 위 토지가 국유이었음을 모르고 매매계약을 체결하였으니 의사표시의 중요부분에 관한 착오가 있을 때에 해당한 민법상 타인의 권리의 매매로 인한 매도인의 담보책임에 관한 규정이 민법 총칙의 착오에 관한 규정보다 우선 적용되어야 할 성질의 것이므로 이 사건에서 매도인인 피고는 착오에 기한 취소를 주장할 수 없다(서울고법 1980.10.31, 80나2589).

3. 착오로 인한 취소의 가부
4. 담보책임과 착오의 관계

3. 매수인의 의무

가. 대금지급의무

매수인은 매도인의 재산권이전 및 목적물인도에 대한 대가로 대금지급의무를 부담하는데, 이는 가장 본질적인 채무이다. 대금의 지급방법은 금전채무의 이행으로 볼 수 있는 방법이면 충분하다.

1) 대 금 액

대금은 매매계약의 본질적인 내용을 이루므로, 매매에 관한 합의에 대금이 정하여져 있지 않으면 매매가 성립하지 않음이 원칙이다. 다만 구체적인 금액이 정해지지 않아도 당사자가 특정의 제3자가 결정한 가격에 따르기로 한다든가 또는 대급지급 시의 시장가격에 의하기로 약정하는 등 대금의 확정방법에 대한 합의가 있으면 매매가 성립할 수 있다.

2) 대금지급시기 및 장소

가) 대금의 지급시기 및 장소에 관하여 당사자 사이에 특약이 있으면 그에 따름이 원칙이고, 통상적인 거래에서도 당사자의 합의에 의하여 그 시기 및 장소가 결정된다. 민법은 그러한 특약이 없는 경우에 대비하기 위하여 일정한 규정을 두고 있다.

나) 매매의 당사자 일방에 대한 의무이행의 기한이 있는 때에는 상대방의 의무이행에 대하여도 동일한 기한이 있는 것으로 추정한다(제585조). 가령 부동산의 매매 당사자 사이에 다른 특약이 없으면 매도인이 그 부동산의 소유권이전등기에 필요한 서류를 교부하고 목적물을 인도하기로 한 때에 매수인도 대금을 지급하기로 한 것으로 추정하는 것이다. 매도인과 매수인이 부담하는 각각의 의무에 대하여 모두 기한을 정하지 않은 경우에는 어느 일방이 언제든지 상환이행을 청구할 수 있다.[46]

[관련 판례]

> 분양 아파트의 잔금에 대하여 수분양자들이 분양자의 책임 아래 그 아파트를 담보로 은행대출을 받아 그 대출금으로 이를 대체하기로 약정한 것이라면, 잔금의 기한은 분양자가 수분양자들에게 소유권 이전 및 대출을 위한 준비를 완료하고 대출 절차의 이행을 최고하였음에도 불구하고 수분양자들이 소유권 이전이나 대출에 필요한 서류의 준비 등 절차를 지연하여 대출이 늦어지는 바람에 잔금의 수령이 지연되는 등 수분양자들에게 대출 지연에 대한 책임이 있다고 볼 수 있는 특별한 사유가 있는 경우를 제외하고는, 은행 대출을 받을 수 있는 때까지로 봄이 상당하다(대판 1995.12.26, 95다33962).

다) 대금지급장소에 관하여 당사자 사이에 특약이 없으면, 목적물 인도와 동시에 대금을 지급을 할 경우에는 그 인도 장소에서 지급하여야 한다(제586조). 그러나 매수인이 목적물을 인도받은 후에 대금을 지급하는 경우에는 제467조 제2항에 따라 매도인의 현 주소 또는 현 영업소에서 지급하여야 한다.

3) 대금지급거절권

매수인은 동시이행의 항변권이나 유치권과 같은 일반적인 거절권을 인정받는 외에도 다음의 요건이 충족되면 대금의 지급을 거절할 수 있다. 매수인은 약정된 대금을 지급할 의무가 있지만, 매매 목적물에 관하여 제3자가 소유권, 대항력 있는 임차권을 포함하는 용익물권, 저당권 등 담보권을 주장하여 매매 목적인 권리의 전부나 일부를 잃을 염려가 있는 때에는 그 위험의 한도에서 대금의 전부나 일부의 지급을 거절할 수 있다. 그러나 매도인이 담보물권을 설정하거나 보증계약을 체결하는 등의 방법으로 상당한 담보를 제공한 경우에는 대금의 지급을 거절할 수 없다(제588조).

[관련 판례]

> ① 매도인이 말소할 의무를 부담하고 있는 매매목적물상의 근저당권을 말소하지 못하고 있다면 매수인은 그 위험의 한도에서 매매대금의 지급을 거절할 수 있고, 그 결과 민법 제587조 단서에 의하여 매수인이 매매목적물을 인도받았다고 하더라도 미지급 대금에 대한 인도일 이후의 이자를 지급할 의무가 없으나, 이 경우 지급을 거절할 수 있는 매매대금이 어느 경우에나

46) 지원림, 민법강의, 1423면.

근저당권의 채권최고액에 상당하는 금액인 것은 아니고, 매수인이 근저당권의 피담보채무액을 확인하여 이를 알고 있는 경우와 같은 특별한 사정이 있는 경우에는 지급을 거절할 수 있는 매매대금은 확인된 피담보채무액에 한정된다(대판 1996.5.10, 96다6554).

② 건물의 소유를 목적으로 한 토지임대차계약의 기간이 만료함에 따라 지상건물 소유자가 임대인에 대하여 행사하는 민법 제643조 소정의 매수청구권은 매수청구의 대상이 되는 건물에 근저당권이 설정되어 있는 경우에도 인정된다. 이 경우에 그 건물의 매수가격은 건물 자체의 가격 외에 건물의 위치, 주변 토지의 여러 사정 등을 종합적으로 고려하여 매수청구권 행사 당시 건물이 현존하는 대로의 상태에서 평가된 시가 상당액을 의미하고, 여기에서 근저당권의 채권최고액이나 피담보채무액을 공제한 금액을 매수가격으로 정할 것은 아니다. 다만, 매수청구권을 행사한 지상건물 소유자가 위와 같은 근저당권을 말소하지 않는 경우 토지소유자는 민법 제588조에 의하여 위 근저당권의 말소등기가 될 때까지 그 채권최고액에 상당한 대금의 지급을 거절할 수 있다(대판 2008.5.29, 2007다4356).

③ 아파트 수분양자의 중도금 지급의무는 아파트를 분양한 건설회사가 수분양자를 아파트에 입주시켜 주어야 할 의무보다 선이행하여야 하는 의무이나, 건설회사의 신용불안이나 재산상태의 악화 등은 민법 제536조 제2항의 건설회사의 의무이행이 곤란할 현저한 사유가 있는 때 또는 민법 제588조의 매매의 목적물에 대하여 권리를 주장하는 자가 있는 경우에 매수인이 매수한 권리의 전부나 일부를 잃을 염려가 있는 때에 해당하여, 아파트 수분양자는 건설회사가 그 의무이행을 제공하거나 매수한 권리를 잃을 염려가 없어질 때까지 자기의 의무이행을 거절할 수 있고, 수분양자에게는 이러한 거절권능의 존재 자체로 인하여 이행지체 책임이 발생하지 않으므로, 수분양자가 건설회사에 중도금을 지급하지 아니하였다고 하더라도 그 지체책임을 지지 않는다(대판 2006.10.26, 2004다24106,24113).

④ 매매목적물 중 일부 토지에 대한 수용결정이 있었으면 그로 인한 소유권의 상실에 까지는 이르지 아니하였다 하여도 그 수용결정이 있는 자체로써 매매목적물에 하자가 있는 경우에 해당한다고 할 것이므로 그 부분에 대한 매매대금감액 여부가 다투어 지고 있을 때에는 감액합의가 이루어지기 전이라도 매수인은 매도인의 잔대금 전액 지급요구를 거절할 수 있다(대판 1981.7.28, 80다2400).

⑤ 매매부동산에 대하여 매도인의 세금체납으로 인한 압류등기가 되어있는 이상 당사자 간에 다른 특별한 특약이 있다거나 그 체납된 세금이 극히 근소한 금액에 불과하므로 소유권취득에 지장이 없다고 보통 인정할 수 있는 경우를 제외하고는 원칙적으로 매도인은 아무 부담 없는 완전한 소유권을 매수인에게 이전하여야 할 의무가 있다 할 것이므로, 매도인이 위와 같은 압류의 해제가 있기 전에는 대금전액에 대하여 지급을 거절하였다 하더라도 매수인의 의무불이행에 해당된다 할 수 없다(대판 1967.7.11, 67다813).

나. 이자지급의무

매수인은 목적물을 인도받을 날부터 이자를 지급하여야 하지만, 대금의 지급에 대하여 기한이 있는 때에는 그러하지 아니하다(제587조 후문 및 단서). 목적물의 인도와 대금의 지급이 동시이행의 관계에 있는 경우에는 매도인은 인도 시까지 수취한 과실을 취득하므로, 매수인이 목적물을 수령하지 않았다면 이자지급의무를 면한다(제587조). 따라서 특정물의 매매에서 매수인의 대금지급채무가 이행지체에 빠졌더라도 그 목적물의 인도가 이루어지지 아니하는 한 매도인은 매수인의 대금지급의무의 이행지체를 이유로 매매대금의 이자상당액의 손해배상청구를 할 수 없다(대판 1995.6.30, 95다14190).

쌍무계약이 취소된 경우에 선의의 매수인은 수령한 매매목적물로부터 수취한 과실을 반환할 필요가 없으므로(제201조 제1항), 형평 상 선의의 매도인도 매매대금의 운용이익이나 법정이자를 반환할 필요가 없다(대판 1993.5.14, 92다45025).

제4절 환매와 재매매의 예약

1. 환 매

가. 의 의

1) 매도인이 매매계약과 동시에 매매목적물을 환매할 권리를 보유하고, 일정한 기간 내에 그 환매권을 행사하여 그 목적물을 도로 찾아 가기로 약정하는 것을 환매특약이라고 한다.[47] 환매는 원매매계약에 부종하므로, 원매매계약이 무효 또는 취소로 그 효력을 잃게 되면 환매특약도 그 효력을 상실한다. 환매는 매매목적물을 매도하면서 이를 다시 매수할 필요가 있을 경우를 대비하여 약정하는 경우도 있지만, 통상적으로는 담보목적으로 이용된다.

2) 채무자가 채권담보의 목적으로 물건을 채권자에게 매도하고, 채무를 변

47) 조선시대에도 건국 초기부터 서민들의 금융수단으로 '환퇴(還退)'라는 일종의 담보제도가 있었다. 이는 일단 매매형식을 통해서 물건을 팔고 나서 뒤에 돈이 생기면 미리 정한 약속기간 내에 그 물건을 다시 사올 수 있고, 기한을 넘기면 채권자에게 소유권이 넘어가는 것으로, 전매(典賣)라고도 하였다. 조선시대 담보제도에 관한 상세는, 김재문, 조선왕조의 담보제도에 관한 연구, 동국대학교 박사학위논문, 1983 참조.

제한 때에 채권자로부터 그 물건을 다시 매수하는 이른바 매도담보는 환매 또는 재매매의 예약의 형식을 통해 이루어진다. 그러나 부동산의 실거래에서는 환매보다는 대물변제예약이나 매매의 예약을 하고 채무자의 채무불이행이 있는 경우에 채권자가 예약상의 권리를 행사함으로써 발생하게 될 장래의 소유권이전등기청구권 보전을 위한 가등기를 경료하기로 하는 내용의 가등기담보계약을 체결하고, 이에 터 잡아 채권자 앞으로 가등기를 경료하는 이른바 가등기담보가 빈번하게 이용된다. 환매에 비하여 비용이 저렴하고 절차가 간편하기 때문이다. 소비대차의 채무를 담보하기 위하여 매매의 형식을 빌린 부동산의 매도담보에 대하여는 가등기담보 등에 관한 법률이 적용되므로 청산절차를 거쳐야 한다.

3) 환매와 재매매의 예약은 다음의 점에서 구별된다. ① 환매특약은 원매매계약과 동시에 하여야 하지만, 재매매의 예약은 매매와 동시에 또는 그 후에 하여도 관계없다. ② 환매는 매수인이 지급한 대금, 매매비용, 환매기간을 기록한 환매특약의 등기를 하는 반면(부동산등기법 제53조), 재매매의 예약은 예약완결권의 가등기를 한다(동법 제3조, 제88조). ③ 환매는 그 기간의 제한이 있지만, 재매매의 예약에는 그러한 제한이 없다.

4) 환매는 부동산뿐만 아니라 동산 기타의 재산권(채권, 지식재산권 등)에 대하여도 할 수 있다. 실거래에서는 부동산에 대한 환매특약이 주류를 이루고, 분쟁사례도 이에 집중되어 있다. 특히 구 공공용지의 취득 및 손실보상에 관한 특례법(2002. 2. 4. 폐지), 징발재산정리에 관한 특별조치법, 공익사업을 위한 토지 등의 취득 및 보상에 관한 법률에 규정된 환매권과 관련한 분쟁을 다룬 판례가 다수 있다.

[관련 판례]

① 구 '공공용지의 취득 및 손실보상에 관한 특례법'(2002. 2. 4. 법률 제6656호로 폐지되기 전의 것)상 환매권은 당해 공공사업의 폐지·변경 기타의 사유로 인하여 취득한 토지 등의 전부 또는 일부가 필요 없게 된 때에 행사할 수 있다. 여기서 '당해 공공사업'이란 협의취득의 목적이

된 구체적인 특정 공공사업을 가리키는 것으로, '취득한 토지가 필요 없게 되었을 때'라 함은 사업시행자가 위 특례법 소정의 절차에 따라 취득한 토지 등이 일정한 기간 내에 그 취득의 목적이 된 사업인 공공사업의 폐지·변경 등의 사유로 공공사업에 이용할 필요가 없어진 경우를 의미하고, 협의 취득된 토지가 필요 없게 되었는지의 여부는 당해 도시계획사업의 목적, 도시계획과 사업실시계획의 내용, 협의취득의 경위와 범위, 당해 토지와 도시계획 및 실시계획과의 관계, 용도 등 제반 사정에 비추어 객관적 사정에 따라 합리적으로 판단하여야 한다(대판 2009. 10.15, 2009다43041).

② 토지를 매매하면서 그 토지 중 공장부지 및 그 진입도로부지에 편입되지 아니할 부분 토지를 매도인에게 원가로 반환한다는 약정은, 공장부지 및 진입도로로 사용되지 아니하기로 확정된 때에는 그 부분토지에 관한 매매는 해제되어 원상태로 돌아간다는 일종의 해제조건부 매매라고 봄이 상당하고, 조건부환매계약이라고 볼 수 없다(대판 1981.6.9, 80다3195).

③ [1] 공익사업을 위한 토지 등의 취득 및 보상에 관한 법률 제91조에 의한 환매는 환매기간 내에 환매의 요건이 발생하면 환매권자가 지급 받은 보상금에 상당한 금액을 사업시행자에게 미리 지급하고 일방적으로 의사표시를 함으로써 사업시행자의 의사와 관계없이 환매가 성립한다. 따라서 환매기간 내에 환매대금 상당을 지급하거나 공탁하지 아니한 경우에는 환매로 인한 소유권이전등기청구를 할 수 없다.

[2] 협의취득 또는 수용된 토지 중 일부가 필요 없게 되어 그 부분에 대한 환매권을 행사하는 경우와 같이 환매대상 토지 부분의 정확한 위치와 면적을 특정하기 어려운 특별한 사정이 있는 경우에는, 비록 환매기간 만료 전에 사업시행자에게 미리 지급하거나 공탁한 환매대금이 나중에 법원의 감정 등을 통하여 특정된 토지 부분에 대한 환매대금에 다소 미치지 못한다고 하더라도 그 환매대상인 토지 부분의 동일성이 인정된다면 환매기간 경과 후에도 추가로 부족한 환매대금을 지급하거나 공탁할 수 있다고 보아야 한다. 그리고 이러한 법리는 환매권자가 명백한 계산착오 등으로 환매대금의 아주 적은 일부를 환매기간 만료 전에 지급하거나 공탁하지 못한 경우에도 적용된다고 봄이 신의칙상 타당하다.

[3] 환매권자가 미리 지급하거나 공탁한 환매대금이 환매권자가 환매를 청구한 토지 부분 전체에 대한 환매대금에는 부족하더라도 실제 환매대상이 될 수 있는 토지 부분의 대금으로는 충분한 경우에는 그 부분에 대한 환매대금은 미리 지급된 것으로 보아야지, 환매를 청구한 전체 토지와 대비하여 금액이 부족하다는 이유만으로 환매대상이 되는 부분에 대한 환매권의 행사마저 효력이 없다고 볼 것은 아니다.

[4] 합병 전 한국토지공사가 갑에게서 수용한 토지 중 일부가 사업에 이용할 필요가 없게 되었음을 이유로 갑이 환매기간 내에 최초 수용재결 금액을 기준으로 그 면적 비율에 상응하는 환매대금을 공탁한 후 환매를 요청하였고, 그 후 제1심법원의 감정 결과에 따라 환매대상 토지의 위치와 면적을 특정하여 증가한 토지 면적에 대한 환매대금을 추가로 공탁한 사안에서, 원심으로서는 갑이 이의재결 금액이 아닌 수용재결 금액만을 공탁한 이유가 무엇인지 등을 지적하여 갑에게 변론할 기회를 주었어야 하고, 갑이 환매 요청을 한 토지 중 일부에 대해서만 환매요건이

> 충족될 경우 공탁한 금액이 환매요건을 충족하는 일부에 대한 환매대금을 초과하는 이상 해당 부분에 대해서는 환매청구를 인용하여야 하므로 갑의 공탁금액이 전체 환매대금에 모자라더라도 토지 중 환매요건을 충족하는 부분이 있는지, 그에 대한 환매대금 이상이 공탁되어 있는지 등에 관하여 심리하였어야 함에도, 그와 같은 필요한 조치를 취하지 않은 채 갑이 공탁한 환매대금이 이의재결 금액을 기준으로 계산하면 부족하다는 점만을 이유로 갑의 청구를 배척한 원심판결에 법리오해 등의 위법이 있다고 한 사례이다(대판 2012.8.30, 2011다74109).

나. 환 매 권

1) 환매권은 원매도인인 환매권자가 환매기간 내에 일방적인 의사표시에 의하여 원매수인이 환매대금과 상환으로 매매목적물의 소유권을 환매권자에게 이전하여야 할 의무를 발생시키는 형성권이다.

2) 환매권의 법적 성질에 대하여는, ① 원매매는 해제권유보부매매이며, 환매권의 행사로 매매계약이 해제되어 원매수인(환매의무자)은 원상회복의 관계에서 소유권이전의무를 부담한다고 이해하는 해제권설,[48] ② 매매계약과 동시에 환매특약을 하는 것은 원매매계약과 재매매예약이 함께 행하여진 것이며, 환매는 예약완결권의 행사에 의하여 그 효과가 발생하는 두 번째 매매라고 이해하는 예약완결권설,[49] ③ 환매권 행사 전의 매매는 채권담보의 수단으로 이루어진 매매이고, 행사 후의 매매는 채권담보관계를 청산하기 위한 매매임을 근거로 하여, 환매는 원매매계약 내에 약정된 조건이 성취됨으로써 환매관계가 성립된다고 이해하는 정지조건부매매설[50]이 있다. 해제권설은 일본 민법 제579조(의용민법의 같은 조)의 해석론에 기반을 둔 것인데, 동조는 환매의 목적물을 부동산으로 한정하면서 "환매특약을 한 경우에 매도인은 매수인이 지급한 대금 및 계약의 비용을 반환하고 매매계약을 해제할 수 있다."고 규정하고 있다. 이를 약정해제권의 유보라고 보는데 일본 학자들 사이에 입장의 차이는 없는 것으로 보인다. 그러나 우리 민법은 "대금 및 매수인이 부담한 비용을

48) 김증한, 채권각론, 172면.
49) 곽윤직, 채권각론(1995), 264면; 이은영, 채권각론, 346면; 김상용, 채권각론, 218면; 지원림, 민법강의, 1425면; 송덕수, 신민법강의, 432면.
50) 김형배, 채권각론, 386면.

반환하고 그 목적물을 환매할 수 있다."고 규정하고 있으므로, 해제권의 유보라고 보기 어렵다. 또한 환매의 실행에 따라 소유권이 복귀하는 경우에 해제권설을 따르면 말소등기를 하여야 하는 반면, 예약완결권설을 따르면 새로운 이전등기를 하여야 한다. 환매의 성질상 이전등기가 옳다. 원매매계약 이후 환매등기 이전에 제3자 앞으로 소유권이전등기가 경료된 경우에 그 이전등기를 말소하는 것 보다 새로운 이전등기를 추가하는 것이 합리적이기 때문이다.[51] 또한 정지조건부매매설은 매매에 의하여 소유권이 확정적으로 이전된다는 점을 설명하기 어렵고, 원매수인의 법적 지위에 불안정을 초래하여 거래안전을 해칠 우려가 있다는 문제가 있다. 예약완결권설을 따르기로 한다.

3) 환매권은 양도와 상속의 대상이 된다. 환매특약의 등기는 원매수인 앞으로 소유권이전등기를 하면서 부기등기의 형식으로 하고(부동산등기법 제52조 제6호), 환매권의 양도는 그 부기등기에 부기등기를 함으로써 그 효력이 발생한다. 환매특약의 등기가 되어 있지 않으면 지명채권양도의 대항요건을 갖추어야 한다(제450조).

환매권은 채권자대위권의 객체가 될 수 있는데, 민법은 매도인의 채권자와 매수인을 보호하기 위하여 특별규정을 두고 있다. 제593조는 "매도인의 채권자가 매도인을 대위하여 환매하고자 하는 때에는 매수인은 법원이 선정한 감정인의 평가액에서 매도인이 반환할 금액을 공제한 잔액으로 매도인의 채무를 변제하고 잉여액이 있으면 이를 매도인에게 지급하여 환매권을 소멸시킬 수 있다."고 규정한다.

[관련 판례]

① 환매특약의 등기는 매수인의 권리취득의 등기에 부기하고, 이 등기는 환매에 의한 권리취득의 등기를 한 때에는 이를 말소하도록 되어 있으며, 환매에 의한 권리취득의 등기는 이전등기의 방법으로 하여야 할 것인바, 설사 원고가 환매기간 내에 소외인에게 환매의 의사표시를 한 바 있다고 하여도 그 환매에 의한 권리취득의 등기를 함이 없이 가압류집행을 한 피고들에 대하여 이를 주장할 수 없다고 보아야 한다(대판 1990.12.26, 90다카16914).

51) 이은영, 채권각론, 346면.

② 어느 공유자가 국가와 1필지 토지에 관하여 구분소유적 공유관계에 있는 상태에서 국가로부터 그 공유자가 가지는 1필지의 특정 부분에 대한 소유권을 수용당하였다가 그 후 환매권을 행사한 경우 그 공유자가 환매로 취득하는 대상은 당초 수용이 된 대상과 동일한 1필지의 특정 부분에 대한 소유권이고, 이와 달리 1필지 전체에 대한 공유지분이라고 볼 수는 없다(대판 2012.4.26, 2010다6611).

③ 환매권자가 환매기간 내에 적법하게 환매권을 행사하면 환매특약의 등기 후에 마쳐진 제3자의 근저당권 등 이미 유효하게 성립한 제한물권조차 소멸하므로, 특별한 사정이 없는 한 환매권의 행사에 따라 토지와 건물의 소유자가 달라진 경우 그 건물을 위한 관습상의 법정지상권은 애초부터 생기지 않는다(대판 2010.11.25, 2010두16431).

④ '징발재산 정리에 관한 특별조치법'(이하 '징발재산특조법'이라고 한다) 제20조의2에 따라 피징발자 또는 그 상속인이 수의계약에 의하여 국가로부터 징발재산을 매수할 수 있는 지위는 국가가 수의계약에 의한 매각의 통지를 하여야 비로소 행사할 수 있는 잠재적 지위에 불과한 것이기는 하나, 이는 자유롭게 양도할 수 있다. 위와 같이 매수할 수 있는 지위(이하 '환매지위'라고 한다)가 양도된 경우에는 양도원인이 되는 매매·증여 기타의 채권계약에서 달리 약정한 것이 없는 한, 양도인은 원인계약에 기하여 양수인이 양도목적물인 환매지위에 관하여 완전한 이익을 누릴 수 있도록 협력할 의무를 진다. 그리고 양수인이 징발재산을 취득하려면 징발재산특조법 규정에 좇아 국가로부터 매각의 통지를 받고 그로부터 3월 이내에 매수의 신청을 하여야 하므로, 양도인은 앞에서 본 협력의무의 일환으로 양수인이 국가와 사이에서 매각절차를 밟을 수 있도록 국가에 대하여 환매지위를 양수인에게 양도하였다는 사실을 통지할 의무가 있다고 봄이 타당하다. 한편 환매지위의 양도가 있었음에도 양도 통지가 있기 전에 국가가 양도인 또는 그 상속인(이하 '양도인'이라고 한다)에게 매각의 통지를 하고 그 통지를 받은 양도인이 매수를 포기하는 의사표시를 하거나 징발재산특조법 제20조의2 제4항에 의하여 포기가 간주되게 되었다고 하더라도, 이는 국가가 그 사유를 들어 양수인의 환매지위 취득 주장에 대항할 수 있는지에 관한 것일 뿐이고 양도인의 위와 같은 통지의무에는 영향을 미치지 않는다 할 것이므로, 양도인은 그러한 사유를 들어 통지의무의 이행을 거절할 수 없다(대판 2013.2.28, 2011다103823).

다. 환매대금

1) 환매대금에 관하여 당사자 사이에 특별한 약정이 없으면 환매권자는 그 영수한 대금 및 매수인이 부담한 매매비용(등기비용 등)을 반환하고 그 목적물의 반환을 청구할 수 있고, 이 때 목적물의 과실과 대금의 이자는 특별한 약정이 없으면 상계한 것으로 본다(제590조). 당사자 사이에 환매대금에 관한 특약이 있는 경우에도 환매의 채권담보기능을 고려하여 환매대금은 원매매대금과 그에 대한 이자 및 매매비용의 합산액을 넘지 못한다고 새겨야 한다(제607조,

제608조의 유추적용).

2) 환매권자의 환매대금지급의무는 환매권 행사 당시에 이미 발생한다(대판 2000.11.28, 99두3416). 그리고 특별한 사정이 없는 한 환매권 행사에 따른 소유권이전등기의무와 원매도인의 환매대금지급의무는 동시이행의 관계에 선다(대판 1996.5.26, 96다49018).

라. 환매기간

환매기간은 부동산은 5년, 동산은 3년을 넘지 못하며, 당사자가 이 기간을 넘는 기간을 약정하여도 이 기간으로 단축된다. 이를 넘는 때에도 이 기간으로 단축된다. 환매기간을 정한 때에는 다시 이를 연장하지 못하여, 환매기간을 정하지 아니한 때에는 위의 기간으로 한다(제591조). 환매기간에 제한을 둔 것은 매수인의 지위의 불안정을 막고, 원매도인의 매매목적물에 대한 처분가능성을 확보해 주기 위해서이다.

[관련 판례]

환매의 특약은 그 매매계약과 동시에 하여야 하는 것이고, 부동산의 환매기간은 5년을 넘지 못하고 한 번 환매기간을 정한 때에는 다시 이를 연장할 수 없다고 할 것인데, 매도인의 매매목적 토지에 관한 환매기간은 1990. 1. 22. 체결된 매매계약과 동시에 약정된 환매특약에 따라 위 매매계약체결일로부터 5년간이라고 할 것이고 그 이후 매도인이 1991. 7. 20. 매수인에게 그 토지에 관하여 1991. 7. 19.자 환매특약부 매매를 원인으로 한 소유권이전등기를 경료하여 주면서 그 환매기간을 위 소유권이전등기일로부터 5년간으로 한 새로운 약정을 하였다고 하더라도 이는 당초의 환매기간을 연장하는 것에 불과하므로 허용될 수 없는 것이며, 그에 따라 환매특약의 부기등기가 경료되었다고 하여 그 결론이 달라질 수는 없다고 할 것이므로 매도인의 그 토지에 관한 환매기간은 위 1990. 1. 22.로부터 5년이 경과한 1995. 1. 22. 만료되었다고 할 것이다(광주고법 1998.4.17, 97나2909).

마. 환매의 실행

1) 매도인이 환매기간 내에 환매대금과 매매비용을 매수인에게 (현실) 제공하지 않으면 환매권을 잃게 된다(제594조 제1항). 환매특약의 등기가 되어 있는 부동산을 양수한 제3자는 환매권의 실행과 함께 그 부동산의 소유권을 상실한다.

[관련 판례]

① 매도인이 환매기간 내에 환매를 하지 아니하면 그 기간의 경과와 동시에 매수인의 소유로 귀속되는 것이지만 당해 부동산이 미등기로서 매수인이 그 취득등기를 하고 있지 아니하였다면 매수인은 소유권을 취득할 수 없고 다만 환매기간 경과 후에는 채권적인 담보권만을 행사할 수 있다(대판 1980.9.9, 80다941). ② 부동산에 관하여 매매등기와 아울러 환매특약의 등기가 경료된 이후 그 부동산 매수인으로부터 그 부동산을 전득한 제3자가 환매권자의 환매권행사에 대항할 수 없으나, 환매특약의 등기가 부동산의 매수인의 처분권을 금지하는 효력을 가지는 것은 아니므로 그 매수인은 환매특약의 등기 이후 부동산을 전득한 제3자에 대하여 여전히 소유권이전등기절차의 이행의무를 부담하고, 나아가 환매권자가 환매권을 행사하지 아니한 이상 매수인이 전득자인 제3자에 대하여 부담하는 소유권이전등기절차의 이행의무는 이행불능 상태에 이르렀다고 할 수 없으므로, 부동산의 매수인은 전득자인 제3자에 대하여 환매특약의 등기사실만으로 제3자의 소유권이전등기청구를 거절할 수 없다(대판 1994.10.25, 94다35527).

2) 매매계약이 해제되면 매도인은 받은 금전에 이자를 더하여 반환하여야 하지만(제548조 제2항), 환매의 경우에는 대금과 매수인이 부담한 매매비용만 반환하면 되므로, 매수인 또는 전득자가 목적물에 대하여 비용을 지출한 때에는 매도인은 제203조에 따라 그 비용을 상환하여야 한다. 그러나 유익비에 대하여는 법원이 상당한 상환기간을 허여할 수 있다(제594조 제2항). 유익비에 대한 상환기간의 허여로 인하여 유치권의 성립을 저지할 수 있게 된다.[52]

바. 공유지분의 환매

민법은 매도인이 공유지분에 대하여 환매특약을 한 후 환매권을 행사하기 전에 공유물이 분할되거나 경매가 있는 경우, 공유자의 환매권 행사와 관련한 규정을 두고 있다. 즉, 공유자 중 1인이 환매할 권리를 보류하고 그 지분을 매도한 후에 그 목적물의 분할이나 경매가 있는 때에는 매도인은 매수인이 받은 또는 받을 부분이나 대금에 대하여 환매권을 행사할 수 있다(제595조 전단). 이는 공유자의 지분처분의 자유에 관한 제263조의 특칙규정으로 이해할 수 있다. 이러한 환매권부 공유지분에 대하여 분할이나 경매가 있으면 매수인

52) 비용상환청구권이나 유익비청구권도 물건에 관한 채권이므로 견련관계가 인정된다(양창수·김형석, 민법 Ⅲ, 권리의 보전과 담보, 302면; 지원림, 민법강의, 724면).

은 그 사실을 매도인에게 곧바로 통지하여야 한다. 매수인이 통지하지 않은 경우에는 그 분할이나 경매로써 매도인에게 대항할 수 없다(동조 후단).

2. 재매매의 예약

매도인이 매수인에게 매도한 목적물이나 권리를 장래에 매수하기로 예약하는 것을 재매매의 예약이라고 한다. 이에 관한 민법의 규정은 없지만, 매매의 일방예약을 매매계약과 함께 하는 것을 부정할 이유는 없다. 재매매의 예약은 매매계약과 동시에 할 필요는 없고, 그 후에도 하여도 관계없다. 재매매의 예약이 있으면 매매의 일방예약에 관한 제564조가 적용되고, 매도인은 예약완결권의 가등기를 할 수 있다. 재매매의 예약의 목적은 환매에 의하여도 달성할 수 있지만, 환매는 그 요건이 엄격하기 때문에 실 거래상 금전소비대차와 관련한 채권담보의 수단으로 재매매의 예약이 폭넓게 이용된다.

재매매예약과 관련하여는 그 대금과 행사기간이 문제된다. 환매와 달리, 매도인이 수령한 대금과 매수인이 부담한 매매비용의 반환이 재매매예약완결권 행사의 요건은 아니다. 즉, 반환범위에 대한 구체적인 제한이 있는 것은 아니다. 본계약인 재매매의 대금이나 지급방법은 예약을 통하여 결정되고, 거기에는 사적자치의 원리가 작동한다. 따라서 매매대금과 재매매대금은 다를 수 있다. 그러나 재매매대금이 이자제한법상의 이자제한의 범위를 벗어날 수는 없으므로, 당사자가 약정한 재매매대금이 최초의 매매대금에 이자제한법상의 제한이율에 의하여 계산된 액을 더한 금액을 초과하는 경우에는 그 초과액에 대하여는 약정의 효력이 미치지 않는다고 새겨야 한다.

재매매의 행사기간에 대하여 환매기간을 규정한 제591조를 유추적용할 것인지, 아니면 아무런 제한이 없다고 해석할 것인지가 문제될 수 있다. 가령 부동산에 대한 재매매의 예약을 하면서 당사자가 예약완결권의 행사기간을 정하지 않았다든가 또는 20년 동안 행사할 수 있도록 약정한 경우에 그 약정의 유효성을 인정할 수 있는가 하는 문제이다. 환매기간에 제한을 둔 목적이 매수인의 법적 지위의 불안정을 막고, 매도인의 처분가능성을 확보하기 위한 것

인 만큼, 재매매예약의 경우에도 이와 달리 볼 이유는 없다고 할 것이다.[53)]

제5절 특수한 매매

1. 소유권유보부 매매

가. 의 의

1) 소유권유보부 매매는 동산의 할부매매나 신용거래에서 매도인이 매매목적물을 매수인에게 인도하면서 대금완납 시 까지 소유권을 매도인에게 유보하기로 하는 특약한 것을 말한다. 공업용 기계를 대금 2억 원에 매수하면서 그 대금 중 5천만 원을 지급하고, 잔금이 모두 지급될 때까지 그 소유권을 매도인에게 유보하기로 하는 약정, 값비싼 가정용 전기제품을 할부로 구입하면서 그 대금을 완납할 때까지 매도인에게 소유권을 유보하기로 하는 약정 등이 그 전형적인 예이다.

2) 이러한 내용의 계약은 동산의 매도인이 매매대금을 다 수령할 때까지 그 대금채권에 대한 담보의 효과를 취득·유지하기 위한 의도에서 비롯된 것이다. 매도인에 의한 소유권유보는 점유를 수반하지 않는 질권을 인정하지 않는 민법의 담보제도 아래서 강력한 채권담보수단으로 기능한다. 소유권유보부 매매의 목적물은 동산에 한정된다. 부동산과 같이 등기에 의하여 소유권이 이전되는 경우에는 등기를 대금완납 시까지 미룸으로써 담보의 기능을 다할 수 있기 때문이다. 자동차, 중기, 건설기계 등과 같이 등록에 의하여 소유권이 이전되는 경우에도 굳이 소유권유보부 매매의 개념을 원용할 필요는 없다(대판 2010.2.25, 2009다5064). 소유권유보의 특약은 계약자유의 원칙에 따라 특별한 방식을 필요로 하지 않는다.

---

53) 참고로 오래 전 판례이기는 하지만, 일본 최고재판소는 부동산에 관하여, 30년 동안 예약완결권을 행사할 수 있도록 한 특약의 유효성을 인정하고 있다(대판 소화 13.4.22, 민집 제17권 770면). 학설은 환매기간에 관한 규정의 유추적용을 긍정하는 견해가 다수이다.

3) 동산매매의 당사자가 소유권유보의 특약을 하면, 목적물에 대한 소유권 이전의 물권적 합의는 매매계약을 체결하고 목적물을 인도한 때 이미 성립한다. 그러나 대금의 완납을 정지조건으로 하므로, 목적물이 매수인에게 인도되었다고 하더라도 특별한 사정이 없는 한 매도인은 대금이 모두 지급될 때까지 매수인뿐만 아니라 제3자에 대하여도 유보된 목적물의 소유권을 주장할 수 있다. 이는 소유권유보의 특약을 제3자에 대하여 공시된 바 없고, 또한 그 매매계약이 종류물을 목적물로 하고 있다 하더라도 다르지 않다(대판 1999.9.7, 99다30534).

나. 성 질

소유권유보부 매매의 법적 성질에 관하여는, 정지조건부 소유권이전설과 담보물권설이 대립한다.

1) 정지조건부 소유권이전설은 당사자의 특약에 의하여 매매목적물에 대한 소유권이 매도인에게 유보되지만, 매매대금의 완납을 정지조건으로 하여 매매대금의 완납이 있기 전에는 소유권이전의 법률효과가 발생하지 않고, 매매대금의 완납이라는 조건이 성취되면 별도의 합의가 없어도 소유권이 매수인에게 이전된다고 본다.[54] 다수설과 판례(위의 99다30534 판결)의 입장이다. 다만 정지조건부 소유권이전설 중에는, 매수인이 취득하는 조건부 권리는 매매대금의 잔액이 감소되어 갈수록 완전한 소유권에 접근해 가고 있다고 보아야 하고, 법형식적으로 소유권이 매도인에게 귀속되지만 그 실질은 잔존대금을 피담보채권으로 하는 담보권이라는 점을 감안하여, 그 소유권의 내용과 효력은 가능한 한 제한하여 해석하여야 한다는 입장도 있다.[55] 소유권유보가 매도인의 대금채권을 확보하기 위한 담보수단으로 활용된다는 점에는 의문이 없지만, 대금의 잔액이 작아질수록 소유권의 완전성이 강화된다는 의미는 납득

54) 김증한, 채권각론, 169면; 곽윤직, 채권각론, 199면; 이영준, 물권법, 1006면 이하; 지원림, 민법강의, 1430면; 양형우, "소유권유보부 동산매매계약의 법적 성질과 그 목적물의 소유권귀속관계", 판례월보 제372호(2001), 27면.

55) 지원림, 민법강의, 1430면.

하기 어렵다.

2) 담보물권설은 소유권유보의 목적이 대금채권의 담보에 있으므로 목적물의 소유권은 매수인에게 이전하고, 매도인은 채권담보를 위한 '유보소유권'을 취득한다고 한다. 매도인이 취득하는 유보소유권은 매도인의 잔존매매대금채권을 피담보채권으로 하는 일종의 담보물권이라고 이해한다.[56)]

3) 소유권유보는 양도담보와 유사한 변칙담보의 기능을 가진다. 그러나 소유권유보부 매매는 대금채권자이면서 매매목적물의 소유자인 매도인이 그 목적물을 채무자인 매수인에게 인도하고, 채무자인 매수인이 이를 점유·사용한다는 점에서 양도담보와 차이가 있다. 소유권유보부 매매의 법적 성질을 유보소유권 또는 양도담보권이라고 이해하는 견해는 옳지 않다. 물권법정주의의 대원칙에 반할뿐만 아니라 양도담보와는 그 내용도 달리하기 때문이다. 또한 유보소유권이라고 하는 일종의 담보물권을 부동산에 대하여도 인정하게 되면, 소유권이전의 정지조건을 등기할 수 있는 방법이 없으므로 공시방법을 갖출 수 없는 문제가 발생한다. 따라서 정지조건부 소유권이전설이 타당하다.

다. 소유권유보의 효력

1) 대내적 효력

가) 소유권유보의 특약에 의하여 매도인과 매수인의 내부관계가 정하여진다. 소유권유보의 특약이 있으면, 매수인은 선량한 관리자의 주의로서 목적물을 점용하고 그로 인한 과실을 취득함이 원칙이다. 매도인이 소유권유보를 포기하면 매수인이 목적물의 소유권을 취득하지만, 그렇다고 하여 매도인의 매매대금채권이 소멸하는 것은 아니다. 소유권유보의 포기가 곧 매매대금채권의 포기는 아니기 때문이다. 매매대금은 당사자가 약정한 시기에 지급하여야 하는데, 동산의 할부매매에 사용되는 일반약관에는 할부금의 지급지체에 따른 해제권 유보나 기한이익 상실의 특약이 규정되어 있는 경우가 많다. 이 경우에는 할부거래법이나 약관규제에 관한 법률이 적용되어 약관이나 특약의

56) 고상룡, 물권법, 808면; 김상용, 물권법, 857면; 김용한, 물권법론, 658면.

효력이 부정될 수 있다.

나) 매수인이 목적물을 인도 받아 점용하던 중에 당사자의 책임 없는 사유로 그 목적물이 멸실·훼손된 경우에는 그에 따른 대가위험을 매수인이 부담한다고 보아야 한다. 외국의 입법례나 국내의 지배적 학설은 대가위험의 이전시기를 목적물의 인도 시로 새기고 있기 때문이다. 즉, 당사자 사이에 위험인수 시점에 대한 특약이 없으면 소유권이 이전되기 전이라도 매매목적물이 매수인에게 인도되면 매수인에게 위험이 이전한다. 따라서 제537조의 일반원칙은 적용되지 않고, 매매대금의 채무자인 매수인이 대가위험을 부담하게 된다. 이렇게 새기는 것이 소유권유보부 매매의 목적에도 부합한다.

2) 대외적 효력

가) 매수인은 매매대금을 모두 지급할 때까지 원칙적으로 매매 등을 통하여 목적물을 처분할 수 없다. 그러나 매도인으로부터 처분권한을 수여받은 경우에는 얼마든지 처분이 가능하다. 처분권한이 없는 매수인으로부터 평온·공연하게 선의·무과실로 목적물을 취득한 자는 매수인이 소유권자가 아니라고 하더라도 선의취득 규정(제249조)에 의하여 소유권을 취득하고, 매수인으로부터 취득한 동산을 원재료로 쓰거나 그것에 변경을 가하여 그 가액증가가 취득 시의 가액보다 현저히 다액인 경우에도 가공의 법리에 따라 목적물의 소유권을 취득한다(제259조 제1항 단서). 또한 매수인이 조건부 권리 자체를 양도하면 선의의 양수인은 조건부 권리를 취득하므로(제149조), 대금의 완납으로 조건이 성취되면 양수인은 소유권을 취득한다.

[관련 판례]

동산 소유권유보부 매매의 매수인이 제3자에게 그 동산을 보관시킨 경우, 매수인이 그 점유반환청구권을 양수인에게 양도하고 지명채권 양도의 대항요건을 갖추면 그 양수인은 동산의 선의취득에 필요한 점유의 취득 요건을 충족하게 된다(대판 1999.1.26, 97다48906).

나) 소유권유보의 특약을 한 매도인이 목적물을 처분한 경우에 그 효력이 문제된다. 매수인이 대금을 완납하기 전에 목적물을 제3자에게 양도하는 것은

유효하다. 이 경우, 매수인이 목적물을 점유하고 있으면 반환청구권의 양도의 방법에 의하여야 하므로, 매수인이 이의를 보류하지 않은 한 매도인뿐만 아니라 양수인에 대하여도 조건의 성취를 주장할 수 있다.[57] 한편 매도인이 매수인에게 점유를 이전하기 전에 목적물을 현실인도의 방법으로 처분하면 양수인은 원칙적으로 소유권을 취득하지만, 매수인은 매도인을 상대로 조건부 권리의 침해를 이유로 손해배상을 청구할 수 있다(제148조).

다) 매도인의 채권자가 목적물을 압류하면 매수인은 제3자 이의의 소(민사집행법 제48조)를 제기할 수 없지만, 매수인의 채권자가 목적물을 압류하면 매도인은 소유권을 유보한 이해당사자로서 제3자 이의의 소를 제기할 수 있다. 또한 매도인이 도산한 경우에 매수인은 환취권(채무자회생 및 파산에 관한 법률 제407조 이하)을 행사할 수 없지만, 매수인이 도산한 경우에 매도인은 환취권을 행사하여 개인회생재단으로부터 매매목적물을 반환받을 수 있다.

[관련 판례]

> 원고가 이 사건 기계를 소외인으로부터 대금 1억 3,200만 원에 매수하면서 그 대금 중 5천여만 원을 지급하고, 그 대금이 모두 지급될 때까지 그 소유권을 매도인(소외인)에게 유보하기로 하였으며, 원고는 이 사건 기계를 주식회사 우리에스티에스(이하 '채무자 회사'라고 한다)에 설치·운영하여 그 실적에 따라 채무자 회사로부터 보수를 받기로 하는 계약을 체결하였고, 피고가 그 후 채무자 회사에 대한 집행력 있는 약속어음 공정증서에 기하여 이 사건 기계를 압류한 사안에 대하여, 대법원은 "이 사건 기계가 원고의 지시에 의하여 매도인에 의하여 채무자 회사에 납품됨으로써 원고가 소유권유보부 매매의 목적물인 이 사건 기계에 대하여 채무자 회사의 직접점유를 통하여 간접점유를 가지는 경우에 제3자가 채무자 회사에 대한 채권의 실행으로 그 물건을 압류한 때에는 원고가 그 강제집행을 용인하여야 할 별도의 사유가 있지 아니한 한 원고는 소유권유보 매수인 또는 정당한 권원 있는 간접점유자의 지위에서 민사집행법 제48조 제1항에서 정하는 '목적물의 인도를 막을 수 있는 권리'를 가진다."고 판시하였다(대판 2009.4.9, 2009다1894).

라. 소유권유보의 소멸

소유권유보의 소멸원인은 다음과 같다. 매수인이 대금을 완납하면 소

57) 지원림, 민법강의, 1433면.

유권유보의 조건이 성취되므로, 소유권유보는 소멸한다. 매수인이 매도인으로부터 처분권한을 부여받아 목적물을 처분하거나, 처분권한 없는 매수인으로부터 목적물을 선의취득한 경우에도 소유권유보는 소멸한다. 또한 매수인이 소유권유보를 포기하거나 매매계약의 해제에 의하여 소유권유보가 소멸할 수 있다. 그 밖에 부합, 혼화, 가공도 소유권유보의 소멸원인이 된다.

2. 할부매매

가. 입법취지 및 의의

1) 할부매매라 함은 매매대금을 일정 기간 분할하여 지급하기로 하는 특약이 붙은 계약을 말한다. 신용카드거래가 일반화되면서 할부매매가 크게 늘어났다. 매수인으로서는 매매대금을 완납하기 전에 동산을 인도받아 사용·수익할 수 있어서 대금부담이 완화되고, 매도인의 입장에서는 소비구매력을 증진시켜 상품을 대량적으로 판매할 수 있다는 이점이 있다. 대금은 다양한 형태로 약정할 수 있지만, 보수가 주로 매월 지급되는 우리나라의 경우에는 '월부'가 일반적이다.

2) 할부매매를 통한 거래의 규모가 크게 신장한 반면 그에 수반하는 부작용도 커졌다. 소비자들은 충동구매에 유혹되었고, 기업은 대금채권을 확보하기 위하여 소유권유보, 실권약관, 기한이익의 상실 등의 내용을 약관에 정하여 매수인들을 압박하였다. 그 결과 신용불량자가 양산되었고, 심지어 파산에 이른 소비대중도 속출하고 있다.

3) 할부거래에 관한 법률(이하 '할부거래법'이라 함)은 경제적 약자인 매수인을 보호하고 거래질서의 건전성을 회복하기 위하여 1991년에 제정되었는데, 2010년 대폭적인 개정에 이르기 까지 여러 차례의 개정이 있었다. 2010년의 개정에서는 할부계약에서 나아가 상조회와 같은 선불식 할부계약에 의한 거래도 규율대상에 포함시켰으며, 신용카드거래의 급격한 증가에 따른 간접할부에 대한 조항을 신설하거나 보완하였다. 소비자보호와 관련한 민사특별법의 민법으로의 통합은 입법적 과제 중의 하나이다.[58]

나. 할부거래법의 주요 내용

1) 적용범위

가) 할부거래법은 그 명칭이나 형식을 떠나, ① 소비자가 '사업자'에게 재화의 대금이나 용역의 대가를 2개월 이상의 기간에 걸쳐 3회 이상 나누어 지급하고, 재화 등의 대금을 완납하기 전에 재화의 공급이나 용역의 제공을 받기로 하는 직접할부계약'(할부거래법 제2조 제1호 가목), ② 소비자가 '신용제공자'에게 재화 등의 대금을 2개월 이상의 기간에 걸쳐 3회 이상 나누어 지급하고, 재화 등의 대금을 완납하기 전에 사업자로부터 재화 등의 공급을 받기로 하는 '간접할부계약'(동법 제2조 제1호 나목), ③ 장례 또는 혼례를 위한 용역 및 이에 부수한 재화나 그에 준하는 소비자피해가 발생하는 재화 등으로서 재화 등의 대금을 2개월 이상의 기간에 걸쳐 2회 이상 나누어 지급함과 동시에 또는 지급한 후에 재화 등의 공급을 받기로 하는 계약 '선불식 할부계약'(동조 제2호)을 그 적용대상으로 한다. 선불식 할부거래에 대해서는 특별한 규율목적을 가진 세부규정(상조회 등의 영업등록, 자본금 등)이 있는데, 논의 대상에서 제외하기로 한다.

나) 할부거래법은 사업자가 상행위를 위하여 재화 등의 공급을 받는 거래에는 원칙적으로 적용되지 않는다. 사업자가 사실상 소비자와 같은 지위에서 다른 소비자와 같은 거래조건으로 거래하는 경우에는 예외가 인정된다(동법 제3조 제1호).

[관련 판례]

할부거래에 관한 법률 제2조 제2항(현행 제3조 제1항) 소정의 '매수인이 상행위를 목적으로 할부계약을 체결하는 경우'라 함은, 매수인이 신용제공자의 여신으로 매수한 물건을 다른 소비자에게 판매할 목적으로 물건을 할부로 구입한 경우만을 의미하는 것이 아니라, 자신의 소비만을 목적으로 한 경우가 아닌 영리를 목적으로 할부계약을 체결하는 경우를 의미한다(대판 2006. 7.28, 2004다54633).

58) 이병준, "민법에서의 소비자의 지위와 소비자특별법의 민법전에의 통합", 민사법학, 제39권 1호(2007. 12), 한국사법행정학회 205면 이하 참조.

☞ **영리를 목적으로 한 할부계약의 의미**

(1) 주식회사 A(이하 A회사)는 2000년 8월경부터 광고전단지, 지역 생활정보지와 자신이 운영하는 인터넷사이트 등에 "하루 20분 광고를 보면 노트북·컴퓨터 등을 무료로 제공한다"는 내용으로 광고를 하였다. 이 광고를 보고 A회사를 방문한 원고들에게 '신용카드 또는 할부금융회사와의 할부금융약정에 의하여 할부로 컴퓨터 등을 구매하는 사람에 한하여 A회사의 VIP회원으로 가입할 수 있고, VIP회원은 A회사의 인터넷사이트에 게재된 배너광고 1개를 보고 클릭을 하면 개당 50원씩 계산하여 적립되고, 매일 100개를 보면 5,000원씩 적립되어 매달 150,000원을 계좌로 송금받을 수 있으며, 이 돈으로 위 할부금을 납부하면 결국 컴퓨터 등을 무료로 받게 된다'며 VIP 회원으로 가입할 것을 권유하였다. 이에 원고들은 가입비 30,000원을 지급하고 A회사가 인쇄하여 놓은 VIP회원 가입 청약서에 원고들이 구입하고자 하는 컴퓨터 모델과 원고들이 적립금을 송금받을 수 있는 거래은행의 계좌번호, 적립금 이체일, 제품대금 결제방법 등을 기재하여 제출하여 VIP 회원으로 가입하였다(VIP 회원가입계약, 광고구독계약, 컴퓨터매매계약과 같이 각 계약별로 독립하여 존재할 수 있는 여러 개의 계약이 하나로서 결합하여 법률적인 운명을 같이 하는 경우임).[59] VIP 회원 가입 청약서에 첨부된 VIP 회원 가입약관의 주요내용은 다음과 같다: ① 회원은 A 회사가 운영하는 인터넷사이트를 무상으로 자유롭게 이용할 권리가 있고, A 회사가 운영하는 인터넷사이트에서 제공하는 광고를 구독하여 수익을 얻을 수 있는 권리가 있으며, 광고구독 수익금을 A 회사와 계약된 이체일에 약정된 은행계좌로 이체 받을 권리가 있다(제2조 제1항). ② A 회사는 회원의 구매계약 후 회원이 주문 한 제품에 대하여 납품예정일까지 납품하여야 하며 변동 시에는 즉시 회원에게 통보하여야 하고, 납품 후 회원에게 1년간의 무상 A/S를 제공하여야 하며, 무상기간 후에는 유상으로 A/S를 제공하여야 하고, 회원과의 계약을 성실하게 이행하기 위하여 A 회사의 인터넷사이트의 유지보수 및 운영을 24시간 성실히 하여 회원이 A 회사의 인터넷사이트에 접속하는 데 문제가 없도록 서비스를 제공하여야 한다(제2조 제2항).

(2) 한편, A 회사는 2000년 9월 26일 경 할부금융업을 경영하고 있는 B(현대)캐피탈

59) 대법원은 컴퓨터매매계약은 "VIP회원가입약정과 결합하여 그 전체가 경제적·사실적 일체로서 행하여진 것으로 보아야 할 것"이고, 따라서 A회사에서 "VIP 회원가입약정상의 광고구독료 지급의무를 이행하지 아니하였음을 이유로 VIP 회원가입약정과 함께 컴퓨터매매약정을 해제할 수 있다"고 보았다.

주식회사(이하 피고)와 사이에 A회사가 컴퓨터를 판매함에 있어서 매수인의 위임을 받아 그 판매대금에 관하여 피고와 매수인 사이에 할부금융약정을 체결하면 피고가 그 판매대금 상당의 할부금융자금을 매수인을 대신하여 A 회사에 직접 지급하는 한편 그 융자금에 대한 할부금을 매수인으로부터 매월 지급받기로 하는 내용의 할부금융제휴계약을 체결하였다.

(3) 이러한 관계로 원고들은 VIP회원으로 가입하는 회원가입일에 A 회사와 사이에 「광고구독계약」을 체결하고, 계약체결 무렵에 A 회사로부터 할부금융원금 상당의 각 컴퓨터 1대를 구입하면서(이하 「컴퓨터매매계약」), A 회사를 통하여 피고와 사이에 위 할부금융원금에 이자를 가산한 할부금을 일정 기간 동안 균등분할하여 매월 상환하기로 하는 「할부금융약정」을 체결하였다. 그리고 각 할부금융약정이 체결된 다음 위 할부금융제휴계약에 따라 피고는 A회사에게 각 컴퓨터 판매대금 상당의 할부금융자금을 지급하였다. 한편 원고들이 지급한 컴퓨터대금은 시중가보다 약 50만원에서 100만원 정도 비싼 가격이었다.

(4) 그러나 광고수주로 인한 수익금보다 VIP회원에게 지급해야 할 광고 구독료가 많아지자 A회사는 2001년 4월 25일 경까지만 광고구독료를 지급하고 그 후에는 이를 지급하지 않았다. 이에 원고들은 A회사에게 광고구독료 미지급을 이유로 각 컴퓨터매매계약을 해제한다는 통지를, 그 무렵 피고에게 각 나머지 할부금의 지급을 거절한다는 통지를 각 발송하여 위 각 통지는 A회사와 피고에게 각 도달하였다.

(5) 그러나 피고는 원고들의 할부금 지급거절의사 통지 이후로도 원고들에게 할부금을 청구하여 2003년 3월 17일 원고들로부터 자동이체 형식으로 인출하거나, 금융상 불이익을 우려한 원고로부터 이를 지급받았다.

(6) 한편 A회사의 실제 운영자는 '사실은 컴퓨터 구입자들에게 약정한 할부금을 지원해 줄 능력이 없음에도 불구하고, VIP 회원으로 가입하여 인터넷광고만 보면 컴퓨터가 무료라고 피해자들을 기망하여 시가보다 훨씬 비싼 가격으로 컴퓨터할부구매계약을 체결하도록 하여 컴퓨터매매대금 상당을 편취하였다는'는 범죄사실로 유죄판결을 선고받아 그 무렵 확정되었다.

(7) 이 사건에서 원고들은 컴퓨터를 이용하여 대외적인 이윤추구나 영업행위를 한 것이 아니라, 소외 회사의 보상마케팅 방식에 따라 소외 회사로부터 광고구독의 대가로 광고구독료를 지급받는 방식으로 컴퓨터구입대금을 돌려받는 데 그친 것이므로, 원고

들의 이러한 광고구독행위가 영리행위에 해당된다고 볼 수는 없고, 일부 원고들이 다른 회사와 사이에 비슷한 내용의 약정을 체결하고 광고구독료를 지급받거나, 소외 회사로부터 컴퓨터 할부금보다 약간 많은 돈을 광고구독료로 지급받을 가능성이 있었다고 하더라도 이와 달리 볼 것은 아니다.

2) 정보제공의무와 서면주의

가) 할부거래업자는 할부계약을 체결하기 전에 소비자가 할부계약의 내용을 이해할 수 있도록 재화 등의 종류 및 내용, 현금가격, 할부가격, 각 할부금의 금액·지급횟수 및 지급시기, 할부수수료의 실제연간요율, 계약금, 지연손해금 산정 시 적용하는 비율을 표시하여야 한다(제5조).

나) 할부판매법은 계약체결의 신중성을 확보하고, 분쟁을 사전에 예방할 목적으로 서면주의를 채택하였다. 할부거래업자는 제1항 소정의 사항을 적은 서면으로 할부계약을 체결하여야 하고, 그 계약서를 소비자에게 발급하여야 한다. 다만, 여신전문금융업법에 따른 신용카드회원과 신용카드가맹점 간의 간접할부계약의 경우 소비자의 동의를 받아 해당 계약의 내용을 팩스나 전자문서 및 전자거래기본법 제2조 제1호에 따른 전자문서로 보내는 것으로 대신할 수 있으며, 팩스나 전자문서로 보낸 계약서의 내용이나 도달에 다툼이 있으면 할부거래업자가 이를 증명하여야 한다(제6조 제1항, 제2항). 할부계약이 제1항 각 호의 요건을 갖추지 못하거나 그 내용이 불확실한 경우에는 소비자와 할부거래업자 간의 특약이 없으면 그 계약내용은 어떠한 경우에도 소비자에게 불리하게 해석되어서는 아니 된다(제4항).

[관련 판례]

할부거래에 관한 법률 제4조 제1항(현행 제6조 제1항)에서 할부계약의 주요 내용을 서면으로 하도록 한 취지는 할부거래에 있어서는 대금의 지급이 장기간에 걸쳐 계속되기 때문에 계약내용이 복잡하고 소비자의 충동구매가 이루어지는 경우가 많은 현실을 감안하여, 매수인으로 하여금 할부계약의 내용을 이해할 수 있도록 함과 동시에 계약체결을 신중하게 하도록 함으로써 부당하게 불리한 특약으로부터 매수인을 보호하고, 분쟁을 사전에 예방하고자 한 데 있을 뿐이고, 그와 같은 서면 기재를 신용제공자에 대한 지급거절권의 행사요건으로 규정한 것은 아니다

(대판 2006.7.28, 2004다54633).

3) 소비자의 청약철회권

가) 할부거래법은 제8조는 청약의 비철회성을 규정한 민법 제527조에 대한 특별규정으로서, 매우 적극적인 소비자보호 장치이다. 이를 인정하는 이유는 할부거래가 지니는 자체 충동 구매력이나 전문 세일즈맨의 상술로부터 소비자를 보호하기 위해서이다.

나) 소비자는 제6조 제1항에 따른 계약서를 받은 날부터 7일 이내에 할부계약에 관한 청약을 철회할 수 있다. 다만, 그 계약서를 받은 날보다 재화 등의 공급이 늦게 이루어진 경우에는 재화 등을 공급받은 날부터 7일 이내에 청약을 철회할 수 있다. 소비자가 제6조 제1항에 따른 계약서를 받지 않았거나, 할부거래업자의 주소 등이 적혀 있지 아니한 계약서를 받았거나, 할부거래업자의 주소 변경 등의 사유로 제1호의 기간 이내에 청약을 철회할 수 없는 경우에는 그 주소를 안 날 또는 알 수 있었던 날 등 청약을 철회할 수 있는 날부터 7일 이내에 청약을 철회할 수 있다. 제6조 제1항에 따른 계약서에 청약의 철회에 관한 사항이 적혀 있지 아니한 경우에는 청약을 철회할 수 있음을 안 날 또는 알 수 있었던 날부터 7일, 할부거래업자가 청약의 철회를 방해한 경우에는 그 방해 행위가 종료한 날부터 7일 이내에 청약을 철회할 수 있다(제8조 제1항). 그러나 소비자에게 책임 있는 사유로 재화 등이 멸실·훼손된 경우 등 동조 제2항 소정의 사유가 있으면 원칙적으로 청약을 철회할 수 없다. 청약철회의 의사표시는 서면으로 발송하여야 하고, 발송한 날에 그 효력이 발생한다(동조 제3항, 제4항).

다) 소비자가 할부거래업자에게 간접할부계약에 관한 청약을 철회한 경우에는 제8조 제1항에 따른 기간 이내에 신용제공자에게 청약을 철회하는 의사표시가 적힌 서면을 발송하여야 한다(제9조 제1항). 소비자가 신용제공자에게 제1항에 따른 서면을 발송하지 아니한 경우에는 신용제공자의 할부금지급청

구를 거절할 수 없지만, 신용제공자가 제8조 제1항의 기간 이내에 할부거래업자에게 재화 등의 대금을 지급하였거나 신용제공자가 할부거래업자로부터 제10조 제4항에 따른 할부금청구의 중지 또는 취소를 요청받은 경우에는 소비자가 그 서면을 발송하지 아니한 경우라도 신용제공자의 할부금지급청구를 거절할 수 있다(동조 제2항).

라) 청약을 철회하면 소비자는 이미 공급받은 재화 등을 반환하여야 하고, 할부거래업자는 이미 지급받은 계약금 및 할부금을 반환하여야 한다(제10조 제1항, 제2항). 할부거래업자는 간접할부계약의 경우에 제8조 제3항에 따른 청약을 철회하는 서면을 수령한 때에는 지체 없이 해당 신용제공자에게 재화 등에 대한 할부금의 청구를 중지 또는 취소하도록 요청하여야 하고, 이 경우 할부거래업자가 신용제공자로부터 해당 재화 등의 대금을 이미 지급받은 때에는 지체 없이 이를 신용제공자에게 환급하여야 한다(동조 제4항, 제5항). 할부거래업자가 위 중지 또는 취소 요청을 지연하여 소비자로 하여금 신용제공자에게 할부금을 지불하게 한 경우에는 소비자가 지불한 금액에 대하여 소비자가 환급받는 날까지의 기간에 대한 지연배상금을 소비자에게 지급하여야 한다(제6항).

4) 기 타

가) 계약해제권

할부거래업자는 소비자가 할부금 지급의무를 이행하지 아니하면 할부계약을 해제할 수 있다. 이 경우 할부거래업자는 그 계약을 해제하기 전에 14일 이상의 기간을 정하여 소비자에게 이행할 것을 서면으로 최고하여야 한다(제11조).

나) 손해배상청구금액의 제한

할부거래업자 또는 신용제공자가 할부금 지급의무를 이행하지 아니한 것을 이유로 소비자에게 청구하는 손해배상액은 지연된 할부금에 이자제한법에서 정한 이자의 최고한도의 범위에서 대통령령으로 정하는 이율을 곱하여 산정한 금액에 상당하는 지연손해금을 초과하지 못한다(제12조 제1항).

다) 소비자의 기한의 이익 상실

소비자는 할부금을 다음 지급기일까지 연속하여 2회 이상 지급하지 아니하고 그 지급하지 아니한 금액이 할부가격의 100분의 10을 초과하거나, 국내에서 할부금 채무이행 보증이 어려운 경우로서 대통령령으로 정하는 경우에는 할부금의 지급에 대한 기한의 이익을 주장하지 못한다(제13조 제1항).

라) 할부대금채권의 소멸시효

할부계약에 의한 할부대금채권은 3년간 행사하지 아니하면 소멸시효가 완성한다(제15조).

마) 소비자의 항변권

소비자는 할부계약이 불성립하거나 무효인 경우, 취소·해제 또는 해지된 경우, 재화 등의 공급시기까지 재화 등의 전부 또는 일부가 공급되지 아니한 경우, 할부거래업자가 하자담보책임을 이행하지 아니한 경우 등에는 할부거래업자에게 그 할부금의 지급을 거절할 수 있다(제16조 제1항).

바) 이상의 규정에 위반한 약정으로서 소비자에게 불리한 것은 그 효력이 없으며(제43조), 할부거래법이 다른 법률과 경합하여 적용되는 경우에는 다른 법률을 적용하는 것이 소비자에게 유리하지 않는 한 할부거래법이 우선하여 적용된다(제4조).

3. 방문판매·전화권유판매·다단계판매·통신판매

정보통신기술의 발달과 거래의 다변화에 따라 종래 매도인의 영업소에서 주로 행하여지던 대면거래 방식이 점차 줄어들고, 방문판매·전화권유판매·다단계판매·통신판매 등의 방법에 의한 거래가 크게 늘어나고 있다. 이러한 방식에 의한 판매는 직·간접적으로 상품의 매수를 강요하거나 갖가지의 속임수를 쓰는 방법으로 소비자들에게 피해를 주는 경우가 잦다. 방문판매 등에 관한 법률(이하 '방문판매법'이라 함)은 방문판매·전화권유판매·다단계판매를 규율하고, 전자상거래 등에서의 소비자 보호에 관한 법률(이하 '전자상거래법'이라 함)은 통신판매를 규율한다. 이러한 판매 유형은 통상 할부거래와 결합된 형태를 취하기 때문에 양 법률이 경합적으로 적용되는 경우가 많다. 이에 관하여는 방문판매법 제4조에 상세한 규정을 두고 있다.

가. 방문판매·전화권유판매

1) 의 의

방문판매라 함은 재화 또는 용역의 판매·위탁·중개를 업으로 하는 자가 방문을 하는 방법으로 그의 영업소, 대리점, 그 밖에 영업장소 외의 장소에서 소비자에게 권유하여 계약의 청약을 받거나 계약을 체결하여 재화 또는 용역을 판매하는 것을 말한다(방문판매법 제2조 제1호). 그리고 전화권유판매라 함은 전화를 이용하여 소비자에게 권유를 하거나 전화회신을 유도하는 방법으로 재화 등을 판매하는 것을 말한다(동조 제3호). 전화권유판매에는 '전화를 사용하여 소비자의 응답을 유도하고 대화를 함으로써 청약을 유인하여 어떤 장소에서 만나 청약을 받거나 계약을 체결하는 경우'도 포함된다(대판 2007.10.11, 2007도4697).

2) 주요 내용

가) 방문판매업자 등의 신고 및 명부작성 의무

방문판매업자 또는 전화권유판매업자는 상호, 주소, 전화번호, 전자우편주소(법인인 경우에는 대표자의 성명, 주민등록번호 및 주소), 그 밖에 대통령령으로 정하는 사항을 대통령령으로 정하는 바에 따라 공정거래위원회 또는 특별자치시장·특별자치도지사·시장·군수·구청장에게 신고하여야 한다. 다만, 방문판매원 또는 전화권유판매원을 두지 아니하는 소규모 방문판매업자나 전화권유판매업자, 제13조 제1항에 따라 등록한 다단계판매업자, 제29조 제3항에 따라 등록한 후원방문판매업자의 경우에는 그러하지 아니하다(제5조 제1항). 방문판매업자등은 총리령으로 정하는 바에 따라 방문판매원등의 명부를 작성하여야 하며, 소비자피해를 방지하거나 구제하기 위하여 소비자가 요청하면 언제든지 소비자로 하여금 방문판매원 등의 신원을 확인할 수 있도록 하여야 한다(제6조 제1항, 제2항).

나) 방문판매자 등의 정보제공의무

방문판매자 등은 재화 등의 판매에 관한 계약을 체결하기 전에 소비자가 계약의 내용을 이해할 수 있도록 제7조 제1항 각호 소정의 사항을 설명하여야 하고, 그 사항을 적은 계약서를 소비자에게 발급하여야 한다(제7조 제2항).

다) 소비자의 청약 철회

방문판매 또는 전화권유판매의 방법으로 재화 등의 구매에 관한 계약을 체결한 소비자는, 제7조 제2항에 따른 계약서를 받은 날부터 14일(다만, 그 계약서를 받은 날보다 재화 등이 늦게 공급된 경우에는 재화 등을 공급받거나 공급이 시작된 날부터 14일), 제7조 제2항에 따른 계약서를 받지 않았거나 방문판매업자 등의 주소 등이 적혀 있지 않은 계약서를 받은 경우 등에는 방문판매자 등의 주소를 안 날 또는 알 수 있었던 날부터 14일 이내에 그 계약에 관한 청약을 철회할 수 있다. 당사자 사이에 위 기간 보다 긴 기간으로 약정한 경우에는 그 기간 이내에 철회할 수 있다(제8조 제1항 제1호, 제2호). 그러나 소비자에게 책임이 있는 사유로 재화 등이 멸실·훼손되거나, 소비자가 재화 등을 사용 또는 일부 소비하거나 시간이 지남으로써 다시 판매하기 어려울 정도로 그 가치가 현저히 낮아졌거나, 복제할 수 있는 포장을 훼손한 등의 경우에는 원칙적으로 청약을 철회할 수 없다(동조 제2항). 청약철회의 효과에 관하여는 제9조가 상세하게 규정하고 있다.

라) 금지행위

방문판매법은 소비자 보호를 위하여 방문판매자 등이 하지 말아야 할 금지행위를 매우 구체적으로 적시하고 있다(제11조 제1항 제1호-제9호). 그리고 방문판매업자 등이 금지행위를 하는 경우에는 시정조치와 영업정지를 명할 수 있도록 하고 있다(제49조).

나. 다단계판매

1) 의 의

다단계판매는, ① 판매업자에 속한 판매원이 특정인을 해당 판매원의 하위 판매원으로 가입하도록 권유하는 모집방식이 있고, ② 판매원의 가입이 3

단계(다른 판매원의 권유를 통하지 아니하고 가입한 판매원을 1단계 판매원으로 함) 이상 단계적으로 이루어져야 하며, ③ 판매업자가 판매원에게 그 수당에 영향을 미치는 다른 판매원들의 재화 등의 거래실적이나 조직관리 및 훈련실적에 따라 후원수당을 지급하는 방식을 가지고 있어야 한다(제2조 제5호).

다단계판매는 조직에 대한 가입권유와 강매 등 그 연쇄의 고리가 복잡하여 특히 피해 범위가 넓고 깊다. 그리하여 다단계판매에 대한 규제는 다른 판매유형보다 그 정도가 강한 편이다.

2) 주요 내용

가) 다단계판매업자 및 다단계판매원의 등록의무

다단계판매업자는 ① 상호·주소, 전화번호 및 전자우편주소(법인인 경우에는 대표자의 성명, 주민등록번호 및 주소를 포함한다) 등을 적은 신청서, ② 자본금이 3억 원 이상으로서 대통령령으로 정하는 규모 이상임을 증명하는 서류, ③ 제37조에 따른 소비자피해보상보험계약 등의 체결 증명서류, ④ 후원수당의 산정 및 지급 기준에 관한 서류, ⑤ 재고관리, 후원수당 지급 등 판매의 방법에 관한 사항을 적은 서류, ⑥ 그 밖에 다단계판매자의 신원을 확인하기 위하여 필요한 사항으로서 총리령으로 정하는 서류를 갖추어 등록하여야 한다(제13조 제1항). 방문판매법은 다단계판매업자 뿐만 아니라 다단계판매원에게도 등록의무를 부과하며, 그 결격사유를 정하고 있다(제15조). 등록요건이 매우 엄격함을 알 수 있다.

나) 다단계판매자의 정보제공의무

다단계판매자의 소비자에 대한 정보제공의무는 방문판매자 등의 소비자에 대한 정보제공의무를 규정한 제7조를 준용한다(제16조).

다) 소비자의 청약철회

다단계판매의 방법으로 재화 등의 구매에 관한 계약을 체결한 '소비자'는 다단계판매원에 대하여 우선적으로 청약철회를 하고, 다단계판매원의 소재 불명 등의 사유로 다단계판매원에 대하여 청약철회를 하기 어려운 경우에만 다단계판매업자에 대하여 청약철회를 할 수 있다(제17조 제1항). 다단계판매의 방법으로 재화 등의 구매에 관한 계약을 체결한 '다단계판매원'은 계약을 체결한 날부터 3개월 이내에 서면으로 그 계약에 관한 청약을 철회할 수 있음이 원칙이다(동조 제2항).

라) 기 타

그 밖에 후원금수당의 지금기준(제20조), 후원수당 관련 거짓 또는 과장 정보의 제공 금지 등(제21조), 다단계판매원의 등록 및 탈퇴(제22조), 금지행위(제23조), 사행적 판매원 확장행위 등의 금지(제24조), 다단계판매업자의 책임(제28조) 등에 관하여 상세한 규정을 두고 있다. 그리고 등록을 하지 않고 다단계판매조직이나 후원방문판매조직을 개설·관리 또는 운영하거나, 소비자피해보상보험계약 등을 체결하지 아니하고 영업행위를 하거나, 사행적 판매원 확장행위 등의 금지를 위반한 경우에는 7년 이하의 징역 또는 2억원 이하의 벌금에 처할 수 있고, 징역형과 벌금형을 병과할 수 있도록 하였다(제58조).

다. 통신판매

1) 의 의

통신판매라 함은 우편·전기통신 그 밖에 총리령으로 정하는 방법으로 재화 또는 용역의 판매에 관한 정보를 제공하고 소비자의 청약을 받아 재화 또는 용역을 판매하는 것을 말한다(전자상거래법 제2조 제1호). 통신기술의 발달로 인하여 우편이나 전기통신뿐만 아니라 인터넷을 통한 상품거래가 급증하면서 그에 따른 소비자 피해사례도 크게 늘어나고 있다. 전자상거래법은 전자상거래 및 통신판매 등에 의한 재화 또는 용역의 공정한 거래에 관한 사항을 규정함으로써 소비자의 권익을 보호하고자 하는데 그 목적이 있다.

2) 주요 내용

가) 통신판매업자의 신고 및 거래기록의 보존

통신판매업자는 상호(법인인 경우에는 대표자의 성명 및 주민등록번호를 포함한다), 주소, 전화번호, 전자우편주소, 인터넷도메인 이름, 호스트서버의 소재지, 그 밖에 사업자의 신원 확인을 위하여 필요한 사항으로서 대통령령으로 정하는 사항을 신고하여야 한다(제12조). 또한 사업자는 전자상거래 및 통신판매에서의 표시·광고, 계약내용 및 그 이행 등 거래에 관한 기록을 상당한 기간 보존하여야 하며, 이 경우 소비자가 쉽게 거래기록을 열람·보존할 수 있는 방법을 제공하여야 한다(제6조 제1항).

나) 청약의 확인 및 청약의 철회

통신판매업자는 소비자로부터 재화 등의 거래에 관한 청약을 받으면 청약 의사표시의 수신 확인 및 판매 가능 여부에 관한 정보를 소비자에게 신속하게 알려야 하며, 계약체결 전에 소비자가 청약내용을 확인하고, 정정하거나 취소할 수 있도록 적절한 절차를 갖추어야 한다(제14조 제1항, 제2항). 통신판매업자와 재화 등의 구매에 관한 계약을 체결한 소비자는, ① 제13조 제2항에 따른 계약내용에 관한 서면을 받은 날부터 7일(다만, 그 서면을 받은 때보다 재화 등의 공급이 늦게 이루어진 경우에는 재화 등을 공급받거나 재화 등의 공급이 시작된 날부터 7일), ② 제13조 제2항에 따른 계약내용에 관한 서면을 받지 아니한 경우, 통신판매업자의 주소 등이 적혀 있지 아니한 서면을 받은 경우 또는 통신판매업자의 주소 변경 등의 사유로 제1호의 기간에 청약철회 등을 할 수 없는 경우에는 통신판매업자의 주소를 안 날 또는 알 수 있었던 날부터 7일 이내에 해당 계약에 관한 청약 철회를 할 수 있다(제17조 제1항).

제3장 교 환

1. 의 의

가. 교환은 당사자 쌍방이 금전 이외의 재산권을 서로 이전할 것을 약정함으로써 성립하는 계약이다(제596조). 교환계약은 유상·쌍무·낙성·불요식계약이다.

[관련 판례]

> 대법원은 "교환계약은 당사자간에 청약의 의사표시와 그에 대한 승낙의 의사표시의 합치로 성립하는 이른바 낙성계약으로서 서면의 작성을 필요로 하지 아니하고, 그 청약의 의사표시는 그 내용이 이에 대한 승낙만 있으면 곧 계약이 성립될 수 있을 정도로 구체적이어야 하고, 승낙은 이와 같은 구체적인 청약에 대한 것이어야 할 것이며, 이 경우에 그 승낙의 의사표시는 특별한 사정이 없는 한 그 방법에 아무런 제한이 없고 반드시 명시적임을 요하는 것도 아니다."라고 하면서, 갑과 을의 아들이 갑의 밭과 을의 임야를 교환하기로 하였고, 그 후 을이 밭을 병에게 임대하여 경작하게 한 1년 반 동안 갑 측이 이의하거나 밭을 관리한 적이 없었다면 교환계약에 따라 밭이 을에게 인도되었다 보아야 한다고 판시하였다(대판 1992.10.13, 92다29696).

나. 화폐를 매개로 재화의 이동이 일어나는 화폐경제사회에서는 교환을 통하여 재산권의 이전되는 경우가 드물다. 따라서 현대사회에서 교환계약의 실천적 의미는 크지 않다고 볼 수 있다.

2. 효 과

가. 교환은 쌍무계약이므로, 위험부담 및 동시이행의 항변권에 관한 규정(제536조-제538조)이 적용된다. 또한 유상계약이므로 그 성질 상 가능한 범위 내에서 매매에 관한 규정이 준용되고(제567조), 권리의 흠결이 있거나 물건에 하자가 있으면 당사자는 그로 인한 담보책임을 져야 한다.

나. 당사자 쌍방이 금전 이외의 재산권을 서로 이전할 것을 약정하면서 당사자 일방이 금전의 보충지급을 약정한 때에는 그 금전에 대하여는 매매대금

에 관한 규정을 준용한다(제568조). 가령 A와 B가 A소유의 프랑스 제 신상품 코트와 B소유의 이태리 제 중고 핸드백을 교환하면서 B가 시가의 차이를 인정하고 핸드백에 30만 원의 교환차액을 추가하여 지급하는 경우에, 30만 원의 보충금은 매매대금으로 취급되어 그에 관한 규정을 적용하는 것이다. 이는 매매와 교환이 혼합된 계약의 형태를 띠게 된다. 물론 B가 30만원 상당의 브라우스를 더하여 코트와 교환하면 순수한 교환계약이 성립한다.

[관련 판례]

① 갑과 을이, 먼저 을 소유 토지를 갑 소유 토지에 합병한 후 합병된 토지 중 을 소유 토지 면적에 상응하는 만큼의 토지를 분할하여 을에게 이전하여 주기로 하는 내용의 교환계약을 체결하였는데 그 후 측량 과정에서 을 소유 토지의 면적이 정정된 사안에서, 정정된 면적만큼 추가로 갑에게 소유권이 이전되었다 하더라도 이는 교환계약에 기한 의무 이행에 불과할 뿐 갑이 법률상 원인 없이 어떠한 부당이득을 얻었다고 볼 수 없다(대판 2011.6.30, 2010다16090).

② [1] 교환계약에서 당사자의 일방이 교환 목적물인 각 재산권의 차액에 해당하는 금원인 보충금의 지급에 갈음하여 상대방으로부터 이전받을 목적물에 관한 근저당권의 피담보채무를 인수하기로 약정한 경우, 특별한 사정이 없는 한 채무를 인수한 일방은 위 보충금을 제외한 나머지 재산권을 상대방에게 이전하여 줌으로써 교환계약상의 의무를 다한 것이 된다.

[2] 위 [1]항의 피담보채무를 인수한 교환계약의 당사자 일방이 인수채무인 근저당권의 피담보채무의 변제를 게을리함으로써 교환 목적물에 관하여 설정된 근저당권의 실행으로 임의경매절차가 개시되었거나 개시될 염려가 있어 상대방이 이를 막기 위하여 부득이 피담보채무를 변제한 경우 등 채무를 인수한 일방이 보충금을 지급하지 아니한 것으로 평가할 수 있는 특별한 사정이 있는 경우에는, 상대방은 채무인수인에 대하여 동액 상당의 손해배상채권 또는 구상채권을 갖게 되는 것이며, 한편 이와 같은 특별한 사정이 있다는 사유를 들어 교환계약을 해제할 수도 있다.

[3] 교환계약의 당사자 일방이 교환 목적물의 차액의 지급에 갈음하여 상대방으로부터 인수한 대출원리금지급의무와 상대방의 소유권이전등기의무가 모두 각각의 이행기에 이행되지 않은 채 계약이 해제되지 않은 상태에서 이행기가 도과하였다면 쌍무계약인 교환계약에 기한 위 대출원리금지급의무와 소유권이전등기의무는 동시이행의 관계에 있다고 할 것이고, 따라서 상대방이 해제권유보약정에 따라 해제통고를 함에 있어서는 그 최고기간까지 자기의 반대채무인 소유권이전등기의무의 이행 또는 그 이행의 제공을 하여야 약정해제권을 적법하게 취득하고 최고기간의 만료로 해제의 효력이 발생한다(대판 1998.7.24, 98다13877).

③ 부동산에 관한 교환계약이 원고의 망부와 피고들의 피상속인 사이에 체결된 것이라면 원고가 망부 생전에 위 교환계약에 따른 소유권이전등기청구권 등 일체의 권리를 증여받았더라

도 그와 같은 증여는 원고와 망부 간의 법률관계에 지나지 않는 것이므로 중간생략등기에 관한 합의가 없는 이상, 피고들이 그 피상속인과 원고의 망부와의 교환계약에 따른 이 사건 부동산의 소유권이전등기를 계약당사자도 아닌 원고에게 직접 이행하여야 할 의무는 없다(대판 1983.12. 13, 83다카881).

판례색인

〈 하급심 판례 〉

〈 헌법재판소 〉

사항색인

저 자 약 력

❖ 이 재 목

〈약 력〉

동국대학교 법과대학졸업
동국대학교 대학원 법학과 졸업(법학박사)

현) 충북대학교 법학전문대학원 교수

〈경 력〉

사법시험, 변리사, 세무사, 감정평가사, 공인노무사, 공인중개사 등 각종 국가시험 위원
한국재산법학회 부회장, 한국비교사법학회 상임이사, 한국민사법학회 이사, 민사법이론과 실무학회 부회장, 한국스포츠엔터테인먼트법학회 상임임사, 한국법학교수회 이사 등
충북지방 노동위원회 심판담당 공익위원, 충청북도 소청심사위원 등

〈저 서〉

로스쿨 민법총칙(공저), 청림출판 2006
로스쿨 물권법(공저), 청림출판 2006
조선시대 규범이론과 규범체계(공저) 1, 2권, 한국학술정보, 2006 등

〈논 문〉

채무불이행에 있어서 위자료배상의 허용범위와 기준. 인권과 정의(2003.02), 대한변호사협회
법정해제의 귀책사유에 관한 국제적 동향과 우리 민법에서의 논의. 인권과 정의(2006.04), 대한변호사협회
UN통일매매법상 「중대한 계약위반」의 개념 및 유형에 대한 일고. 경영법률(2006.04), 한국경영법률학회
청약과 청약의 유인의 구별에 관한 일고 -상품광고에 대한 국제적 해석론을 중심으로-, 법학연구(부산대) 52권 1호(2011.2)
미국법상 학교 성폭력 사고에 대한 민사책임의 귀속원리 - 초·중고등학교 사고에 대한 적용 법리를 중심으로 -, 재산법연구 제28권 1호(2011. 11) 등 45편

계 약 법 I

저 자	이 재 목	2013년 6월 14일 초판 인쇄
발행인	양 진 수	2013년 6월 20일 초판 발행
발행처	진 원 사	

서울시 서초구 서초3동 1714-32 형덕빌딩 1층
전화 : 02) 916-1850 / 팩스 : 02) 916-3442
신고번호 제321-2512007002호
http://www.jinwonsa.co.kr
http://www.lawbookstore.co.kr

저자와의 협의하에 인지생략

ISBN : 978-89-6346-303-2 94360
ISBN : 978-89-6346-044-4 94360 (세트)

정가 25,000 원